D1918139

»Unverdrossen für Europa«

Festschrift für Kai-Uwe von Hassel
zum 75. Geburtstag

herausgegeben von
Philipp Jenninger
Präsident des Deutschen Bundestages

in Zusammenarbeit mit:
Karl Josef Hahn
Thomas Jansen
Karl Wilhelm Pohl
Hans Schwüppe
Monika Weichert-von Hassel

Nomos Verlagsgesellschaft
Baden-Baden

CIP-Titelaufnahme der Deutschen Bibliothek

»Unverdrossen für Europa«: Festschr. für Kai-Uwe von Hassel zum 75. Geburtstag / hrsg. von Philipp Jenninger. In Zusammenarbeit mit: Karl Josef Hahn ... – 1. Aufl. – Baden-Baden: Nomos Verl.-Ges., 1988
ISBN 3-7890-1576-8
NE: Jenninger, Philipp [Hrsg.]; Hahn, Karl Josef [Mitverf.]; Hassel, Kai-Uwe von: Festschrift

1. Auflage 1988
© Nomos Verlagsgesellschaft, Baden-Baden 1988. Printed in Germany. Alle Rechte, auch die des Nachdrucks von Auszügen, der photomechanischen Wiedergabe und der Übersetzung, vorbehalten.

CDU

Inhaltsverzeichnis

Vorwort

Kai-Uwe von Hassel, dem diese Festschrift zum 75. Geburtstag gewidmet ist, steht beispielhaft für die Angehörigen einer ganzen Generation. Einer Generation, die der Krieg aus ihrer vorgezeichneten Lebensbahn warf, die aber dennoch, trotz des Erlebens der deutschen Katastrophe, nicht resignierte, sondern ihre ganze Kraft daran setzte, in Deutschland ein neues demokratisches Gemeinwesen zu errichten. Es sind nicht mehr viele aus der Anfangszeit unserer Republik, die heute noch unter uns weilen und wie er aktiv am politischen Leben teilnehmen.

Der Lebensweg Kai-Uwe von Hassels hat sich zwischen scheinbar gegensätzlichen Polen bewegt: das heimatliche Glücksburg an der Flensburger Förde, seine erste Heimat Ostafrika, in der er geboren wurde, die Landeshauptstadt Kiel und die Bundeshauptstadt Bonn und schließlich die parlamentarischen Gremien des entstehenden Europas. So kommt es, daß sich in seiner Person ganz Verschiedenartiges verbindet: Heimatbindung mit Weltläufigkeit, Erfahrung in der Kommunalpolitik mit der erfolgreichen Tätigkeit in hohen Regierungsämtern, ein gesunder Pragmatismus mit dem Bewußtsein, daß Handeln ohne ethische Orientierung und Verantwortung Stückwerk bleiben muß.

Die Aufgaben, denen sich Kai-Uwe von Hassel in seiner politischen Laufbahn gegenübersah, hat er stets in ihrer Ganzheit und in ihren größeren Zusammenhängen erfaßt.

Ein Beispiel bildet die Lösung der brennenden Probleme des Landes Schleswig-Holstein, die er zu Beginn seiner Regierungszeit als Ministerpräsident dort vorfand: bedrückende wirtschaftliche und soziale Verhältnisse eines mit Flüchtlingen und Vertriebenen überfüllten Landes, dazu das ungelöste Problem der politischen, wirtschaftlichen, kulturellen und sozialen Stellung der dänischen und der deutschen Minderheiten beiderseits der deutsch-dänischen Grenze. In der Lösung beider Probleme hat er sich ein hohes Ansehen bei den Betroffenen wie bei allen Bevölkerungsgruppen erworben.

Die von ihm angestrebte und mit den Bonn-Kopenhagener Erklärungen des Jahres 1955 erreichte Regelung sicherte nicht nur beide Minderheiten rechtlich ab, sondern führte zu einer dauerhaften Verbesserung des gegenseitigen Verhältnisses der Nationalitäten im Grenzland, so daß man mit

Recht vom »Modellcharakter« dieser Regelung sprechen konnte. Später hat sich von Hassel als Abgeordneter im Europäischen Parlament dafür eingesetzt, nach diesem Beispiel auch bei der Lösung ähnlicher europäischer Grenzlandprobleme vorzugehen.

Nachdem er zuvor ab Januar 1963 als Bundesminister der Verteidigung und ab Dezember 1966 als Bundesminister für Vertriebene, Flüchtlinge und Kriegsgeschädigte Mitglied der Bundesregierung war, wurde Kai-Uwe von Hassel 1969 zum Präsidenten des Deutschen Bundestages gewählt. Sofort wandte er sich den neuen Herausforderungen zu, die sich für das Parlament aus der inzwischen angewachsenen Fülle seiner Aufgaben ergaben. In den sechziger Jahren hatten sich in der politischen Machtverteilung die Gewichte zunehmend vom Parlament auf die Exekutive verlagert. Dem galt es, durch eine Parlamentsreform entgegenzuwirken. Die Unruhe in der Jugend, die neuen Gemeinschaftsaufgaben in der Bildungs-, Wirtschafts- und Infrastrukturpolitik, die Erweiterung der gesetzgeberischen Zuständigkeiten des Bundes – das alles verlangte durchgreifende und nicht nur punktuelle Verbesserungen der Arbeitsweise und Ausstattung des Bundestages.

Erklärtes Ziel seiner Bemühungen war, dem Bundestag die ihm verfassungsrechtlich und verfassungspolitisch zustehende Stellung als zentrales Staatsorgan zu sichern. Das Parlament sollte imstande sein, den ihm zukommenden Anteil an der politischen Führung wahrzunehmen. Dazu gehörten auch verstärkte Bemühungen, die Arbeit im Parlament für die breite Öffentlichkeit einsichtig und durchschaubar zu machen.

Zur Verwirklichung dieser Ziele hat von Hassel ein ganzes Bündel von Maßnahmen in Angriff genommen: von der Verbesserung der Arbeitsbedingungen für Parlamentarier über eine Straffung der Informationsströme im Parlament bis hin zu einer verbesserten wissenschaftlichen Beratung und Zuarbeit. Auf seine Initiative wurde der Wissenschaftliche Dienst vergrößert und neu organisiert. Die Abgeordneten erhielten erstmals eigene Mitarbeiter zu ihrer Unterstützung und zur Entlastung von zeitraubenden Bürotätigkeiten. Schließlich wurde auch mit der Einrichtung einer parlamentseigenen elektronischen Datenverarbeitung begonnen.

Weitere Schritte zielten darauf, die Plenardebatten lebendiger und öffentlichkeitswirksamer zu machen. Mit der Einrichtung von Enquête-Kommissionen, in denen Abgeordnete mit Wissenschaftlern und Sachverständigen direkt zusammenarbeiten, wurde die Möglichkeit geschaffen, größere regelungsbedürftige Sachkomplexe gründlich zu erforschen und zur parlamentarischen Behandlung aufzubereiten. Außerdem erhielten die

Ausschüsse des Bundestages verbesserte Möglichkeiten zur Durchführung von öffentlichen Anhörungen.
Von Hassel hat die grundlegenden Maßnahmen zur Parlamentsreform mit großer Entschlossenheit in nur fünf Monaten seiner ersten Amtszeit auf den Weg gebracht. In einer Bilanz am Ende der Legislaturperiode konnte er darauf hinweisen, daß der Bundestag diese Bemühungen nachdrücklich unterstützt hatte: »Entscheidend ist die diesen Maßnahmen zugrunde liegende Entschlossenheit, der starke und lebendige Wille dieses Hauses, die besten Bedingungen dafür zu schaffen, daß unser Land auch in Zukunft zeitgemäß parlamentarisch regiert wird. Wenn ein Parlament, wie der Bundestag, trotz der gerade im letzten Abschnitt einer Legislaturperiode zu bewältigenden Fülle dringender Arbeiten sich entschlossen und fähig zeigt, auch seine eigene innere Reform einzuleiten und wichtige Beschlüsse zu fassen, so kann dies nur als ein Zeichen der parlamentarischen Lebenskraft und des parlamentarischen Selbstbewußtseins gewertet werden.«
Von Hassel war immer ein leidenschaftlicher Parlamentarier. Er war dies auch auf europäischer Ebene. Seine Ämter als Vizepräsident der Parlamentarischen Versammlung des Europarates im Jahre 1977 und als Präsident der Versammlung der Westeuropäischen Union von 1977 bis 1980 unterstreichen dies. Als Mitbegründer der Europäischen Volkspartei wußte er, daß zum Parlamentarismus lebensfähige, starke und gesunde Parteien gehören. Am Zusammenschluß der europäischen Christdemokraten, der in stiller und zäher Diplomatie erreicht wurde, hatte von Hassel einen namhaften Anteil. Von 1973 bis 1981 war er Präsident der Europäischen Union der Christlichen Demokraten (EUCD).
Wie sehr das Parlament und die Zukunft des Parlamentarismus auch weiterhin sein Denken und Tun bewegen, bezeugt seine Rede vor der Kieler Hermann-Ehlers-Akademie, die dem Zusammenhang zwischen dem Funktionieren der freiheitlichen Demokratie und der Auswahl der besten Politiker für hohe Staatsämter gewidmet war und zu Recht große Beachtung gefunden hat. In ihr forderte er die Parteien auf, sich sorgfältiger als bisher der Auswahl der Kandidaten, ihrer Vorbildung für das Mandat und ihrem politischen Reifeprozeß zu widmen. Denn je besser die Parlamente personell besetzt seien, desto besser würden sie auch eine weitschauende Politik gestalten können. Das Mittelmaß werde nicht fähig sein, unserem freiheitlichen sozialen Rechtsstaat auf Dauer Bestand zu garantieren. – Wer könnte aus größerer politischer Erfahrung und mit mehr Autorität als er für solche mahnenden Worte ein nachdenkliches Gehör erwarten?

Kai-Uwe von Hassel hat in einer langen politischen Laufbahn eine natürliche Autorität in vielen Ämtern und Aufgaben vorgelebt. Er hat – ungeachtet schwerer persönlicher Schicksalsschläge – Maßstäbe gesetzt und Beispiele gegeben, Beispiele für hohes demokratisches Engagement und Prinzipientreue, für kritische Rationalität ebenso wie für unabhängiges politisches Denken. Von der Spannweite seines Denkens und seiner politischen Aktivitäten zeugen die Beiträge zu diesem Band. Die Bundesrepublik Deutschland hat Kai-Uwe von Hassel, dessen Persönlichkeit für eine lange Reihe von Politikern der ersten Stunde steht, viel zu verdanken.

Philipp Jenninger

». . . des Glückes Unterpfand« – Versuch einer Deutung des Deutschlandliedes

Birgit Lermen

Das Lied der Deutschen
Helgoland, 26. August 1841

Deutschland, Deutschland über Alles,
Über Alles in der Welt,
Wenn es stets zu Schutz und Trutze
Brüderlich zusammenhält,
Von der Maas bis an die Memel,
Von der Etsch bis an den Belt –
Deutschland, Deutschland über Alles,
Über Alles in der Welt!

Deutsche Frauen, deutsche Treue,
Deutscher Wein und deutscher Sang
Sollen in der Welt behalten
Ihren alten schönen Klang,
Uns zu edler That begeistern
Unser ganzes Leben lang –
Deutsche Frauen, deutsche Treue,
Deutscher Wein und deutscher Sang!

Einigkeit und Recht und Freiheit
Für das deutsche Vaterland!
Danach laßt uns alle streben
Brüderlich mit Herz und Hand!
Einigkeit und Recht und Freiheit
Sind des Glückes Unterpfand –
Blüh' im Glanze dieses Glückes,
Blühe deutsches Vaterland![1]

Das »Lied der Deutschen« von Hoffmann von Fallersleben ist ein literarisches Gebilde von größter politischer Brisanz. In mehrfacher Hinsicht ist es in unserem Denken und Fühlen verwurzelt und mit den letzten 150 Jahren der deutschen Geschichte und Tradition verflochten. Schon längst wird es nicht mehr als Gedicht eines Einzelnen verstanden. Als Bestandteil eines Zeremoniells und als Ausdruck unseres National- und Staatsbewußtseins hat es seine poetische Autonomie verloren. Die »Frankfurter Allgemeine« schrieb am 6. Mai 1952 zu Recht:

1 *Hoffmanns* von Fallersleben gesammelte Werke, Band III: Lyrische Gedichte, hrsg. v. Heinrich Gerstenberg, Berlin 1891, 233 (nach der Erstausgabe im Hoffmann und Campe Verlag).

»Nationalhymnen sind mehr als ein dunkler Anzug, den man zu gesellschaftlichen Veranstaltungen im Ausland oder bei inländischen Festen anlegt. Sie verweben sich mit Gefühlswerten im Unterbewußtsein und gewinnen ein Eigenleben, das sich von der ursprünglichen Bedeutung ihrer Worte weit entfernt, ja damit kaum noch etwas zu tun hat.«

Die zahlreichen Publikationen zum Deutschlandlied beweisen, daß kein anderes politisches Gedicht der deutschen Literatur eine solche Fülle von kontroversen Deutungen und Beurteilungen erfahren hat. Es ist unmöglich, in diesem Abriß auf die unterschiedlichen Standpunkte einzugehen. Aber es soll im Rahmen dieser Überlegungen zumindest versucht werden, das Lied in seinen entstehungsgeschichtlichen Zusammenhang zu stellen und seiner Bedeutung im Wandel der Geschichte nachzuspüren. Da die Zeit seinen semantischen Inhalt längst überholt hat, sind bei seiner Betrachtung weniger die Kriterien der thematischen Relevanz und der ästhetischen Qualität bestimmend als die Fragen nach seiner Bedeutung und Verwurzelung im Bewußtsein der Menschen von heute. Der Text ist darum nicht nur mit poetologischen Kategorien zu erschließen, es muß auch seine Entstehungs- und Wirkungsgeschichte, seine Intention und sein Realitätsbezug betrachtet werden.

1. *Entstehungs- und Wirkungsgeschichte*[2]

Entstehungsgeschichtlich gehört das Gedicht zur Lyrik des Vormärz, in der die durch die Rheinkrise von 1840 verstärkte Sehnsucht nach nationaler Einigung Ausdruck fand. Einer der davon entflammten Lyriker war August Heinrich Hoffmann (1798–1874), der sich selbst den Beinamen von Fallersleben gab. Er hatte an der Universität Breslau einen Lehrstuhl für Germanistik und gehörte politisch zu den Liberalen. Große Verdienste erwarb er sich als Volksliedsammler und Dichter von Kinderliedern wie »Alle Vögel sind schon da«, »Ein Männlein steht im Walde«, »Wer hat die schönsten Schäfchen« und »Kuckuck, Kuckuck, ruft's aus dem Wald«. Unter dem Eindruck der Rheinkrise und in der Hoffnung auf die Thronbesteigung Friedrich Wilhelms IV. von Preußen gab er 1840 bei Hoffmann und Campe seine »Unpolitischen Gedichte« heraus, die sich gegen die deutsche Kleinstaaterei aussprechen und eine damals weit ver-

2 Vgl. Jost *Hermand:* Zersungenes Erbe. Zur Geschichte des Deutschlandliedes. In: Basis 7 (1977), 75–88.

breitete Sehnsucht nach Einheit bekunden. 1841 folgte der zweite Band seiner »Unpolitischen Gedichte«, in dem er – wie im ersten – auf vorgegebene Melodien zurückgriff, um den Gedichten eine bewußt volkstümliche Note zu geben. Im August des gleichen Jahres zog Hoffmann sich für kurze Zeit auf das damals englisch besetzte Helgoland zurück. Hier verfaßte er am 26. August das »Lied der Deutschen«, dem er die Melodie von Haydns 1797 komponierter Kaiserhymne unterlegte. Julius Campe, der ihn auf Helgoland besuchte, war von dem Gedicht so begeistert, daß er es für vier Louisdor erwarb und mit den Noten der Melodie Haydns bereits am 1. September als Einzeldruck veröffentlichte.

Das Gedicht steht am Ende einer Entwicklung, die spätestens einsetzte mit der Frage Ernst Moritz Arndts: »Was ist des Deutschen Vaterland?«[3] In Wortlaut und Gesinnung schwingt daher viel Vorgegebenes mit, so z. B. Heinrich Joseph von Collins 1809 entstandenes Lied »Österreich über alles« und dessen 1813 von Johann Daniel Runge verfaßte Umdichtung »Deutschland über alles«. Doch nicht nur der Eingangsvers, auch die Zeile »Einigkeit und Recht und Freiheit« greift schon vorhandene Formulierungen auf. Johann Gottfried Seume spricht bereits 1810 von »Einheit, Freiheit, Recht«,[4] und bei Arndt heißt es um die gleiche Zeit: »Freiheit, Vaterland und Recht«.[5] Bei Ferdinand Freiligrath kulminiert diese Gesinnung 1844 in dem Kehrreim »Deutschland und Freiheit über alles«.[6] Selbst die Verse »Von der Maas bis an die Memel, Von der Etsch bis an den Belt« assoziieren Zitate. So hatte Philipp Jakob Siebenpfeiffer schon 1832 auf dem Hambacher Fest erklärt, daß er sich an alle Deutschen wende »vom Alpengebirge und der Nordsee, vom Rhein, der Donau und der Elbe«.[7] In Georg Herweghs Gedicht »Die deutsche Flotte«, das 1841, ebenfalls als Einzeldruck, im Züricher Exil herauskam, werden die Deutschen sogar als das Volk »vom Po . . . bis zum Sunde«[8] charakterisiert. Verglichen mit diesen Vorprägungen klingt Hoffmanns Grenzbezeichnung keineswegs hegemonial, zumal der durch Maas, Memel, Etsch und

3 Ernst Moritz *Arndt*. »Des Deutschen Vaterland« In: Politische Dichtung, Band 2: Fremdherrschaft und Befreiung, hrsg. v. Robert F. Arnold, Leipzig 1832, 135.
4 Johannes Gottfried *Seume:* »An das deutsche Volk im Jahre 1810«. In: J. G. S.: Prosaische und poetische Werke. Fünfter Theil: Sämmtliche Gedichte, Berlin s. a., 190.
5 Arndt: »Das Lied vom Stein«. In: Politische Dichtung, Band 2 (3), 230.
6 Ferdinand *Freiligrath*s gesammelte Dichtungen. Dritter Band, Leipzig [6]1898, 71–72.
7 Zitiert nach Karl-Heinz *Fingerhut* (Hrsg.): Heinrich Heine: Deutschland. Ein Wintermärchen, Frankfurt/M. 1976, 90.
8 *Herwegh*s Werke in drei Teilen. Erster Teil, hrsg. v. Hermann Tardel, Berlin/Leipzig/Wien/Stuttgart s. a., 111.

Belt abgesteckte Raum aus Staaten bestand, die dem Deutschen Bunde angehörten.

So gesehen, ist das »Lied der Deutschen« Meinungsausdruck sowohl der alten Patrioten aus den »Befreiungskriegen« als auch der politischen Romantiker, der Burschenschafter und der Vertreter der großdeutschen Lösung, aber auch großer Teile der nationalliberal Gesinnten, aus denen sich dann die Vertreter der Achtundvierziger Revolution rekrutierten. Anstoß an dem Gedicht nahmen lediglich einige Linkshegelianer wie Arnold Ruge, der bereits 1840 schrieb, daß die »Aufhebung des Patriotismus« der »Humanismus«[9] sei und das wahre Vaterland nur der »freie Staat« sein könne. Heinrich Heine, der von Anfang an gegen jedes überspitzte Nationalgefühl aufgetreten war (gegen den »heldenmütigen Lakaien in schwarz-rot-goldener Livree«, wie es im Vorwort zum »Wintermärchen«[10] heißt), stellte dem Lied Begriffe wie Universalismus, Humanismus und Kosmopolitismus entgegen. Karl Marx und Friedrich Engels gingen bereits in diesen Jahren dazu über, ihre wahre Heimat in der Internationalität des Sozialismus zu sehen. Doch nicht nur Ruge, Heine, Marx und Engels, sondern auch den preußischen Behörden erschien die Gesinnung Hoffmanns fragwürdig. Sie eröffneten ein amtliches Untersuchungsverfahren gegen ihn, untersagten ihm im April 1842 die Ausübung seiner akademischen Lehrtätigkeit und verwiesen ihn im Dezember des gleichen Jahres wegen »arger Verstöße gegen die bestehende Ordnung der Dinge«[11] des Landes. Von Bundesstaat zu Bundesstaat gehetzt, traf er sich jedoch nach wie vor mit seinen Freunden (Ferdinand Freiligrath, Karl Gutzkow, Fritz Reuter u. a.). Unverdrossen publizierte er weiterhin im Züricher Verlag des Literarischen Comptoirs mehrere Bändchen mit politischen Gedichten wie die »Deutschen Lieder aus der Schweiz« (1842) und die »Deutschen Gassenlieder« (1843), in denen er sich gegen die Angepaßten und Mitläufer wandte, die sich nur allzu willig dem Obrigkeitsstaat unterwarfen. Um eine breite Volksschicht zu erreichen, verfaßte er seine Texte formal nach dem Muster bekannter Volkslieder, vor allem aber stellte er sich inhaltlich ein auf das »Volk«, auf das er im Sinne von »Einigkeit und Recht und Freiheit« zu wirken versuchte. Wo er auftrat und seine Lieder vortrug, wurde er von den Massen umjubelt, von der Polizei jedoch beargwöhnt. Hoffmann erwog daher 1844 die Auswanderung in

9 Arnold *Ruge:* »Patriotismus und Humanismus«. In: A. R.: Studien und Erinnerungen, Zweiter Theil, Leipzig 1846, 292–295.
10 *Heines* Werke in zehn Bänden. Zweiter Band, hrsg. v. Oskar Walzel, Leipzig 1912, 276.
11 Zitiert nach Hermand (2), 78.

die USA, fand aber ein Jahr später Zuflucht auf einem mecklenburgischen Gutshof, wo ihm ein Freund einen Arbeitsnachweis und damit Heimatrecht verschaffte. Von diesem Zeitpunkt an beschränkte Hoffmann sich wieder auf seine Sammel- und Herausgebertätigkeit. Er beobachtete selbst die Achtundvierziger Revolution aus der Distanz und schlug die Wahl in das Parlament der Paulskirche aus, weil er sich immer noch eine Versöhnung mit Preußen und eine Rückkehr auf seinen Lehrstuhl erhoffte. Die Berliner Behörden honorierten seine Zurückhaltung allerdings auf eine – seiner Meinung nach – »schäbige« Weise: Sie zahlten ihm zwar von 1849 an ein jährliches »Wartegeld« von 375 Talern, stellten ihn aber nicht wieder ein. In seinem »Trost-Lied« klagt er:

»Ich bin Professor gewesen:
Nun bin ich abgesetzt.
Einst konnt ich Collegia lesen,
Was aber kann ich jetzt?«[12]

Von 1860 bis zu seinem Tod am 19. Januar 1874 arbeitete er als Bibliothekar des Herzogs von Ratibor auf Schloß Corvey – weiterhin emsig sammelnd und edierend.

Wirkungsgeschichtlich ist wohl kein Text der deutschen Literatur so bedeutsam wie das »Lied der Deutschen«. Öffentlich gesungen wurde es zum ersten Mal von der Hamburger Turnerschaft am 5. Oktober 1841 bei einem Fackelzug für den Universitätsprofessor Karl Theodor Welcker, der als einer der Führer der badischen Liberalen seines Lehrstuhls für Staatsrecht an der Universität Freiburg enthoben war. 1842 erschien es in den »Deutschen Liedern aus der Schweiz«. Daraufhin wurde es allmählich bekannter, aber es hatte nicht den Erfolg, den sich Hoffmann und Campe gewünscht hatten. Vor allem wurde es nach dem Scheitern der Achtundvierziger Revolution und der konsequenten Repression aller demokratisch-populistischen Tendenzen immer seltener in der Öffentlichkeit gesungen. Als dann die lang herbeigesehnte Einigung 1871 endlich vollzogen wurde, war es nur die kleindeutsche Lösung. Der inzwischen 73jährige Hoffmann begrüßte diese Einigung in Zeilen wie

»Und endlich ward beschieden
Mir diese große Zeit,
Ein einig Reich voll Frieden,
Voll Glück und Herrlichkeit!«[13]

12 August Heinrich *Hoffmann von Fallersleben:* Gedichte und Lieder, hrsg. v. Hermann Wendebourg u. Anneliese Gerbert, Hamburg 1974, 33.

13 Hoffmann (12), 46.

Aber sein früherer Enthusiasmus war dahin. Er ging auf Distanz, da nicht die Intentionen der Demokraten, sondern Franzosenhaß und Hohenzollernkult triumphiert hatten. Es ist darum nicht erstaunlich, daß Hoffmanns Lied sich nach der Reichsgründung nicht als Nationalhymne durchsetzte, sondern bei offiziellen Anlässen die Kaiserhymne (»Heil Dir im Siegerkranz«), inoffiziell jedoch Schneckenburgers »Wacht am Rhein« (»Es braust ein Ruf wie Donnerhall«) gesungen wurde. Im Juni 1871 notierte der Dichter resigniert:

» ›Deutschland, Deutschland über alles!‹
O wie sang ich es so oft!
Niemals wollt' Erfüllung werden
Was ich lang und heiß gehofft.
Ach, die Tage der Erfüllung
Meiner Hoffnung kamen nicht,
›Deutschland, Deutschland über alles!‹
Blieb nur immer mein Gedicht«.[14]

Selbst der neue Kurs unter Wilhelm II. kam dem »Lied der Deutschen« nicht zugute, da es sich weder vor den Karren des Dynastischen noch vor den der Frankophobie spannen ließ. Das Lied wurde zwar 1890 nach der Entlassung des Kanzlers zur Huldigung Bismarcks in Friedrichsruh angestimmt, und es wurde auch gesungen am 9. August 1890, als auf Helgoland die Reichsflagge gehißt wurde (Am darauffolgenden Tag erklang zur Begrüßung des Kaisers »Heil Dir im Siegerkranz«). Diese Fakten beweisen, daß Deutschland zu dieser Zeit keine für alle Situationen gültige Nationalhymne besaß. Zudem hatten einzelne Teilstaaten ihre eigene Hymne. So wird z. B. in der 1908 erschienenen Sammlung »Die Nationalhymnen der europäischen Völker« nicht »Deutschland«, sondern nur »Preußen« erwähnt, und zwar mit dem Lied »Ich bin ein Preuße! kennt ihr meine Farben?«[15] Vielen war damals Hoffmann von Fallersleben überhaupt kein Begriff mehr, und sein »Lied der Deutschen« wurde immer stärker von der Obskurität bedroht. Heinrich Gerstenberg, der wohl bedeutendste Hoffmann-Forscher dieser Ära, berichtet in seinem »Lebensbild des Dichters Hoffmann von Fallersleben«,[16] daß die Hofbibliotheken Hoffmanns »Unpolitische Gedichte« noch 1914 im »Giftschrank« verwahrt hätten und daß man ihm abgeraten habe, sich überhaupt mit diesem Ge-

14 Hoffmann (1), Band VI, 271.
15 1834 von Bernhard Thiersch verfaßt.
16 Heinrich *Gerstenberg:* Deutschland, Deutschland über alles! Ein Lebensbild des Dichters Hoffmann von Fallersleben, München 1916, 5.

dicht zu beschäftigen, wenn er sich nicht seine Karriere verbauen wolle. Bekannt war das Lied jedoch bei Studenten. Es wurde darum auch 1914 von den Regimentern gesungen, die bei Langemarck in hohem Maße aus Studenten bestanden. Sie ersetzten die Verse

»Deutsche Frauen, deutsche Treue,
Deutscher Wein und deutscher Sang«

durch

»Deutsche Sitte, deutsche Treue
Deutscher Mut und deutscher Sang«

und verhalfen so dem Lied in den Augusttagen 1914 zum Durchbruch. Von entscheidender Bedeutung war dabei der berühmte Heeresbericht vom 11. November 1914:

»Westlich Langemarck brachen junge Regimenter unter dem Gesange ›Deutschland, Deutschland über alles‹ gegen die erste Linie der feindlichen Stellungen vor und nahmen sie.«[17]

Von diesem Zeitpunkt an setzte sich auch die ausländische Presse mit dem »Lied der Deutschen« auseinander und griff es an als schamlosen Ausdruck expansionistischen und revisionistischen Strebens. Selbst die Übersetzungen bekunden diese propagandistische Fehlinterpretation. So heißt es in der amerikanischen Fassung:

»Deutschland, Deutschland, first of nations,
Over All in this wide world!«,

während in der französischen die Zeilen drei und vier übersetzt sind mit den Worten:

»Si, pour se défendre et attaquer,
Elle s'unit fraternellement«.[18]

Heinrich Gerstenberg wendet sich daher 1916 in seiner Publikation zur 75-Jahr-Feier des Deutschlandliedes gegen die ausländische »Verläumdungssucht«, die dem Gedicht eine »Gier nach Weltbeherrschung« unterschiebe. Er spricht dann aber selber von »Deutschlands Weltberuf« und versteigt sich zu der Behauptung:

»Als Sänger des Deutschtums wird Hoffmann unvergeßlich sein, solange deutsches Lied in dem größeren Deutschland ertönt, das wir uns vom heutigen Kriege erhoffen.«[19]

17 Zitiert nach Heinrich *Gerstenberg:* Deutschland über alles! Vom Sinn und Werden der deutschen Volkshymne, München 1933, 77 und 83.
18 Zitiert nach Robert F. *Arnold* (Hrsg.): Politische Dichtung, Band 3: Um Einheit und Freiheit, Leipzig 1936, 299.
19 Gerstenberg (16), 1, 61, 89.

Damit war das Lied vor einen weiteren Horizont gerückt. Es wurde von den demokratischen Kräften neu belebt, aber auch von den Imperialisten und Nationalisten vereinnahmt. Im November 1918 sangen es die geschlagenen deutschen Truppen, als sie ins Reich zurückkehrten. In der Deutschen Nationalversammlung erklang es am 12. Mai 1919 als Antwort auf die harten Friedensbedingungen der Westmächte, und der Präsident, der Zentrumspolitiker Konstantin Fehrenbach, würdigte es als Ausdruck »der Verehrung für das Land unserer Väter«.[20] Die Brigade Ehrhardt sang es, als sie im März 1920 beim Kapp-Putsch durch das Brandenburger Tor in die Innenstadt von Berlin einrückte. Der erste deutsche Reichspräsident Friedrich Ebert, als rechter Sozialdemokrat Vertreter einer Koalitions- und Versöhnungspolitik, erhob es 1922 zur deutschen Nationalhymne. Am 11. August 1922 sagte er in einer offiziellen Feierstunde:

»Einigkeit und Recht und Freiheit! Dieser Dreiklang aus dem Liede des Dichters gab in Zeiten innerer Zersplitterung und Unterdrückung der Sehnsucht aller Deutschen Ausdruck; er soll auch jetzt unseren harten Weg zu einer besseren Zukunft begleiten«.[21]

Damit gewann die Weimarer Republik ihre Nationalhymne und die SPD das Image vaterländischer Gesinnung. Die Linke war über diese Entscheidung empört. Kurt Tucholsky gab seiner schärfsten Abrechnung mit der Weimarer Republik den provozierend gemeinten Titel »Deutschland, Deutschland über alles« und beklagte empört, daß »eine von allen guten Geistern verlassene Republik« das Lied »zu ihrer Nationalhymne erkor«.[22] Um so begeisterter reagierten alle idealistischen, deutschbewußten oder völkischen Kreise auf die Aufwertung des Deutschlandliedes. Ernst Feise dichtete 1923 die neue Nationalhymne in das »Lied der Auslandsdeutschen« (»Traute Heimat, deine Söhne«) um, und als 1924 nach zehnjähriger Unterbrechung die Bayreuther Festspiele fortgesetzt wurden, stimmte das Publikum nach dem Schlußchor der »Meistersinger« spontan das Deutschlandlied an. So konnte Max Preitz, ein bürgerlich-völkischer Germanist, 1926 im »Jahrbuch des Freien Deutschen Hochstifts« schreiben, daß das »Lied der Deutschen« durch die Schlacht von Langemarck

20 Zitiert nach Nationale Symbole und nationale Identität, hrsg. v. der Bundeszentrale für politische Bildung, Bonn 1985, 27.

21 Zitiert nach Hans-Jürgen *Wünschel:* Eine Dokumentation zur Nationalhymne. Informationen der Landeszentrale für politische Bildung Rheinland-Pfalz 1987.

22 Kurt *Tucholsky:* Deutschland, Deutschland über alles!, Leipzig 1929, 12.

»für alle Ewigkeiten« mit dem »deutschen Schicksal . . . verwachsen«[23] sei. Es kann daher nicht überraschen, daß im Frühjahr 1933 nach der Machtübernahme durch die Nationalsozialisten das Lied von der neuen Reichsregierung ausdrücklich als Deutschlands Nationalhymne bestätigt wurde. Adolf Hitler nannte es am 1. August 1937 in Breslau »das Lied, das uns Deutschen am heiligsten erscheint«.[24] Allerdings folgte in der nationalsozialistischen Zeit auf die erste Strophe das Horst-Wessel-Lied »Die Fahne hoch«. Hymne und Lied erklangen nicht nur bei jeder Parteiversammlung, sondern auch in Schulen, Kasernen, Theatern und vor allem im Rundfunk, wo sie den Abschluß jedes Tagesprogramms bildeten. Heinrich Gerstenberg veröffentlichte 1933 ein neues Buch über die »deutsche Volkshymne«, wie er sie jetzt nannte, um sich bei den neuen Machthabern ins rechte Licht zu rücken. Immer stärker klangen imperialistische und rassistische Töne an: Die erste Strophe wurde – der ursprünglichen Intention zuwider – jetzt als Aufruf zur Revision der dem deutschen Volk aufgenötigten Grenzen verstanden,[25] und das Loblied auf die deutsche Frau wurde als bewußte Rückkehr zur »germanischen Weibeswertung«[26] gedeutet. Nur das Loblied auf den deutschen Wein wurde abgelehnt mit der Begründung: da man »mit Kraepelin den Alkohol als keimschädigend«[27] erkannte. Ihren Höhepunkt erlebte die faschistische Veruntreuung des Liedes 1941, als sich seine Niederschrift zum hundertsten Mal jährte. Alle vier Bücher,[28] die aus diesem Anlaß geschrieben wurden, bekennen sich hochfeierlich zur »unsterblichen deutschen Nationalhymne«, erwähnen aber nicht, daß Friedrich Ebert ihr zu diesem Ruhm verholfen hatte. Die Veruntreuung des Deutschlandliedes durch die Nationalsozialisten hatte zur Folge, daß es nach Hitlers Fall für viele kompromittiert war. In der sowjetischen Besatzungszone wurde das »Lied der Deutschen« sofort verboten, und am 5. November 1949 mit der Gründung der DDR das Lied »Auferstanden aus Ruinen« von Johannes R. Be-

23 Max *Preitz:* Hoffmann von Fallersleben und sein Deutschlandlied. In: Jahrbuch des Freien Deutschen Hochstifts (1926), 327.

24 Zitiert nach Ernst *Hauck:* Das Deutschlandlied. Aus dem Kampf um unsere Einheit, Dortmund 1941, 59.

25 Vgl. Fritz *Sandmann:* Das Deutschlandlied und der Nationalismus. In: Geschichte in Wissenschaft und Unterricht 13 (1962), 653 ff.

26 Hauck (24), 36.

27 Hauck (24), 37.

28 Rudolf Alexander *Moißl:* Das Lied der Deutschen, 1941; Kurt *Eggers:* August Heinrich Hoffmann von Fallersleben in seinen Liedern, 1941; Wilhelm *Marquard:* Heinrich Hoffmann von Fallersleben, 1942; Ernst *Hauck:* Das Deutschlandlied. Aus dem Kampf um unsere Einheit, 1942.

cher und Hanns Eisler zur Nationalhymne des neuen Staates erklärt. Damit war ein deutlicher Traditionsbruch markiert. In der westlichen Trizone bestand kein Interesse an einem solch radikalen Bruch. Als dann am 8. Mai 1949 die Bundesrepublik gegründet wurde, wählte man zwar »Schwarz-Rot-Gold« als neue Landesfarben, aber die Frage nach einer neuen Nationalhymne blieb vorerst offen. Der rheinland-pfälzische Kultusminister Dr. Albert Finck meldete sich 1949 als einer der ersten in der Hymnendiskussion zu Wort:

»Jedes Volk hat das Bedürfnis, den Idealen, auf denen sein politisches Dasein beruhen soll, in feierlichem Gemeinschaftsgesang Ausdruck zu verleihen. Wer hätte das Recht, uns ein solches zu verwehren?«[29]

Als im September 1949 Franz Ott, Adolf Ahrens, Rudolf Eickhoff, Adolf von Thadden u. a. im Bundestag den Antrag stellten, das Deutschlandlied zur Nationalhymne zu erklären, weil dieses Lied einem »natürlichen, selbstverständlichen Volksbewußtsein«[30] entsprungen sei, wurde dieser Antrag abgelehnt. Laut Verfassung stand das Entscheidungsrecht dem Bundespräsidenten zu. Theodor Heuss war damals jedoch gegen das »Lied der Deutschen«, weil er es »für noch zu sehr verbunden mit der nationalsozialistischen Aera« hielt. Er glaubte,

»der tiefe Einschnitt in unserer Volks- und Staatsgeschichte bedürfe auch in Bezug auf die Nationalhymne einer neuen Symbolgebung«.[31]

Bundeskanzler Konrad Adenauer hingegen war dafür. Dieser Sachverhalt führte zu einem seltsamen »Hymnenstreit«, aus dem Adenauer als Sieger hervorging. Er ergriff am 18. April 1950 bei einer Kundgebung im West-Berliner Titania-Palast die Initiative und bat die Teilnehmer, die dritte Strophe mitzusingen – mit dem »heiligen Gelöbnis, daß wir ein einiges Volk, ein freies Volk und ein friedliches Volk sein wollen«.[32] Mit Ausnahme von Oberbürgermeister Ernst Reuter, Louise Schröder und Otto Suhr verließen die SPD-Mitglieder daraufhin den Saal, während sich die drei West-Berliner Stadtkommandanten verwundert ansahen und sitzen blie-

29 Abgedruckt bei Gerhardt *Seiffert:* Das ganze Deutschlandlied ist unsere Nationalhymne, hrsg. v. der Hoffmann von Fallersleben-Gesellschaft, Fallersleben 1964, 5.
30 Seiffert (29), 6.
31 Seiffert (29), 11.
32 Nationale Symbole und nationale Identität. Schallplatte mit Tonbeispielen, hrsg. v. der Bundeszentrale für politische Bildung, Bonn 1985.

ben. Als Kurt Schumacher diese Aktion zwei Tage später in der »Neuen Zeitung« als »Handstreich« beurteilte, ging die CDU zum Gegenangriff über. Bereits am 21. April 1950 erklärte Ludwig Erhard in der »Neuen Zeitung«, daß Adenauer mit dem Absingen des Deutschlandliedes bei einer politischen Kundgebung, die nur »wenige Kilometer vor der Sektorengrenze« stattgefunden habe, den ausdrücklichen »Willen der Bundesregierung« unterstreichen wollte, »für die Freiheit und das Recht aller Deutschen einzutreten«.[33] Bundespräsident Heuss aber drang weiterhin auf einen offenen Traditionsbruch und ließ am Sylvesterabend 1950 auf seine offizielle Rundfunkansprache die »Hymne an Deutschland« (»Land des Glaubens, deutsches Land! Land der Väter und der Erben«) von Rudolf Alexander Schröder in der Vertonung von Hermann Reutter folgen. Aber der Widerhall war gering. Die »Frankfurter Allgemeine« stellte am 5. Januar 1951 fest:

»Verglichen mit der früheren ›Deutschland‹-Melodie . . . ist diese Reuttersche Melodie etwas kühl. Es fehlt ihr vor allem jenes Fluidum, das die Herzen öffnet und uns alle brüderlich aus einem gemeinsamen Schicksal heraus empfinden läßt.«

Ebenso scheiterte der Versuch des NDR, das Lied »Ich hab' mich ergeben« als Nationalhymne einzubürgern, und auch das Bemühen, das Deutschlandlied bei feierlichen Anlässen durch die »Hymne an die Freude« zu ersetzen, blieb ohne Erfolg. Im Jahre 1951 gab die 1936 gegründete »Hoffmann von Fallersleben-Gesellschaft« die Broschüre »Um das Deutschlandlied« heraus, in der sich Will Vesper, Erwin Guido Kolbenheyer, Wilhelm Furtwängler u. a. für die Beibehaltung des Deutschlandliedes einsetzten. Diese Schrift wurde im Oktober des gleichen Jahres dem Bundestag zur Überprüfung überreicht. Zudem ergab eine Meinungsumfrage im Jahre 1951, daß mehr als drei Viertel der bundesdeutschen Bevölkerung sich vom gewohnten Deutschlandlied nicht trennen wollte.[34] Theodor Heuss gab aber erst nach, als Adenauer ihn am 29. April 1952 erneut bat, »das Hoffmann-Haydn'sche Lied als Nationalhymne anzuerkennen«.[35] In seinem Antwortschreiben vom 2. Mai gesteht er, daß er sich getäuscht und »den Traditionalismus und sein Beharrungsbedürfnis unterschätzt«[36] habe. Er kommt der »Bitte der Bundesregierung« nach: »in

33 Seiffert (29), 13.
34 S. G. *Schmidtchen:* Die befragte Nation, Frankfurt/M. 1965, 234 f.
35 Seiffert (29), 16–17.
36 Seiffert (29), 17.

der Anerkennung des Tatbestandes«.[37] Das »Bulletin des Presse- und Informationsamtes der Bundesregierung« kommentierte diese Entscheidung in der Ausgabe vom 6. Mai 1952 folgendermaßen:

»Durch einen schlichten Briefwechsel zwischen dem Bundespräsidenten und dem Bundeskanzler Dr. Adenauer ist das Deutschlandlied wieder als Nationalhymne anerkannt worden. Der Bundespräsident hat damit einer mehrfach geäußerten Bitte der Bundesregierung entsprochen. Es dürfte kein Zweifel darüber bestehen, daß diese Entscheidung, die das ganze Deutschland betrifft, von der inneren Zustimmung der überwiegenden Mehrheit des deutschen Volkes getragen wird ...
Die deutsche Politik orientiert sich nicht mehr an einem Nationalismus, der einer vergangenen Epoche angehört und der zu der Katastrophe 1945 mit beigetragen hat. Sie strebt im Gegenteil zu größeren politischen Zusammenschlüssen, in denen die nationalen Eigenheiten der Völker zwar nicht verschwinden sollen, aber doch in einer höheren Weise aufgehoben werden. Deshalb soll auch bei staatlichen Veranstaltungen die dritte Strophe des Deutschlandliedes gesungen werden. Dadurch wird vor aller Welt dokumentiert, daß mit der Anerkennung des Deutschlandliedes als Nationalhymne keine Anknüpfung an nationalistische Vorstellungen verbunden ist ...«[38]

Die ausländische Presse, vor allem die französische, reagierte auf diese Entscheidung durchgehend negativ. »Ce Matin« schrieb: »Eine solche Haltung läßt das Schlimmste befürchten«, der »Figaro« erklärte: »Die Nationalhymne des Dritten Reiches ist die Nationalhymne Bonns«, »Le Monde« sprach von einem »Sieg des Restaurationsgedankens« und die »Humanité« von einer »rapiden Rückwendung zum Militarismus«.[39] Im Gegensatz dazu wurde das Verhalten von Theodor Heuss in der Presse der Bundesrepublik fast einhellig gelobt. Die »Frankfurter Allgemeine« schrieb am 6. Mai 1952: »Vom Volk, in allen seinen Schichten, wird der Entschluß als etwas fast Selbstverständliches begrüßt werden«. Am gleichen Tag erklärte der West-Berliner »Tagesspiegel«: »Wer an unsere unterdrückten Landsleute im Osten denkt, sieht im Deutschlandlied weniger die Erneuerung einer Tradition als eine in die Zukunft weisende politische Verpflichtung«. In »Christ und Welt« hieß es zwei Tage später: »Wir wollen meinen, daß sich mit dem Bekenntnis zum Deutschlandlied die Bundesrepublik zu den guten und großen Kräften unserer Vergangenheit hinwendet.«[40]

37 Seiffert (29), 18.
38 Seiffert (29), 19.
39 Vgl. Spiegel 6 (1952), Nr. 20, 14. 5. 1952, 11.
40 Seiffert (29), 22–23.

Damit war der Hymnenstreit zwischen Heuss und Adenauer beigelegt und das Deutschlandlied als Nationalhymne der Bundesrepublik Deutschland legitimiert, allerdings mit der Empfehlung, bei »staatlichen Veranstaltungen«[41] nur die dritte Strophe zu singen. Mit dieser Entscheidung war das Problem der nationalen Identität jedoch nicht behoben und das emotionale Verhältnis der Bürger zur Nationalhymne nicht geklärt. Die folgenden Jahre bewiesen, wie unterschiedlich der praktische Umgang mit dem Lied war. So wurde am 18. Mai 1953 am Deutschen Eck nur die dritte Strophe gesungen, aber bei den Fußball-Weltmeisterschaften 1954 in Bern sangen die Deutschen spontan »Deutschland, Deutschland über alles«. Mit dem Deutschlandlied auf den Lippen zogen die Arbeiter am 17. Juni 1953 in der DDR durch das Brandenburger Tor in den Westen. Als in Stockholm 1958 die Europameisterschaften in der Leichtathletik ausgetragen wurden, setzten sich die Deutschen über das offizielle Programm hinweg, das für sie statt der Hymne nur Fanfarenstöße und Trommeln vorsah, und sangen spontan die dritte Strophe der Nationalhymne, die sich Schwedens König stehend anhörte. Bei den Olympischen Spielen 1968 wurden die beiden deutschen Mannschaften aus der Bundesrepublik und der DDR gemeinsam mit der Hymne »Freude, schöner Götterfunke« geehrt. Seit den Olympischen Spielen in München 1972 starten die beiden deutschen Mannschaften unter eigener Fahne und Hymne. Heute beschließen einige Rundfunk- und Fernsehanstalten ihr Tagesprogramm mit der Melodie der Hymne, und bei nationalen Feiern und politischen Kundgebungen ist das Singen der dritten Strophe unterdessen Selbstverständlichkeit geworden, zumal da die Forderung nach »Einigkeit und Recht und Freiheit« der Präambel des Grundgesetzes entspricht, »in freier Selbstbestimmung die Einheit und Freiheit Deutschlands zu vollenden«.[42]

2. *Analyse und Deutungsversuch*

Die Analyse und Deutung des Deutschlandliedes stößt auf erhebliche Schwierigkeiten, weil es als »alte und neue Nationalhymne« so vertraut und belastet ist, daß man zuerst von diesem Vorverständnis abstrahieren muß, um dahinter das 1841 geschriebene »Lied der Deutschen« zu entdecken.

41 Seiffert (29), 17.
42 Bruno *Schmidt-Bleibtreu*/Franz *Klein:* Kommentar zum Grundgesetz für die Bundesrepublik Deutschland, Neuwied/Berlin 1967, XXIX.

Das Druckbild der Erstfassung läßt drei achtzeilige Strophen erkennen, die einen ungewöhnlichen Reim aufweisen: abcbdbab. Während der Reim der geraden Verse in jeder Strophe einen Zusammenhalt schafft, bewirken die nicht reimenden ungeraden Zeilen eine größere Freiheit und Lebendigkeit. In der dritten Strophe deutet die leichte Abweichung im Reimschema (abcbabdb) bereits hin auf den inhaltlichen Schwerpunkt des Liedes. Der regelmäßige Wechsel zwischen klingendem und stumpfem Schluß (auch hier weicht Strophe 3 leicht ab), der das Reimschema überwölbt, trägt bei zur Musikalität, die zudem getragen wird von der Sprachbewegung. Der durchweg trochäische Rhythmus korrespondiert mit dieser Sprachbewegung, die vielfache Verknüpfungen stiftet, so zwischen den Strophenanfängen und -schlüssen, aber auch in den Reprisen, die das Ganze durchziehen. Diese Verflechtungen, die über das tektonische Gerüst hinweg eine durchgängige Melodie vernehmbar machen, gehen aber nie so weit, daß dieses Gerüst verdeckt würde: Das Gedicht ist in deutlich betontem Zeilenstil geschrieben, und die Bewegung geht ohne Bruch durch die einzelne Strophe, die als Ganzes wirken soll. Der lyrische Vorgang, der den drei Textgruppen eingeschrieben ist, hat seine vollkommene Entsprechung in der Bauform des Gedichts.
Jede Strophe ist nach Form und Inhalt auf sich selbst gestellt, indem ihre beiden Anfangszeilen am Ende wiederholt werden. Durch diese Klammer wird nicht nur die einzelne Strophe zusammengehalten, es wird auch ihr Thema am Anfang und am Ende herausgestellt. Die dritte Strophe weicht in wirkungsvoller Weise von diesem Schema ab, indem sie das in den Anfangszeilen verkündete Thema bereits in der fünften und sechsten Zeile wiederholt, so daß sie nach sechs Versen gedanklich abgeschlossen erscheint. Die beiden letzten Zeilen bieten einen Ausblick in die Zukunft und verkünden als Schlußakkord des Ganzen das Ziel des Liedes. Dieser strophischen Bauform entspricht auch die grammatische Gliederung, die ebenfalls in der dritten Textgruppe Abweichungen aufweist. Während die erste und zweite Strophe aus einem einzigen Satzgefüge bestehen und mit einem Ausrufezeichen enden, weist die dritte drei syntaktische Einheiten auf, die durch Ausrufezeichen gekennzeichnet sind. Ins Auge fällt auch, daß die drittletzte Zeile jeder Strophe hervorgehoben ist durch einen Gedankenstrich, der daraufhin deutet, daß die Sprachbewegung nicht abgeschlossen ist, sondern einen Denkweg eröffnet. Die Intention des Dichters wird aus der Dominanz des Ausrufesatzes ersichtlich, die durch das fünfmal gesetzte Ausrufezeichen signalisiert ist.
Selbst die Aussagesätze haben auffordernden oder ermahnenden Charakter und beschwören in einem appellativen Ton das Gefühl der Solidarität.

Das Sprechen in der Wir-Form verleiht dem Gedicht eine suggestive Wirkung, die verstärkt wird durch die formelhafte Wiederaufnahme der Anfangszeilen der drei Strophen (in Strophe 3 nur Vers 1) und die demonstrative Wiederholung der Wörter »Deutschland« und »deutsch«. Insgesamt tauchen diese Begriffe vierzehnmal auf, zumeist an den besonders wichtigen und einprägsamen Stellen zu Beginn und am Ende der Strophen. Dieser kompositorischen Wiederholung entspricht die rhetorische Komponente, die neben dem Kernwort »Deutschland« auch die inhaltlich wichtigen Wendungen »über alles«, »brüderlich« und »blühen« heraushebt. Fast sprichwortartig wirken die durch Binnenreim oder Alliteration gebundenen Formeln (»Schutz und Trutz«, »Maas und Memel«, »Herz und Hand«, »Glück - Glanz - Glück«), deren Glieder sowohl inhaltlich als auch klanglich miteinander verbunden sind.
Das Lied besingt keine Personen, sondern die abstrakten Begriffe »Deutschland«, »Einigkeit«, »Recht« und »Freiheit«. Diese Abstraktheit entspricht in Verbindung mit starken Affektkorrelaten einer hoffnungsvollen Hinwendung zur Zukunft. Die Handelnden erfahren sich als von gemeinsamen Idealen begeistert und zu gemeinsamem Streben aufgefordert. Dazu dient dem Dichter die Verschmelzung von Wort und Ton. Hoffmann, der sich vom politischen Lied eine besondere Wirkung erhoffte, hat über sein Dichten selbst einmal gesagt:

»Das wahre lyrische Dichten erscheint mir wie ein musikalisches Komponieren mit den Worten, wir schreiben statt der Töne Worte auf; ich habe mich so daran gewöhnt, daß ich beinahe nie dichte, ohne zugleich zu singen.«[43]

Die erste Strophe fordert, »Deutschland . . . über Alles . . . in der Welt« zu lieben. Die Deutung dieser Aufforderung setzt die Klärung der Redesituation voraus: Ein »Deutschland« als Land aller Deutschen gibt es 1841 noch nicht; es gibt deutsche Königreiche und Fürstentümer: Kleinstaaterei als Resultat der fürstlichen Willkür und des fürstlichen Egoismus. »Deutschland« ist also eine aus der Hoffnung geborene Antizipation. Und diese Hoffnung bricht im Volke auf und wird getragen von den demokratischen Kräften, die seit langem fürstlicher Willkür Widerstand geleistet haben und jetzt im Begriff sind, den Boden zu bereiten für die Revolution von 1848. Die konkreten geographischen Grenzbezeichnungen lassen überhören, daß hier keine Tatsache beschrieben, sondern eine Hoffnung ausgesprochen wird, die durch die Großschreibung des zweimal gesetzten

43 Zitiert nach Gerstenberg (17), 52.

»Alles« ein besonderes Gewicht erhält. Die Akkusativform »über Alles« statt »über Allem« signalisiert, wie die Wendung zu verstehen ist. Geht man von sprachlichen Parallelen aus, dann fällt auf, daß wir etwas »über alles schätzen«, »über alles lieben«, daß aber für den Gläubigen Gott »über allem« steht. Da der erste Satz des Liedes kein finites Verbum und also nur ein gedachtes Prädikat hat, gab es bei uns wie im Ausland Raum zur Interpretation. In diesen ›unausgefüllten‹ Raum strömte vieles ein, auch – wie Nietzsche klagt – »Nationalitäten-Wahnsinn« und »Vaterlands-Tölpelei«.[44] Das Ausland, dem das Lied ohnehin unwillkommen war, füllte ihn vornehmlich mit negativen Auslegungen aus: Überheblichkeit, Hegemoniesucht, Prahlerei, Aggressivität. So sagte der französische Deputierte Liégeart im Dezember 1867 in der Militärdebatte der Pariser Nationalversammlung:

»Eine Nation, die ein solches Lied singen kann, zeigt einen Mangel an Bescheidenheit.«[45]

Und der irländische Dramatiker George Bernhard Shaw, der das Lied als imperialistische Eroberungshymne charakterisierte, bemerkte am 12. Dezember 1914, daß Deutschland sich zum Herren »über alles in der Welt«[46] machen wolle. Diese überzogenen Interpretationen des Auslandes sind ungerecht; und man kann hier nicht davon absehen, daß beide Äußerungen schon mitbestimmt werden durch die jeweils gegebene Konfrontation, ja daß dabei schon Kriegspropaganda[47] mitspricht, die bekanntlich immer dem anderen alles Negative anlastet. Ein zersplittertes Deutschland war den führenden Nationen gerade recht. Ein Deutschlandlied, das zur Einigung aufrief, war daher unwillkommen, obwohl es zugleich auf Demokratie zielte.

Sine ira et studio aus dem Sprachsinn verstanden, ist aber mit dem Eingangsvers doch wohl gemeint: Ich liebe mein Land über alles, stelle es über alles. Hoffmann spricht aus einer großen Sorge und Liebe von seinem Vaterland, das ihm verständlicherweise näher steht als alle anderen Länder. Doch auch so verstanden, gibt der erste Satz Anlaß zu kritischer Hinterfragung: Kann ein ›Vaterland‹ ein höchster Wert sein? Gewinnt es

44 Friedrich *Nietzsche:* Studien aus der Umwertungszeit. Musarion-Ausgabe, Band XVI, 368–370.
45 Zitiert nach Christian *Petzet:* Die Blütezeit der deutschen politischen Lyrik von 1840–1850, München 1903, 53.
46 Zitiert nach Gerstenberg (16), 95–96.
47 Situation vor dem 70er Krieg und dem Ersten Weltkrieg.

seinen Wert nicht gerade dadurch, daß es sich höheren Werten verpflichtet weiß? Bei der Interpretation wird leicht übersehen, daß der erste Vers nur unter einer Bedingung gelten soll. Wer ihn richtig lesen will, muß also den Wenn-Satz mitinterpretieren. Und da kommt mancherlei in Betracht: Positives und Negatives. Und es zeigt sich wiederum, wie sehr alles verstanden werden muß aus der Redesituation des Jahres 1841: Das Wort »brüderlich«, das im Wenn-Satz steht und in der Schlußstrophe noch einmal wiederholt wird, hätte gerade den Franzosen angenehm ins Ohr klingen müssen, nahm es doch den Gedanken der »Fraternité« auf, und das in einem Kontext, der auch die beiden anderen Begriffe der großen Trias (»Liberté« und »Egalité«) anklingen ließ. Bedenken konnte aber die zeitbedingte Wendung »zu Schutz und Trutze« (mit »Schutz- und Trutzwaffen« leicht zu assoziieren) auslösen. Dahinter steckt ohne Frage ein antagonistisches Weltbild, das uns heute ärgerlich erscheint, aus der Perspektive von 1841 aber leider als realistisch angesehen werden muß. Wenn wir das heute als nicht mehr akzeptabel ansehen und als zu überwindendes Ärgernis betrachten, so muß doch bedacht werden, daß Deutschland damals Grund hatte, besorgt zu sein.

Die räumliche Eingrenzung Deutschlands in den Versen »Von der Maas bis an die Memel,/Von der Etsch bis an den Belt« erinnert an Walther von der Vogelweide, der aufgrund des Rückfalls der deutschen Stämme in kleinstaatliche Zerrissenheit die deutsche Grenze zog »Von der Elbe unz an den Rîn/und her wider unz an Ungerlant«.[48] Hoffmann steckt das Territorium nicht aggressiv oder hegemonial ab, wie das oft mißverstanden wurde. Seine Abgrenzung nach allen vier Himmelsrichtungen entspricht in etwa dem Gebiet des Deutschen Bundes und überschreitet nicht den damaligen Besitz der deutschen Fürsten. Die emphatische Beschwörung Deutschlands ist also nicht auf territoriale Eroberungen gerichtet, sondern auf die staatliche Einigung des vorhandenen Territoriums.

Aus heutiger Sicht ist aber trotzdem festzuhalten: Die erste Strophe ist geprägt vom Geist des 19. Jahrhunderts als eines Jahrhunderts des übersteigerten Nationalismus. Das gilt aber nicht nur für Deutschland. Wenn Engländer und Franzosen an »zu Schutz und Trutze« und an deutscher Überheblichkeit (»über alles«) Anstoß nehmen, so darf man doch zurückfragen:

Und »Send him victorious, happy and glorious«,
und »marchons, marchons, qu'un sang impur abreuve nos sillons«?

48 Die Gedichte *Walthers von der Vogelweide*, hrsg. v. Carl von Kraus, Berlin ^{12}1959, 80 (56, 38–39).

Die vielfache Interpretierbarkeit der ersten Strophe hat aber vor allem in Deutschland selbst bedauerliche Folgen gehabt: bis hin zur veruntreuenden Annektierung durch Hitler. Die erste Strophe kann schon darum nicht mehr ohne Bedenken gesungen werden. Das hat die Bundesrepublik klar erkannt. Ihr Verzicht auf diese erste Strophe bei offiziellen Anlässen ist ein Beispiel einsichtiger Selbstkritik, das einen Akt der Selbstreinigung dokumentiert.

Während der Dichter in der ersten Textgruppe als Verfechter eines großen deutschen demokratischen Staates die Kleinstaaten aufruft zu Solidarität und Einheit, stellt er in der zweiten Strophe eine deutliche Beziehung her zwischen Patriotismus und ethischer Verantwortung, indem er »Deutsche Frauen, deutsche Treue,/Deutscher Wein und deutscher Sang« als wesentliche Merkmale der Deutschheit hervorhebt und damit die ethische, soziale und musische Gefühlsebene anspricht. Der erste Vers spielt an auf Walther von der Vogelweide, der als Minnesänger die »tiuschen frouwen« von den Frauen anderer Völker abhob:

»mugen wol die besten sîn,
die ich in der werlte hân erkant.«[49]

Daß diese Verknüpfung beabsichtigt ist, beweist die Berufung auf den »alten schönen Klang« im vierten Vers. Wie für Walther sind auch für Hoffmann die liebenswertesten Frauen in Deutschland zu finden. Im Lied »An die deutschen Frauen« singt er:

»Seid mir gegrüßt, ihr deutschen Frauen,
Der schönern Zukunft Morgenroth!
Wem sol vertrau'n, auf wen sol bauen
Das Vaterland in seiner Noth?«[50]

Die Wendung »Deutsche Frauen, deutsche Treue« meint allerdings nicht die Bindung zwischen Mann und Frau nach den sittlichen Maßstäben des 19. Jahrhunderts, sondern die Treue der deutschen Frau zu ihrem Vaterland. Der Frau wird eine politische Aufgabe zugemessen, aber nicht im gesellschaftlich-emanzipatorischen Sinne, sondern als Mutter und Erzieherin:

»Wohlan! ihr sollt im Kind erwecken
Den Sinn für Vaterland und Recht,
Ihr sollt erziehn zum Feindesschrecken
Ein freies biederes Geschlecht.«[51]

49 Walther von der Vogelweide (48), 80 (57, 1–2).
50 *Hoffmann von Fallersleben:* Unpolitische Lieder, Teil 2, Hamburg 1840/41, 1.
51 Hoffmann (50), 1.

Die Addition »Deutscher Wein und deutscher Sang« spielt an auf das deutsche Gemüt. Dahinter steht eine alte Trinkliedtradition, die von alters her auf deutschen Wein und Gesang ein Loblied singt. Die Verse assoziieren zudem das Luther zugeschriebene Wort »Weib, Wein und Gesang«, Beckers »Rheinlied« (»Sie sollen ihn nicht haben, den freien deutschen Rhein/solang sich Herzen laben an seinem Feuerwein«), Gleims 1800 entstandenen Vers »Deutsche Treue, deutscher Wein« und den Refrain von Körners »Männer und Buben«:

»Ein deutsches Mädchen küßt dich nicht,
Ein deutsches Lied erfreut dich nicht
Und deutscher Wein erquickt dich nicht.«[52]

»Frauen«, »Treue«, »Wein« und »Sang« sind also aus der nationalen Tradition hinreichend bekannt und stehen als Inbegriff deutschen Wesens. Die Forderung, daß diese Begriffe ihren »alten schönen Klang« »in der Welt« behalten sollen, rückt den Appell der ersten Strophe aus dem politischen in den ethischen und kulturellen Bereich.

Die Verse fünf und sechs beziehen in der ersten Person plural den Adressaten mit ein und sprechen jeden Deutschen direkt an, und zwar so, daß es völlig offen bleibt, ob die »edle That« im öffentlichen oder im privaten Bereich von ihm erwartet wird. Offensichtlich will der Dichter damit sagen, daß jeder auf seine Weise zur staatlichen Einigung beitragen kann.

Die dritte Strophe[53] setzt gewichtig ein mit einem Polysyndeton, das die Schlüsselbegriffe gleichrangig nebeneinander stellt. Die Forderung nach »Einigkeit« weist zwar auf den politischen Zustand des Landes, aber die Wendung »Recht und Freiheit« ist sowohl in privater als in öffentlichrechtlicher Bedeutung zu verstehen. Der Ausdruck »Vaterland« bringt die persönliche Beziehung zum politischen Staatsgebilde zum Ausdruck. Offensichtlich will der Dichter gerade diesen Bereich ansprechen. Das beweist die ganz aufs Private zielende Diktion der Verse drei und vier, die auf die aus dem Familienverband übernommene Vorstellung von Gemeinschaft anspielen und vor allem das Gemüt ansprechen. Das »Glück« von »Einigkeit und Recht und Freiheit« soll in der Gesinnung der Brüderlichkeit erstrebt werden. Die vier Schlußverse sind der deutlichste Ausdruck dieses Denkens: Die lebendige Gemeinschaft freier und durch das Recht gleichermaßen geschützter Menschen ist die Voraussetzung des allgemeinen Wohles. Die daraus resultierende Bejahung des Staatsverban-

52 *Körner*s Werke. Erster Band, hrsg. v. Hans Zimmer, Leipzig/Wien [2]1916, 205–207.
53 Hoffmann hatte die dritte Strophe zunächst in flämischer Sprache gedichtet.

des durch seine Glieder ist die Grundlage seiner wachsenden Bedeutung. Hoffmann stimmt damit ein in den seit dem hohen Mittelalter immer wieder durch das deutsche Volk klingenden Ruf nach den staatlichen und gesellschaftlichen Voraussetzungen für ein geeintes Deutschland, das nicht mehr der Fürstenherrschaft und Fürstenwillkür unterworfen ist.
Das Wort »Vaterland«, das durch seine Endstellung eine besondere Schwere erhält, strahlt auf alle drei Strophen zurück und erklärt, wie das erste, zweimal gesetzte Wort »Deutschland« zu verstehen ist. Indem der Dichter den Begriff personifiziert und auffordert »im Glanze dieses Glükkes« zu blühen, signalisiert er, daß des Deutschen »Vaterland« kein Abstraktum, sondern ein lebendiges Staatsgebilde ist, wenn die gültigen Werte von allen anerkannt und gelebt werden. »Einigkeit und Recht und Freiheit«, diese drei Worte repräsentieren ein politisches Grundsatzprogramm, in dem sich die Bestrebungen aller fortschrittlichen Kräfte um die Mitte des 19. Jahrhunderts wiedererkennen konnten. Die Forderung nach nationaler Gleichberechtigung neben anderen Staaten beinhaltet einen berechtigten Rechts- und Freiheitsanspruch, der den Rahmen einer zeitlichen Fixierung sprengt und – wie die deutsche Geschichte zeigt – bis in die Gegenwart Gültigkeit hat.
Der Verzicht der Bundesrepublik auf die erste und zweite Strophe bedeutet eine demonstrative Absage an alles, was sich an ihnen als bedenklich erwiesen hat, und diese Absage ist verknüpft mit einem Bekenntnis zu Idealen, die in der Welt von heute höchste Aktualität haben. »Einigkeit und Recht und Freiheit«: Wer möchte darin nicht ausgesprochen sehen, was die Menschen in aller Welt sich heute erhoffen? Diese neue Trias ist die gereinigte Quintessenz der besten Bestrebungen des 18. und 19. Jahrhunderts. Da ist nichts mehr von Nationalismus und Antagonismus. Im Gegenteil: Wer heute »Einigkeit und Recht und Freiheit« im Ernst will, kann das nur mehr wollen auf der Basis eines grenzüberschreitenden Denkens, das allem Nationalismus abgeschworen hat. Die dritte Strophe legt dazu ein Bekenntnis ab. Daß wir sie singen, bedeutet ja auch einen Verzicht, einen Verzicht auf die so leicht falsch interpretierbare und oft mißdeutete erste Strophe.

Eine chauvinistische Interpretation der drei Strophen wird weder durch die Tradition noch durch die persönliche Intention des Verfassers gedeckt. Der Dichter appelliert an die Deutschen, einen politischen Zustand herzustellen, in dem die Werte »Einigkeit und Recht und Freiheit« gelten. Er richtet sich gegen die Zersplitterung in Kleinstaaten und fordert einen freiheitlichen und geeinten Nationalstaat, der von innen stark und von au-

ßen unantastbar ist, weil die Bedingung brüderlichen Zusammenhalts erfüllt ist.
Der Bezug zum Adressaten wird primär über das Gefühl und Gemüt hergestellt: Zusammengehörigkeitsbewußtsein, Stolz auf sogenannte »deutsche« Tugenden, Verlangen und Sehnsucht nach Glück verheißenden Werten sollen alle Menschen von Maas bis Memel, von Etsch bis Belt zusammenschließen und zu »edler That« begeistern. Es gilt, das verpflichtende Erbe zu bewahren und die Gemütswerte zu pflegen, die Hoffmann traditionell repräsentiert sieht durch: die deutsche Frau, die deutsche Treue und die deutsche Begeisterung bei Wein und Gesang. Rhetorisch-suggestiv stellt Hoffmann einer national empfindenden Bürgerschaft seine Idee von einem einigen Nationalstaat vor, in dem das Naturrecht des Einzelnen mit dem Recht der Nation verknüpft ist. Aber sein Zukunftsentwurf ist charakterisiert durch die Beschränkung auf allgemeine und abstrakte Begriffe, deren inhaltliche Aktualisierung vom historischen Verständnis bzw. zeitgenössischen Sprachgebrauch des jeweiligen Lesers abhängt. Der Text kann daher weder das damalige Bewußtsein konkret darstellen noch einen klarumrissenen Zukunftsentwurf vorgeben. Jede Zeit kann ihr eigenes Bild, ihre eigenen Wünsche aus dem Gedicht herauslesen, sofern sie sie nur mit denselben Begriffen bezeichnet. Die einzige verifizierbare Aussage ist die Angabe der geographischen Grenzen – und die ist in einer relativ beiläufigen Apposition gegeben. Der einzige objektive Satz dagegen – »Einigkeit und Recht und Freiheit sind des Glückes Unterpfand« –, der als theoretische Begründung des in den Imperativsätzen Geforderten fungiert, ist keine Beschreibung der Tatsachen, sondern ein Imperativ, der bestimmte ethische und gesellschaftsphilosophische Vorentscheidungen impliziert.
In Hoffmanns Wunschvorstellung hängt der Wert des Staates von der moralischen Integrität seiner Bürger ab. Die Verbindlichkeit des Ziels wird damit begründet, daß es Voraussetzung ist für das Glück, zu dessen Verwirklichung es des brüderlichen Strebens aller bedarf. Wie das Wort »Glück«, das in der dritten Strophe zweimal steht, verstanden werden soll, ergibt sich aus allem, was hier zum Deutschlandlied gesagt worden ist. Dieses Glück verdankt sich dem erfüllten Streben nach dem, was die dritte Strophe postuliert. In diesem Sinne ist die Trias »Einigkeit und Recht und Freiheit« sein »Unterpfand«.
Das Gedicht trägt den Titel »Das Lied der Deutschen«. Liedhaft ist die wörtliche Wiederholung der Anfangsverse und liedhaft wirkt die Beschränkung auf einen Gedankengang in jeder Strophe. Zudem erhält der Text den Anschein des Liedhaften durch einige Stilmittel: durch die Be-

schränkung der Abstrakta auf solche aus dem gebräuchlichen Wortschatz (Einigkeit, Recht, Freiheit, Glück), durch die Verwendung von formelhaften Redewendungen (»Schutz und Trutz«, »Herz und Hand«), durch die Auffächerung von Sachverhalten in konkrete Einzelheiten (Maas bis Memel, Etsch bis Belt) und durch die Beschränkung der Begründungen auf durch die Wortwahl hervorgerufene Assoziationen. Sowohl die Verwendung der ersten Person Plural als auch die häufig elliptischen Imperative geben dem Gedicht den Charakter eines Gemeinschaftsliedes. Das »Wir« wird zwar nicht näher präzisiert, ist aber aus dem Kontext als die Gemeinschaft der Deutschen zu verstehen. Indem so alle Deutschen in das Aussageobjekt einbezogen sind, werden ihnen die Wertvorstellungen des Autors als die ihren unterstellt.

Dieser sanfte Zwang wird allerdings durch die Form des Appells wieder etwas abgeschwächt. Die volkstümliche Strophenform und die schlagkräftigen Formulierungen geben dem Appell suggestive Kraft und bewirken, daß der Aussageinhalt nahezu unreflektiert rezipiert werden kann. Hoffmann, dessen Stärke es war, einfach und volksnah zu formulieren, war mit dem Volkslied eng vertraut (im WS 1840/41 hielt er an der Universität Breslau eine Vorlesung über das Volkslied), und so traf er denn auch mit seinem Deutschlandlied den Ton des Volkes. Dennoch ist das Gedicht vom Volkslied weit entfernt. Es unterscheidet sich durch seinen präskriptiven Charakter und die theoretische Logik seines Gedankenablaufs, der auch die Stropheneinteilung folgt (Strophe 1: Forderung, Strophe 2: nähere Erläuterung der Forderung, Strophe 3: Bekräftigung und moralische Begründung). Seine künstlerische Gestaltung ist anspruchslos, denn es benutzt bekannte formale Klischees. Dennoch ist es nicht unoriginell und epigonenhaft. Der Leser wird ins Gedicht integriert durch die Erweiterung des aussagenden Ichs zum »Wir« und durch die Diktion des gemeinsamen Singens. Die gefühlsmäßige Verbindung, die auf diese Art zwischen Aussagesubjekt und Leser geschaffen wird, soll das Gefühl unmittelbar ansprechen und die distanzierende Reflexion ausschalten. So erweist sich das »Lied der Deutschen« als ein appellierendes Preisgedicht, das der tatsächlichen politischen Situation ein wunschhaftes Zukunftsbild entgegenstellt und mit rhetorischen und poetischen Mitteln Solidarität und Begeisterung zu wecken versucht.

Der Titel weist schon in der Erstfassung die bestimmten Artikel auf. Der Dichter stellte damit eine hohe Erwartung an das Lied, das seine Bedeutung als Nationalhymne aber erst später bekam. Zu diesem Zeitpunkt hatte sich die Gemeinschaft schon konstituiert, und die gemeinsame Wie-

derholung des Appells hatte nur noch den Sinn einer bestärkenden Bestätigung.
Was bei Hoffmann von Fallersleben als motivierender Anruf gedacht war, erhielt nach der politischen Einigung den Charakter eines Ideals, dem nachzuspüren man nicht aufhören durfte. Die konkrete Form des geeinigten Deutschland hatte zwar wenig zu tun mit der Wertvorstellung, die Hoffmann in seinem Gedicht gemeint hatte, und die Anspielungen auf das Mittelalter wurden nicht mehr so spontan verstanden wie in der Zeit, die durch die Schule der Romantik gegangen war. Überholt ist längst die einzige konkrete Angabe, die der geographischen Grenzen. Unmodern geworden ist der moralische Appell an den Einzelnen. Inopportun wurde die Berufung auf die deutsche Vergangenheit, in der heute neben dem »alten schönen Klang« soviel Mißliches mitschwingt. Die dritte Strophe aber enthält »wesentliche Elemente der politischen Gegenwart«.[54] »Einigkeit und Recht und Freiheit« sind Leitworte der Bonner Politik, und das offizielle Selbstverständnis unseres Staates läßt sich zweifellos unter diesen Worten subsumieren. Wieweit diese Strophe allerdings von den Bürgern als adäquater Ausdruck ihres National- und Staatsbewußtseins akzeptiert wird, ist eine Frage, die zu beantworten nicht mehr Aufgabe einer literaturwissenschaftlichen Untersuchung ist. Dennoch soll zumindest darauf hingewiesen werden, daß viele Bundesbürger sich mit dem Deutschlandlied nicht identifizieren[55] können. Umfragen haben ergeben, daß nur eine Minderheit unseres Volkes den Text der dritten Strophe beherrscht. Bei internationalen Sportveranstaltungen bleiben viele unserer Spieler stumm, wenn die deutsche Nationalhymne erklingt.[56] Der baden-württembergische Kultusminister Gerhard Mayer-Vorfelder löste 1986 einen Sturm der Entrüstung aus, als er erklärte, »es stehe im pädagogischen Ermessen des Lehrers, auch die erste und die zweite Strophe mitzubehandeln«.[57] Zweifellos ist eine uneingeschränkte Zustimmung zur Nationalhymne durch tiefe Einschnitte in unserer geschichtlichen Tradition erschwert. Dennoch stellt sich die Frage, ob die spürbare Indifferenz wei-

54 Wünschel (21).
55 Vgl. Günter *Buchstab:* Die Geschichte von Nationalflagge und Nationalhymne. Ein Spiegel deutscher Staatlichkeit. In: Eichholz Brief 4 (1984), 15.
56 Obwohl 1984 ein Funktionär des Deutschen Fußballbundes bei der Vorbereitung auf das Weltmeisterschaftsqualifikationsspiel Handzettel mit dem Text der dritten Strophe verteilt hatte, sangen die Spieler nicht mit.
57 Wie viele Strophen hat die deutsche Nationalhymne? Interview mit Mayer-Vorfelder. In: Die Zeit, Nr. 30, 18. 7. 1986.

ter Teile der bundesdeutschen Bevölkerung gegenüber der dritten Strophe des Deutschlandliedes nicht auch ein Zeichen ist für die Gleichgültigkeit vieler Bürger dem Staat gegenüber. Um des freiheitlichen Rechtsstaates willen scheint es daher geboten, der Hymne größere Aufmerksamkeit zu widmen. Zu Recht weist Helmut Herles in der »Frankfurter Allgemeinen« vom 4. 1. 88 darauf hin, »daß es an der Zeit wäre, überall an den Schulen über den eigentlichen Text, den Mißbrauch während der Hitler-Zeit und dessen Repatriierung durch Heuß und Adenauer zu unterrichten«.[58] Eine solch sachliche Auseinandersetzung mit dem Deutschlandlied könnte der nachwachsenden Generation helfen, eine eigene nationale Identität zu finden, ein gesundes Nationalbewußtsein zu entwickeln und die dritte Strophe als symbolisches Bekenntnis zu unserer Demokratie zu bejahen.

58 Helmut *Herles:* Schwierigkeiten mit der Hymne. In: FAZ, Nr. 2, 4.1. 1988, 3.

L'unità della cultura europea

Paolo Barbi

Penso che non ci sia miglior modo di rendere omaggio ad una personalità quale è Kai-Uwe von Hassel, che ha dedicato gran parte della sua vita alla realizzazione dell'ideale unitario europeo, che quello di far riflettere i lettori sulle sue radici più profonde e più feconde, che sono indubbiamente le radici culturali.
Lo spunto per tale riflessione mi viene offerto dalla lettura delle tre conversazioni su »L'unità della cultura europea« che il poeta e critico inglese Thomas Eliot rivolse attraverso la radio agli ascoltatori tedeschi nell'immediato dopoguerra, nel 1946: sono considerazioni che, a quarant'anni di distanza, conservano tutta la loro validità ed efficacia. Le rievocherò con le sue stesse parole e poi mi permetterò di aggiungere qualche osservazione personale.

*

Tutte e tre le conversazioni sono fatte »dal punto di vista di un uomo di lettpre«, e la prima Eliot la incentrò sulla poesia, com'era naturale essendo lui stesso un poeta. Egli prese le mosse dalla sua convinzione che la lingua inglese sia la più idonea per la poesia perchè »la più ricca fra tutte le lingue dell'Europa moderna«, sia per le parole che per i ritmi. Essa, infatti, ha »il vocabolario più ampio«, dovuto alla »varietà degli elementi di cui l'inglese è costituito«: »il fondamento germanico«, »un considerevole apporto scandinavo dovuto in primo luogo alla conquista danese«, »l'elemento franco-normanno, successivo alla conquista normanna«, le »influenze francesi, riconoscibili nelle parole adottate in età diverse«, l'elemento celtico« e »le nuove parole coniate dal latino« dal sedicesimo secolo in poi. Ma »la ricchezza poetica della lingua inglese sta in primo luogo nella varietà degli elementi metrici« apportati da ciascuna di quelle lingue: »vi è il ritmo dell'antico verso sassone, i ritmi del franco-normanno e del gallese, e vi si nota anche l'influenza dello studio di generazioni sulla poesia latino e greca«.
»Non jui sono dato la pena di parlarvi per lodare la mia lingua – precisò a questo punto Eliot – il motivo di questa trattazione è che io ritengo che *la*

ragione per cui la lingua inglese è così accencia alla poesia sta nell'essere tratta da tante diverse fonti europee«.[1]

Ciò vale non solo per la poesia, ma per tutte le arti: la pittura, la scultura, l'architettura, la musica. »Sono così giunto ad una importante verità riguardo alla cultura europea, e cioè che nessuna nazione e nessuna lingua avrebbe compiuto ciò che ha compiuto se la medesima arte non fosse stata coltivata in paesi vicini, in lingue diverse. Né possiamo comprendere alcuna letteratura curopea senza conoscere ampiamente le altre«. E precisò con grande chiarezza: »la possibilità che ciascuna letteratura si rimuovi e proceda a nuova attività creatrici e compia nuove scoperte nell'uso delle parole, dipende da due cose: in primo luogo dalla sua capacità di ricercare e di assimilare influenze dall'esterno, ed in secondo luogo dalla sua capacità di ritornare ad apprendere dalle sue stesse fonti«. »Di conseguenza »quando le diverse nazioni d'Europa sono divise l'una dall'altra, quando i poeti non leggono più altra letteratura che quella nella loro lingua, la poesia di ogni paese dovrà decadere.« E se è vero che »ogni letteratura deve avere fonti che le sono peculiari, radicate nella sua stessa storia«, »non sono di minore importanza le fonti che abbiamo in comune: cioè la letteratura di Roma, della Grecia e di Israele«.

Nella poesia, dunque, e in tutte le arti si trovano sempre »gli stessi tre elementi: la tradizione locale, la comune tradizione europea e l'influenza dell'arte di un paese europeo sull'altro«. »In paesia non vi è originalità completa, che nulla debba al passato. Ogni qualvolta nasca un Virgilio, un Dante, uno Shakespeare, un Goethe, l'intero futuro della poesia europea viene modificato.«

*

Nella seconda conversazione Eliot affrontò – sempre »dal punto di vista di un uomo di lettere« – l'aspetto politico dell'unità della cultura europea. E lo affrontò narrando la sua esperienza di direttore di una rivista, »Il Criterio«, da lui stesso fondata con l'aiuto finanziario di Lady Rothermere nel 1922 e pubblicata fino al 1939. La pubblicazione si proponeva »di raccogliere il neglio del nuovo pensiero e dei nuovi scritti del tempo, da tutti i paesi d'Europa che avessero qualcosa di utile da offrire. Naturalmente la rivista era principalmente destinata ai lettori inglesi, e perciò tutti i contributi stranieri devevano apparire in traduzioni inglesi«; ma era »internazionale nell'impossazione«. Perciò cercò di »stabilire dei rapporti

1 La sottolineatura è dell'autore dell articolo.

con quei periodici letterari esteri i cui fini si accostassero« ai suoi (la »Nouvelle Revue Française«, la »Neue Rundschau«, la »Revista de Occidente«, il »Convegno«, ecc.), per »stimolare quella circolazione del pensiero e della sensibilità tra nazione e nazione d'Europa che feconda e rimouve dall'esterno la letteratura di ciascuna di esse«. »Tali rapporti si svilupparono in modo assai soddisfacente. E non fu colpa di nessuno dei direttori interessati se più tardi languirono«. Alla fine gli scopi della rivista – in cui apparvero scritti di autori di prim'ordine come Proust, Valéry, Mallarmé, Thoma Mann, Henry Miller, Pirandello, Croce, Yeats, Malraux, e altri – »fallirono, principalmente per il graduale chiudersi delle frontiere mentali in Europa. Una sorta di autarchia culturale seguì inevitabilmente l'autarchia politica ed economica«. »Il flagello cadde dapprima sui nostri amici d'Italia. Dopo il 1933 divenne sempre più difficile ricevere contributi dalla Germania . . . Più confuso è quel che accadde in Spagna: il tumulto della guerra civile non fu favorevole al pensiero e alla creazione letteraria e quella guerra divise e disperse quando non sopresse molti dei suoi scrittori più capaci. Nella Francia vi fu ancora libera attività intellettuale, ma sempre più tormentata e limitata da inquictudini e preoccupazioni politiche, e dalle divisioni interne riginate da pregiu izi politici. L'In hilterra, sebbene manifestasse qualche sintomo della medesima malattia, rimase apparentemente intatta. Ma credo che la nostra letteratura di quel periodo abbia sofferto dal venir sempre maggiormente limitata alle sue uniche risorse«.

Noi avevamo »l'idea – disse Eliot – che in Europa esistesse una fraternità internazionale fra uomini di lettore, un legame che non sostituiva, ma che era anzi perfettamente compatibile con i vincoli nazionali e religiosi e con le divergenze nella filosofia politica. E che non fosse nostro compito far prevalere una qualsiasi idea particolare, quanto mantenere l'attività intellettuale al livello più alto«. Invece prevalse la politica, quella politica »che non unisce ma divide« e »tende a distruggere l'unità culturale d'Europa«. »Non pretendo – egli riconobbe, realisticamente – che la politica e la cultura non abbiano nulla a che fare l'una con l'altra«. »La struttura politica di una nazione ne influenza la cultura e ne è a sua volta influenzata. Na ogni troppo ci interessiamo ciascuno della politica interna dell'altro, e nello stesso tempo abbiamo assai scarsi contatti con la cultura dell'altro«. E la cultura – a differenza della politica – non è una costruzione, una organizzazione; è qualcosa che deve crescere liberamente. Come un albero: »non potete costruirlo, potete soltanto piantarlo e curarlo e attendere che germogli nel tempo dovuto«. La politica, perciò non deve pretendere di condizionare la cultura, ma al contrario deve nutrirsene. E »perchè la cultura europea fiorisca si richiedono due condizioni: che la cultura di ogni paese sia unica, e che le diverse culture riconoscano la reciproca relazione, cosicchè ciascuna sia in grado di accogliere l'influenza delle altre. E ciò è possibile poichè vi è un elemento comune nella cultura europea, ed è una storia di rapporti nel ensiero, el sentimento, nelle condotta, uno scambio di arti e de idee«. Rapporti che si sono naturalmente sviluppati ogni qualvolta non sono stati impediti o distorti da una politica errata, inumana, anticristiana ci divisioni e di chiusure.

*

Nelle due prime conversazioni Eliot aveva trattato dell'unità sostanziale della cultura europea e della necessità di preservarla dal pericolo delle divisioni politiche abnormi: perciò aveva »fatto uso frequente della parola *cultura«*. Ma che cosa si deve intendere precisamente con tale termine? Ecco l'oggetto della terza conversazione.
»Come *democrazia* così anche *cultura* è un termine che devezesser non solamente definito, ma illustrato, quasi ogni volta – che lo usiamo«. »Per *cultura* intendo anzitutto quello che intendono gli antropologi: un modo di vivere di un particolare popolo che vive in un certo luogo. Tale cultura è visibile nell'arte, nel sistema sociale, nelle abitudini e nei costumi, nella religione«. Queste però sono sole »le parti in cui può anatomizzarsi una cultura, come un corpo umano. Ma proprio come un uomo è qualcosa di più che non l'insieme delle varie parti che ne costituiscono il corpo, così la cultura è più della riunione delle sue arti, costumi e credenze religiose«. Molta importanza per l'unità di una cultura ha la lingua, »ma le culture di popoli diversi si influenzano a vicenda« (come »ho accennato recexentemente«): »cioè le culture di popoli di lingua diversa possono avere rapporti più o meno stresti, e talora cosi stretti che possiamo parlare di essi come avessero una cultura comune. Och, quando parliamo di *cultura europea,* intendiamo le identitá che possiamo scoprire in varie culture nazionali; e naturalmente anche in Europa the alcune culture vi sono rapporti più stretti che tra altre«.
Orbene, quali sono i »caratteri comuni che permettono i parlare di cultura europea? Per Eliot non c'è dubbio: »la forza dominante nella creazione di una cultura commune tra popoli, ciascone dei quali abbia una cultura distinta, è la religione«. Quindi è la »comune tradizione cristiana che la facto l'Europa quella che è; sono i »comuni elementi culturali che questa cristianità ha protato con sê«. Egli non fa una questione religiosa, di fede

(»questa non è una conversazione religiosa – disse ai suoi ascoltatori tedeschi – nè io mi propongo di convertire alcune«): considera il Cristianesimo come base di cultura, come elemento portante di una civiltà. »Un singolo europeo può non credere che la Fede Cristiana sia la vera, e tuttaria ciò che egli dice e fa scaturirà dalla parte i cultura christiana di cui è erede e da quella trarrà significato. Solamente una cultura cristiana avrebbe potuto produrre un Voltaire, ed un Nietzsche«. Qualche anno proma Benedetto Croce – che, a differenza di Eliot, non era certo un credente – aveva scritto un opuscolo per spiegare »perchè non possiamo non dirci cristiani«. Na lui aggiunge che »se il Cristianesimo se ne va, se ne va tutta la nostra cultura. Ed allora voi dovaete ricominciare faticosamente da capo e non potrete indossare una nuova cultura già fatta . . . Dovrete attraversare molti secoli di barbarie«.
Infatti noi »dobbiamo molte cose alla nostra eredità cristiana, oltre alle fede religiosa: la nostra unità si fonda in questa eredità, nel Cristianesimo e nella antiche civiltà della Grecia, di Roma e di Israele, alle quali, attraverso duemila anni di Cristianesimo, noi riconduciamo le nostre origini«.
»Questa unità negli elementi comuni della cultura è da molti secoli il vero legame tra di noi. *Nessuna organizzazione politica ed economica, quale che sia la buona volontá che essa voglia imporre, quò supplire a quanto dà questa unità culturale«.*[2]
Questo lo induce a distinguere »tra organizzazione materiale e organismo spirituale dell'Europa. Se quest'ultimo muore, quel che organizzerete non sarà l'Europa, ma unicamente una massa di esseri umani che parla diverse lingue«. Ma come »non vi può essere cultura europea se i diversi paesi sono isolati l'uno dal l'altro«, così »non vi può esser cultura europea ove tutti questi paesi vengano ridotti ad una identità indifferenziata. Ci occorre carietà nell'unità: non l'unita dell'organizzazione, ma della natura«.
Strumento essenziale per la conservazione e lo sviluppo di tale unità culturale devono essere – per Eliot – le università d'Europa che »dovrebbero avere ideali comuni e obblighi reciproci«, non quali »instituzioni meramente nazionali, anche se ciascuna è sostenuta dalla nazione«, ma »indipendenti dai governi«, non tanto »nel compito di formare una burocrazia efficiente« quanto soprattutto per »mirare alla conservazione della scienza, al perseguimento del vero e, per quel che é possibile agli uomini, al conseguimento della saggezza«.
Egli concluse le sue tre conversazioni con un »appello agli uomini di lette-

2 La sottolineatura è dell'autore dell'articolo.

re dell'Europa: »mantenete questa nostra cultura comme incontaminata da influenze politiche«, giacchè »nel nostro mondo, che ha visto tanta devastazione materiale, anche questo patrimonio spirituale è in imminente pericolo.«

*

Da allora sono passati oltre quarant'anni. Molte cose sono cambiate nella vita *materiale* – cioè politica ed economica – degli Europei; ma nulla si è verificato che abbia intaccato la validità di quanto Eliot allora disse sulla loro unità *spirituale*. Anzi la stessa tragica esperienza bellica e postbellica degli effetti della divisioni politiche e le impellenti esigenze della vita economica, l'incombente minaccia dell'imperialismo militarista sovietico e l'ossessiva sfida degli sviluppi tecnologici e dell'espansione commerciale nippo-americana, hanno indotto politici ed economisti, imprenditori e sindacalisti a cercare forme di intesa e di cooperazione – se non proprio di unità, finoraanche per la vita materiale europea. Lo hanno fatto, si direbbe, di malavoglia, costretti dalla dura realtà, tra mille esistazioni e diffidenze, senza convinzione, senza slancio, senza decisione. Perchè? Soprattutto perchè – credo – sono privi della carica ideale unitaria, perchè sono ancora sviati dai sedimenti storici di lunghi secoli di divisione politiche, di conflittualità nazionalistiche, di velleità sopraffattorie, imperialistiche. Perchè nella maggior parte degli uomini di governo – e dei parlamenti che li sostengono, e delle opinioni pubbliche cui devono render conto – sui valori unitari della cultura europea prevalgono gli instinti e i sentimenti particolaristici, le chiusure egoistiche. Perchè non vedono – o non credono – la possibiliti di conciliare la diversità con l'unità; temono che una piû stretta e più stabile trione europea comprometta le peculiariti nazionali, affoghi nell'uniformità la ricca e feconca varietò dei nostri popoli, ne sopprima l'originalità e la vitalitá.

E' qui che sta l'impertanza e la permanente validità delle riflessioni di Eliot. Egli ha saputo indicare agli intelletti e ai cuori degli Europei la via giusta della »varietà dell'unità« non come un mero espediente politico (di »organizzazione«), ma come una condizione naturale della cultura europea, come una sua esigenza vitale. Ricordiamolo ancora: »quando le diverse natzioni d'Europa somo divise l'una dall'altra, quando i poeti non legeno più altra letteratura che quella della loro lingua, la poesia d'ogni paese dovrà decadere«. Significa questo uniformità, compressione o eliminazione dei valori reculiari di ciascuno? No, al contrario significa indi-

spensabile alimentazione di questi valori, nel riconoscimento delle comuni origini e delle continue reciproche influenze.
Secondo Eliot, dunque, la storia della cultura europea – della nostra vita spirituale – sta a dimostrare la fecondità di tali reciproci rapporti: non solo la lingua inglese ma, ovviamente, tutte le nostre lingue sono vissute e si sono sviluppate in questo vasto, complesso, ricchissimo sistema di relazioni; non solo la cultura inglese ma tutte le nostre culture non sono il prodotto di chiusure nazionalistiche, di »autarchie culturali« – che sono sempre sterili, involutive, mortali – bensì di un'ampia, continua reciproca conoscenza e influenza. Ed è proprio in questa sostanziale unità di relazioni e di influenze – oltre che nelle comuni origini greco-romane ed ebraico-cristiane – che è stato reso possibile il grandioso fiorire della civiltà europea e la stessa pluralità e varietà delle sue incarnazioni.
Eliot non lo dice (anche perchè aveva, verosimilmente, una notevole diffidenza per la politica: d'altronde nel '46 erano ancora fumanti le rovine che sconsiderati usi e pessimi abusi detsa politica avevano prodotto), na tutto ciò vale anche *per la vita materiale* degli Europei: per il semplicissimo fatto che l'uomo – sia come singola persona, sia come πολιτικὸν ζῶόν – non è soltanto materia, corpo, »Magenfrage«, ma è anche spirito e realizza pienamente la sua natura quando lo spirito guida il corpo, quando l'intelletto e la ragione illuminano tette le sue attivitá, comprese quelle materiali, e quando la volontà domina l'istinto. Quindi anche l'economia e la politica – la vita materiale – devono farsi illuminare da quei valori e da quei criteri che emergono nella vita spirituale, nella cultura.
In verità ciò avviene normalmente e, vorrei dire, inevitabilmente – perché così lo impone la natura stessa dell'uomo. Senonchè può accadere – ed è, purtroppo, accaduto – che l'intelletto e la ragione umani, limitati e imperfetti come sono, elaborino teorie, forniscano indicazioni, costruiscano culture erronee, sballate, inumane, da cui l'economia e la politica vengono influenzate e determinate. Puó accadere – ed è accaduto – che sviamenti, abusi, misfatti politici cerchino giustificazioni e teorizzazioni nei risvolti dello sviluppo culturale. Le filosofie immanentistiche positivismo, idcalismo, storicismo – contestando e negando il valore universale delle norme morali, hanno largamente ispirato e in certo modo »autorizzato« gli individualismi, gli egioismi, gli sfruttamenti spregiudicati che hanno caratterizzato la vita economica degli ultimi secoli; ed hanno is irato o quanto meno hanno formito guistificazioni ai nazionalismi, alle autarchie, agli imperialismi che hanno funestrato la vita politica. Ed ancor oggi una targamente diffusa »cultura« materialistica – sia nella sua forma em-

pirica, sia in quella dialettica – influenza negativamente gran parte dell'economia mondiale portandola alle aberrazioni dello sfrenato sfruttamento capitalistico o della rovinosa oppressiche collettivistica – ambedue, paradossalmente, distruttori dei valori personali, ambedue massificanti – e determina la politica mondiale con la sua concezione della dialettica, cioè della naturale e necessaria contrapposizione di tesi e antitesi, con la sua teorizzazione della conflittvalità permanente come legge della natura umana, anzi di tutta la realtà, e così la avvia sulla china fatale delle lotte inevitabili, delle sfide imperialistiche, della folle corsa agli armamenti.
Non qualunque cultura, dunque, non qualungque elaborazione dello spirito umano è in grado di illuminare afficacemente e di guidere positivamente la vita politica ed economica. Ed Eliot lo sapeva benissimo e non ha mai esitato in tale valutazione. Il suo giudizio é stato netto e preciso: la cultura che ha caratterizzato il cammino della civiltà europea e che il ha fornito la forza costruttiva per il progresso dei nostri popoli é quella che affonda le sue radici nell'arte e nella filosofia greca, nel diritto romano, nella trascendenza ebraica, nella giustizia, nell'uguaglianza, nella libertà e nell'amore insegnati dal Cristianesimo. E' questo il »patrimonio spirituale« che egli nel '46 veveda in »imminente pericolo«. E' questo il »patrimonio spirituale« che »gli uomini di lettere« – cui egli rivolgeva il suo appello – hanno la responsibilità di mantenere »incontaminato«. Allora si era appena usciti dalle miseranda esperienza delle autarchie nazionali naziste e fasciste che però si erano diffuse e avevano coinvolto anche i regimi democratici e avevano prodotto non solo la decadenza e la miseria economica, non sole le conflittualità e gli sciovinismi politici, ma anche quello che Eliot chiamava il »graduale chiudersi delle fronttere mentali in Europa« con l'inevitale conseguenza del generale impoverimento intellettuale, della miseria e della decadenza culturale di tutti gli Europei. Ora c'é il pericolo che il residuo di quelle strutture autarchiche e gli effetti tardivi di quelle chiusure mentali intralcino ed ostacolino il processo di unione che è stato avviato. Ed è un pericolo reale, che abbiamo sotto gli occhi ogni giorno e che si è manifestato macroscopicamente nella sorda – e, aihmè, vicente – resistenza delle burocrazie, delle diplomazie, dei governi di molti paesi di fronte alle proposta unificatrice del Parlamento Europeo.
Perciò ritengo veramente opportuna e molto utile la rilettura e ta meditazione delle parole di Eliot sull'»unità della cultura europea«.
Egli ci riconduce sapientemente alle fonti comuni e alla comune condizione di reciprova influenza della nostra civiltà.
Egli ci ricorda che non la dialettica e le conflittualità materialistiche ma la solidarietà e l'amore cristiano costituiscono la base più solida per la con-

vivenza pacifica e per il progresso civile dei nostri popoli. Solo il cristianesimo – egli aveva scritto già prima della guerra nel suo saggio sulla »'idea di una società cristiana« del '39 – può costituire il fondamento di una societá più umana, non perfetta ma sempre perfettibile, secondo l'indicazione di ideali universali, perenni, inesauribili e quindi mai compiutamente realizzati. Solo il Cristianesimo può ispirare un'azione politica non conservatrice del potere conseguido, ma continuamente revolta alla perfettibilità della società umana che ha »constatemente bisogno di riforme«.
Egli ci ha ricordato che non l'isolamento ma l'apertura, non la sopraffazione dell'uno sull'altro ma la conoscenza reciproca e la comprensione, non la piatta uniformità ma la ricca varietà, hanno costituito in passato le ragioni della grandiosa fioritura della nostra cultura e devono costituire anche in avvenire le vie del suo ulteriore sviluppo. Ci ha indicato, cioè, – perlando dell'»unità delle cultura europea« – quelle necessità di conciliare la molteplicità con l'unità, la varietà e la peculiarità con la comunanza e l'integrazinone dei nostri valori *spirituali* che costituisce il fondamento e la premessa del rispetto e del potenziamento dei singoli nel tutto, delle varie nazioni nell'unione, degli interessi particolari nell'interesse generale: che è – sul terreno della *vita materiale,* cioè dell'economia e della politica – la *proposta* del *federalismo.*
Non so se Eliot sia stato un federalista. E non so noppure so lo sarebbe oggi. Verosimilmente direbbe, unmilmente, che lui di politica non se ne intende, che lui è solo un »uomo di lettere«.
Ma so con certezza che da »uomo di lettere« egli ha fornito una delle più efficaci basi culturali a quanti – in politica – vogliono essere federalisti, proprio perchè vogliono che la *vita materiale* degli Europei sia dominata dalla *vita spirituale,* che gli instinti materiali – di divisione e di lotta – siano dominati dalla ragione spirituale – che suggerisce cooperazione, solidarietà, unione.

Die Einheit der europäischen Kultur*

Paolo Barbi

Meines Erachtens gibt es keine bessere Weise, eine Persönlichkeit wie Kai-Uwe von Hassel zu ehren, der einen großen Teil seines Lebens der Verwirklichung des Ideals von der Einheit Europas gewidmet hat, als die Leser zu bewegen, über die tiefsten und fruchtbarsten Wurzeln Europas nachzudenken, die unzweifelhaft die kulturellen Wurzeln sind.
Der Ausgangspunkt für eine solche Überlegung bot sich mir an in der Lektüre der drei Reden über »Die Einheit der europäischen Kultur«, die der englische Dichter und Kritiker Thomas Eliot unmittelbar nach dem Kriege, im Jahre 1946, über den Rundfunk an die deutschen Hörer richtete: diese Reden behalten auch 40 Jahre nachher noch ihre volle Gültigkeit und Wirkung. Ich rufe sie im Wortlaut wieder in Erinnerung und erlaube mir dann, einige persönliche Worte hinzuzufügen.

*

Alle drei Reden sind geschrieben »vom Gesichtspunkt eines Schriftstellers«: die erste geht von der Dichtung aus, wie es einem Dichter natürlicherweise zukommt. Er ging dabei von der Überzeugung aus, daß die englische Sprache für die Dichtung am geeignetsten ist, da sie »die reichste unter den Sprachen des modernen Europas« ist, sowohl wegen der Worte als auch wegen des Rhythmus. Sie verfügt über den »größten Wortschatz« dank der »großen Verschiedenheit der Elemente, aus denen das Englische zusammengesetzt ist«: das »germanische Fundament«, »ein wichtiger Beitrag aus Skandinavien, an erster Stelle dank der dänischen Eroberung«, das »franko-normannische Element, das der normannischen Eroberung folgte«, die »französischen Einflüsse, die an den Worten erkennbar sind, dic in verschiedenen Zeiten übernommen wurden«, das »keltische Element«, und »die Neubildungen aus dem Lateinischen« vom sechzehnten Jahrhundert an und später. Aber »der dichterische Reichtum der englischen Sprache liegt vor allem in dem Reichtum der metrischen Elemente«, die von jeder dieser Sprachen stammen: »da ist der Rhythmus des antiken sächsischen Verses, die Rhythmen des franko-normannischen

* aus dem Italienischen von Karl Josef Hahn

und des gallischen Verses, und hier zeigt sich auch der Einfluß des Studiums von Generationen an der lateinischen und griechischen Dichtung«. »Ich habe mir nicht diese Mühe genommen, um meine Sprache zu preisen« - erklärte Eliot an dieser Stelle - »das Motiv dieser Überlegungen liegt darin, daß meiner Meinung nach der Grund für die besondere Eignung der englischen Sprache für die Dichtung darin gegeben ist, daß sie aus verschiedenen europäischen Quellen schöpft.«
Das gilt nicht nur für die Dichtung, sondern für alle Künste: die Malerei, die Bildhauerkunst, die Architektur, die Musik. »Ich gelange auf diese Weise zu einer wichtigen Wahrheit bezüglich der europäischen Kultur, und zwar die, daß keine Nation und keine Sprache vollbracht hätte, was sie vollbracht hat, wenn diese Kunst nicht zugleich in benachbarten Ländern, in benachbarten Sprachen gepflegt worden wäre. Und wir können auch keine europäische Literatur begreifen ohne tiefe Kenntnis der anderen.« Und er führt mit großer Klarheit näher aus: »Die Möglichkeit, daß jede Literatur sich erneuert und zu neuer schöpferischer Tätigkeit fortschreitet und im Gebrauch der Sprache neue Entdeckungen macht, hängt von zwei Dingen ab: erstens von der Fähigkeit, Einflüsse von außen zu suchen und in sich aufzunehmen, und zweitens von der Fähigkeit, zu sich zurückzukehren und aus den eigenen Quellen zu lernen.« »Wenn die verschiedenen Völker Europas voneinander getrennt sind, wenn die Dichter nicht mehr eine andere Literatur lesen als die der eigenen Sprache, verfällt die Dichtung jedes Landes.« Und wenn es wahr ist, daß »jede Literatur Quellen haben muß, die ihr gemäß sind, in derselben Geschichte ihre Wurzeln haben muß«, dann »sind die gemeinsamen Wurzeln nicht weniger wichtig: das heißt die Dichtung Roms, Griechenlands, Israels.«
In der Dichtung also, und in allen Künsten finden sich immer »dieselben drei Elemente: die Tradition des eigenen Raums, die gemeinsame Tradition Europas und der Einfluß der Kunst eines europäischen Landes auf die des anderen Landes.« »In der Dichtung gibt es keine vollständige Ursprünglichkeit, die der Vergangenheit nichts schuldet. Stets wird ein neuer Vergil geboren, ein Dante, ein Shakespeare, ein Goethe, die gesamte Zukunft der europäischen Dichtung wird neugestaltet.«

*

In der zweiten Rede behandelt Eliot - stets »als Schriftsteller« - den politischen Aspekt der Einheit der europäischen Kultur. Und er behandelt ihn, indem er von seiner Erfahrung als Chefredakteur der Zeitschrift »Criterium« berichtet, die er selbst mit finanzieller Unterstützung von

Lady Rothermere 1922 gegründet und bis 1939 herausgegeben hat. Die Zeitschrift hatte das Ziel, »das Beste des neuen Denkens und des neuen Schrifttums unserer Zeit aufzunehmen aus allen europäischen Ländern, die etwas Nützliches zu bieten hatten. Selbstverständlich richtete sich die Zeitschrift vornehmlich an englische Leser, und deshalb mußten alle ausländischen Beiträge in englischer Übersetzung erscheinen, »aber die Zeitschrift war in ihrer Ausrichtung international.« Deshalb suchte sie Beziehungen zu gleichgerichteten ausländischen Zeitschriften herzustellen (»La Nouvelle Revue Française«, »Die Neue Rundschau«, »La Revista de Occidente«, »Il Congegno« usw.), »um jene Bewegung des Denkens und des Empfindens unter den Völkern Europas zu fördern, die die Literatur einer jeden Nation befruchtet und erneuert.« »Diese Beziehungen entwickelten sich in ziemlich befriedigender Weise. Und es war nicht die Schuld eines einzigen der Hauptschriftleiter dieser Zeitschriften, wenn sie später zurückgingen.« Schließlich wurden die Aufgaben dieser Zeitschrift unerfüllbar – an ihr wirkten mit Schriftstellern höchsten Ranges wie Proust, Valéry, Mallarmé, Thomas Mann, Henry Miller, Pirandello, Croce, Yeats, Malraux und andere – »vor allem wegen der schrittweisen Abriegelung der geistigen Grenzen in Europa. Eine Art der kulturellen Autarkie folgte unausweichlich der politischen und wirtschaftlichen Autarkie.« »Diese Geißel traf vor allem unsere Freunde in Italien. Nach 1933 wurde es immer schwieriger, Beiträge aus Deutschland zu bekommen . . . Viel komplizierter ist, was in Spanien vorging: das Chaos des Bürgerkriegs war dem literarischen Denken und Schaffen nicht günstig, und dieser Krieg trennte und zerstreute, ja unterdrückte viele der fähigsten Schriftsteller dieses Landes. In Frankreich bestand noch das freie Geistesleben, aber es litt immer mehr unter der politischen Spannung und unter den durch politische Vorurteile verursachten inneren Gegensätzen. Obwohl sich in England manche Anzeichen derselben Krankheit zeigten, blieb das Land augenscheinlich intakt. Ich glaube jedoch, daß unsere Literatur dieser Periode darunter gelitten hat, daß sie immer mehr auf ihre eigenen Quellen beschränkt blieb.«

»Wir glauben« – sagt Eliot – »daß es in Europa eine übernationale Bruderschaft der Schriftsteller gibt, ein Band, das die nationalen und religiösen Bindungen und die Unterschiede der politischen Philosophie nicht ersetzt, sondern mit ihr vollkommen vereinbar ist. Und wir glauben, daß es nicht unsere Aufgabe ist, irgendeine Sonderidee vorherrschen zu lassen, sondern vielmehr die geistige Arbeit auf dem höchsten Niveau zu halten.« Statt dessen siegte die Politik; die Politik, »die nicht vereint, sondern trennt«, und »danach strebt, die kulturelle Einheit Europas zu zerstören.«

»Ich behaupte nicht« – gibt er mit realistischer Einsicht zu –, »daß die Politik und die Kultur nichts miteinander zu tun hätten.« »Die politische Struktur einer Nation beeinflußt die Kultur und ist ihrerseits beeinflußt. Aber interessieren wir uns zuviel für die Innenpolitik der andern, und zu gleicher Zeit haben wir zu wenig Kontakte mit der Kultur der andern.« Und die Kultur – zum Unterschied von der Politik – ist nicht eine Konstruktion, eine Organisation; sie ist etwas, das frei wachsen muß. Wie ein Baum: »Ihr könnt ihn nicht konstruieren, ihr könnt ihn nur pflanzen und pflegen und abwarten, bis er zur rechten Zeit keimt.« Die Politik kann daher nicht die Absicht haben, die Kultur zu manipulieren, sie muß sich vielmehr aus ihr nähren. »Damit die europäische Kultur blühe, sind zwei Bedingungen zu erfüllen: daß die Kultur eines Landes eine einzige sei, und daß die verschiedenen Kulturen die gegenseitige Beziehung anerkennen, so daß jede den Einfluß der andern aufnimmt. Und das ist möglich, weil es in der europäischen Kultur ein gemeinsames Element gibt, eine Geschichte der Beziehungen des Geistes, des Gefühls, des Verhaltens, ein Austausch von Kunst und von Ideen.« Beziehungen, die sich natürlich entwikkelt haben, wenn sie nicht durch eine falsche unmenschliche, antichristliche Politik der Trennungen und der Isolierung verfälscht wurden.

*

In den ersten beiden Reden behandelte Eliot die wesentliche Einheit der europäischen Kultur und die Notwendigkeit, sie gegen die Gefahr der widernatürlichen politischen Trennungen zu schützen: deshalb verwendete er »so oft das Wort *Kultur*«. Doch was ist im Grunde mit diesem Begriff gemeint? Das ist das Thema der dritten Rede.

»Wie *Demokratie* ist auch *Kultur* der Begriff, der nicht nur definiert, sondern auch dargestellt werden muß, immer wenn wir ihn verwenden.« »Unter *Kultur* verstehe ich vor allem das, was die Anthropologen darunter verstehen: die Lebensweise eines bestimmten Volks, das an einem bestimmten Ort lebt. Diese Kultur scheint auf in der Kunst, im gesellschaftlichen System, in den Gewohnheiten und den Gebräuchen, in der Religion.« Das sind jedoch nur »die Teile, in denen sich eine Kultur wie ein menschlicher Körper aufspaltet. Aber wie der Mensch ist sie mehr als nur die Summe der verschiedenen Teile, die den Körper zusammensetzen, so ist die Kultur mehr als die Vereinigung ihrer Künste, Gebräuche und religiösen Überzeugungen.« Für die Einheit einer Kultur hat die Sprache eine große Bedeutung, »aber die Kulturen der verschiedenen Völker beeinflussen sich gegenseitig« (wie »ich kürzlich bemerkte«): »d. h. die Kulturen

der Völker verschiedener Sprache können mehr oder weniger enge Beziehungen haben, und manchmal so enge, daß sie davon sprechen können, als hätten sie eine gemeinsame Kultur. Wenn wir also von *europäischer Kultur* sprechen, meinen wir die Identität, die wir in den verschiedenen nationalen Kulturen erkennen können; und selbstverständlich bestehen auch in Europa zwischen einzelnen Kulturen engere Beziehungen als mit anderen.«
Was sind also »die gemeinsamen Eigenschaften, die es erlauben, von europäischer Kultur zu sprechen?« Für Eliot besteht kein Zweifel: »Die entscheidende schöpferische Kraft einer gemeinsamen Kultur der Völker, die jede eine eigene Kultur hat, ist die Religion.« Also ist es »die gemeinsame christliche Tradition, die aus Europa das gemacht hat, was es ist«; Eliot stellt hier nicht die Frage der Religion, des Glaubens (»dies ist kein religiöser Diskurs – sagt er zu deutschen Hörern – und ich habe nicht die Absicht, irgend jemanden zu bekehren«): er sieht im Christentum die Grundlage der Kultur, als tragendes Element der Zivilisation. »Ein einzelner Europäer braucht nicht zu glauben, daß der christliche Glaube der wahre sei, aber alles, was er sagt und tut, entspringt der christlichen Kultur, deren Erbe er ist und der er Sinn entnimmt. Nur eine christliche Kultur hätte einen Voltaire oder einen Nietzsche hervorbringen können.« Vor einigen Jahren schrieb Benedetto Croce – der im Unterschied zu Eliot bestimmt kein glaubwürdiger Christ war – ein Buch, um darzutun, »warum wir uns nicht Christen nennen können«. Und er fügte hinzu, daß »wenn das Christentum verschwindet, verschwindet auch unsere ganze Kultur. Also müßt ihr mühsam von vorne anfangen und könnt nicht eine neue, bereits fertiggestellte Kultur übernehmen. Ihr müßt viele Jahrhunderte der Barbarei durchmachen.«
Es ist so: »Wir schulden unserem christlichen Erbe vieles, nicht nur den religiösen Glauben: unsere Einheit ruht auf diesem Erbe, auf dem Christentum und auf den antiken Kulturen Griechenlands, Roms und Israels, zu denen uns durch zweitausend Jahre des Christentums unsere Ursprünge hinführen.«
»Diese Einheit in den gemeinsamen Bestandteilen der Kultur ist durch viele Jahrhunderte das wahre Band, das uns verbindet. Keine politische oder wirtschaftliche Organisation, was sie auch immer an gutem Willen fordern will, kann leisten, was diese kulturelle Einheit bietet.«
Dies erfordert, zu unterscheiden »zwischen materieller Organisation und spirituellem Organismus Europas. Wenn dieser letztere stirbt, ist das, was ihr organisiert, nicht Europa, sondern nur eine Masse menschlicher Wesen, die verschiedene Sprachen sprechen.« Doch da »europäische Kultur nicht existieren kann, wenn die verschiedenen Länder voneinander isoliert

sind«, so »kann es keine europäische Kultur geben, wenn alle diese Länder auf eine unterschiedslose Identität zurückgebracht werden. Wir bedürfen der Verschiedenheit in der Einheit: nicht die Einheit der Organisation, sondern der Natur«.

Wesentliches Instrument für die Bewahrung und Entwicklung dieser kulturellen Einheit müssen – nach Eliot – die europäischen Universitäten sein, die »gemeinsame Ideale und gegenseitige Pflichten haben müssen«, nicht als »lediglich nationale Institute, auch wenn jede von der Nation getragen wird«, sondern »unabhängig von den Regierungen«, nicht so sehr, »um eine tüchtige Bürokratie aufzubauen«, sondern um vor allem »mit der Wahrung der Wissenschaft, dem Streben nach Wahrheit, und soweit es menschlich möglich ist, der Weisheit zu dienen.«

Eliot schloß seine Reden mit einem »Appell an die Schriftsteller Europas: bewahrt diese unsere gemeinsame Kultur unberührt von politischen Einflüssen«, denn »in unserer Welt, die so viele materielle Verwüstungen sah, ist auch dieses geistige Erbe in unmittelbarer Gefahr.«

*

Seither sind mehr als vierzig Jahre vergangen. Viele Dinge haben sich geändert in materieller Hinsicht – d. h. in politischer und wirtschaftlicher Hinsicht – in Europa; aber nichts erschien, das die Gültigkeit der Gedanken Eliots über die geistige Einheit antastete. Im Gegenteil, die gleiche tragische Erfahrung der Kriegs- und der Nachkriegszeit der politischen Konflikte und der dringenden wirtschaftlichen Bedürfnisse, die massive Drohung des sowjetischen militaristischen Imperialismus und die bedrückende Herausforderung der technologischen Entwicklungen und der japanisch-amerikanischen wirtschaftlichen Expansion haben Politiker und Wirtschaftler, Unternehmer und Gewerkschaftler, veranlaßt, nach Formen der Verständigung und der Zusammenarbeit zu suchen – wenn nicht sogar der Einheit, bis jetzt – auch für das materielle Leben in Europa. Sie taten es sozusagen wohl oder übel, ungern, durch die harte Realität gezwungen, unter soviel Zögern und Mißtrauen, ohne Überzeugung, ohne Schwung, ohne Entschiedenheit. Warum? Vor allem, weil – meine ich – ihnen die geistige Kraft zur Einheit fehlt, weil sie sich noch nicht befreit haben von den langen Jahrhunderten der politischen Gegensätze, den nationalistischen Konflikten, von dem imperialistischen Willen zur Beherrschung anderer. Weil bei der Mehrzahl der Regierenden – und der Parlamente, die sie unterstützen, und bei der Mehrheit der öffentlichen Meinung, der sie Rechenschaft ablegen müssen, die Instinkte und die Gefühle der Gruppen, die egoistische Abgeschlossenheit die einheitlichen Werte der europäischen Kultur überdecken. Weil sie die Möglichkeit erkennen, die Verschiedenheit mit der Einheit zu versöhnen, und nicht daran glauben; sie fürchten, daß eine engere und stabilere europäische Einheit die nationalen Besonderheiten beeinträchtigt, die reiche und fruchtbare Verschiedenheit unserer Völker erstickt und ihre Ursprünglichkeit und Lebendigkeit unterdrückt.

Darin liegt die Bedeutung und die bleibende Gültigkeit der Überlegungen Eliots. Er wußte dem Geist und dem Herzen der Europäer den richtigen Weg der »Verschiedenheit der Einheit« zu zeigen, nicht als bloßes politisches Instrument (der »Organisation«), sondern als eine natürliche Bedingung der europäischen Kultur, als ihre Lebensbedingung. Rufen wir es noch einmal in Erinnerung: »Wenn die europäischen Nationen untereinander getrennt sind, wenn die Dichter nicht mehr eine andere Dichtung lesen als die ihrer eigenen Sprache, muß die Dichtung jedes Volkes verfallen.« Bedeutet dies Uniformität, Unterdrückung oder Ausschaltung der besonderen Werte eines jeden Volkes? Im Gegenteil, es bedeutet die unerläßliche Stärkung dieser Werte, in der Anerkennung der gemeinsamen Ursprünge und der ununterbrochenen gegenseitigen Befruchtung.

Nach Eliot zeigt die Geschichte der europäischen Kultur – unseres geistigen Lebens – die Fruchtbarkeit solcher gegenseitigen Beziehungen: nicht nur die englische Literatur, sondern alle unsere Sprachen lebten und entwickelten sich in diesem weiten, vielfältigen, äußerst reichen Raum der Beziehungen; nicht nur die englische Kultur, alle unsere Kulturen sind nicht die Frucht nationalistischer Enge, »kultureller Anarchie« – die immer steril, rückwärtsgewandt, tödlich sind – sondern einer weiten, ununterbrochenen wechselseitigen Kenntnis und Einflußnahme. Und gerade in dieser wesentlichen Einheit der Beziehungen und der Einflüsse – noch abgesehen von den gemeinsamen griechisch-römischen und israelisch-jüdischen Ursprüngen – kam es zur grandiosen Blüte der europäischen Kultur und der Vielfalt ihrer Ausgestaltungen.

Eliot sagt es nicht (auch weil er wahrscheinlich ein deutliches Mißtrauen der Politik gegenüber hatte: übrigens gab es 1946 noch die erschreckenden Ruinen als Folgen des irrsinnigen Treibens und des übelsten Mißbrauchs der Politik), aber das alles gilt auch vom materiellen Leben Europas: auf Grund der einfachen Tatsache, daß der Mensch – sei es als Einzelner, sei es als »zoon politikon« – nicht nur Materie, Körper, »Magenfrage« ist, sondern auch Geist und seine ganze Natur verwirklicht, wenn der Geist den Körper führt, wenn der Verstand alle seine Tätigkeiten, auch die materiellen, erleuchtet und wenn der Wille den Instinkt be-

herrscht. Deshalb müssen sich auch die Wirtschaft und die Politik – das materielle Leben – von den Werten und den Kriterien lenken lassen, die aus dem geistigen Leben, aus der Kultur stammen.
Dies ist, so scheint es mir, normal und unerläßlich, weil es die Natur des Menschen selbst so bestimmt. Im andern Fall kann es geschehen – und leider ist es geschehen, – daß der beschränkte und unvollkommene menschliche Verstand, wie er es nun einmal ist, irrtümliche, abwegige, unmenschliche Theorien und Kulturen erzeugt, die die Wirtschaft und die Politik beeinflussen und bestimmen. Es kann geschehen – und es ist geschehen – daß politische Irrtümer, Mißbräuche und Fehler Rechtfertigung und theoretische Fundierung in Entwicklungen und Strömungen der Kultur suchen. Die Philosophien des Positivismus, des Idealismus, des Historismus leugnen den allgemeingültigen Wert der sittlichen Normen, sie haben die Individualismen, die Egoismen, die rücksichtslose Ausbeutung, die das wirtschaftliche Leben der letzten Jahrhunderte kennzeichneten, weitgehend inspiriert und gewissermaßen »ermächtigt«. Sie haben die Nationalismen, die Autarkiesysteme, die Imperialismen, die das politische Leben zerrüttet haben, gefördert oder dafür zum mindesten die Rechtfertigung geliefert. Und heute noch übt eine weit verbreitete materialistische »Kultur« – in der empirischen oder der dialektischen Form – einen fatalen Einfluß auf einen großen Teil der Weltwirtschaft aus, was zur verhängnisvollen kapitalistischen Ausbeutung oder zur fatalen kollektivistischen Unterdrückung führt, beides paradoxerweise Vernichter der persönlichen Werte, da beides zur Massifikation führt. Diese materialistische Kultur bestimmt die Weltpolitik mit ihrer dialektischen Theorie, d. h. mit der Theorie von der natürlichen und notwendigen Gegenüberstellung von These und Antithese, mit der Theorie vom permanenten Konflikt als Gesetz der menschlichen Natur, ja der ganzen Wirklichkeit, was zum fatalen Weg der unvermeidlichen Kämpfe, der imperialistischen Herausforderungen, des wahnsinnigen Rüstungswettlaufs führt.
Nicht irgendeine Kultur und nicht irgendeine Schöpfung des menschlichen Geistes ist imstande, das politische und wirtschaftliche Leben wirksam zu erleuchten und fruchtbar zu führen. Und Eliot wußte dies genau und hat niemals gezögert, dieses Urteil auszusprechen. Sein Urteil war klar und genau: die Kultur, die den Weg der europäischen Zivilisation gekennzeichnet hat und die ihr die schöpferische Kraft verschaffte für den Fortschritt unserer Völker, ist die Kultur, die ihre Wurzeln in der Kunst und der Philosophie Griechenlands, im römischen Recht, in der hebräischen Transzendenz, in der Gerechtigkeit, der Gleichheit, in der Freiheit und in der Liebe hatte, die uns das Christentum lehrte. Das ist das »geisti-

ge Erbe«, das Eliot 1946 »unmittelbar bedroht« sah. Das ist das »geistige Erbe«, das »die Schriftsteller« – an sie richtete er seinen Appell – aus ihrer Verantwortung heraus »unverfälscht« bewahren müssen. Damals hatte man kaum die furchtbare Erfahrung der nazistischen und faschistischen nationalen Autarkien hinter sich gebracht, die jedoch Verbreitung gefunden hatten. Sie hatten auch die demokratischen Regime erfaßt und hatten nicht nur wirtschaftlichen Rückschritt und Elend verursacht, nicht nur politische Konflikte und Chauvinismen hervorgerufen, sondern auch, wie Eliot sagte, »die schrittweise Schließung der geistigen Grenzen in Europa. Die unvermeidliche Folge war die allgemeine geistige Verarmung, das kulturelle Elend bei allen Europäern. Heute besteht die Gefahr, daß der Rest der autarkischen Strukturen und die lang nachwirkenden Effekte dieser geistigen Isolierung den Prozeß der Einigung Europas, der in Gang gesetzt wurde, hemmen. Und es besteht die Gefahr, die wir täglich zu sehen bekommen, sozusagen in Lebensgröße des starren – und leider vorherrschenden – Widerstands der Bürokratien, der Diplomatien, der Regierungen vieler Länder angesichts des Vorschlags des Europa-Parlaments zur Einigung Europas.

Aus diesem Grunde halte ich die Lektüre und die Überlegung der Worte Eliots über die »Einheit der europäischen Kultur« für aktuell und äußerst wertvoll.

Eliot weist mit großer Einsicht auf die gemeinsamen Quellen und die gemeinsame Grundlage der gegenseitigen Beeinflussung unserer Kultur.

Er ruft uns in Erinnerung, daß es nicht die materialistische Dialektik und Konfliktlehre sind, sondern die christliche Liebe und Solidarität, die die solideste Grundlage für eine friedliche Gemeinschaft und für den kulturellen Fortschritt unserer Völker bilden. Nur das Christentum – Eliot schrieb dies schon vor dem Kriege in seinem Essay »Der Gedanke einer christlichen Gesellschaft« des Jahres 1939 – kann die Grundlage einer Gesellschaft sein, die menschlicher ist, nicht vollkommen, aber stets der Vervollkommnung fähig, gemäß den Richtlinien der universalen, ewigen, unerschöpflichen und daher niemals vollständig verwirklichten Ideale. Nur das Christentum kann eine politische Aktion inspirieren, die nicht nur darauf gerichtet ist, die erworbene Macht zu bewahren, sondern unentwegt die Vervollkommnung der menschlichen Gesellschaft anstrebt, die »immer wieder erneuert werden muß«.

Eliot ruft uns in Erinnerung, daß nicht die Isolierung, sondern die Offenheit, nicht Unterdrückung des einen durch den andern, sondern das gegenseitige Verstehen, nicht die farblose Uniformität, sondern die reiche Vielfalt in der Vergangenheit die Ursache für das gewaltige Aufblühen unserer Kultur bildete, und dies muß auch in der Zukunft die Wege für die weitere Entwicklung eröffnen. Eliot zeigte uns – wenn er von der »Einheit der europäischen Kultur« spricht – die Notwendigkeit, die Vielfalt mit der Einheit zu versöhnen, die Vielfalt und die Besonderheit mit der Gemeinschaftlichkeit und dem inneren Zusammenhang unserer geistigen Werte. Hierin liegt das Fundament und die Voraussetzung für die Achtung und die Stärkung der Einzelnen im Gesamt, der verschiedenen Nationen in der Einheit, den Sonderinteressen im Gesamtinteresse: das ist – auf der Ebene des materiellen Lebens, d. h. in der Wirtschaft und in der Politik – das Projekt des Föderalismus.

Ich weiß nicht, ob Eliot ein Föderalist war. Und ich weiß auch nicht, ob er es heute noch wäre. Wahrscheinlich würde er in aller Bescheidenheit sagen, daß er nichts von Politik versteht, daß er eben nur ein »Schriftsteller« ist.

Aber ich weiß mit Sicherheit, daß er als Dichter und Schriftsteller eine der fruchtbarsten kulturellen Grundlagen denen verschafft hat, die – in der Politik – Föderalisten sein wollen, gerade weil nach ihrer Überzeugung das materielle Leben der Europäer vom geistigen Leben beherrscht sein muß, die materiellen Instinkte – der Trennung und des Kampfes – vom Geiste beherrscht sein muß. Und dies zwingt zu Zusammenarbeit, Solidarität, Einheit.

Geschichtliche Grundlagen der christlichen Demokratie

Die belgische Wegweisung

Kurt Jürgensen

Im westlichen Europa sind die christlichen Parteien eine starke politische Kraft; ja, diese Kraft reicht – dem Namen nach – sogar hinein in das kommunistisch beherrschte Europa östlich der Elbe. Denn es gibt auch im anderen Teil Deutschlands die Christliche Demokratische Union. Der Name setzt einen Anspruch; aber er wird dort kaum erfüllt.

Eine christliche Partei hat nämlich ihre Mitte in der christlichen Humanitas, im Schnittpunkt von christlicher Ethik zum einen und dem Menschenbild der Aufklärung zum anderen. In diesem Schnittpunkt sind die Würde und die Selbstbestimmung des Menschen verankert, und dies in einer einzigartigen Verbindung von persönlicher Freiheit und sozialer Verpflichtung der Gemeinschaft gegenüber, in der der einzelne lebt: das ist die Familie; das ist der Staat, in welchem die Familie die kleinste Zelle ist und dem es aufgegeben ist – gemäß Artikel 1 des Grundgesetzes der Bundesrepublik Deutschland – die Würde des Menschen als ein unantastbares Gut zu achten und zu schützen.

Menschliches Fehlverhalten ist nicht auszuschließen; das vergangene Jahr hat dies in Schleswig-Holstein gezeigt. Aber solches Fehlverhalten kann an dieser Verfassungsnorm gemessen werden. Zugleich ermöglicht die Besinnung auf die der christlichen Demokratie innewohnenden Werte einen inneren Heilungsprozeß, durch den Schaden von der Gesellschaft abgewendet werden kann.

Für diese Besinnung bedarf es des fortgesetzten Gespräches zwischen denen, die politische und kirchliche Verantwortung tragen. Dem in dieser Festschrift Geehrten kommt das große Verdienst zu, mit den Bad Bramstedter Gesprächen dem Dialog zwischen Staat und Kirche einen festen Rahmen gegeben zu haben, für den die Hermann-Ehlers-Stiftung verantwortlich ist.[1] Mit ihrer Denkschrift »Der Staat des Grundgesetzes als An-

1 Glaube und Politik. Die Bad Bramstedter Gespräche. Vorträge zum Dialog zwischen Kirche und Staat 1985/1986. Für die Hermann-Ehlers-Stiftung herausgegeben von Walter Bernhardt und Gottfried Mehnert, bearbeitet von Volker Matthée, Neumünster (Karl Wachholtz Verlag) 1987.

gebot und Aufgabe« hat die Ev. Kirche ihrerseits genau zu dem Zeitpunkt, da die Bad Bramstedter Gespräche im September 1985 begannen, gezeigt, wie sehr sie gegenüber dem demokratischen Staat dialogbereit und dialogfähig geworden ist. So ist heute eine fruchtbare Begegnung zwischen Staat und Kirche möglich,[2] und ganz gewiß: Auch dadurch gewinnt der Staat des Grundgesetzes eine innere Stärke, die – so zeigt es der geschichtliche Vergleich – dem Staat der Weimarer Verfassung gefehlt hat. Wie war es denn damals? Von einem Miteinander konnte nicht die Rede sein, wenn sich die Ev. Kirche, wie es der Fall war, in weiten Teilen gegen den demokratischen Staat stellte. Über den Zusammenbruch des Kaiserreiches und das Verschwinden der fürstlichen Herrscherhäuser hinaus hielt sie – von wenigen kirchlichen Amtsinhabern abgesehen – am Leitbild des monarchischen Obrigkeitsstaates fest und sehnte sich in Preußen nach dem Schutz des Königs als des Summus Episcopus zurück.[3] Noch in der Zeit der 1933 ausbrechenden innerkirchlichen Auseinandersetzungen wurde von vielen der neue Staat solange »wertneutral« gesehen und gemäß Römer 13 als Ordnungsmacht respektiert wie er nicht die kirchliche Verkündigung und Seelsorge beeinträchtigte. Daß schließlich aber der nationalsozialistische »Weltanschauungsstaat«, wie er sich selber verstand, seinen Totalitätsanspruch auch gegenüber den Kirchen durchsetzen wollte, hat im evangelischen Deutschland zur Besinnung darauf geführt, was Römer 13 wirklich meint. Und so ist die Bekennende Kirche als breite innerkirchliche Glaubensbewegung möglich geworden.[4]

2 Evangelische Kirche und freiheitliche Demokratie. Der Staat des Grundgesetzes als Angebot und Aufgabe. Eine Denkschrift der Evangelischen Kirche in Deutschland, hrsg. vom Kirchenrat im Auftrag des Rates der EKD, Gütersloh (Verlagshaus Gerd Mohn) 1985.

3 Ein beredtes Zeugnis ist hierfür die Ansprache von D. Moeller »Kirche und Monarchie« auf dem Ersten Deutschen Kirchentag in Dresden (1919), ferner die Vaterländische Kundgebung des Deutschen Evangelischen Kirchentags in Königsberg (1927); vgl. die Dokumente Nr. 36 und Nr. 42 in: Quellen zur Geschichte des deutschen Protestantismus 1871–1945, hrsg. von Karl Kupisch, München/Hamburg (Siebenstern Tb.-Verlag) 1960.

4 Vgl. als Einführung in die Problemlage und wissenschaftliche Literatur: Ger van Roon, Widerstand im Dritten Reich, München (Verlag C. H. Beck) ^{3}1984. Zur Grenze, die dem »Gehorsam gegen die Obrigkeit« gesetzt ist, sagt schon das Altonaer Bekenntnis vom 11. 1. 1933 in Art. 3: »Wir sind zum Gehorsam gegen die Obrigkeit berufen. Wenn aber der Fall eintritt, daß die Obrigkeit selbst wider ›der Stadt Bestes‹ handelt, dann muß jeder entscheiden, wann der Augenblick gekommen ist, wo man Gott mehr gehorchen muß als den Menschen ... Wir verwerfen jede Vergöttlichung des Staates. Wenn sich die Staatsgewalt zum Herrn über die Gewissen aufwirft, wird sie antichristlich.« Zitat aus: Das Altonaer Bekenntnis. Text und Theologie/Zeitgeschichte und Zeugen, hrsg. von Reinhold Günther u. a., Evangelischer Presseverband Nord e.V. Kiel 1983; erschienen als Heft 21 der Schriftenreihe Nordelbischer Konvent, hrsg. von Herwig Schmidtpott.

Aber nicht nur in Deutschland! Der norwegische Bischof Eivind Berggrav hat seinen Widerstand gegen die deutsche Besatzungsmacht von der Heiligen Schrift her begründet und sich dabei ausdrücklich an Martin Luthers Abhandlung orientiert »Von weltlicher Obrigkeit, wie weit man ihr Gehorsam schuldig sei« (1523). Die Gehorsamspflicht endet da, so lehrt Luther, wo staatliche Gewalt die Verkündigung und Verbreitung der christlichen Botschaft beeinträchtigt und das in Gott gebundene Gewissen der Menschen bedrängt und zu knechten sucht. Da, wo die Gehorsamspflicht endet, ist der weltlichen Obrigkeit, wie Luther sagt, mit dem Wort entgegenzutreten, nicht mit physischer Gewalt.[5]
Der Kirchenkampf wie überhaupt der Widerstand gegen den totalitären Staat, der auf die elementaren Lebensrechte des eigenen Volkes keine Rücksicht nahm, hat »historische Erfahrungen« abgegeben, durch die der Staat des Grundgesetzes in seinem Wert für die Christen erkannt worden ist. Ganz in Übereinstimmung mit Gedanken, die Roman Herzog und Gottfried Sprondel beim ersten Bad Bramstedter Gespräch zum Verhältnis des deutschen Protestantismus zur Demokratie vorgetragen haben, und genau zur selben Zeit erklärte Trutz Rendtorff in seinem Vorwort zu der genannten Denkschrift:[6]

»Auf dem Hintergrund historischer Erfahrungen und angesichts aktueller Herausforderungen soll der Wert einer freiheitlichen demokratischen Verfassung anerkannt und bekräftigt werden. Zum ersten Mal erfährt die Staatsform der liberalen Demokratie eine so eingehende positive Würdigung in einer Stellungnahme der evangelischen Kirche. Darin wird über einen bedeutsamen Wandel im evangelischen Verständnis des Staates Rechenschaft abgelegt.«

Zu dem hier angesprochenen Wandel, nämlich der Hinwendung der evangelischen Kirche zum demokratischen Staat, hat sich Trutz Rendtorff unlängst auch in einem bemerkenswerten Aufsatz geäußert »Die Autorität der Freiheit – Die Stellung des Protestantismus zu Staat und Demokratie«.[7]
Ein Ausdruck des grundlegenden Wandels im Verhältnis des deutschen Protestantismus zur deutschen Demokratie nach 1945 sind die dann vie-

5 Martin Luther, Von weltlicher Obrigkeit, wie weit man ihr Gehorsam schuldig sei (1523), in: Luther Deutsch, hrsg. von Kurt Aland, Bd. 7, Der Christ in der Welt, Berlin (Ev. Verlagsanstalt) 1954.

6 Denkschrift (vgl. Fußnote 2), Seite 7; ebenda Vorwort des Vorsitzenden der Kammer für Öffentliche Verantwortung Prof. Dr. Trutz Rendtorf.

7 Aufsatz erschienen in: Beilage (B 46–47/87) zur Wochenzeitung Das Parlament, November 1987.

lerorts spontan entstandenen Gemeinschaftsparteien, die sehr bald in der Christlich Demokratischen Union bzw. Christlich Sozialen Union ihre einheitliche Form fanden. Gemeinsame Erfahrungen katholischer und evangelischer Christen im Widerstand gegen den Nationalsozialismus hatten den Unionsgedanken schon vor dem Ende der nationalsozialistischen Herrschaft aufkommen lassen.[8] Zugleich machte es der sich nach dem Kriege so schnell und kraftvoll durchsetzende Unionsgedanke dem katholischen Zentrum unmöglich, wieder zu einer bedeutenden politischen Kraft zu werden. Denn die meisten Anhänger des Zentrums, die dieser Partei in der Weimarer Zeit angehört und ihr Rückhalt gegeben hatten und nach 1945 zum politischen Neuanfang bereit waren, schlossen sich den Unionsparteien an. Zugleich aber brachten die früheren Zentrumsanhänger das geschichtliche Erbe des politischen Katholizismus in die junge Union ein.[9]

Dieses Erbe hat eine relativ lange geschichtliche Tradition.[10] Es reicht in die Zeit der konfessionellen Aufspaltung, der Aufklärung und der Säkularisierung zurück, als die katholische Kirche mehr und mehr den traditionellen Rückhalt im katholischen Herrscherhaus verlor. Die Kirche mußte sich auf ihre eigene innere Stärke besinnen. Sie tat dies in aufsehenerregender Weise erstmals 1837 im Kölner Kirchenstreit, als Erzbischof Droste von Vischering der preußischen Staatsregierung in der sogenannten Mischehenfrage entgegentrat. Er hatte Rückhalt im katholischen Kirchenvolk, und ganz besonders trat ihm in der katholischen Publizistik der Geschichtsprofessor Josef Görres zur Seite. In seiner Flugschrift »Athanasius« verlangte er nachdrücklichst die »Freiheit der Kirche vom staatlichen Druck«. Seine Forderungen nach Gewissensfreiheit und Eigenständigkeit von Kirche und Staat wirkten nach seinem Tode (Januar 1848) weiter, insbesondere in den inzwischen in großer Zahl entstandenen katholischen Vereinen und vor allem auch in dem »Katholischen Klub«, den im Jahre 1848 Abgeordnete der Frankfurter Nationalversammlung bilde-

8 Günter Buchstab, Brigitte Kaff, Hans-Otto Kleinmann, Verfolgung und Widerstand 1933–1945. Christliche Demokraten gegen Hitler, Düsseldorf (Droste-Verlag) 1986.

9 Hans Georg Wieck, Die Entstehung der CDU und die Wiedergründung des Zentrums im Jahre 1945, Düsseldorf (Droste-Verlag) 1953; Günter Buchstab und U. Klaus Gotto (Hrsg.), Die Gründung der Union. Traditionen, Entstehung, Repräsentanten, erschienen in der Reihe: Geschichte und Staat, Bd. 254/255, München/Wien (Günter Olzog Verlag) 1981.

10 Zum Folgenden – aus der Fülle der Literatur – der Hinweis auf ein älteres Werk, das seine große Bedeutung behalten hat: Nationale Arbeit. Das Zentrum und sein Wirken in der deutschen Republik, hrsg. von Karl Anton Schulte, Berlin/Leipzig (Wilhelm Andermann Verlag) 1930; ebd. S. 10 ff. die Einführung des Herausgebers: Werden und Wirken des Zentrums in der Vergangenheit.

ten. Im Herbst desselben Jahres kamen die Vereine zu einer machtvollen Kundgebung in Mainz zusammen, auf der der dortige Bischof Freiherr von Ketteler die soziale Verantwortung wachrief und der Losung »Freiheit der Kirche im Staate« Nachdruck verlieh.[11]
Noch standen kirchenpolitische Ziele im Vordergrund. Doch als unter dem Drängen der Brüder August und Peter Reichensperger der Zusammenschluß der katholischen Abgeordneten im preußischen Abgeordnetenhaus zu einer Katholischen Fraktion und sieben Jahre später, nämlich 1858, zur Fraktion des Zentrums erreicht war, da war der Weg zur Umwandlung von einer rein konfessionellen Gruppierung zu einer politischen Partei beschritten. Noch fehlte aber die nötige politische Kohärenz. Sie war erst gegeben, als die Ausarbeitung des sogenannten Soester Aktionsprogramms (Juni/Oktober 1870) mit den umwälzenden Ereignissen, nämlich dem deutsch-französischen Krieg und der kleindeutschen Reichsgründung unter preußischer Führung, zusammenfiel. Nationale Genugtuung verband sich bei vielen mit der Besorgnis um die Zukunft der katholischen Kirche im neuen Reich, in dem die katholische Bevölkerung gegenüber den Protestanten in eine Minderheitenstellung gedrängt war. Im Herbst 1870 kehrte das Zentrum in das preußische Abgeordnetenhaus als relativ starke Partei zurück. Die Partei konnte sich auch auf Reichsebene organisieren und im sehr bald nachfolgenden Kulturkampf ihrem Programm »Für Wahrheit, Recht und Freiheit« (so der Soester Wahlspruch) im Sinne föderativer, liberaler, sozialer und auf Interessenausgleich von Kapital und Arbeit ausgerichteter Zielsetzungen Geltung verschaffen.[12]
Das genaue Studium der Wahlaufrufe der Zentrumspartei zu den Reichstagswahlen der Kaiserzeit und zu den Wahlen für das preußische Abgeordnetenhaus zeigt, daß die Ziele der Partei in erster Linie auf Abwehr ausgerichtet waren, um »Freiheit und Recht der Kirche« (so der Wahlaufruf des Jahres 1876) vor Übergriffen des Staates zu schützen.[13] Das Eintreten für die freie Selbstbestimmung der deutschen Einzelstaaten im Rahmen einer auf das Notwendige beschränkten bundesstaatlichen Ein-

11 Wilhelm Emmanuel Freiherr von Ketteler, Schriften, Aufsätze und Reden 1848–1866, bearbeitet von Erwin Iserloh, Christoph Stoll, Emil Valasek, Norbert Jäger, Mainz (v. Hase & Köhler Verlag) 1977.
12 Vgl. hierzu insbesondere das Eintreten des Freiherrn von Ketteler, Bischofs von Mainz, für die Aufnahme von Grundrechten in die deutsche Reichsverfassung; Reichstagsdebatte vom 4. 4. 1871 und anschließender Briefwechsel mit Geheimrat J. C. Bluntschli, Prof. der Staatswissenschaft in Heidelberg; zeitgenössische Veröffentlichung unter dem Titel »Freiheit und Kirchenregiment«, Heidelberg 1871.
13 Wahlaufrufe in: Wilhelm Mommsen (Hrsg.), Deutsche Parteiprogramme, erschienen in der Reihe: Deutsches Handbuch der Politik, Bd. 1, München (Olzog-Verlag) 1960; hier Erster Teil/III, S. 179 ff.

heit sollte in erster Linie dem Schutz der Kirche vor einer kirchlichen Interessen abträglichen Reichsgesetzgebung (der Kulturkampf hatte dafür Beispiele zur Genüge geliefert) dienen. Noch war das Zentrum weit davon entfernt, die Herrschaft auf dem Willen des Volkes zu gründen und die Parlamentarisierung der inneren Ordnung im Reich und in seinen Ländern zu fordern. Das änderte sich erst gegen Ende der Kaiserzeit im Ersten Weltkrieg.

Nach dem Staatsumbruch 1918 und der Abwehr revolutionärer Bestrebungen von links begann in der Weimarer Nationalversammlung die Arbeit an der neuen republikanischen Reichsverfassung. Der damalige Vorsitzende der Zentrumsfraktion in der Nationalversammlung, Adolf Gröber, erklärte: Alle öffentliche Gewalt leitet sich aus der Weisheit und dem Willen Gottes her. Das bedeutete: Das Zentrum verstand die in der Verfassung vorgesehene Bestimmung »Die Staatsgewalt geht vom Volke aus« nicht als Lehrsatz der absoluten Souveränität des Volkes im Sinne von Jean Jacques Rousseau, wie Albert Leuschner in einer zeitgenössischen Würdigung der Mitarbeit des Zentrums an der Weimarer Verfassung schrieb.[14] Wenn das Zentrum gleichwohl der demokratischen Verfassungsbestimmung zustimmte, so nur im Sinne einer ausdrücklichen rechtspositivistischen Auslegung der Verfassungsbestimmung.

Das war in damaliger Situation nicht wenig. Die Weimarer Verfassung erhielt so eine breite parlamentarische Zustimmung. Aber sie war doch nicht geschützt vor einem in der Weimarer Zeit auch in Kreisen des politischen Katholizismus wachsenden antidemokratischen Denken. Diesen Kreisen sind so namhafte Zentrumspolitiker zuzurechnen wie etwa Franz von Papen, der fast während der ganzen Weimarer Zeit als Mann des rechten Zentrumsflügels dem preußischen Landtag angehört hatte. Und im gewissen Sinne ist auch Prälat Ludwig Kaas, von 1929 bis 1933 Vorsitzender des Zentrums, diesen Kreisen zuzurechnen. Er erkannte in der kritischen Zeit der nationalsozialistischen Machtergreifung nicht, daß die von ihm gewollte Freiheit der Kirche nur in einem freien Staat möglich ist.

War das etwa in damaliger Zeit ein kühner Gedanke? Wohl gemerkt: Der Ruf nach »Freiheit der Kirche im Staate«, wie Josef Görres und Freiherr von Ketteler 1838 bzw. 1848 gesagt hatten, qualifizierte den Staat als solchen nicht. Doch beschränken wir unseren Blick nicht auf Deutschland. Bei der Freiheit der Kirche geht es schließlich nicht nur um ein deutsches

14 In: Nationale Arbeit (Fußnote 10); hier der Beitrag: Albert Leuschner, Die Arbeit des Zentrums an der Weimarer Verfassung, S. 154 ff.

Problem. Schauen wir also auch nach außerhalb, und zwar nach Belgien.[15]

Die Unterdrückung freier kirchlicher Lehre, die staatliche Einflußnahme auf die Priesterausbildung und auf die Besetzung geistlicher Ämter hatte die katholische Kirche dieses Landes schon vor 1830 erlebt, als es mit Holland verbunden war und als in dem so »Vereinigten Königreich der Niederlande« das protestantische Herrscherhaus der Oranier regierte. Etwas Ungeheuerliches geschah aber in Belgien in den Jahren seiner Bindung an Holland. Dort bildete sich nämlich vor 1830 eine breite Unionsfront zwischen Katholiken und Liberalen aus, die zwar in dem gänzlich katholischen Belgien auch getaufte Katholiken waren, sich aber der Kirche gegenüber indifferent verhielten und ihre emanzipatorischen Ideen in die politischen Forderungen nach liberaler Umgestaltung des Landes (im Sinne freiheitlicher Grundrechte eines relativ weitgehenden allgemeinen Wahlrechtes anstelle ständischer Wahlformen und der Ministerverantwortlichkeit) umzusetzen versuchten.

In dieses – wie Henri Haag betont[16] – ganz pragmatische Zusammengehen von Liberalen und Katholiken wirkte aber die neue liberal-katholische Gesellschaftslehre des bretonischen Priesters Félicité de Lamennais hinein (1782 bis 1854), der sich derzeitig schon seit Jahren in bedeutenden Werken und Zeitschriftenbeiträgen gegen die allgemeine »Gleichgültigkeit« in Glaubensfragen gewandt hatte und als neuer Bossuet gefeiert wurde.[17] Lamennais ließ sich von der Erkenntnis leiten: Nur die freie, allein auf die Kurie ausgerichtete Kirche, die vom Staate getrennt ist, kann sich wirklich entfalten, ja dank der ihr innewohnenden »Wahrheit« und Überzeugungskraft die allgemeine Glaubenseinheit wieder begründen. Lamennais vertraute dem Sens commun in der freien Gesellschaft, die nicht dem monarchischen Willen einzelner unterworfen ist. Nein, die

15 Vgl. hierzu mein 1963 erschienenes Buch: Kurt Jürgensen, Lamennais und die Gestaltung des Belgischen Staates. Der liberale Katholizismus in der Verfassungsbewegung des 19. Jahrhunderts, Wiesbaden (Franz Steiner Verlag) 1963, veröffentlicht als Bd. 29 in der Reihe: Veröffentlichungen des Instituts für Europäische Geschichte Mainz, Abteilung Universalgeschichte, hrsg. von Martin Göhring; vgl. hierzu auch meine später erschienenen Aufsätze mit Fortschreibung der wissenschaftlichen Literatur, so: Der Einfluß des französischen Abbé Félicité de Lamennais auf die Gründung des belgischen Königreiches, erschienen in: L'Eglise et l'Etat a l'époque contemporaine. Mélanges dédiés à la mémoire de Mgr Alois Simon, hrsg. von Gaston Braive und Jacques Lory, Brüssel (Facultés universitaires Saint-Louis) 1975.

16 Henri Haag, Les Origines du Catholicisme Libéral en Belgique (1789–1839), Löwen (Louvain) 1950.

17 Aus der Fülle der Literatur zu Lamennais – gerade auch in bezug auf Belgien – vgl. u. a. Aloïs Simon, Recontres Mennaisiennes en Belgique, Brüssel (Bruxelles) 1963.

Souveränität liegt nach göttlichem Willen, so Lamennais, beim Volke als ganzem. An die Stelle von Thron und Altar sollte der enge Bund von Kirche und souveränem Volke treten, und dies könne am besten in der Republik, in der res publica freier Menschen, geschehen. Es liegt auf der Hand, daß diese Gedanken, die Lamennais in seiner ultramontanen Grundeinstellung in zunehmender Schärfe entwickelte, ihn in einen wachsenden Gegensatz zur gallikanischen Kirche in Frankreich und zum gleichgerichteten französischen Königshaus der Bourbonen stellen mußte.

Wenn man erkennt, daß diese liberal-katholischen Ideen nicht situationsbedingt gemeint, also nicht etwa nur auf die Verhältnisse in Frankreich oder in Belgien ausgerichtet waren, kann man – kritischen Einwänden bei Henri Haag, Roger Aubert und Hans Maier zum Trotz,[18] aber in Übereinstimmung mit Aloïs Simon und Victor Conzemius[19] – wirklich von einer neuen katholischen Gesellschaftslehre sprechen. Ich nehme auch für mich in Anspruch, dafür in meinen eigenen eingehenden Lamennais-Studien den Nachweis geliefert zu haben. Es scheint so, daß die späteren päpstlichen Enzykliken »Mirari Vos« (1832), »Singulari Nos« (1834) und »Quanta Cura« (1864), die sich gegen den liberalen Katholizismus stellten, manche veranlaßten, von Lamennais, dem später (nach 1834) »abtrünnigen Sohn der Kirche«, abzurücken, und dies hat sich bis in die Forschung hinein ausgewirkt.[20]

In der Tat kam es um 1830, wie Aloïs Simon es formuliert hat, zu der »fruchtbaren Begegnung« zwischen Lamennais und Belgien.[21] Genau zu der Zeit, da nach der Losreißung von Holland (der Juli-Revolution 1830 in Paris folgte die belgische Revolution auf dem Fuße) der von sog. »Censitaires« und »Capacitaires«[22] gewählte Nationalkongreß in Brüssel die

18 Henri Haag (wie Fußnote 16); Roger Aubert, Kirche und Staat in Belgien im 19. Jahrhundert, in: Beiträge zur deutschen und belgischen Verfassungsgeschichte im 19. Jahrhundert. Beiheft zur Zeitschrift in Geschichte in Wissenschaft und Unterricht, hrsg. von Werner Conze, erschienen 1967; Hans Maier, Revolution und Kirche. Studien zur Frühgeschichte der christlichen Demokratie 1789–1901, Freiburg (Verlag Rombach) ²1976.

19 Aloïs Simon (vgl. Fußnote 17) und ferner sein Geleitwort zu meinem Buch (Fußnote 15); Victor Conzemius, Propheten und Vorläufer. Wegbereiter des neuzeitlichen Katholizismus, Zürich/Köln (Benziger Verlag) 1972; hier u. a. Beiträge zu Félicité de Lamennais und Charles de Montalembert.

20 Vgl. zur Verurteilung Lamennais': La Condamnation de Lamennais. Dossier présenté par M. J. Le Guillou/Louis le Guillou, Paris (Editions Beauchesne) 1982; von Louis le Guillou als Hrsg. liegt vor: Félicité de Lamennais, Correspondence Générale, 12 Bände, Paris (Colin) 1970–82 (eine herausragende editorische Leistung !).

21 Vgl. Titel des oben genannten Werkes (Fußnote 17).

22 Neben denjenigen, die aufgrund ihrer Steuerleistung wählen konnten, waren auch die Angehörigen sogenannter geistiger Berufe (wie Professoren, Lehrer, Richter, Priester, Offiziere) zur Wahl zugelassen. Das allgemeine gleiche Wahlrecht entsprach noch nicht

neue belgische Verfassung beriet, redigierte Lamennais in Paris die von ihm gegründete Tageszeitung »L'Avenir«. Ihre wichtigsten Artikel – dazu zählten alle von Lamennais selbst verfaßten Beiträge – wurden in Brüssel neu aufgelegt, und verschiedene Zeitungen, insbesondere der Catholique des Pays Bas/Journal des Flandres (Chefredakteur A. Bartels) machten sich bewußt zum Sprachrohr der Ideen Lamennais. Alle 13 (!) Priester im Nationalkongreß bekannten sich zu Lamennais, keiner indes so sehr wie Abbé Dehaerne, der am 22. Nov. 1830 im Nationalkongreß erklärte:

»Nous sommes catholiques et rien que catholiques; nous voulons la Liberté en tout et pour tous.«

»Freiheit in allem und für alles«, das war die Devise, der viele folgten und die sie verfassungsrechtlich umzusetzen versuchten.[23]
Belgien erhielt 1831 die derzeitig liberalste Verfassung Europas, wenngleich sich der Nationalkongreß – vorwiegend den europäischen Machtverhältnissen Rechnung tragend (Metternich beobachtete argwöhnisch Lamennais' Wirken und das, was unter seinem Einfluß in Belgien vor sich ging)[24] für eine »republikanische Monarchie« entschied. Dieses Wort (»Monarchie républicaine«) ist eine zeitgenössische Wendung für parlamentarische Monarchie, in der es kein vom König ernanntes Oberhaus gibt und in der die Ministerverantwortlichkeit sichergestellt ist. Daß es sich dabei um eine Verantwortlichkeit gegenüber der Deputiertenkammer handelte und daß dieses schließlich nach den Grundsätzen des allgemeinen und gleichen Wahlrechtes gewählt wurde, haben erst spätere Zusätze zu der im Februar 1831 verabschiedeten Verfassung sichergestellt. Aber immer noch ist es dieselbe Verfassung, nach der das Land regiert wird, und auch das Königshaus, das mit der Inthronisierung König Leopolds von Sachsen-Coburg im Juli 1831 geschaffen wurde, ist heute wie damals dasselbe.
Die Entscheidung für König Leopold I. war übrigens die erste Probe aufs Exempel dafür, daß man die neue Verfassung in ihren liberalen Grundsätzen wirklich ganz ernst nahm.[25] Nicht allein ist damit gemeint, daß der König mit seinem Eid auf die ihm vorgegebene Verfassung auch dem Grundsatz der Volkssouveränität in der Wendung »Tous les pouvoirs

der Vorstellung der Zeit. Die Ausdehnung des Wahlrechtes auch auf die sogenannten »Capacitaires« war derzeitig eine bemerkenswerte Ausweitung des Wahlrechtes.

23 Belege in meinem Buch (Fußnote 15).

24 Vgl. das o. g. Werk zur Verurteilung Lamennais' (Fußnote 20).

25 Wie Fußnote 15; zu Leopold I. vgl. das gleichnamige Buch von Aloïs Simon in der Collection »Notre Passé«, Brüssel (Bruxelles) 1963.

émanent de la nation« zuzustimmen hatte. Wichtig ist auch die Entscheidung der Abgeordneten des Nationalkongresses für eben diesen ev.-luth. Fürsten, der derzeitig in England lebte, und dies also auch noch nach dem frühen Tode seiner Gemahlin Charlotte, der Tochter des englischen Königs Georgs IV.; sie war bis zu ihrem Tode die britische Thronerbin, danach war es ihre Cousine, die spätere Königin Victoria. Ein Lutheraner als König im gänzlich katholischen Belgien – konnte das gut sein? Leopold I. blieb seiner Kirche bis zu seinem Tode (1865) treu, ging aber doch seine zweite Ehe mit der Tochter des französischen Königs Louis Philippe ein, also einer Katholikin, ließ die Kinder aus dieser Ehe katholisch taufen, so daß Belgien seit der Herrschaftsübernahme durch Leopold II. (1865) ein katholisches Königshaus hat. Aber konnten das die Abgeordneten im Nationalkongreß, die Leopold am 4. Juni 1831 mit großer Mehrheit wählten, in Rechnung stellen? Als in der Aussprache, die der Wahlhandlung im Kongreß vorausging, der Graf Louis de Robiano das böse Wort vom künftigen »Chef hérétique« sprach, ergriff einer der geistlichen Abgeordneten das Wort, Abbé Andries, der in allen vorausgegangenen Debatten kaum etwas gesagt hatte; nun aber bemerkte er:

»La liberté des cultes est sacrée pour tous les Belges, pourquoi ne le serait-elle pas pour le roi?«

Belgien war ein Land der Glaubensfreiheit, ein Land der völlig freien und unabhängigen Stellung der katholischen Kirche. Diese zog vielerlei Gewinn daraus, so in der staatlich unbeeinflußten Besetzung des Erzbischofsamtes und der Bistümer und nicht zuletzt auch mit der Gründung der katholischen Universität in Mecheln (1833), die später nach Löwen (Louvain) verlegt wurde. Der im Jahre 1843 nach Brüssel entsandte Nuntius Pecci gewann ein so günstiges Bild von der Lage des belgischen Katholizismus, daß er später, nachdem er auf den Stuhl Petri berufen worden war, als Papst Leo XIII. (1878–1903) die »guten Bestandteile« des liberalen Staates anerkannte und diejenigen Katholiken Frankreichs, die damals in einer inneren Opposition zur neu gegründeten Französischen Republik verharrten, zur Treue gegenüber dem neuen Staat ermahnte.

Es bedarf weiterer Forschungen, um in den Einzelheiten zu erkennen, daß von Belgien ein nachhaltiger Einfluß auf die Verfassungsbewegung des 19. Jahrhunderts und auf die Ausbildung der christlichen Demokratie in Europa ausgegangen ist. Wichtige Untersuchungen liegen bereits vor: John Gilissen hat – allerdings mit einer zu formalistischen Beweisführung – gezeigt, wie Ursprung und Einflußnahme der belgischen Verfassung von 1831 zu beurteilen sind, wobei der Hinweis auf die preußische Verfassung von 1850 besonders wichtig ist.[26] Gillisen bekräftigt im ganzen John Hawgood's Ansicht, man könne von »The model state of Belgium« in Europa sprechen.[27] In der Tat war der Ausspruch »la liberté, comme en Belgique« für viele ein geflügeltes Wort geworden. Der englische Historiker Michael P. Fogarty hat in seinem Werk »Christian Democracy in Western Europe 1820–1953« die Ideen und die parteiengeschichtliche Entwicklung aufgezeigt, die zur christlichen Demokratie hingeführt hat,[28] und er hat den Rahmen gesetzt für das zur selben Zeit (1958) verfaßte Buch von Aloïs Simon »Le Parti Catholique belge 1839–1945«.[29] Für die Rezeption der Ideen Lamennais liegen eine ganze Reihe von Werken vor, neuerdings auch für Deutschland. Gerhard Valerius ist zum Thema »Deutscher Katholizismus und Lamennais« der Auseinandersetzung mit dem großen französischen Denker, dem Begründer der liberal-katholischen Gesellschaftslehre, in der zeitgenössischen Publizistik nachgegangen.[30]

Aber es bleiben noch manche Fragen in der Forschung offen. Dazu gehört die Beziehung zwischen dem liberalen Belgien und dem Rheinland zur Zeit des eingangs erwähnten Kölner Kirchenstreits 1837/38. Es ist offenkundig, daß die Lage der Kirche in Belgien Argumente lieferte, um das Vorgehen der preußischen Staatsregierung gegen den Kölner Erzbischof Droste zu Vischering zu mißbilligen.

Vor allem bedarf der Klärung, in welchem Maße der internationale Katholische Kongreß in Mecheln im August 1863 ein weit über Belgiens Grenzen hinausreichendes Ereignis gewesen ist. Der Primas der Katholischen Kirche Belgiens, Erzbischof von Mecheln, Kardinal Sterckx, der in den zurückliegenden Jahren immer wieder die belgische Verfassung gegenüber Kritikern (auch am Heiligen Stuhl) verteidigt hatte, leitete den Kongreß. Auch er spendete – wie viele andere – Beifall, als der frühere enge Weggefährte von Lamennais, Graf Charles de Montalembert, verkündete: Es komme darauf an, die Vergangenheit hinter sich zu lassen und die Kirche mit den Bestrebungen der modernen liberalen Gesellschaft

26 John Gilissen, Die belgische Verfassung von 1831 – ihr Ursprung und ihr Einfluß, in: Beiträge zur deutschen und belgischen Verfassungsgeschichte im 19. Jahrhundert (wie Fußnote 18).

27 J. A. Hawgood, Modern Constitutions since 1787, London 1939 (vgl. Fußnote 26).

28 Michael P. Fogarty, Englische Ausgabe 1958, erschienen in Verlag Rontledge & Kegan Paul, London; hierzu auch deutsche Ausgabe: Christliche Demokratie in Westeuropa 1820–1953, Freiburg (Herder-Verlag) 1959.

29 Aloïs Simon, Le Parti Cathilique Belge 1830–1945, Collection »Notre Passé«, Brüssel (Bruxelles) 1958.

30 Gerhard Valerius, Deutscher Katholizismus und Lamennais. Die Auseinandersetzung in der katholischen Publizistik, Mainz (Matthias Grünewald-Verlag) 1983.

in Einklang zu bringen und überall den Grundsatz »freie Kirche im freien Staat« zu verwirklichen. Unter Berufung auf den Dominikaner-Priester Lacordaire, der auch zu den engen Weggefährten Lamennais gehört hatte, rief Montalembert aus:[31]

»Oui, catholiques, entendez-le bien, si vous voulez la liberté pour vous, il vous faut la vouloir pour tous les hommes et sous tous les cieux.«

Das Protokoll der Rede verzeichnet Erregung im Saal, als Montalembert diesen Gedanken weiterentwickelte und von der Demokratie sprach, die durch die umfassende und für alle gültige Freiheit »korrigiert« werden müsse, damit sodann die katholische Kirche mit eben dieser Demokratie versöhnt werden könne. Montalembert sagte:

»L'avenir de la société moderne dépend de deux problèmes: corriger la démocratie par la liberté, concilier le catholicisme avec la démocratie.«
(Vermerk im Protokoll: Sensation prolongée.)[32]

Montalembert war mit diesem Ausspruch seiner Zeit vorausgeeilt. Wenn ich es richtig sehe, ist dieser Ausspruch in der katholischen Welt das erstmalige klare Eintreten für die christliche Demokratie.
Man möchte über die Nachwirkungen dieses Katholischen Kongresses in Mecheln gerne mehr wissen. Ein gewichtiges Zeugnis mögen in diesem Zusammenhang zwei offene Briefe des Kardinalerzbischofs Sterckx im März 1864 im Journal de Bruxelles sein. Der Klerus und die katholischen Gläubigen, so Kardinal Sterckx, hätten aus den verfassungsmäßig verbürgten Freiheitsrechten in Belgien so viel Gewinn gezogen, daß die katholische Kirche in diesem Lande blühender dastehe als zu jeder anderen Epoche der belgischen Geschichte.[33]
Dies hat grundsätzliche Bedeutung. Die freie Kirche im freien Staat gereicht beiden zum Nutzen. Im gegenseitigen Respekt kann sich ein partnerschaftliches Verhältnis von Kirche und Staat entwickeln. Beide dienen demselben Menschen, der immer zugleich Glied seiner Kirche und Glied des res publica ist. Anders gesagt: Glaube und Politik gehören zusammen, und dennoch dürfen sich beide nicht miteinander vermengen. Geboten ist ein Verhältnis des inneren Dialogs, und zwar – um es persönlich zu sagen – mit mir selbst, der ich Christ und Staatsbürger in einer Person bin. Ge-

31 Rede in: Discours de M. Le Comte de Montalembert, 3. Bd., Paris (Victor Lacoffre) 1892, S. 398.
32 Ebd., S. 405.
33 Vgl. Fußnote 15 (im dort angezeigten Buch S. 284–285).

boten ist ferner ein Verhältnis des äußeren Dialogs zwischen demjenigen, der vorrangig Theologe ist und im Dienste seiner Kirche steht, und demjenigen, der in erster Linie Politiker ist und seine Kraft dem staatlichen Gemeinwohl widmet. Grundlage eines solchen Dialogs in gemeinsamer Verantwortung für die Menschen und für die geistig fundierte freie und gesicherte Gestaltung der Zukunft ist – über konfessionelle Grenzen hinweg – die, wie Graf Montalembert am 20. August 1863 in Mecheln sagte, freie Kirche im freien Staat.
Das gilt damals wie heute und gibt der christlichen Demokratie ihre geschichtlich begründete Wegweisung. Sie führt hin zur Zeit nach dem Ersten Weltkrieg. Dann erst wurde die Demokratie seitens der offiziellen Katholischen Kirche faktisch anerkannt, und erst nach dem Zweiten Weltkrieg hat sie ein wirklich positives Verhältnis zu ihr gefunden. Diese Entwicklung zeigt Bernhard Stangl in einem jüngst erschienenen Aufsatz auf.[34] Und damit wird heute in der Katholischen Kirche – ähnlich wie wir es für die Evangelische Kirche schon gesehen haben[35] – die freiheitliche Demokratie, wie sie das Grundgesetz verbürgt, als Angebot und Chance begriffen – zum Wohle des staatlichen Gemeinwesens, der res publica, wie auch der Kirche selbst. Es bleibt abschließend festzuhalten: Dank Lamennais und des von ihm begründeten liberalen Katholizismus hat das kleine Belgien der christlichen Demokratie in Europa den Weg gewiesen.

34 Bernhard Stangl, Staat und Demokratie in der Katholischen Kirche, in: Beilage B 46–47/87 zur Wochenzeitung Das Parlament, Nov. 1987 (wie Fußnote 7).

35 Vgl. o. S. x.

Europäische Werte

Wilfried Martens

Meine politische Erfahrung hat mich gelehrt, daß jedes große Vorhaben nur gelingen kann, wenn zwei wesentliche Voraussetzungen erfüllt sind: einerseits muß eine globale Vision, andererseits ein konkretes und gegenwartsbezogenes Programm vorhanden sein.
Auch das Streben nach einem vereinten und demokratischen Europa gehorcht diesem Prinzip.
Die Zukunft Europas kann nur auf den Werten beruhen, die das gemeinsame Erbe der Europäer bilden.
Wenn Europa nach innen und außen dynamisch wirken will, dann genügt es nicht, wirtschaftliche und soziale, wissenschaftliche und technische Leistungen zu verbreiten. Vielmehr muß es die jahrhundertealten Werte seiner Kultur und Zivilisation nach außen tragen, deren Quellen im Christentum und im Humanismus wurzeln.
Die in diesem gemeinsamen Erbe verkörperten Werte sind uns in der Praxis zu wenig bewußt. Sie stellen aber noch immer die beste Gewähr für eine hoffnungserfüllte Zukunft dar.
Es kommt darauf an, sie weiterzubilden und auszubauen. Nach den Worten des ehemaligen Rektors des Europakollegs, Hendrik Brugmans, bildet das Christentum vielleicht nicht in jeder Hinsicht das Bindemittel, den »Zement« dieser Werte, sondern eher ihr »Ferment«.
Was wäre Europa, wie könnten wir von einer europäischen Zivilisation reden, ohne daß uns der Weg zum Christentum zurückführt?
In Asien entstanden, hat das Christentum fast 15 Jahrhunderte lang praktisch nur in Europa Wurzel geschlagen und dort eine gesellschaftliche Ordnung zustande gebracht, die von seinen Merkmalen geprägt ist.
Erst nach diesen 1500 Jahren begann das Christentum, sich von Europa aus auf andere Erdteile zu verbreiten.
In der ganzen Welt besitzt es noch immer eine beeindruckende Kraft zur Inspiration, auch wenn die gläubigen Christen nicht mehr die Mehrheit der europäischen Bevölkerung darstellen, und die Kirchen heute einen Prozeß der Besinnung durchmachen.

Trotzdem hat das Christentum in Europa bisher nicht zugunsten einer anderen Religion den Platz geräumt.
Und auch für den nicht christlichen Humanisten hat sich eine Gesamtheit von Werten erhalten, bei denen die Achtung vor der menschlichen Person und ihrer Würde im Mittelpunkt steht.
Dadurch ist das Christentum bis heute die entscheidende Antriebskraft für die europäische Zivilisation geblieben.
In seinem Buch »Portrait of Europe« bezeichnet Salvador de Madariaga das Individuum als europäische Entdeckung, vielleicht sogar als europäische Erfindung.
Es war in Europa, daß zum ersten Mal der einzigartige und unverwechselbare Charakter des Individuums ausdrücklich gewürdigt wurde. Der Autor fügt hinzu, daß dies womöglich erklärt, warum das Christentum von Anfang an dazu bestimmt war, die Religion der Europäer zu werden.
Im Christentum wird der innere Wert jedes Menschen, ungeachtet seiner Klasse, seines Besitzes, Berufs oder seiner Hautfarbe, anerkannt. Diese Anerkennung beruht auf einem geistigen Prozeß.
In seiner Bemühung, ein Bild von Europa zu skizzieren, sieht Salvador de Madariaga den Schlüssel des europäischen Lebens und der europäischen Geschichte in der Beherrschung aller Äußerungsformen des Menschen durch Willen und Geist.
Er stellt dabei einen bestimmten Rhythmus fest, in dem der Impuls des Willens sich zuerst offenbart und aktiv wird, während der Geist, der überlegt und zusammenfaßt, später erscheint. In rein intellektuellen Fragestellungen führt dieser Rhythmus zur Folge Analyse – Hypothese – Synthese. Im gesellschaftlichen und politischen Leben bestimmt er die typisch europäische Auseinandersetzung zwischen Individuum (Aktion), Gesellschaft (Überlegung) und freiheitlicher Demokratie (Zusammenfassung).
Man könnte die Europäer die Erfinder des Individualismus – eine Synthese sokratischer und christlicher Traditionen – nennen. Reiner Individualismus aber kann nur zur Anarchie führen, wenn er nicht durch gesellschaftsbezogene Überlegungen gemildert wird. Der Europäer strebt eher nach einer Synthese, in der beides erhalten bleibt in einer Verbindung von individueller Freiheit und gesellschaftlicher Ordnung. Daher muten Lehren wie der Anarchismus oder der Kommunismus wenig europäisch an.
Lehrreich in diesem Zusammenhang ist die Aussage von Salvador de Madariaga, daß dieser Drei-in-Eins Rhythmus nicht auf theoretischen oder philosophischen Überlegungen beruht, sondern daß ihm ein in der Wirklichkeit vorhandenes psychologisches Phänomen zugrunde liegt.

Über die christliche Religion, ihre dogmatische und doktrinäre Konstruktion, über ihre ethischen Vorschriften, um das gesellschaftliche Verhalten des Menschen zu regeln, ist viel geschrieben worden.
Die entscheidende Lehre von Christus ist aber stets erhalten geblieben: nämlich die Achtung vor dem inneren Wert jedes Individuums.
Denis de Rougemont illustriert diese personalistische Vision, wenn er Pascal zitiert, der Christus sagen läßt: »J'ai pensé à toi dans mon agonie«. Dies bedeutet, daß Jesus nicht für die ganze Menschheit, sondern für jeden einzelnen am Kreuz gestorben ist.
Auch das Leben nach dem Tode ist in der christlichen Religion weder eine Reinkarnation, noch ein Verbleiben in einem zeitlosen Nirwana, sondern eine Fortsetzung der individuellen Persönlichkeit. Diese personalistische Vision ist ein wichtiges Merkmal unserer Zivilisation.
Sie ist weder kollektivistisch noch individualistisch. Die Person hat nach außen hin eine Aufgabe zu erfüllen.
Die personalistische Vision behauptet nicht, daß die Menschen alle gleich seien; sie akzeptiert, daß einer moralisch höher stehen mag als ein anderer, begabter, kreativer oder wißbegieriger ist. Sie erkennt aber über alle Unterschiede hinweg einen fundamentalen Wert, der uns allen gemeinsam ist: daß wir nämlich vom Christentum aus »nach Gottes Bild« geschaffen sind.
Aus diesem Grund ist es die Aufgabe des Christentums und jeder christlich geprägten Zivilisation, in einer Welt voller Gewalt und Ungerechtigkeit, den Gedanken, den Wert der souveränen Persönlichkeit heilig zu halten.
Hieraus resultiert für den Christen der Imperativ, sich immer bewußt zu sein, daß alle Menschen hinsichtlich ihrer Würde gleich sind. Aus diesem Satz folgt die Forderung, für die Gleichheit der Chancen zu kämpfen.
Ebensowenig wie für das Christentum selbst, gibt es für diesen Imperativ staatliche Grenzen. Er ist die Leitvorstellung, auf der jegliche gesellschaftliche und politische Handlung beruhen soll.
War es Zufall, daß die Grundlage der heutigen Europäischen Gemeinschaft von drei Männern stammt, die alle drei gläubige Christen waren? Konrad Adenauer, Alcide de Gasperi und Robert Schuman waren drei von der Persönlichkeit her ganz verschiedene Menschen, sie hatten sehr unterschiedliche Temperamente. Aber alle drei spielten sie ihre europäische Wegbereiterrolle als überzeugte Gläubige. Sie waren sich der Tatsache bewußt, daß das Christentum, das Jahrhunderte vor den europäischen nationalen Staaten entstanden war, auch noch seine prägende Kraft behalten würde, nachdem diese ihre Souveränität eingebüßt haben würden.

Die Lage des nationalen Staates in Europa hat sich in den vergangenen Jahrzehnten stark gewandelt.
Die einzelnen Länder können die großen Probleme von heute und morgen immer weniger alleine lösen.
Nicht nur die weit verbreitete Arbeitslosigkeit mit ihren wirtschaftlichen, sozialen, persönlichen und familiären Folgen, oder die grenzüberschreitende Umweltverschmutzung, wie sie sich im sauren Regen und im Umgang mit der Nuklearenergie äußert, sondern auch die Wirtschaftsprobleme, der technologische Rückstand Europas, die Verteidigungs- und Entspannungsfragen, die Ausbildung der Jugendlichen, der Kampf gegen Krankheit und Drogensucht . . . sind staatenübergreifende Gegebenheiten, welche ständig dringender eine übernationale Antwort verlangen.
Wenn die Probleme *und* die Antworten darauf in Europa grenzüberschreitend sind, dann muß die Kontrolle darüber ebenso staatenübergreifend sein.
In seinem politischen Testament sagte Altiero Spinelli am 4. Februar 1986 vor dem Europäischen Parlament: »Europa entsteht im Wege europäischer Demokratie, und europäische Demokratie, sie gibt es schon, im Europäischen Parlament«.
Dieses Parlament soll nicht nur direkt von den europäischen Bürgern gewählt sein, es muß auch praktisch handlungs- und kontrollfähig sein.
Die Einheitliche Europäische Akte ist ein Schritt zu einem wirksameren Entscheidungsprozeß, der in stärkerem Maße demokratisch legitimiert ist, aber die wirkliche Europäische Union kann nur mit der breiten Zustimmung der europäischen Bürger geschaffen werden. Dazu ist ein europäisches Bewußtsein nötig.
Gut wirkende und transparente europäische Institutionen können dazu beitragen. Heute werden diese Institutionen von den Bürgern nur zögernd angenommen, weil die Bürger kaum verstehen können, wie sie funktionieren. Auch die nationalen Institutionen bringen oft nicht die notwendige Anerkennung auf, weil sie aus einem Drang zur Selbsterhaltung heraus dazu neigen, jede Stärkung Europas als eine Schwächung ihrer selbst zu sehen.
Demokratische politische Institutionen reichen aber nicht aus, um Europa zu bilden und ihm Ausstrahlungskraft zu verleihen. Der Wille, in ganz Europa zu erreichen, was dem Menschen und nicht, was dem Staate nützt, muß das Verhalten und die Entscheidung jedes Politikers bestimmen.
Erst dann kann Europa für die eigenen Bürger und als Partner in der Welt die Werte der christlich geprägten europäischen Zivilisation glaubwürdig vertreten.

Solidarität und Toleranz, Gerechtigkeit und Frieden . . ., viele von diesen Worten sind zu Worthülsen geworden. Sie sind nicht unrichtig, aber ihr Inhalt ist durch vielfältigen Gebrauch verlorengegangen.
Als Christen müssen wir lernen, diese Werte wieder ernst zu nehmen und sie so explosiv und progressiv, wie sie in ihrem Wesen sind, wieder neu zu verwenden.
Die heutigen Aufgaben der Europäischen Gemeinschaft bieten zahlreiche Möglichkeiten, um diese Zielsetzung in Aktionsprogramme umzusetzen.
Die Gleichheit der Menschen hinsichtlich ihrer Würde führt zur Forderung, die europäische Demokratie voll zu realisieren. Die Chancengleichheit herzustellen auf europäischer Ebene, bezieht sich auf heutige und künftige Bereiche der Gemeinschaftspolitik. Das in der Einheitlichen Akte vorgegebene Ziel des wirtschaftlichen und sozialen Zusammenhalts – das Ziel »Kohäsion« – bezieht sich sowohl auf die Finanzierung des Gemeinschaftshaushalts wie auf die gemeinschaftlichen Strukturfonds und den europäischen Dialog zwischen Arbeitgebern und Arbeitnehmern.
Die Vollendung des Binnenmarktes ohne Grenzen zum Ende des Jahres 1992 kann der Wirtschaft der Mitgliedstaaten einen Impuls verleihen, der die Arbeitslosigkeit zumindest teilweise auffangen kann. Andere glauben, daß durch die demographische Entwicklung die Arbeitslosigkeit in bestimmten Ländern verschwinden kann.
Im September vergangenen Jahres hat Bundespräsident von Weizsäcker vor der Gewöhnung an die Arbeitslosigkeit gewarnt. Der Forderung »Wir wollen kürzer arbeiten, um länger zu leben« stellte er die Forderung »Wir wollen arbeiten, um menschenwürdig leben zu können« gegenüber.
Die von der EG-Kommission vorgestellte Gemeinschaftsstrategie für mehr Wachstum und Beschäftigung ist mehr als eine ausgewogene Mischung beschäftigungsorientierter, angebots- und nachfragepolitischer Maßnahmen. Sie unterstreicht, daß Europa sein eigenes soziales Modell weiter entwickeln muß, eine soziale Kultur, die gekennzeichnet ist durch produktive Verbindung von wirtschaftlichen und sozialen Aspekten.
Wenn wir es wagen, über Zivilisation zu reden, dann soll Wirtschaftswachstum auch soziales Wachstum umfassen, dann sollten die ärmeren und weniger privilegierten Regionen auch vollwertig in die Entwicklung Europas einbezogen werden.
Die Beschäftigten und die Arbeitslosen sind die europäischen Bürger von heute. Morgen werden es die Schüler, Lehrlinge und Studenten sein.
Jeder Mitgliedstaat bemüht sich, durch Unterricht und Ausbildungswesen, für diese Jugendlichen Chancengleichheit herzustellen.
Damit sie wirkliche Chancen im Europa von morgen bekommen, sollten

sie in die Lage versetzt werden, im Ausland zu lernen, zu studieren und zu arbeiten. Die Anerkennung von Diplomen und Zeugnissen und das Programm »Erasmus« sind Beiträge zu diesem Ziel.
Nur so können sie ein europäisches Bewußtsein entwickeln und können wir hoffen, daß sie schließlich die künftigen Architekten des europäischen Gedankens werden.
Nach außen sollte Europa nicht nur kollektiven Eigennutzen vertreten, sondern ein Partner für die Welt sein.
Dies gilt besonders für unsere Haltung gegenüber der Dritten Welt. Europa kann und soll die Entwicklung dieser Länder und Völker nicht bestimmen; Europa kann aber Impulse geben und diese konsequent weiter verfolgen.
Eine der Herausforderungen in dieser Hinsicht besteht darin, die Agrarreform in diesen Kontext einzubeziehen. Es ist unhaltbar, daß wir mehr Geld für die Lagerung von Nahrungsmittelüberschüssen ausgeben, als in die Nahrungsmittelhilfe für notleidende Länder fließt.
Schließlich denke ich an die Fragestellung, die an der Wiege des Bestrebens nach europäischer Integration gestanden hat, die Bewahrung des Friedens.
Kurz nach einem Weltkrieg, in einer Zeit, in der die Wunden noch nicht geheilt waren, wo Freunde noch voneinander getrennt waren, wo Unverständnis und Vorurteile noch die öffentliche Meinung beherrschten, genau in dieser Zeit erdachten und formulierten einige Männer die Vorstellung, wie Europa am Ende dieses Jahrhunderts aussehen sollte.
Im Rahmen der Entspannungs- und Abrüstungsbemühungen der Großmächte hat Europa eine Rolle zu spielen und seine Verantwortung zu tragen, aber auch in allen anderen Beziehungen muß Europa eine friedenstiftende Aufgabe erfüllen, insbesondere gegenüber den Ländern der Dritten Welt, für die Frieden die Voraussetzung für Entwicklung ist.
Es ist gut, sich Jean Monnets historische Worte in Erinnerung zu rufen: »Nous ne coalisons pas des Etats, nous unissons des hommes«. Hierin liegt die Kraft der Demokratie im christlichen Europa begründet.
Ich möchte Kai-Uwe von Hassel als Demokrat und Christen ehren und ihm anläßlich seines 75. Geburtstages gratulieren.
Ich bin davon überzeugt, die Meinung vieler Europäer, die das Glück haben, ihn zu kennen, auszudrücken, wenn ich ihm meine Dankbarkeit ausspreche für das, was er als gewählter Vertreter seines Volkes, sei es im eigenen Lande, sei es im europäischen Verband, geleistet hat um die Demokratie im christlichen Europa ein Stück weiter zu bringen.

Die Grundlagen des Rechts in der pluralistischen Demokratie

Hans Joachim Faller

Gerechtigkeitspflege ist in der pluralistischen Demokratie ein schwieriges Unternehmen. Die Diskussionen um Hausbesetzungen, Vermummungsverbote, Polizeieinsätze und Verhaftungen weisen auf eine Krise des Rechtsbewußtseins hin. Das Gesetz ist für den Bürger nicht mehr das unangreifbare Fundament. Wie ist eine Rechtsfindung in einer Gesellschaft möglich, in der ein einheitliches Wertbewußtsein immer mehr zu schwinden scheint? Gibt es noch Fixpunkte, die man bei der Lösung von Rechtsproblemen stets vor Augen haben muß? Der Versuch einer Beantwortung dieser drängenden Fragen erfordert eine Reflexion über die Grundlagen des Rechts in unserem demokratischen Staatswesen.

Die pluralistische Gesellschaft

Mit Pluralismus bezeichnet man in den Sozialwissenschaften die Struktur einer modernen, funktional differenzierten Gesellschaft, in der eine Vielzahl von politischen, wirtschaftlichen, religiösen, auch ethnischen und anderen miteinander in Konkurrenz stehenden Interessengruppen, Organisationen und Mitgliedern sozialer Teilbereiche um politischen und gesellschaftlichen Einfluß ringt. Insbesondere der Politologe Ernst Fraenkel, der nach 1945 den Begriff des »Neo-Pluralismus« prägte, beschrieb den pluralistischen Rechtsstaat« als Gegentyp zur »totalitären Diktatur«. Er formte damit maßgeblich das Selbstverständnis der westlichen Demokratien und vor allem der Bundesrepublik Deutschland.[1]

1 Vgl. E. Fraenkel, Strukturdefekte der Demokratie und deren Überwindung, in: E. Fraenkel, K. Sontheimer, B. Cruck, Beiträge zur Theorie der pluralistischen Demokratie, Bonn 2. erw. Aufl. 1969 S. 3 ff., 14.

Die Funktion des Rechts in der pluralistischen Gesellschaft[2]

Die offene pluralistische Gesellschaft, wie sie heute in der Bundesrepublik Deutschland besteht, ist durch Interessengegensätze und Kämpfe um Macht und Einfluß dieser zahlreichen Gruppen geprägt. Daß dieses Gegeneinander nicht zu einem bellum omnium contra omnes wird, dafür sind bestimmte Regulative erforderlich. Ernst Fraenkel hat darauf hingewiesen, daß die politische Vielfalt der Gesellschaft, das Mit- und Gegeneinander der Gruppeninteressen nur dann *nicht* zu Anarchie führe, wenn »die Notwendigkeit eines generell akzeptierten Werkkodex anerkannt wird, der neben verfassungsrechtlichen Verfahrensvorschriften auch ein Minimum an regulativen Ideen generellen Charakters enthalten muß«. Dem Recht kommt somit in der pluralistischen Demokratie eine wichtige Integrationsfunktion zu, die gerade angesichts einer auch im geistig-ethischen Sinne pluralistischen Gesellschaft fundamentale Bedeutung gewinnt. Das ist der eine Aspekt.
Hinzu kommt noch ein weiterer wichtiger Gesichtspunkt: Soll die gesellschaftliche Grundordnung den Forderungen gerecht werden, die sich aus dem Grundwert der Persönlichkeit einerseits und dem Eigenwert der Gesellschaft (Gemeinschaft) in ihren mannigfachen Erscheinungsformen andererseits ergeben, so hat das Recht eine Sphäre der Freiheit zu sichern, in welcher der Mensch als Einzelperson und geistig-sittliches Wesen existieren und sich entfalten kann. Es müssen gleichzeitig aber auch die Grenzen der Freiheitssphäre abgesteckt werden, wie sie für die Gewährleistung dieses Freiheitsraumes für alle, aber auch für die Notwendigkeiten der Gesellschaft als Gemeinschaft aller erforderlich sind. Damit sind zwei wichtige Teilmomente des Gesamtphänomens »Recht« angesprochen. Diese Aufgaben kann das Recht aber nur erfüllen, wenn es auf festen Fundamenten ruht.

Die Rechtsquellen

Im modernen Staat ist zunächst dieser selbst die souveräne Instanz in Fragen der Rechtssetzung und Rechtsanwendung. Jedenfalls, soweit es sich um das positive Recht handelt, ist es Produkt der Gesetzgebung und der Rechtsprechung.

2 Vgl. zum folgenden: H. J. Faller, Recht und Gerechtigkeit in einer pluralistischen Gesellschaft, in: Stimmen der Zeit, Jahrg. 1982 S. 385 ff.

In demokratischen Staaten kann das positive Recht allein durch den Willen des Volkes begründet werden, der in einer repräsentativen Demokratie - wie der Bundesrepublik - durch den Willen des Parlaments dargestellt und durch dessen Mehrheitsentscheidung gefunden wird. Das Parlament als die politische Repräsentanz des Volkes ist zwar in vielen seiner Vertreter durch die Teilinteressen von Gruppen der pluralistischen Gesellschaft bestimmt, aber seine Aufgabe ist es, Gesetze zu erlassen, die dem Interesse des Ganzen gerecht werden. Deshalb legt Art. 38 GG ausdrücklich fest, daß die Bundestagsabgeordneten als die Vertreter des ganzen Volkes frei und unabhängig sind. Auch Änderungen und Verbesserungen der Rechtsordnung haben in erster Linie durch den mehrheitlichen Willen des Parlaments zu erfolgen. Es sind also - das soll nicht verkannt werden - voluntaristische Entscheidungen, die nach der Organisation unseres Rechtsstaates die Rechtsquellen erzeugen.[3]

Recht schaffen bei der ihnen durch das Grundgesetz zugewiesenen Rechtsanwendung auch die Richter. Nach dem im Rechtsstaatsprinzip verankerten Grundsatz der Gewaltenteilung ist die Normgebung dem Parlament vorbehalten; dem Richter hingegen - es soll von dem Sonderfall der Normenkontrolle einmal abgesehen werden - ist die Entscheidung des Einzelfalles übertragen. Der Richter muß grundsätzlich die Prärogative des Gesetzgebers für die Rechtsetzung anerkennen. Hier wird ein neuralgischer Punkt der richterlichen Aufgabenumgrenzung in heutiger Sicht berührt. Das Grundgesetz und die Prozeßordnungen haben den Richtern in der Bundesrepublik Kompetenzen in einem bisher nicht gekannten Ausmaße übertragen. Der Richter ist heute dem Gesetz gegenüber freier gestellt. Er hat das Gesetz, bevor er es anwendet, auf seine Übereinstimmung mit der Verfassung zu prüfen. Darin liegt eine grundsätzliche Neuorientierung des Verhältnisses vom Richter zum Gesetz, die seit der Weimarer Zeit sich vollzogen hat. Sie hat in Art. 20 Abs. 2 GG ihren Ausdruck gefunden, wonach die Rechtsprechung an »Gesetz und Recht« gebunden ist. Es wäre aber falsch, hierwegen von einer »Entfesselung der Dritten Gewalt« zu sprechen. Die Bindung des Richters ist nur komplexer. Freilich sind dadurch die Grenzen auch flüssiger geworden, wie der heftige Streit um die Schranken der richterlichen Rechtsfortbildung zeigt.[4] Unbedenklich ist die Rechtsfindung des Richters auf der Grundla-

3 Siehe auch G. Roellecke, Der Begriff des positiven Rechts und das Grundgesetz, Mainz 1969.

4 Vgl. Richterliche Rechtsfortbildung, Erscheinungsformen, Auftrag, Grenzen, Festschrift der Juristischen Fakultät zur 600 Jahrfeier der Ruprecht-Karls-Universität Heidelberg, hrsg. v. d. Hochschullehrern der Jur. Fakultät der Universität Heidelberg, Heidelberg 1986.

ge der in der juristischen Methodenlehre anerkannten Auslegungskriterien.[5] Zulässig ist ferner die Rechtsfortbildung durch Lückenfüllung dann, wenn ein Gesetz für einen bestimmten Sachverhalt keine Regelung trifft; hier hat der Richter eine Lösung zu suchen, die sich nach Möglichkeit an die Gesetzessystematik anlehnt und inhaltlich an den Regelungsabsichten des Gesetzgebers für das betreffende Rechtsgebiet, der Gesamtrechtsordnung, dem Wertsystem der Verfassung sowie den »fundamentalen allgemeinen Gerechtigkeitsvorstellungen der Gemeinschaft« ausrichtet. Unzulässig wird hingegen die, wie K. Larenz es bezeichnet,[6] »gesetzesübersteigende« Rechtsfortbildung, die sich nicht nur über Wortlaut und Sinn der einzelnen Gesetzesnormen hinwegsetzt, sondern ihre Rechtfertigung auch nicht in der geltenden Gesamtrechtsordnung findet und auch durch Verfassungssätze nicht gedeckt wird.

Die Frage nach dem »richtigen« Recht

Das Gesetzesrecht kommt durch Mehrheitsentscheidung des Parlaments zustande; auch den Erkenntnissen der Gerichte liegen, soweit es sich um Kollegialgerichte handelt, also um alle oberen und obersten Gerichtshöfe, die für die Rechtsfindung und Rechtsfortbildung maßgeblich sind, oft Mehrheitsentscheidungen zugrunde, was in der Verfassungsgerichtsbarkeit nach Einführung des Sondervotums und der Bekanntgabemöglichkeit des Abstimmungsergebnisses auch nach außenhin sichtbar werden kann. Das, was wir das positive Recht nennen, entspringt somit weitgehend dezisionistischen (volitiven) Entscheidungen staatlicher Organe. Das wirft sofort die Frage auf – diese Frage wird in der pluralistischen Gesellschaft von vielen Gruppen gestellt – können die Träger der Staatsgewalt eine Zwangsordnung mit beliebigem Inhalt setzen? Ist es das »richtige« Recht, was die parlamentarische Gesetzgebungsmaschine gewissermaßen am Fließband produziert und die überlasteten und überanstrengten Richter in zahllosen Überstunden hervorbringen?
Diese Frage nach dem richtigen Recht ist uralt. Es kann hier nicht auf die geschichtliche Entwicklung der Idee vom richtigen Recht näher eingegan-

5 Vgl. hierzu H. M. Pawloski, Methodenlehre für Juristen, Heidelberg–Karlsruhe 1981.
6 K. Larenz, Methodenlehre der Rechtswissenschaft, 4. erg. Aufl. Berlin, Heidelberg 1979 S. 402 ff.

gen werden.[7] Die Rechtsphilosophie hat schon immer diese Frage als ein zentrales Problem angesehen.
Die Organisation des Rechtswesens nach dem Grundgesetz sieht ein System von Rechtsmitteln und Rechtsbehelfen vor, welche den Gesetzgeber und die Gerichte hinsichtlich der von ihnen erlassenen Rechtssätze und Urteile einer Kontrolle unterwerfen.
Wird jemand durch die öffentliche Gewalt in seinen Rechten verletzt, so steht ihm nach Art. 19 Abs. 4 GG der Rechtsweg zu den staatlichen Gerichten offen (nach der Gerichtsorganisation zwei oder drei Instanzen in der Regel). Die Normenkontrolle soll verhindern, daß gegen den Staatsbürger verfassungswidrige Gesetze angewendet werden. Schließlich kann jedermann mit der Behauptung, in seinen Grundrechten oder gleichgestellten Rechten durch die öffentliche Gewalt verletzt worden zu sein, unter bestimmten Voraussetzungen Verfassungsbeschwerde zum Bundesverfassungsgericht erheben und dort Schutz gegen verfassungswidrige Beeinträchtigung suchen.
Auch die Vielzahl dieser Verfahren, die der Bundesrepublik den Ruf eines »Rechtswegestaates« eingetragen hat, bietet – allein für sich betrachtet – noch keine hinreichende Garantie zutreffender Rechtsfindung. Legale Verfahren unter Verzicht auf die Fixierung inhaltlicher Richtigkeitskriterien können entgegen einer heute vertretenen Auffassung (»Legitimation durch Verfahren«)[8] keine sichere Grundlage für die Rechtsbildung abgeben. Es stellt sich daher weiter die Frage, nach welchen Prüfungsmaßstäben die Kontrollinstanzen ihre Prüfungskompetenzen letztlich auszuüben haben. Das aber ist die Frage nach den Grundlagen des Rechts im pluralistischen Staat.

Das Grundgesetz als Fundament

Es braucht in diesem Stadium der Untersuchung nicht auf das Naturrecht zurückgegriffen werden.[9] Die Bundesrepublik Deutschland ist in der glücklichen Lage, eine Verfassung zu besitzen, die in zahlreichen, für das gesamte gesellschaftliche Leben fundamentalen Bereichen eine Antwort

7 Vgl. K. Engisch, Auf der Suche nach der Gerechtigkeit, Hauptthemen der Rechtsphilosophie, München 1971, S. 189 ff.
8 Vgl. N. Luhmann, Legitimation durch Verfahren, Neuwied-Berlin 1969.
9 Vgl. A. Schwan, Das Problem des Naturrechts in der pluralistischen Demokratie, Philosophie Jahrbuch 1987, 1. Halbbd. S. 297 ff.

auf die Frage nach den Grundlagen einer »zeitgemäßen Gerechtigkeitsordnung« (Wassermann)[10] gibt. Versteht man das »richtige« Recht als das dem Gerechtigkeitsgedanken entsprechende Recht,[11] so ist die Einhaltung der Verfassung, insbesondere die Achtung der Grundrechte, eine wesentliche Garantie eines »richtigen Rechts«.

Das Grundgesetz und die Grundrechte schreiben zwar dem Staatsbürger gemeinhin keine bestimmten Werthaltungen oder weltanschaulichen Überzeugungen vor, etwa einen bestimmten Glauben oder ein – wie immer auch geartetes religiöses Bekenntnis. Sie gewährleisten vielmehr gerade »die Freiheit, Auffassungen, Überzeugungen, Glauben zu haben, dafür einzutreten und dementsprechend zu handeln«.[12] Insofern ist das Grundgesetz sicherlich wertneutral und die Gesellschaft eine »offene Gesellschaft« im Sinne des Philosophen Karl Popper. Es darf jedoch bei alledem nicht übersehen werden, daß das Grundgesetz in einem für das gesamte gesellschaftliche Leben elementaren Bereich nicht wertneutral ist.

In Art. 1 Abs. 1 GG wird die Würde des Menschen absolut geschützt. »Sie zu achten und zu schützen, ist Verpflichtung aller staatlicher Gewalt«. Dies hat gerechtigkeitsbestimmende Bedeutung. Das Bundesverfassungsgericht hat vor allem in seiner älteren Rechtsprechung den Grundrechtskatalog des Grundgesetzes als ein Wertsystem (eine objektive Wertordnung) aufgefaßt.[13] Alles Recht sei auf den Mittelpunkt dieses Wertsystems, die »innerhalb der sozialen Gemeinschaft sich frei entfaltende menschliche Persönlichkeit und ihre Würde« bezogen. Insbesondere hat der Gerechtigkeitsgedanke bei der Umschreibung des allgemeinen Gleicheitssatzes gemäß Art. 3 Abs. 1 GG die Funktion einer Bestimmung der Wesentlichkeit von Gleichheiten und Ungleichheiten; denn es ist für die Anwendung des Gleichheitssatzes entscheidend, »ob für eine am Gerechtigkeitsgedanken orientierte Betrachtungsweise die tatsächlichen Ungleichheiten in dem jeweils in Betracht kommenden Zusammenhang so bedeutsam sind, daß der Gesetzgeber sie bei seiner Regelung beachten muß«.[14] Gerechtigkeit macht das Wesen des Rechtsstaates aus.[15] Sie wird

10 R. Wassermann, DRiZ 1986, S. 201, 205.

11 Siehe hierzu neuerdings Ph. Eggers, Recht und Gerechtigkeit, in: Recht und Rechtsbesinnung, Gedächtnisschrift für Günther Küchenhoff (1907–1983), hrsg. v. M. Just, M. Wollenschläger, Ph. Eggers, H. Hablitzel, Berlin 1987, S. 27 ff.

12 Vgl. die Rererate von Helmut Schmidt, Helmut Kohl und Werner Maihofer sowie die anschließende Diskussion, in: Grundwerte in Staat und Gesellschaft, hrsg. v. G. Gorschenek, München 1978.

13 Vgl. BVerfGE 21, 362, 372 m.w.N.

14 So schon BVerfGE 1,264 Leitsatz 3; ständige Rechtsprechung.

15 BVerfGE 21, 362, 372; 23, 12, 24.

vom Bundesverfassungsgericht auch als »ein Teil des Rechtsstaates[16] oder als »im Rechtsstaatsprinzip beinhaltet«[17] bezeichnet. Aus Art. 1 Abs. 1 GG, welcher das Muttergrundrecht aller übrigen Grundrechte[18] enthält, und über Art. 3 Abs. 1 GG ergibt sich eine grundsätzliche Verbindung der Gerechtigkeit zu den übrigen Grundrechten, was besonders deutlich wird, wenn aus den Grundrechten Teilhabeansprüche gegen den Staat oder Schutzpflichten des Staates abgeleitet werden sollen.[19] Bei aller Pluralität, welche das Grundgesetz gewährleistet, sind die sogenannten Konstitutionsprinzipien des demokratischen Rechtsstaates unantastbar. Sie sind auch vorstaatlich verankert, was nicht nur rechtspolitische Bedeutung hat. Nach Art. 1 Abs. 2 GG bekennt sich das Deutsche Volk zu den unverletzlichen und unveräußerlichen Menschenrechten als Grundlage jeder menschlichen Gemeinschaft, des Friedens und der Gerechtigkeit in der Welt.

Diese Konstitutionsprinzipien bilden den Kern der Verfassung und sind Richtschnur dort, wo die Gesetze unklar und lückenhaft sind. Sie enthalten wesentliche ethische Werte. Unantastbarkeit der menschlichen Würde, Schutz des Lebens und der körperlichen Unversehrtheit, persönliche Freiheit, allgemeine Gleichheit aller Mitglieder der Gesellschaft, Glaubens- und Gewissensfreiheit, Schutz der Ehe und Familie – um nur einige Grundrechtsverbürgungen zu nennen – verkörpern Grundwerte von höchstem Rang.[20] Sie stellen zugleich den »Fundamentalbestand eines einheitlichen Ethos«[21] dar, der eine Bedingung zur Ermöglichung eines gedeihlichen Zusammenlebens in einer offenen Gesellschaft ist. Diese Grundwerte, welche die Verfassung beherrschen, sind die Grundlagen des in unserer pluralistischen Demokratie geltenden Rechts. An sie sind der Gesetzgeber und die Richter gebunden.

16 BVerfGE 3, 225, 227; ständige Rechtsprechung.
17 BVerfGE 7, 82, 92; 7, 194, 196.
18 BVerfGE 6, 32, 36; 45, 187, 228.
19 BVerfGE 33, 303; 35, 79; Urt. v. 8. 4. 1987 – 1BvL 8/84 u. 1BvL 16/84.
20 Siehe A. Schwan, Grundwerte der Demokratie, Orientierungsversuch im Pluralismus, 1978, S. 29 ff.
21 A. Schwan a.a.O. (Anm. 9) S. 302.

Autoritätsverlust des Rechts

Das Recht kann die eingangs umschriebenen, ihm in der pluralistischen Demokratie obliegenden Aufgaben nur erfüllen, wenn es kraft der ihm innewohnenden Autorität von den gesellschaftlichen Kräften anerkannt wird und sich durchsetzen kann. Damit ist ein Problem angesprochen, das heute zu lebhafter Besorgnis Anlaß gibt. Schon seit längerer Zeit wird der Abbau dieser Autorität beklagt.[22] Die Gesetzgebung wird mehr und mehr nur noch begriffen als Interessenschutz von Gruppen oder Personen. Minderheiten und Randgruppen wollen die Mehrheitsentscheidungen nicht mehr anerkennen. Wo die Individual- oder Gruppeninteressen sich nicht durchsetzen, werden die Normen abgelehnt. Die Haltung mancher Gruppen oder Grüppchen der pluralistischen Gesellschaft scheinen eine bestimmte Grundstimmung aufzuzeigen: Dem Staat und seiner Rechtsordnung wird mißtraut; Verweigerung und ziviler Ungehorsam werden zur schicken Attitüde. Ungewöhnlich ist dabei, daß selbst Beamte und auch Richter zivilen Ungehorsam und Rechtsverletzungen zur Verhinderung von Gesetzen und zur Erreichung anderer, ihnen wichtig erscheinender Ziele für gerechtfertigt halten. Alles dies führt zu einer Verunsicherung der Organe, welche für die Wahrung der rechtsstaatlichen Friedensordnung verantwortlich sind, und auch der Bürger, die des Schutzes dieser Ordnung bedürfen und auf sie vertrauen. Auch die Gerichte sind hiervon nicht ausgenommen.

Das Recht kann im allgemeinen zwar des Zwanges nicht entbehren. Es ist aber anerkannt, daß der Zwang nicht zum Begriff des objektiven Rechts gehört.[23] Gleichgültig, ob man Anhänger oder Gegner der sog. »Imperativentheorie« ist, das Recht hat es mit Rechtspflichten zu tun.[24] Auch wenn man theoretisch zwischen echter Geltung des Rechts und dessen faktischer Befolgung unterscheiden mag, so besteht letztlich doch ein Zusammenhang zwischen beidem.[25] Geht die faktische Befolgung des Rechts evident zurück, so werden dadurch auch die Grundlagen des Rechts und damit des Staatswesens gefährdet.

22 Siehe K. Doehring, Der Autoritätsverlust des Rechts, in: Festschrift für Ernst Forsthoff zum siebzigsten Geburtstag, hrsg. v. R. Schnur, München 1972, S. 103 ff.; ders. Die Autorität des Rechts, 1985, S. 77 ff.

23 Vgl. V. Cathrein, Recht, Naturrecht und positives Recht, Freiburg 1901, S. 71.

24 Vgl. K. Engisch a.a.O. (Anm. 7) S. 58.

25 K. Engisch a.a.O. (Anm. 7) S. 67 ff.

Die Notwendigkeit eines Grundkonsenses

Versucht man den Ursachen des Autoritätsverlustes nachzugehen, so zeigt sich, daß die Gründe komplex sind.[26] Dabei muß auch vermerkt werden, daß eine völlige Trennung der Autorität des Rechts von der Autorität derer, die Recht setzen und Recht anwenden, nicht möglich ist. Eine der Hauptursachen scheint in folgendem zu liegen: Auch die pluralistische Konkurrenztheorie übersieht nicht, daß kein Staat bestehen kann, wenn in ihm nicht ein gewisser Gemeinwille seiner Bürger lebendig ist.[27] Zu den Essentialien einer pluralistischen Demokratie gehört neben einem weiten kontroversen Sektor, in dem die verschiedenen Gruppen legitim um Macht und Einfluß miteinander ringen, auch ein Grundbereich, in dem es einen »consensus omnium« geben muß, wenn es nicht zu einer Desintegration des Staates kommen soll. Besteht nicht eine generelle Anerkennung der Grundprinzipien und Grundwerte (der oben erwähnten Konstitutionsprinzipien der Verfassungsordnung) bei einer breiten Schicht der Bevölkerung, dann werden die im Pluralismus stets latent vorhandenen auflösenden Tendenzen zu einer konkreten Gefahr für die Autorität und Effektivität des Rechts im demokratischen Staate.

Es mehren sich allerdings Anzeichen dafür, daß bei den politisch wirksamen Kräften unserer pluralistischen Gesellschaft die Übereinstimmung über die tragenden Fundamente unseres Staates schwinden könnte. Manche Vorgänge der letzten Jahre nähren den Zweifel, ob es in Zukunft noch eine gemeinsame Basis in den elementaren Grundüberzeugungen, die alle Staatsbürger miteinander verbinden sollen, geben wird.

Ist es vielleicht im Sinne einer pluralistischen Ethik für das Recht ehrlicher, wenn wir eingestehen, daß es diesen fundamentalen Konsens in der Gesellschaft der Bundesrepublik schon heute nicht mehr gibt?

Trotz aller Unkenrufe und Zweifel kann diese Frage wohl gegenwärtig noch mit einem eindeutigen Nein beantwortet werden. Noch ist die Substanz der Grundwerte, die das Verhalten der übergroßen Mehrheit der Bevölkerung der Bundesrepublik entsprechend der abendländischen Rechtstradition bestimmt, weithin stabil. Noch gelten die Grundwerte der Menschenwürde und der Freiheit der menschlichen Persönlichkeit als verbindliche Sozialregulative und sind im Rechtsbewußtsein des einzelnen Bürgers verankert. Noch immer gilt – trotz einer bedenklichen Entwick-

26 Siehe K. Doehring a.a.O. (Anm. 22).

27 Vgl. F. Fraenkel a.a.O. (Anm. 1) S. 13; siehe auch I. Issensee, Verfassungsgarantie ethischer Grundwerte und gesellschaftlicher Konsens, NJW 1977, S. 545.

lung – die Lebenslänglichkeit der Ehe als die Regel und die Scheidung als die Ausnahme. Mag auch die steigende Zahl der Scheidungen Sprünge in diesem Bild zeigen, so erweisen doch ungezählte Familien, daß die unauflösliche Ehe auch heute gelebt werden kann und Menschen zum Glück verhilft. Noch gilt bei der Mehrheit der Bevölkerung die sogenannte Bequemlichkeitsabtreibung als ein schweres moralisches Vergehen. Noch ist der »Gewißheitsverlust« in derartigen fundamentalen Fragen nicht so dramatisch, wie er manchmal hingestellt wird.

Der Grundkonsens muß erhalten bleiben

Ist aber ein fundiertes Wertsystem in der Bundesrepublik noch weitgehend vorhanden, so besteht die Aufgabe, dieses Fundament zu erhalten, etwaige Risse zu kitten und die Entwertung dieser Grundwerte im Recht aufzufangen. Es muß ein Grundkonsens der verantwortungsbewußten Staatsbürger bestehen bleiben, auf dessen Basis erst die Interessengegensätze und Meinungsverschiedenheiten der Gruppen im pluralistischen Staate ausgetragen werden können. Die rechtlichen Grundvorstellungen dürfen dabei nicht zur Diskussion stehen; sie müssen vielmehr gepflegt und gestärkt werden. Dabei mag sich herausstellen, daß manches nur verschüttet ist, was längst verloren schien. Ist dieser Grundkonsens gesichert, dann wird dem Recht in der pluralistischen Gesellschaft auch der Stellenwert zukommen, dessen es bedarf, um seine wichtige Funktion zu erfüllen.

Eine wichtige Aufgabe fällt dabei dem Gesetzgeber zu. Die Grundentscheidungen der Verfassung bestimmen Gestaltung und Auslegung der gesamten Rechtsordnung. Auch der Gesetzgeber ist ihnen gegenüber nicht frei; gesellschaftspolitische Zweckmäßigkeitserwägungen, ja staatspolitische Notwendigkeiten können diese verfassungsrechtliche Schranke nicht überwinden.[28] Auch ein allgemeiner Wandel der hierüber in der Bevölkerung herrschenden Anschauungen würde daran nichts ändern.[29] Das Gesetz ist nicht nur Instrument zur Steuerung gesellschaftlicher Prozesse nach soziologischen Erkenntnissen und Prognosen, es ist auch bleibender Ausdruck sozialethischer und – ihr folgend – rechtlicher Bewertung menschlicher Handlungen; es soll sagen, was für den Einzelnen Recht und Unrecht ist.[30]

28 BVerfGE 1, 14, 36.
29 BVerfGE 39, 1, 67.
30 BVerfGE 39, 1, 59.

Eine ähnlich bedeutsame Rolle spielt die Rechtsprechung. Die Auslegung von Rechtsnormen, insbesondere wenn ihr Sinngehalt umstritten ist, ist die selbstverständliche Aufgabe jeder Art von Rechtsprechung. Darin liegt ein wertendes und auch rechtsschöpferisches Element beschlossen, das in dem oben gezeichneten Rahmen zum Wesen der Rechtsprechung gehört. Das Grundgesetz enthält vielfach Rechtsgrundsätze, die zwar aktuelles objektives Recht schaffen, also keine bloßen Programmsätze sind, jedoch der Konkretisierung bedürfen (z. B. Menschenwürde, Gleichheitssatz, Rechtsstaatsprinzip, Sozialstaatsgrundsatz). Hier ist dem Richter, insbesondere dem Verfassungsrichter, die verantwortungsvolle Aufgabe gestellt, aus dem Geiste der Verfassung und den in der Gesellschaft herrschenden Rechtsvorstellungen heraus diese Rechtsgrundsätze zu interpretieren und zu konkretisieren.
Eine wichtige Funktion kommt für die erforderliche Konsensbildung ferner der Familie, in der der junge Mensch heranwächst, und der Schule zu, die ihm das Bildungsgut vermittelt. Eltern und Lehrer tragen eine große Verantwortung, auf die hier nur hingewiesen werden kann.
Schließlich - und nicht zuletzt - kommt es darauf an, daß die verantwortungsbewußten Bürger unseres Staates fest und unbeirrbar für die Werttradition der abendländischen Welt und die Konstitutionsprinzipien unserer Verfassung auch öffentlich eintreten und nicht nur in einer Atmosphäre ängstlicher Toleranz eine schweigende Mehrheit bilden, die es einigen Wenigen überläßt, ihre Stimme zu erheben.
Wie läßt Goethe in »Hermann und Dorothea« den Jüngling in wohlgeformten Hexametern sprechen:
»Denn der Mensch, der zur schwankenden Zeit auch schwankend gesinnt ist,
Der vermehret das Übel und breitet es weiter und weiter;
Aber wer fest auf dem Sinne beharrt, der bildet die Welt sich.«

Europa – Faktor in der Weltpolitik

Franz Josef Strauß

Seit dem Ende des Zweiten Weltkriegs ist Europa zweigeteilt. Den Staaten des realen Sozialismus im Osten stehen, getrennt durch den immer noch zu dichten, wenn auch durchlässiger gewordenen Eisernen Vorhang, die Staaten des demokratischen Westens gegenüber. Wir sind uns der Tatsache wohl bewußt, daß zu Europa auch die Länder des realen Sozialismus mit ihrem anderen Gesellschaftssystem und ihrem anderen Staatssystem gehören ebenso wie die neutralen Länder, z. B. Österreich, Schweiz, Schweden, Finnland.

Die Europäischen Gemeinschaften sind 30 Jahre nach dem Inkrafttreten der Römischen Verträge eine wirtschaftliche Macht geworden, die weder die Nicht-Mitgliedstaaten in Westeuropa noch die Staaten des Ostblocks mit der Führungsmacht UdSSR und die Vereinigten Staaten von Amerika, Japan und die Entwicklungsländer unberücksichtigt lassen können. Wie attraktiv die Gemeinschaft für Drittstaaten ist, zeigen die verschiedenen seit ihrer Gründung durchgeführten Erweiterungen von 6 auf 12 Mitglieder und die immer zahlreicher vorgebrachten Beitritts- und Kooperationswünsche weiterer Staaten.

Trotz dieser positiven Ergebnisse macht die EG derzeit eine tiefe Krise durch. Durch die zu schnelle Vergrößerung von 6 auf 12 Mitgliedstaaten in ihrer Handlungsfähigkeit geschwächt, war sie nicht in der Lage, die Agrar- und Finanzkrise abzuwenden, die seit den 70er Jahren absehbar war.

Die Süderweiterung hat aus der Wirtschaftsgemeinschaft eine Entwicklungsgemeinschaft gemacht. Der geographische Schwerpunkt der EG wurde nach Süden verschoben. Er liegt nicht bei den Industriestaaten des westlichen Europa, sondern im Mittelmeer.

Die neuen Mitglieder verlangen von der EG – verständlicherweise –, daß die Gemeinschaft bei der Entwicklung und Strukturverbesserung der nationalen Wirtschaft mithilft. Ein »Lastenausgleich« innerhalb der EG ist unvermeidlich, da sonst die unterschiedliche wirtschaftliche Leistungskraft und das krasse Wohlstandsgefälle zwischen den Mitgliedstaaten auf Dauer zu unerträglichen Spannungen innerhalb der Gemeinschaft führen würde. Beispielsweise liegt das Bruttoinlandsprodukt pro Kopf in Dänemark bei 148,7, in Deutschland bei 134,7, dagegen in Portugal bei 28,3

und in Griechenland bei 42,6, wenn man den EG-Durchschnitt mit 100 % ansetzt. Wird dieses Wohlstandsgefälle nicht allmählich ausgeglichen, kann es zu einem Sprengsatz für die Existenz der Gemeinschaft werden.
Außerdem muß man klar und nüchtern erkennen, daß durch die Erweiterung der Gemeinschaft auf 12 Mitgliedstaaten das Ziel der politischen Union Europas in weite Ferne gerückt ist. Die Chance, dies zu erreichen, war nur in der Gemeinschaft der 6 Gründungsstaaten gegeben. Mit der ersten und zweiten Erweiterung sind Staaten hinzugekommen, die eine politische Union Europas im Sinne eines Staatenbundes mit Entwicklung zum Bundesstaat, d. h. mit zentralen, politischen, unter Kontrolle des Parlaments stehenden Entscheidungsinstanzen nicht wünschen. Diese Tatsachen waren allen bekannt und sollten deshalb heute für niemanden Anlaß zu lautem Wehklagen über die Verlangsamung des europäischen Integrationsprozesses sein.
Trotz allem:
Die Erfolge der Europäischen Gemeinschaften bei der wirtschaftlichen Entwicklung sind beeindruckend. Die Gemeinschaft bildet mit ihren 320 Millionen Einwohnern den größten Markt der industrialisierten Welt. Das weltweite Handelsvolumen der Europäischen Gemeinschaft belief sich im Jahre 1986 auf 1600 Milliarden ECU, wovon 57,5 % auf den innergemeinschaftlichen Handel entfielen. Dieser hat sich allein in den 80er Jahren nahezu verdoppelt. Der Aufschwung innerhalb der Gemeinschaft war hier ungleich dynamischer als die Entwicklung des Welthandels, ohne daß er auf dessen Kosten gegangen wäre.
Das Handelsvolumen der Gemeinschaft mit Drittländern erreichte 1986 einen Wert von rd. 680 Milliarden ECU. Damit lagen die 12 Mitgliedstaaten der Gemeinschaft deutlich vor den USA mit rd. 600 Milliarden US-$. Japan erzielte zur gleichen Zeit ein Handelsvolumen von 335 Milliarden US-$, der RGW 1985 289 Milliarden US-$.
Die Europäischen Gemeinschaften sind jetzt Partner von mehr als 250 Abkommen, Verträgen und Vereinbarungen der verschiedensten Form und Tragweite mit Drittländern. Im Vordergrund stehen Vereinbarungen mit den EFTA-Staaten, mit der Türkei, Japan und Malta, mit den Maghreb-Staaten Algerien, Marokko und Tunesien, den Maschrik-Staaten, Ägypten, Jordanien, Libanon und Syrien, mit Israel, Jugoslawien und Rumänien. Diese Vereinbarungen sind zwar von politisch unterschiedlicher Tragweite, haben aber gemeinsam, daß sie den Vertragspartnern zollfreien Zugang für gewerbliche Erzeugnisse zum Markt der Gemeinschaft, verschiedene Zollzugeständnisse für Agrarprodukte und schließ-

lich eine Finanzhilfe der Europäischen Investitionsbank in Form von Darlehen und nicht rückzahlbaren Zuschüssen gewähren.
Das dritte Lomé-Abkommen verbindet die Gemeinschaft mit über 60 Staaten Afrikas, der Karibik und des Pazifik (AKP-Staaten). Ihnen werden umfangreiche handelspolitische Zugeständnisse gemacht und die Stabilisierung ihrer Ausfuhrerlöse durch das »STABEX-System« garantiert. Die finanzielle und technische Zusammenarbeit, vor allem getragen durch den Europäischen Entwicklungsfonds und die Europäische Investitionsbank sind zu einem gewichtigen Faktor der Entwicklungshilfe geworden.
Im Gegensatz zur Wirtschaftspolitik und den ihr verwandten Politikfeldern ist die Integration der Außen- und Sicherheitspolitik der Mitgliedstaaten der EG bisher so gut wie überhaupt nicht voran gekommen. Nach dem Scheitern der Bemühungen um eine Europäische Verteidigungsgemeinschaft (EVG) am 30. August 1954 in der französischen Nationalversammlung und dem Eintritt der Bundesrepublik Deutschland im Mai 1955 in die NATO wurde die Sicherheitspolitik aus den Römischen Verträgen von 1957 völlig ausgeklammert. Erstmals haben sich die Mitgliedstaaten der EG in der Einheitlichen Europäischen Akte zu einer »stärkeren Koordinierung ihrer Standpunkte zu den politischen und wirtschaftlichen Aspekten der Sicherheit bereit« erklärt. Angesichts der festgefügten Strukturen, die durch die Zusammenarbeit in der NATO in den letzten 30 Jahren entstanden sind, und vielen komplizierten sicherheitspolitischen Problemen – beispielhaft sei nur der Streit zwischen dem NATO- und Nicht-EG-Mitglied Türkei und dem NATO- und EG-Mitglied Griechenland um Zypern und um die Hoheitsrechte im Ägäischen Meer erwähnt – erscheint es außerordentlich zweifelhaft, ob es sich bei der Absichtserklärung um mehr als ein Lippenbekenntnis handelt.
Nicht sehr erfolgreich waren auch die Bemühungen der EG um eine gemeinsame Außenpolitik der Mitgliedstaaten. In diesem Bereich gibt es seit dem 27. 10. 1970 die Europäische Politische Zusammenarbeit (EPZ). Die EPZ ist ein Produkt und ein Instrument der Diplomatie der EG-Mitgliedstaaten. Sie ergänzt die Wahrnehmung der auswärtigen Beziehungen der Mitgliedstaaten, ersetzt sie aber nicht. Es handelt sich also um eine zusammengesetzte Außenpolitik, nicht um eine gemeinsame.
Will man die bisherigen Ergebnisse der EPZ und ihrer künftigen Möglichkeiten richtig einschätzen, muß man zunächst einen Blick auf den Teilnehmerkreis der EPZ werfen. Mit der Ausweitung der EG von 6 auf 12 Mitgliedstaaten ist nicht nur die wirtschaftliche Homogenität der EG geschwächt, sondern auch das Spektrum der politischen Interessen so ver-

breitert worden, daß es viel schwieriger geworden ist, konkrete gemeinsame Positionen zu formulieren. Einige Beispiele mögen dies illustrieren:

- Großbritannien und Frankreich sind Atommächte und als ständige Mitglieder des Sicherheitsrats der UNO mit einem Veto-Recht in diesem Entscheidungsorgan der Weltorganisation ausgestattet.
- Irland gehört nicht der NATO an.
- 7 der 12 Mitglieder gehören der WEU an.
- Dänemark hat besondere Beziehungen zu den skandinavischen Staaten (Nordischer Rat).
- Spanien und Portugal haben enge Beziehungen nach Lateinamerika.
- Griechenland ist mehr an Zypern und an der Lage in der Ägäis interessiert als an der Erhaltung des weltpolitischen Gleichgewichts oder an gesamteuropäischen Fragen.
- Die Bundesrepublik Deutschland hat in besonderer Weise auf den Status von Berlin und auf die deutschlandpolitische Problematik zu achten.

Angesichts dieser Situation muß es schon als Erfolg gewertet werden, daß im Rahmen der Einheitlichen Europäischen Akte die EPZ auf eine völkerrechtliche Grundlage gestellt wurde. Gleiches gilt für die Einrichtung eines ständigen Sekretariats der EPZ und die Institution des Europäischen Rats, dem die Staats- und Regierungschefs sowie der Präsident der EG-Kommission angehören. Die institutionelle Verklammerung zwischen Europäischen Gemeinschaften und EPZ schafft für die Politik der 12 Mitgliedstaaten erstmals einen umfassenden internen Bezugsrahmen. Die bisherige Arbeit des EPZ-Sekretariats in Brüssel hat allerdings wenig wahrnehmbare Ergebnisse erbracht. Das war zu befürchten, denn von der Schaffung neuer Bürokratien kann man nicht erwarten, daß sie mit einem Schlag eine außenpolitische Zusammenarbeit der EG-Mitgliedstaaten zustande bringt, um die man sich seit Jahren erfolglos bemüht.
Es steht weiterhin zu befürchten, daß beim Aufeinanderprallen der verschiedenen nationalstaatlichen Interessen und des gesamteuropäischen Interesses die Mitgliedstaaten auch künftig dem nationalen Interesse Vorrang einräumen. Die Haltung der EG und ihrer Mitgliedstaaten bei der Bekämpfung des internationalen Terrorismus hat dafür traurige Beispiele geliefert.
Die Bestandsaufnahme zeigt, daß das wirtschaftliche Gewicht Europas ausreichend wäre, im Konzert der Weltmächte eine entscheidende Rolle zu spielen. Solange jedoch die europäischen Staaten außen- und sicherheitspolitische Solisten bleiben, werden sie immer mehr in eine Statisten-

rolle gedrängt. Die Ereignisse im Zusammenhang mit dem Abschluß des INF-Abkommens haben dies deutlich gezeigt.
Der Zusammenschluß der EG-Mitglieder auf diesen lebenswichtigen Feldern der Politik ist noch wichtiger geworden, seit sich weltpolitische Veränderungen von noch nicht absehbarem Umfang abzuzeichnen beginnen. Bei meinem Besuch in Moskau Ende Dezember 1987 konnte ich mich davon überzeugen, daß die neue Führung im Kreml gewillt ist, ihre starre, auf die Weltrevolution fixierte Politik zu überdenken und die internationale Konfrontation durch Kooperation zu ersetzen. Vor allem die Defizite in der wirtschaftlichen Entwicklung haben in Moskau die Erkenntnis reifen lassen, daß die UdSSR bei aller militärischen Überlegenheit den Wettlauf mit dem Westen aus wirtschaftlichen Gründen nicht gewinnen kann. Inzwischen ist man sich auch dort darüber im klaren, daß der Krieg in unserer Zeit kein Mittel der Politik mehr sein könne und dürfe. Meine seit vielen Jahren vertretene Überzeugung, daß sich geschichtliche Entwicklungen und Entscheidungen nicht mehr auf den Barrikaden der Revolution und auf den Schlachtfeldern des Krieges vollziehen, sondern in der wissenschaftlich-technischen Entwicklung und im wirtschaftlichen Wettbewerb, fand in Moskau nicht nur keinen Widerspruch, sondern Zustimmung. Aus dieser gemeinsamen Einschätzung vor allem speist sich meine Zuversicht, daß wir vielleicht an der Schwelle eines neuen politischen Zeitalters stehen. Es darf nicht von Mars, dem Gott des Krieges, sondern muß von Merkur, dem Gott des Handels und der Wirtschaft, beherrscht werden.
Wenn sich die Gewichte im internationalen Kräfteverhältnis weg vom militärischen Gegeneinander und hin zum wirtschaftlichen Miteinander verlagern würden, ergäbe sich auch die Chance für die Westeuropäer, ihr weltpolitisches Gewicht erheblich zu steigern. Sie müssen dies sogar tun aus ihrer Verantwortung für die Freiheit und den Frieden unserer Völker in Europa und im Interesse des Fortschritts der Menschheit hin auf eine Welt, in der immer mehr Menschen in Wohlstand und Sicherheit leben können.
Wirtschaftlich hat die EG die Weichen in die richtige Richtung gestellt. Die Einheitliche Europäische Akte, die mit Hilfe der auf dem gescheiterten Kopenhagener Gipfel umstrittenen Vorschläge des »Delors-Pakets« zum Erfolg geführt werden soll, enthält insgesamt ermutigende Ansätze für die dringend notwendige Fortentwicklung der Gemeinschaft. Vor allem verdient das Bemühen um den einheitlichen europäischen Binnenmarkt unsere Unterstützung, auch wenn die Festlegung eines Schlußter-

mins auf den 31. 12. 1992 als außerordentlich kühn erscheint. Wenn es diesen Markt gibt, wird die Europäische Wirtschaftsgemeinschaft nicht nur Milliarden DM, die derzeit noch für aufwendige Grenzkontrollen, Transportverzögerungen usw. entstehen, einsparen können. Vielmehr wird ein Wirtschaftsrahmen entstanden sein, der in seiner Größe, seiner Kaufkraft und seinem Entwicklungspotential vergleichbar ist mit unseren Hauptkonkurrenten auf dem Weltmarkt: den USA sowie Japan und dem aufstrebenden pazifischen Raum. Vor allem für die Bundesrepublik Deutschland wird dies von größter Bedeutung sein, weil damit unserer exportabhängigen Wirtschaft ein riesiger Absatzmarkt zur Verfügung steht und neue Chancen, auch zur Erhaltung und Schaffung von Arbeitsplätzen, eröffnet werden.
Von einem einheitlichen europäischen Binnenmarkt werden auch kräftige wirtschaftliche Anstöße für unsere Partner in der übrigen Welt ausgehen. Dies gilt für die EFTA-Staaten ebenso wie für unsere Partner in Afrika, der Karibik, dem Pazifik, Zentral- und Lateinamerika. Auch der RGW wird davon profitieren, der sich neuerdings – parallel zu seinen Mitgliedstaaten – darum bemüht, seine Beziehungen zur EG zu entwickeln.
In engem Zusammenhang mit dem einheitlichen europäischen Binnenmarkt steht die Entwicklung anderer wichtiger Politikbereiche, wie Energie-, Forschungs-, Verkehrs- und Regionalpolitik. Die Einheitliche Europäische Akte hat hier neue Ziele gesetzt und die EG auch zur Technologiegemeinschaft gemacht. Ich habe diese Bemühungen immer unterstützt. Europa muß überall dort gesamteuropäisch tätig werden, wo es nur durch supranationale Kooperation seinen Platz in der Welt verteidigen oder wiedererobern kann.
Heute ist es dank seiner internationalen Kooperation auf dem Gebiet der Luft- und Raumfahrt weltweit konkurrenzfähig. Airbus und Ariane sind Beispiele, zu welchen Leistungen Europa in der Lage ist, wenn es über die nationalen Grenzen hinweg vertrauensvoll und partnerschaftlich zusammenarbeitet.
Die Europäer müssen aus eigener Kraft ins All. Ich begrüße die kürzlich gefaßten Beschlüsse von 13 europäischen Staaten, mit der Entwicklung der Trägerrakete Ariane V und der Prüfung der Raumfähre Kolumbus und des Raumgleiters Hermes die künftig eigenständige bemannte Raumfahrt in Europa sicherzustellen.
Die Bündelung aller finanziellen Kräfte und wissenschaftlichen Erkenntnisse ist nicht nur bei der Luft- und Raumfahrt erforderlich. Europa braucht eine gemeinsame industrielle Strategie auch auf dem Gebiet der

Mikroelektronik, der Laser- und Biotechnik. EUREKA und die Programme der EG bieten hier hoffnungsvolle Ansätze.
So wie der europäische Binnenmarkt mehr ist als die Addition der nationalen Märkte, so ist die Technologiegemeinschaft mehr als die Addition der nationalen Technologiepotentiale. Eine wohlverstandene europäische Technologiepolitik wird die kreativen Kräfte in Wissenschaft und Wirtschaft zusätzlich beleben und neue Kräfte freisetzen.
Diese wirtschaftliche Potenz wird sich international aber nur dann zum Segen der Menschheit einsetzen lassen, wenn die Gemeinschaft auch über ein gemeinsames außen- und sicherheitspolitisches Instrumentarium verfügt. Europa hat in den letzten 40 Jahren, gedeckt durch den atomaren Schutzschild der Vereinigten Staaten von Amerika, seine eigenen Verteidigungsbemühungen zu stark eingeschränkt. Wir können nicht darauf hoffen, daß die Steuerzahler in den USA auf ewige Zeit bereit sind, für ihre Streitkräfte u. a. deshalb so viel Geld aufzubringen, damit die Europäer ihre eigenen Verteidigungsleistungen reduzieren können. Damit trete ich nicht für eine Auflösung des NATO-Bündnisses oder eine Schwächung der deutsch-amerikanischen Beziehungen ein, verlange aber, im Rahmen der NATO die europäische Zusammenarbeit zu verstärken und Europa zu einem eigenständigen zweiten Pfeiler innerhalb des Bündnisses auszubilden.
Auch wenn, wie erhofft, das INF-Abkommen nur der erste Schritt zu einer umfassenden Abrüstung zwischen Ost und West werden sollte und die Rüstungsanstrengungen gleichgewichtig so weit zurückgeführt werden, daß nur noch die jeweilige Verteidigungsfähigkeit, nicht aber eine Angriffsmöglichkeit übrigbleibt, steht fest: Auch in Zukunft brauchen wir Europäer eine Abschreckungsfähigkeit mit friedenserhaltender Wirkung, die auf absehbare Zeit ohne nukleare Komponente nicht möglich sein wird. Es ist zwingend erforderlich, daß die Sicherheit Europas stärker in europäische Hände übergeht. Das ist eine Konsequenz aus dem INF-Vertrag, der die europäische Sicherheitslage erheblich berührt, und zugleich die Voraussetzung dafür, daß die Europäer ein angemessenes Mitbestimmungsrecht in der Weltpolitik zurückgewinnen.
Sollten sich nicht alle EG-Mitgliedstaaten bereits jetzt in der Lage sehen, an solchen gemeinsamen Verteidigungsanstrengungen mitzuwirken, müßte durch eine Ergänzung der europäischen Verträge die Möglichkeit geschaffen werden, daß einzelne Mitglieder Sonderformen der Zusammenarbeit eingehen. Frankreich und Deutschland müssen dabei den Hauptpfeiler der europäischen Sicherheit bilden. Um einen solchen Nucleus kann sich die Sicherheitsgemeinschaft der freien Staaten Europas bilden.

Es ist dringend erforderlich, daß wir in einer grundsätzlichen Diskussion über die Prioritäten europäischer Politik endlich darauf verzichten, Nebensächlichkeiten in den Vordergrund zu stellen, Aktionismus mit konkreten Fortschritten zu verwechseln und die zentralen Zukunftsprobleme der EG wie die Außen- und die Sicherheitspolitik weiterhin so zu vernachlässigen wie bisher. Solange die großartige europäische Idee vergraben liegt unter einem Gebirge aus Butter und Rindfleisch, Magermilchpulver und Getreide, aber auch erstickt wird unter einem Berg aus Richtlinien, Verordnungen und Formularen, droht sie zu erstarren. Sollten wir diesen Zustand nicht überwinden, fällt für Europa weiterhin nur ein Zuschauerplatz in den oberen Rängen ab.
Die Teilung Deutschlands kann nur durch die Beendigung der Teilung Europas überwunden werden. Europas Einheit ist eine unverzichtbare Voraussetzung für die Wiedervereinigung Deutschlands in Freiheit und Frieden. Da Kriege zur Lösung von Problemen in Europa weder jetzt noch in Zukunft möglich sind, hängt die Wiedervereinigung von einer noch zu schaffenden europäischen Friedensordnung ab, die ohne die politische Union Europas nicht zu erreichen sein wird.

Die europäische Einheit und das Wirken Kai-Uwe von Hassels

Alois Mock

Wer ein Haus baut, braucht ein festes Fundament, einen guten Plan und sachkundige Mitarbeit. Für Kai-Uwe von Hassel, einen der Mit-Erbauer Europas, ergaben sich die Orientierungen für sein europäisches Handeln aus seiner Herkunft als christdemokratischer Politiker. Er, der sich mit Herz und Verstand Europa und der Sache der christlichen Demokraten in Europa verschrieben hatte, arbeitet in der ihm eigenen, unverwechselbaren Weise für die Verwirklichung der politischen Einigung.
Auch in seiner Ansprache anläßlich der ersten europäischen Direktwahl berief sich von Hassel auf seine christliche Basis, die ihn als Politiker prägte. Er zitierte dabei Kardinal König, der 1976 bei einem Kongreß wegweisend formuliert hatte: »Ein Europa ohne geistige Ordnung würde zum Spielball der Mächte.« – Das Wissen um die Notwendigkeit der geistigen Perspektive beim Werden Europas, das Engagement im Dienste seiner Wertvorstellungen, ließ ihn – unter Berufung auf den Wiener Kardinal – sagen:
»Als *Europa* entstand, war es vom Geist der Christen geprägt und zusammengehalten. Karl der Große, der das erste gesamteuropäische Reich schuf, hat es nur durch den Geist des Christentums zusammengehalten, nur zusammen halten können, nicht durch die Macht des Schwertes und nicht durch den Buchstaben des Gesetzes.
Eine Einigung ohne diesen Geist wird kaum möglich sein. Die europäischen Völker haben sehr verschiedene Berufungen, Talente und Schwächen. Wir können nur dann zur größeren Völkerfamilie zusammenwachsen, wenn wir im Geiste Christi bereit sind, die Talente des anderen anzuerkennen, seine Fehler in Güte zu ertragen und mit dem anderen die Last redlich zu teilen. Denn in unserer europäischen Völkergemeinschaft gibt es Stärkere und Schwächere, Bessere und Geringere, und gerade die schwächeren Glieder sind besonders notwendig.«
Das christliche Menschenbild ist der substantielle Bestand auch des »Salzburger Programms«, das seit 1971 den inhaltlichen Rahmen für die Österreichische Volkspartei darstellt. Für mich als Bundesparteiobmann

und als derzeitigem Präsidenten der Europäischen Demokratischen Union (EDU), ergibt sich ebenfalls aufgrund dieses Bekenntnisses ein politisches Selbstverständnis, das auf Überwindung nationaler Gegensätze und regionaler Interessenkonflikte drängt und damit gleichzeitig die Bereitschaft zu einer größeren, zu einer europäischen Gemeinschaft verlangt.
Die grundliegenden Anstöße für die europäische Bewegung, die sich derzeit mit großer Dynamik entfaltet, lieferten unter anderen Konrad Adenauer, Alcide de Gasperi, Robert Schuman. Ihre Konzeption zielte auf Schaffung einer politischen und wirtschaftlichen Einheit. »Dieses Dreigestirn der großen Christdemokraten hat Europa begründet«, schreibt Kai-Uwe von Hassel und fordert, in der Zeit der Entschlußlosigkeit oder der nationalen Egoismen, uns ihrer Leitgedanken zu erinnern. Diese Leitideen waren höchst einfach und konkret: Europa einen; nationale Wünsche zurückstellen; Details beiseiteschieben. Denn der Streit um Einzelheiten lohn nicht, »wenn darüber das Große zerbricht«.
Europa ist zunächst eine Vision, eine Vision, die aus den Schrecknissen des letzten Weltkrieges neue Kraft geschöpft hat. In der historischen Rückbesinnung wird Karl der Große als »rex pater Europae« sichtbar, für den die Idee des einigen Europas im abendländisch-europäischen Denken eine übergeordnete Leitvorstellung bildete. Stellvertretend für dieses Denken, das sich in der Neuzeit fortsetzte, stehen: Abbé Saint Pierre, der 1712 seine »Gedanken einer überstaatlichen Friedensordnung« für Europa formulierte, und Immanuel Kant, der einen »Föderalismus freier Staaten« im Jahr 1795 forderte. Seinem Vorschlag eines Friedensbundes, der im Gegensatz zum simplen Friedensvertrag nicht nur einen Krieg, sondern alle Kriege zu beenden sucht, wurde die Anerkennung nicht versagt.
Diese und andere Ideen wurden im Zeitalter der einander bekriegenden Nationalismen und nach Übersee ausgreifenden Imperialismen auch teilweise wieder verschüttet. Die Not des auf seine ursprüngliche geographische Enge reduzierten Europa hat sie aktualisiert: die erwähnte christdemokratische Trias Schuman, De Gasperi und Adenauer hat sie revitalisiert.
Einen neuen Maßstab für das Werden Europas setzte schließlich Coudenhove Calergi, der 1924 die Paneuropa-Union gründete. Auch für die Folgezeit sollen zwei Persönlichkeiten stehen: zum einen Aristide Briand, der 1929 die Gründung einer europäischen Union vorschlug; zum anderen Winston Churchill, der 1946 – nach der zweiten Weltkriegskatastrophe – in seiner berühmten Züricher Rede von den »Vereinigten Staaten von Europa« sprach und die Völker des Kontinents zu einem Bündnis aufrief. Im Gebäude der Vereinigten Staaten von Europa sah er einen gleichwertigen

Platz für die kleinen Nationen vor, um damit der materiellen Stärke eines einzelnen Staates eine untergeordnete Bedeutung für den europäischen Prozeß zuzuweisen.

Die sichtbaren Fortschritte, die 1949 zum Europarat führten und schließlich 1955 die Europäischen Gemeinschaften brachten, sind schließlich institutioneller Ausdruck der Bemühungen, ein geeintes Europa werden zu lassen.

Für Österreich eröffnet heute der Weg nach Europa, der Gang in ein geeintes Europa, eine weitreichende Perspektive. Innerstaatlich erfordert dieser Weg ebensoviel Ausdauer und Konsequenz, wie derjenige, der Österreich im Jahr 1955 den Staatsvertrag und die immerwährende Neutralität brachte. Auch auf diesem Wege standen als politische Impulsgeber christlich-demokratische Politiker: etwa die Außenminister Karl Gruber und Leopold Figl sowie Bundeskanzler Julius Raab. Dieser Weg nach Europa verlangt eine innerstaatliche Haltung, die auch überparteilich praktiziert werden muß:

- *Geschlossenheit,* um getroffene Entscheidungen *gemeinsam* zu tragen;
- *Weltoffenheit,* um das Neue, die Errungenschaften von Wissenschaft, Technik und Kunst, im Lichte unserer Wertvorstellungen in unsere Politik aufzunehmen;
- *Optimismus,* weil wir nicht nur in Österreich, sondern auch in der Europapolitik ein klares Ziel haben: Wir wollen als *nächste Etappe* eine volle Teilnahme am europäischen Binnenmarkt, einem Markt von 320 Millionen Menschen, bei gleichzeitiger Sicherung unseres anerkannten Status als immerwährend neutraler Staat. Dies steht nicht im Gegensatz zur Idee der europäischen Einheit, sondern ist ein weiterer Beitrag zur europäischen Einigung;
- *Überzeugungskraft,* um jene zu bewegen mitzugehen, die angesichts der notwendigen Reformen und Anpassungsschwierigkeiten kleinmütig werden.

»Europa ist – heute – eine Fiktion. Es ist Aufgabe unserer Generationen, daraus vor der Jahrtausendwende eine Realität zu schaffen.« Diese von dem französischen Politiker und großen Philosophen Raymond Aron formulierte Zielsetzung braucht auch den österreichischen Beitrag; schon wegen der geopolitischen Lage.

Die Europäische Idee ist nicht nur eine ökonomische oder agrarpolitische Kategorie; sie ist zuallererst auch eine programmatische, die mit Freiheit und Demokratie eng verbunden ist. Der europäische Einigungsprozeß wird deswegen Hoffnung vermitteln, weil er dem menschlichen Freiheitsstreben entspricht.

In einer Würdigung De Gasperis, des »kompromißlosen Kämpfers für die Integration Europas«, sagte Kai-Uwe von Hassel: »Die Ziele, die sich De Gasperi setzte, sind heute so gültig wie damals: die Erhaltung der Freiheit unserer Völker nach außen, die Kräftigung ihrer Staaten im Innern, die Festigung der Familie als der Grundlage der Gesellschaft, Leben und Handeln auch im zweiten Teil des 20. Jahrhunderts nach christlichen Grundsätzen.«

Freiheit und Frieden sind unteilbar. Freiheit ist unabdingbare Voraussetzung für die Sicherung des Friedens. Programmatisch stellte dazu der Philosoph Karl Jaspers fest: »Der Friede beginnt im eigenen Haus.« Im übertragenen Sinn ist damit das friedliche Zusammenleben zwischen den Menschen eines Landes ebenso gemeint wie das Zusammenleben zwischen den Völkern.

Weil Frieden nur dort herrschen kann, wo der Mensch in Freiheit und sozialer Gerechtigkeit lebt und eigenverantwortlich entscheiden kann, muß die europäische Einigung begleitet werden von einem überzeugenden Eintreten für die

- persönliche Freiheit
- soziale Gerechtigkeit und
- Demokratie.

Diese Kategorien sind moralische Verpflichtung für das Handeln im Sinne eines geeinten Europas. Kai-Uwe von Hassel formulierte in diesem Verständnis bei seiner bereits zitierten Europa-Rede:

»Dieses Europa kann nur bestehen, wenn die Bürger es tragen. Der Bürger muß wissen, daß

- seine Geborgenheit, die ihm heute noch Sicherheit zu geben scheint, schwindet, fraglich werden kann;
- die Geborgenheit der Angst weichen wird;
- das Erreichte, Erarbeitete, Erworbene sich nicht mehr halten läßt;
- sich alles sehr schnell in nichts auflösen wird, wenn unsere europäische Freiheit und Sicherheit nicht mehr gewährleistet ist;
- Europa eines Tages mit seinen Problemen nicht mehr fertig werden wird, daß Ratlosigkeit, Krisen in anderen Staaten Volksfronttendenzen nähren können;
- in der Krise der Radikalismus sich erhebt, zur Rechten und zur Linken;
- im Radikalismus die Freiheit untergeht.

Dieses Europa kann nur bestehen, wenn sich seine Bürger ihm wieder zuwenden. Der Bürger aber beginnt zu verstehen, daß von seiner Bereitschaft, seinem Willen, seine eigene Zukunft in Freiheit abhängt. Er weiß, daß es heißt: »Europa einen – jetzt!«

Die Notwendigkeit, daß sich Konservative bzw. Christliche Demokraten auch auf europäischer Ebene organisieren, wurde schon nach dem ersten Weltkrieg erkannt. Die anfänglichen Bemühungen führten jedoch zu keiner tragfähigen Struktur. Erst nach 1945 gelang es, diese Idee wirksam umzusetzen. Markante Daten dieser Entwicklung sind:

- Das Jahr 1965, als sich die »Europäische Union Christlicher Demokraten« (EUCD) konstituierte;
- das Jahr 1976 mit der Gründung der Europäischen Volkspartei (EVP) – Föderation der christlich demokratischen Parteien der Staaten der EG; schließlich
- das Jahr 1978: mit der »Kleßheimer Deklaration« wurde die EDU, die »Europäische Demokratische Union« geschaffen.

Erstmals war es mit der Gründung der EDU gelungen, die Zersplitterung der bürgerlichen Parteien Europas zu überwinden. Am 24. April 1978, dem Gründungstag der EDU, unterschrieben die Parteiführer Margret Thatcher, Helmut Kohl, Franz Josef Strauß, Couve de Murville sowie die Parteiführer der nicht-kollektivistischen Parteien aus Norwegen, Portugal, Dänemark, Schweden, Finnland und Österreich die »Kleßheimer Deklaration«.

Die Mitgliedschaft in dieser europäischen Organisation war nicht an bestimmte verbale Etikettierungen in Form bestimmter Parteienbezeichnungen gebunden, sondern orientierte sich ausschließlich an den in Kleßheim festgeschriebenen Grundsätzen. Einigendes Band des Zusammenschlusses war die gemeinsame weltanschauliche Grundlage. Aufbauend auf gleichen ideellen Grundsätzen gelang es, diese Parteien zusammenzuführen.

In der Präambel der Kleßheimer Erklärung heißt es unter anderem, daß der Parteien-Zusammenschluß auch »im Hinblick auf die Bedrohung der Errungenschaften der freiheitlichen und partnerschaftlichen Demokratien in Europa durch die extreme Linke und Rechte gegründet« wurde. Diese Formulierungen weisen die EDU als aktiven Kämpfer im Bewußtsein ihres »gemeinsamen Erbes und ihrer gemeinsamen Einstellung zur Rolle des Menschen in der Gesellschaft, der Demokratie, der Freiheit, des Rechtsstaates und der sozialen Solidarität« aus.

Für christlich geprägte Politiker ist es eine besondere Aufgabe, dem nun schon 20 Jahre zurückliegenden besorgten Appell von Papst Paul VI. in seiner Enzyklika Populorum Progressio gerecht zu werden: »Wir müßten«, sagt dieses Rundschreiben, »erreichen, daß eine immer wirksamer werdende Solidarität es allen Völkern erlaubt, ihr Geschick selbst in die Hand zu nehmen«. Diesem Auftrag gerecht zu werden, ist Anliegen aller Gleichgesinnten. Es ist insbesondere ein Anliegen Kai-Uwe von Hassels, der sich unbeirrbar für ein Europa mit »geistiger Ordnung« einsetzt.

Neutralität und Integration – ein aktuelles Problem der Europapolitik

Lujo Tončić-Sorinj

Die Neutralität ist ein statisches Phänomen, die Europäische Integration ein dynamisches. Bereits diese Gegenüberstellung illustriert die Schwierigkeit der Verwirklichung des Versuches, für bestimmte Staaten Europas dies in Einklang zu bringen.

Die Neutralität der Schweiz hat eine sehr alte geschichtliche Wurzel. Letzten Endes geht sie aus der Herauslösung der Eidgenossenschaft aus dem Heiligen Römischen Reich hervor. Oder anders ausgedrückt, sie ist eine Folge der Rivalität zwischen Frankreich und den Mitteleuropa repräsentierenden Mächten. Irgendwie glich sie durch Jahrhunderte dem windstillen Auge im Zentrum eines Orkanes. Die Verletzung der schweizerischen Neutralität im Zuge der napoleonischen Kriege führte zur völkerrechtlichen Fixierung der »Neutralité perpetuelle« der Schweiz im Wiener Kongreß. Im Laufe des Jahrhunderts nahm ihre Bedeutung ständig zu als ein Gemeinwesen höchster wirtschaftlicher Stabilität und administrativer Vollendung, aber auch als Ort der Begegnung, des Kulturaustausches und des politischen Asyls.

Die Unsicherheiten des Ersten Weltkrieges und die vielen dabei zu lösenden Fragen der Rechte und Pflichten des Neutralen mündeten schließlich in der ausgesprochen völkerrechtlichen Anerkennung der Neutralität der Schweiz durch den Versailler Friedensvertrag.

Inzwischen wurde das Neutralitätskonzept als Lösungsform zwischenstaatlicher Konflikte auch für Belgien und Luxemburg versucht. Die Neutralität beider Staaten wurde von den Mächten anerkannt, die luxemburgische Neutralität überdies, als bisher einziger Fall, garantiert. Der Erste Weltkrieg bewies aber, daß die Neutralität ohne eigene militärische Stärke und den Willen zur Verteidigung keine Sicherheit gegen eine Aggression bietet. Daher muß eine Neutralität immer mit dem Willen und der Fähigkeit zur effektiven Verteidigung verbunden sein. Die beiden Haager Landkriegsordnungen 1907 und 1911 und die Praxis des Zweiten Weltkrieges brachten eine gründliche Verfeinerung der Postulate des Neutralitätsrechtes.

Allerdings zeigte sich mit Kriegsende 1945, daß der Wirkungsbereich der Neutralität offensichtlich auf Grenzen stieß. Bei den Verhandlungen zur Schaffung der Charta der Vereinten Nationen in San Francisco schlug der französische Delegierte Joseph Paul-Boncour die Ächtung der Neutralität mit der Begründung vor, daß Neutralität im Grunde eine egoistische Ausflucht vor den Verpflichtungen zur Bekämpfung des Friedensbrechers sei. Wer sich den Verpflichtungen zur Aufrechterhaltung des Friedens, auch wenn nötig mit Waffengewalt, gegen den Aggressor entzieht, habe in unserer Staatengemeinschaft keinen Platz mehr. Diese so weitgehenden Gedankengänge fanden zwar sehr viel Beachtung, aber nur wenig Zustimmung. Aber ernster als diese generelle Verfemung der Neutralität war das Entstehen von Staatengemeinschaften. Damals wurde die Unterscheidung zwischen Neutralität und Immerwährender Neutralität wichtig. Der neutrale Staat enthält sich einer Teilnahme am Kriegsgeschehen, setzt also einen Krieg voraus. Der Status der Immerwährenden Neutralität existiert aber bereits im Frieden. Der immerwährend neutrale Staat hat sich bereits im Frieden aller Handlungen zu enthalten, die ihn nach Ausbruch eines Krieges in die kriegerischen Verwicklungen hineinziehen und die Durchführung der neutralitätsrechtlichen Pflichten erschweren oder verhindern könnten. So darf er keinem Militärpakt beitreten, aber auch nicht einen politischen oder wirtschaftlichen Vertrag schließen, der seine Souveränität soweit beeinträchtigen könnte, daß er den freien Entschluß zur Erklärung der Neutralität im Kriegsfall und der Erfüllung der neutralitätsrechtlichen Verpflichtungen verliert.
Praktisch hatte diese Situation zur Zeit des Völkerbundes keine große Bedeutung, da die Satzung des Völkerbundes, soweit es sich nicht um reine Verwaltungsangelegenheiten handelte, auf Stimmeneinhelligkeit aufgebaut war. Dennoch konnte sich die Schweiz, obwohl der Sitz des Völkerbundes Genf war, niemals zur Mitgliedschaft entscheiden, weil sie die indirekten souveränitätseinschränkenden Begleiterscheinungen bei der Durchführung von Völkerbundaktionen befürchtete.
Eine ähnliche Situation entstand mit der Gründung der Vereinten Nationen. Der Sicherheitsrat kann zur Wahrung des Weltfriedens auch militärische Maßnahmen beschließen, jedoch nur mit Stimmeneinhelligkeit der ständigen Mitglieder des Sicherheitsrates. Diese treten jedoch nur für den einzelnen Mitgliedstaat nach Abschluß eines Sonderabkommens zwischen diesem und dem Sicherheitsrat über die zutreffende militärische Maßnahme in Kraft. Hingegen besteht eine absolute Verpflichtung zur Teilnahme an nicht-militärischen Zwangsmaßnahmen gegen den Friedensbrecher. Diese Bestimmungen der Satzung machten für die Schweiz

und ihre strenge Auslegung des Neutralitätsrechtes eine Teilnahme noch weniger akzeptabel als beim Völkerbund, besonders, weil die für die Schweiz widersprüchlichen Folgen ihrer Teilnahme an den Sanktionen gegen Italien im Zuge des italienisch-äthiopischen Krieges 1936–1939 noch nicht vergessen waren. Inzwischen hatte aber die Idee der Neutralität als Lösungsform zwischenstaatlicher Konflikte einen gewaltigen Fortschritt erzielt. Schweden praktizierte schon seit dem Ende der napoleonischen Kriege eine Politik der Neutralität, allerdings ohne vertragliche Bindung. Dieser Unterschied zur Immerwährenden Neutralität der Eidgenossenschaft ermöglichte Schweden die Teilnahme sowohl am Völkerbund als auch an den Vereinten Nationen. Finnland schloß 1948 einen Vertrag mit der Sowjetunion, mit dem es sich gegenüber der Sowjetunion zur Neutralität verpflichtete, die durch ein finnisch-sowjetisches Konsultationssystem bei Friedensbedrohungen ergänzt werden sollte. Diese Sonderform der Neutralität kann nur aus den besonderen Verhältnissen der Lage Finnlands erklärt werden. Eine solche mit dem Namen Neutralität ausgestattete besondere Beziehung zu einem Nachbarn wiederholte sich viel später, nämlich in den 80er Jahren im Verhältnis zwischen Malta und Italien.

Es sind dies besondere Fortentwicklungen des Neutralitätsprinzipes, die allerdings in anderen Gegenden der Welt scheiterten, z. B. in Laos oder bei den Versuchen zur Neutralisierung von Jerusalem oder Triest. Aber mit der Beschlußfassung des Bundesverfassungsgesetzes über die Immerwährende Neutralität Österreichs im Jahre 1955 und deren Notifikation an die Staatengemeinschaft entstand eine völlig neue Situation. Zum Unterschied von der Schweiz entspringt die österreichische Geschichte der Idee der Einheit des Abendlandes durch ein großes Reich: das Römische Reich, das sacrum imperium der Karolinger und der Ottonen, schließlich das Heilige Römische Reich und zum Schluß, als deren Erbe, die Österreichische bzw. Österreichisch-Ungarische Monarchie. Wien war durch Jahrhunderte die Hauptstadt des Heiligen Römischen Reiches. Die Tradition der Schweiz ist Beschränkung auf einen engen Rahmen mit größtmöglicher Sicherheit unter völliger Fernhaltung der »Händel dieser Welt«. Österreich war immer in fast alle größeren europäischen Konflikte verwickelt, es war immer Partei und es meisterte überdies die gewaltige Aufgabe der Befreiung des Donauraumes von den Osmanen und dessen Organisation in eine Gemeinschaft von 13 Nationen. Man kann sich also im Grunde nichts verschiedeneres vorstellen als die Schweiz und Österreich. Aber der Zusammenbruch der Österreichisch-Ungarischen Monarchie 1918 und deren Zerfall in eine Reihe kleinerer Staaten, darunter auch das die ursprünglichen mittelalterlichen Stammlande umfassende Restgebiet Österreich, und der Zusammenbruch ganz Mitteleuropas 1945 schaffen eine völlig neue Lage. Österreich war vorher durch das nationalsozialistische Deutschland als Staat und politische Einheit vernichtet worden, und mit dem Kriegsende gingen die Grenzen der Einflußsphären der Sowjetunion und der Westmächte mitten durch das Land. Um zu verhindern, daß in diesem Kerngebiet Mitteleuropas irgendeine Seite die Vorherrschaft erlangen könne, wurde Österreich von allen vier Siegermächten militärisch besetzt, ohne daß allerdings dadurch das Wiedererstehen eines völlig intakten Staatsapparates verhindert hätte werden können. Der Ausweg aus dieser für Österreich, aber auch für die Mächte unnatürlichen Situation war das von Österreich vorgeschlagene Neutralitätskonzept, und zwar »so wie sie die Schweiz handhabt«. Nach sehr schwierigen Verhandlungen wurde dieser Vorschlag von den Mächten akzeptiert, was den bereits weitgehend fertiggestellten Abschluß des Staatsvertrages, das Bundesverfassungsgesetz über die Immerwährende Neutralität und die totale Räumung des Landes von fremden Truppen, alles im Jahre 1955, ermöglichte. Die österreichischen Unterhändler, unterstützt vom Westen, setzten aber bei den Verhandlungen für die Zukunft sehr wichtige Voraussetzungen durch: Im Österreichischen Staatsvertrag steht kein Wort über die Neutralität und im Neutralitätsgesetz kein Wort über den Staatsvertrag. Es gibt zwischen diesen beiden keine rechtliche Bindung. Das Bundesverfassungsgesetz über die Immerwährende Neutralität wurde zwar der gesamten Staatenwelt notifiziert und von denen ausdrücklich oder stillschweigend zur Kenntnis genommen. Aber Österreichs Neutralität ist von niemandem garantiert. Es gibt also keine vertragliche Verpflichtung zur Beibehaltung der Neutralität für alle Zukunft, aber Österreich ist, ebenso wie die Schweiz, zur Aufrechterhaltung der aus der Neutralität erfließenden Rechte und Pflichten solange verpflichtet, als es neutral ist. Es handelt sich also um Verpflichtungen gegenüber einem Prinzip, nicht gegenüber irgendeinem Staat oder einer Staatengruppe. So wie die Schweiz geschichtlich aus der deutsch-französischen Rivalität und Schweden aus der deutsch-russischen Rivalität in der Ostsee resultierte, so ist die österreichische Neutralität ein Resultat des sich in Mitteleuropa offenbarenden Ost-West-Konfliktes. Sie hat also eine enorme politische Relevanz, sie ist ein Ausdruck der wiedergefundenen Stabilität in diesem Teil Mitteleuropas trotz des Ost-West-Konfliktes.

Es hätte daher die Erschütterung oder die Auflösung der österreichischen Neutralität weitgehend politische Folgen, so wie dies auch bei Schweden

der Fall wäre, weniger bei der Schweiz, da ja diese nicht auf der Bruchlinie rivalisierender Weltsphären liegt.
Während sich die Schweizer Neutralität auf der Basis jahrhundertelanger Erfahrungen und einer weltweit geübten Praxis stabilisierte, ging Österreich in der Interpretierung seiner Neutralität von allem Anfang an andere Wege. Das, was die Schweiz und Österreich gemeinsam haben, ist der Grundsatz, daß die Natur und die Handhabung der Neutralität des neutralen Landes einzig und allein von ihm selbst interpretiert wird und daß sich Neutralität nicht auf geistige, weltanschauliche oder ideologische Belange erstreckt. Alle neutralen Länder Europas gehören dem System der westlichen parlamentarischen Demokratie auf der Basis des Mehrparteiensystems und der Menschenrechte an.
Aber bereits im Dezember 1955 trat Österreich den Vereinten Nationen bei und im April 1956 dem Europarat – beides zum Unterschied zur Schweiz, jedoch im Gleichklang mit Schweden.
Was nun die Vereinten Nationen betrifft, so war es für Österreich wesentlich schwieriger als für Schweden, die Vereinbarung von Mitgliedschaft und Verpflichtungen zur Neutralität zu erreichen, da ja die österreichische Neutralität zum Unterschied von Schweden auf einem Rechtsinstrument beruht. Nun haben aber die Mächte des Staatsvertrages bereits in der Präambel erklärt, daß sie einem Aufnahmeantrag Österreichs in die Vereinten Nationen ihre Zustimmung geben würden. Tatsächlich hat der Sicherheitsrat Österreich aufgenommen, was kurz darauf von der Generalversammlung bestätigt wurde. Das bedeutet aber, daß Österreich als bereits neutraler Staat in die Vereinten Nationen aufgenommen wurde. Den Mächten des Sicherheitsrates war also bewußt, daß Österreich nur unter Aufrechterhaltung seiner Neutralität und unter Respektierung der daraus erfließenden Rechte und Pflichten Mitglied werden könne, was von keinem der Mächte jemals bestritten wurde. Das bedeutet aber mit anderen Worten, daß Österreich bei einem Beschluß des Sicherheitsrates zur Durchführung militärischer Maßnahmen gegen einen Friedensbrecher nicht verpflichtet ist, ein dahingehendes Sonderabkommen mit dem Sicherheitsrat zu schließen. Daß diese Sonderstellung keine Schwierigkeiten für die Arbeiten Österreichs im Rahmen der Vereinten Nationen bedeutet, ist aus der Tatsache ersichtlich, daß Österreich zu den wenigen Staaten gehört, die militärische Friedenssicherungsmaßnahmen im Auftrag der Vereinten Nationen auf der Welt durchführen und daß Österreich sogar eine Zeitlang den Vorsitz im Sicherheitsrat innehatte. Bei den nicht-militärischen Zwangsmaßnahmen wurde die Lösung in ähnlicher

Form gefunden: Obwohl eine absolute Pflicht jedes Mitgliedsstaates zur Teilnahme an nicht-militärischen Zwangsmaßnahmen auch ohne Sonderabkommen besteht, erklärte Österreich, daß eine automatische österreichische Teilnahme zu Konflikten mit den Verpflichtungen aus der Neutralität führen könne. Gleichwohl hat Österreich an den sogenannten Sanktionen gegen Rhodesien 1967 teilgenommen, aber »aus freien Stükken« und mit der Erklärung, daß auch in Zukunft in einer derartigen Situation Österreich von Fall zu Fall entscheiden würde. Überdies hatte die Schweiz den gleichen Standpunkt. Damit war die Vereinbarkeit von Mitgliedschaft bei den Vereinten Nationen und der Aufrechterhaltung des Status der Immerwährenden Neutralität erreicht worden.
Allerdings erklärte sich die Schweiz, so wie beim Völkerbund, auch im Falle der Vereinten Nationen außerstande, eine Mitgliedschaft zu beantragen. Ein diesbezügliches Referendum in der Schweiz 1986 brachte eine gewaltige Mehrheit gegen den Beitritt, wobei allerdings nicht nur Angst vor Souveränitätseinschränkung maßgeblich war, sondern auch der generelle Verfall des Ansehens der Vereinten Nationen.
Ganz anders entwickelten sich die Beziehungen der Neutralen zu den Institutionen der Europäischen Integration.
Die Institutionen der europäischen Zusammenarbeit kann man in zwei Gruppen gliedern, die militärische und die nicht-militärische. Die letzte wieder in solche unter Beibehaltung der klassischen Souveränität der Mitgliedstaaten und solche, die als Ziel eine Staatengemeinschaft mit weitgehender Übertragung nationaler Souveränitätsrechte auf die Gemeinschaft haben. Während jene ein System der Kooperation darstellen, sind diese Ausdruck eines völlig neuen Systemes des staatlichen Zusammenschlusses, nämlich der Europäischen Integration.
Die neutralen Staaten Europas können an den militärischen Bündnissen nicht teilnehmen, also der NATO und der Westeuropäischen Union. Aber auch im nicht-militärischen Bereich ist für neutrale Staaten nur die Kooperation, also die Beibehaltung der nationalen Souveränität mit den Verpflichtungen aus der Neutralität ohne weiteres vereinbar. Dazu gehören die OECD, die EFTA und der Europarat. Der letztere hat allerdings ein derartig enges System der Zusammenarbeit geschaffen, z. B. mehr als 100 europäische Konventionen, dazu eine Parlamentarische Versammlung, deren Aufgabe die Vertretung gesamteuropäischer Belange ist, daß die Neutralen in ihrer Einstellung zum Europarat nicht einheitlich sind. Von allem Anfang an gehörte Schweden dazu, Österreich konnte erst nach Abschluß des Staatsvertrages, und zwar im April 1956, beitreten.

Aber die Schweiz konnte sich erst längere Zeit nach dem Beitritt Österreichs und gestützt auf dessen Erfahrungen zu diesem für die Schweiz immerhin sensationellen Schritt der Aufnahme in den Europarat entschließen. Finnland gehört ihm bis heute nicht an, doch ist in der letzten Zeit ein deutlicher Wille aller finnischen Parteien zum Beitritt bemerkbar.
Die europäische Kooperation ist von der europäischen Integration wesentlich verschieden. Die Römerverträge streben eine Gemeinschaft aller demokratischen Staaten Europas zunächst auf der Basis einer Wirtschafts-, Währungs- und Agrarunion mit dem Ziel der Politischen Union an. Obwohl im Europäischen Rat das Schwergewicht eindeutig bei den großen Staaten liegt, bietet das modifizierte System von Mehrheitsbeschlüssen den kleineren Staaten eine starke Einflußmöglichkeit. Die Tendenz zu Mehrheitsbeschlüssen, und damit ein deutliches supranationales Element, verstärkt sich. Das heißt aber mit anderen Worten, daß neutrale Mitgliedsstaaten unter Umständen Mehrheitsbeschlüsse mit durchführen müssen, obwohl sie dagegen stimmten, weil sie in Kollision zu den Verpflichtungen aus der Neutralität stehen könnten. Das war das eigentlich gravierende Moment in all den jahrelangen Verhandlungen der 60er und 70er Jahre. Dazu kommt die Europäische Kommission, die, in Durchführung der Beschlüsse des Ministerrates und der von diesem erhaltenen Kompetenzen, eine Autorität, vor allem in ihren Verordnungen gegenüber den Mitgliedsstaaten, besitzt, die tief in die nationalen Souveränitätsrechte eingreift. Obwohl das Parlament keine legislativen Rechte besitzt, so hat es doch Sonderrechte, z. B. bei der Beschlußfassung des Haushaltes der Gemeinschaft, die weit über die Befugnisse der Parlamentarischen Versammlung des Europarates oder der Versammlung der Westeuropäischen Union hinausgehen. Vor allem im agrarischen Bereich hat sich bei den Verhandlungen zwischen Österreich und der EG in den 60er Jahren herausgestellt, daß ein Mittelweg, ob man ihn als Assoziation bezeichnet oder nicht, der bei Wahrung der nationalen Souveränität Anteil am Agrarsystem der EG geben würde, für beide Seiten unmöglich ist. So schien der Weg der Neutralen zur EG hoffnungslos verbaut. Dem trugen auch die Verträge der EFTA-Staaten mit der EG im Jahre 1972 dadurch Rechnung, daß sie einfache, wenn auch weitgehende Handelsverträge klassischer Art waren, wenn auch ein Artikel eingebaut war, der, bei beiderseitiger Zustimmung, eine weitere Vertiefung der wirtschaftlichen Kooperation vorsah. Diese beschränkte Form der Zusammenarbeit entsprach aber auch der ursprünglichen integralen Philosophie der Gemeinschaft: Das Ziel der Integrationspolitik muß ein supranationales Europa

sein, in dem jede Form der Zusammenarbeit in allen Bereichen kontinuierlich intensiviert und vertieft werden muß. Zuerst die Stärkung der Integration, erst dann ihre mögliche Auswirkung auf andere europäische Länder. Dabei soll das Ziel einer über das Wirtschaftliche weit hinausgehenden Politischen Union nicht aus den Augen gelassen werden.
Diese integrale Frontstellung des in der EG zusammengeschlossenen ursprünglichen Europa der Sechs entsprach aber immer weniger den politischen Realitäten der europäischen Entwicklung.
Zunächst zeigte sich, daß die Theorie des sich ständig vertiefenden Europas unter Fernhaltung der bisherigen Außenseiter keineswegs von allen Mitgliedern und für Europa maßgeblichen Kräften geteilt wurde. Vor allem in den Beneluxländern wünschte man den Beitritt vor allem Großbritanniens als ein Gegengewicht gegen die sich langsam herausformende Achse Bundesrepublik-Frankreich. Auch Italien wünschte den Beitritt Großbritanniens. Mit den Aufnahmeanträgen Großbritanniens, Irlands und Dänemarks bekam die These der Expansion überhand. Aber sehr rasch stellten sich Schwierigkeiten bei der Realisierung ein, die für die Position der Neutralen weitgehende Rückwirkungen hatten. In Großbritannien und Dänemark waren die Ziele der vor allem wirtschaftlichen Kooperation und der dadurch erhofften Vorteile, wenigstens auf lange Sicht, im Vordergrund. Tendenzen zur Aufgabe der nationalen Souveränität, so wesentlich für den Kontinent, fanden und finden noch heute in diesen beiden Ländern keine Unterstützung. Das bedeutet aber, daß die mit der Supranationalität verbundenen Erschwernisse für etwaige kommende neutrale Mitglieder in der Zukunft geringer werden können – ein Umstand, der eine gewisse Opposition der europäischen »Fundamentalisten« gegen einen Beitritt der Neutralen erklärt. Einzig und allein Irland akzeptiert die supranationale Tendenz in der Entwicklung der Gemeinschaft, aber durch den Beitritt Irlands entstand ein ganz neues Moment. Die irischen Parteien beschlossen noch während des letzten Krieges, daß die irische Politik durch das Prinzip der Neutralität geleitet sein solle. Die irische Neutralität ist aber kein Rechtsinstrument, vor allem hat sie keinen völkerrechtlichen Charakter wie die Immerwährende Neutralität der Schweiz und Österreichs. Dennoch handhabt Irland seine Politik vor allem im Ministerrat der EG unter Berücksichtigung seiner Neutralität. Bisher hat diese irische Sonderstellung keine Schwierigkeiten weder im Ministerrat noch in den Arbeiten der Kommission hervorgerufen, ein für die Neutralen Europas sehr wichtiger Umstand. Weiters stellte sich seit den 70er Jahren heraus, daß zwar der Grundsatz von Mehrheitsbeschlüssen in bestimmten Belangen aufrechterhalten geblieben ist, daß er aber in der Pra-

xis, und zwar auch ohne die Luxemburger Beschlüsse, doch immer der Stimmeneinhelligkeit weichen muß, da sich ja in wichtigen Angelegenheiten die Staaten nichts aufzwingen lassen. Die Gefahr also, durch Mehrheitsbeschlüsse in eine schwierige Lage versetzt zu werden, erwies sich in der Praxis als mehr und mehr illusorisch.
Zwei weitere Umstände kommen dazu.
Der Zweck der Neutralität ist die Aufrechterhaltung der Selbständigkeit und der Unabhängigkeit des neutralen Staates in den für seine Souveränität wesentlichen Belangen. Nur ein wirtschaftlich selbständiger Staat hat auch die politische Möglichkeit, die militärische Neutralität zu verkünden und deren Rechte und Pflichten zu wahren. Aber gerade die zur Integration treibende Entwicklung Europas zeigt die Unmöglichkeit der Aufrechterhaltung dieses klassischen Prinzips, da die wirtschaftlichen Verflechtungen zwischen den integrierten und den nicht-integrierten europäischen Staaten von Jahr zu Jahr enger werden und vor allem die Beschlüsse und Maßnahmen in Brüssel auch für die nicht zur EG gehörenden Staaten immer wichtiger werden. Auch das nicht-integrierte Europa muß sich der Wirtschaftspolitik der Integrierten mehr und mehr anpassen. D. h. aber, daß genau das Umgekehrte immer mehr und mehr eintritt, was man vermeiden wollte: Nämlich die Abhängigkeit von starken, außerhalb der neutralen Länder liegenden Kräften. Es droht den neutralen Staaten das, was man vielleicht etwas überspitzt, als »Satellisierung« bezeichnet. Es ist daher naheliegend, daß auch die Neutralen zu der Überzeugung gelangen, daß innerhalb der Europäischen Integration ihre wirtschaftliche Position und ihre Interessen weitaus besser gewahrt werden können als außerhalb und daß vor allem nur innerhalb der Integration der wirtschaftliche Fortschritt mit dem integrierten Europa aufrechterhalten werden könne.
Dieser Wandel in der Einstellung der Neutralen als naturgegebenes Resultat einer gesamteuropäischen Entwicklung erzeugt aber in den daraus zu ziehenden Schlußfolgerungen erhebliche Schwierigkeiten. Für die Schweiz zum Beispiel ist der Beitritt zu einer Staatengemeinschaft mit möglicherweise Souveränitätseinschränkungen beinahe unmöglich. Einem solchen Beitrittsantrag müßten die Regierung, das Parlament, das Bundesvolk und die Kantone zustimmen. Wie sehr ein solches Ansinnen der Mentalität der Schweizer strikt widerspricht, hat man 1986 bei dem viel harmloseren beabsichtigten Beitritt zu den Vereinten Nationen gesehen. Eine solche verfassungsrechtliche Schwierigkeit gibt es in Österreich oder in Schweden nicht, aber beide Länder müssen auf die politische Situation in Mittel- bzw. Nordeuropa Rücksicht nehmen. Ihre Neutralität

ist ein Stabilitätsfaktor, der durch einen Beitritt zur Gemeinschaft nicht gestört werden darf. Er würde jedoch dann gestört werden, wenn der Beitritt zur EG mit einem Beitritt zur NATO verbunden wäre. Dieser wird aber von allen Neutralen abgelehnt, daher die Forderung, insbesondere Österreichs, daß bei einem Beitritt zur Gemeinschaft ein Neutralitätsvorbehalt eingebaut werden müßte, wie er im übrigen bei dem Freihandelsabkommen zwischen Österreich und der Gemeinschaft aus dem Jahre 1972 besteht. Vor allem sind die großen europäischen Staaten, nicht nur die Sowjetunion, an der Aufrechterhaltung dieses vor allem militärischen Gleichgewichts in Europa interessiert. Es handelt sich also hier primär um neutralitätspolitische, weniger um neutralitätsrechtliche Überlegungen. Tatsächlich läßt sich Neutralität und Mitgliedschaft bei der EG in fast allen Belangen neutralitätsrechtlich vereinbaren. Eine Sonderregelung ist nur für den Bereich des Embargos und in bestimmten Belangen bei der Judikatur des Europäischen Gerichtshofes nötig.
Der zweite in der letzten Zeit auftretende neue Umstand ist die geänderte Politik der Sowjetunion. Die Sowjetunion war stets gegen die Europäische Integration und auch Kooperation. Der Beitritt Österreichs zum Europarat und zur EFTA wurde in Moskau nicht gerne gesehen, aber hingenommen, da beide Organisationen über keine die Sowjetunion bedrohenden Wirkungskräfte verfügen. Aber in der besonderen Position Finnlands zeigt sich die Bedeutung der Rücksichtnahme auf sowjetische Belange. Die EG als solche war lange Zeit für die Sowjetunion geradezu das Symbol einer antisowjetischen Machtkonstellation in Europa, von den USA unterstützt. Aber der der Sowjetunion eigene Realismus hat bereits seit einiger Zeit erkannt, daß die Europäische Integration nicht aufzuhalten ist, sie überdies viele, mehr eigenständige, von Amerika unabhängige Elemente aufweist, als die Sowjetunion ursprünglich befürchtete, und man daher statt Opposition zur EG eine Politik der Anerkennung und, weitergehend, der Kooperation führen müsse. In der Realisierung dieses auch für Europa sehr schwierigen Wandels der sowjetischen Politik und, im Gefolge, der COMECON-Staaten befindet sich Europa derzeit. Bei den Verhandlungen zwischen der EG und den COMECON-Staaten offenbarte sich ein starker Selbständigkeitsdrang einzelner COMECON-Mitglieder in der Regelung ihrer Wirtschaftsbeziehungen zur EG. Aber auch für die Neutralen hat diese geänderte sowjetische Politik eine große Bedeutung, auch wenn sie an der Grundposition der Neutralen in Europa gegenüber den militärischen Blöcken nichts ändert.
So scheint zum Unterschied von den 60er und 70er Jahren ein neuer Bezug der Neutralen zur EG durchaus möglich. Während die Schweiz auf

absehbare Zeit keinen Beitrittsantrag stellen kann und will, hat Österreich in Aussicht gestellt, daß es seiner Entschlossenheit, am werdenden Binnenmarkt der EG teilzunehmen, mit einem Antrag auf Beitritt in absehbarer Zukunft Rechnung tragen wird. Hingegen ist die Haltung Schwedens mehr auf der Linie der Schweiz. Bei Österreich spielt auch der Umstand eine sehr große Rolle, daß sich die Realisierung des Binnenmarktes in Mitteleuropa ohne Behebung des Sperriegels eines Nicht-Mitgliedsstaates in den Alpen nicht realisieren läßt.

In diesem Bemühen der Vereinbarkeit von Neutralität und Integration sind jedoch in der letzten Zeit zwei Tatbestände aufgezeigt worden, die erhebliche Schwierigkeiten hervorrufen könnten, wenn man ihre theoretische Bedeutung gegenüber der praktischen zu weit hervorhebt. Einmal gibt es in vielen Kreisen, vor allem des Europäischen Parlamentes, einen Wunsch zur Erweiterung der Kompetenzen der EG, und damit auch des Parlamentes, in den Bereich der Sicherheit. Nun gehört die militärische Kooperation in Europa ausdrücklich in die Kompetenzen der NATO als atlantische militärische Kooperation und der Westeuropäischen Union als politisches Instrument der europäischen militärischen Zusammenarbeit. Die Römerverträge - wie auch im übrigen das Statut des Europarates - schließen eine militärische Zusammenarbeit ausdrücklich aus. Bisher hat auch der Wunsch zur Erweiterung der Kompetenzen der EG in dieser Richtung bei keiner Regierung ein positives Echo ausgelöst. Man kann daher die realen und dringenden Fragen der Gegenwart, wie etwa die eines Beitrittes eines neutralen Staates zur EG, nicht mit hypothetischen Entwicklungen in der Zukunft verbinden. Sollte dies jemals der Fall sein, so bedeutet auch hier der Neutralitätsvorbehalt ein geeignetes Instrument zur Vermeidung von Schwierigkeiten.

Ernster ist das Argument, daß das letzte Ziel der Römerverträge eine Politische Union Europas sein solle, also eine über das Wirtschaftliche hinausgehende Integration. Zum ersten Mal haben die Luxemburger Beschlüsse vor zwei Jahren einige, wenn auch bescheidene, Elemente der Politischen Union geschaffen, z. B. erhöhte Kompetenzen des Parlamentes bei Abschluß von Verträgen mit Nicht-Mitgliedstaaten, damit also auch mit Neutralen. Die Stärkung der Europäischen Politischen Zusammenarbeit weist in die gleiche Richtung. Aber keiner der bisherigen Beschlüsse ist mit dem Status der Neutralität unvereinbar. So sehr im gesamteuropäischen Interesse weitere Fortschritte zur Politischen Union wünschenswert wären, so kann man bis jetzt bei den europäischen Regierungen nur wenig Begeisterung dafür feststellen, bei einigen wie Großbritannien, Dänemark und Griechenland, ausgesprochene Gegnerschaft. Das muß jedoch keineswegs das letzte Wort sein. Ein neutrales Mitglied wächst in der Zukunft auch in die werdende Politische Union hinein. Ganz Europa wird im Zuge dieses Prozesses sich, wenn auch sehr langsam, ändern. Auch hier können wir die Notwendigkeiten der Gegenwart nicht nach hypothetischen Entwicklungen in der Zukunft messen. Der ursprüngliche Wunsch, den integrierten Raum in Europa friedlich zu verteidigen, zu stärken und zu konsolidieren, bevor sich das integrierte Europa erweitert, mußte dem historischen Drang zur Zusammenarbeit weiterer Teile Europas weichen. Nur mehr wenige Staaten, wenn auch mit schwierigen Problemen, fehlen noch zur Erreichung eines endgültigen Europas. Wenn dies einmal geschaffen wird, kann der Prozeß einer weiteren Konsolidierung und Stärkung auf viel besserer Grundlage fortgeführt werden, als dies am Anfang der Integration möglich war. Der Beitritt eines neutralen Mitgliedes wird dabei ganz sicher kein Hindernis sein.

L’azione comune dei democratici cristiani in Europa

Mariano Rumor

Il 75° compleanno dell’On. Kai-Uwe von Hassel é una felice occasione per rendergli omaggio ed esprimere la stima e l’affetto che lega a lui tanti amici.
Essi sono testimoni della sua esperienza umana e politica, della sua opera straordinariamente impegnata e fervida. Egli l’ha dedicata al servizio degli ideali democratici cristiani e alla più vasta causa della democrazia, della pace, della libertà nella sicurezza e alla costruzione di quella unità europea che è al vertice delle nostre comuni aspirazioni.
Io ho avuto la ventura di lavorare con lui per gli stessi ideali. E’ mia personale convinzione che alla stabilità della pace, alla certezza delle libertà democratiche, al progresso dell’Europa e alla lotta per la libertà e la crescita dei popoli di altri continenti abbiano dato un forte e decisivo contributo la politica unitaria dei democratici cristiani europei.
Offrire una sintesi estremamente sommaria – come è richiesto da questo volume – della storia del movimento democratico cristiano europeo, mi pare l’omaggio più pertinente che io possa rendere all’amico cui mi legano un comune impegno, comuni ideali.

Il movimento dei partiti d’ispirazione cristiana ha trovato la prima configurazione organica comune solamente dopo la seconda guerra mondiale. Tuttavia, prima del 1939 i partiti social cristiani o cristiani popolari erano in contatto permanente con un centro organizzativo con sede a Parigi, creato e ispirato da Don Luigi Sturzo, con l’appoggio e l’aiuto di Robert Schuman. In quell’epoca, i contatti internazionali non avvenivano sotto forma di un’organizzazione internazionale che avrebbe consentito ai democratici cristiani di assicurare un’azione comune a livello europeo e una presenza incisiva tra i partiti ispirati ad altre ideologie. Dopo la seconda guerra mondiale le »Nouvelles Equipes Internationale«, che si erano costituite nel 1946 e avevano tenuto il loro primo congresso nel 1947, a Chaudfontaine (Belgio), rappresentavano un fatto nuovo: un movimento internazionale organico, unitario, basato su principi ideologici comuni, con una prospettiva politica e sociale fatta propria da tutti i partiti di ispi-

razione cristiana e con un centro organizzativo che assivurava l'azione comune a livello europeo e internazionale.
Il significato di questa nuova organizzazione politica va valutato in tutta la sua importanza. E' infatti l'incarnazione della lungimirante visione di Don Luigi Sturzo che aveva intuito così chiaramente l'urgenza di una presenza europea dei cristiani democratici sul piano politico, sin dal 1921, durante e dopo i suoi primi viaggi in Europa.
I socialisti – e dopo comunisti – già disponivano di un'organizzazione internazionale molto forte. La collaborazione politica dei socialisti a livello internazionale risale al 19° secolo ed ha acquisto, durante i decenni successivi e fino ai nostri giorni, una forza considerevole. Le condizioni iniziali erano, per motivi diversi, assai favorevoli a questa evolozione. I socialisti, i marxisti in generale sviluppavano la loro azione sulla base di una visione classista della società la cui situazione era, grosso modo, la stessa nelle varie regioni europee, così come identiche erano le esigenze, le sofferenze di una larga parte del mondo operaio che ravvicinava non solo i loro pensieri ma anche la loro azione e il loro linguaggio e favoriva anche la creazione di un movimento internazionale.
I partiti democratici cristiani non partivano dalla base di una concezione classista, ma popolare, riconoscendo la varia composizione della società ma difendendo in essa i più poveri e i più deboli. Intorno a questo ideale chiamavano a raccolta tutti i cittadini consapevoli e di buona volantà. Il loro scopo era la costruzione di una societá giusta e libera in uno spirito di solidarietà. Cercavano quindi di comprendere tutti gli strati sociali, ossia tutta la piramide della società nel suo insieme. Poichè tale azione era diretta alla nazione tutta, con i suoi interessi, le sue condizioni complesse, i suoi orientamenti diversi, è evidente che l'armonizzazione di queste diversità nazionali in un movimento internazionale comune incontrava parecchie difficoltà. Ciò spiega in parte il ritardo con cui i democratici cristiani si sono uniti in un movimento international comune.
La seconda guerra mondiale, con i suoi conflitti atroci, ha contribuito ad accelerare l'evoluzione del pensiero e dell'azione dei partiti democratici cristiani. Forti della loro comune ispirazione cristiana, essi si rendevano conto della necissità urgente di una partecipazione unitaria alla ricostruzione del continente e della pace tra i vecchi nemici. Oggi, si può riconoscere con fierezza che i grandi leaders politici e gli statisti democratici cristiani hanno subito capito le loro responsablilità, tanto più che in quasi tutti i paesi dell'Europa occidentale la maggioranza della popolazione aveva dato loro larga fiducia. Oggi, si può anche riconoscere che è merito inestimabile dei leaders democratici cristiani dei Paesi che erano appena

usciti da una dittatura o da un sistema totalitario, aver contribuito con energia e tenacia, non solo alla ricostruzione economica e sociale del loro Paese, ma anche alla creazione di una nuova democrazia dopo un lungo periodo di repressione, terrore e privazione delle libertà fondamentali. Sul piano europeo, nel quadro della loro nuova struttura di organizzazione internazionale, hanno scelto insieme la democrazia, la pace: basti pensare alla riconciliazione franco-tedesca, avviata da quei grandi democratici cristiani che furono Adenauer e Schuman, alla collaborazione atlantica, chiaramente scelta da Alcide De Gasperi vincendo nel suo paese diffuse tendenze a un neutralismo pericoloso e impossibile per un grande Paese collocato in un'area geografica estremamente esposta. Tutte queste intuizioni e iniziative politiche dettero alla nuova organizzazione europea (NEI) una forza notevole, manifestatasi nella presa di posizione attiva e vervida, sin dall'inizio, a favore dell'integrazione europea, della alleanza atlantica, della pace e della guistizia sociale nella libertà. Nel leggere oggi le risoluzioni dei congressi delle NEI, non si può che constatare, con grande fierezza, la chiarezza e la tenace continuità con cui questi scopi erano stati perseguiti e diffusi, in un periodo in cui altri movimenti politici manifestavano ancora forti riserve o addirittura critiche aperte.
Negli anni sessanta, allorché l'autore di questo breve esposto aveva l'onore di assumere la presidenza delle NEI, la nostra collaborazione raggiunse una nuova dimensione di azione efficace e di forte iniziativa al livello europe. Fu allora pure che si stabilì una collaborazione intensa e vigorosa di carattere strutturale e permanente con il gruppo parlamentare europeo. Era quindi naturale scegliere, di fronte a questa evoluzione, la nuova impegnativa denominazione della nostra organizzazione europa: »Unione Europea Democratica Cristiana«. A chi scrive questo note nel 1973 sucesse nella presidenza l'amico Kai-Uwe von Hassel. Nella continuità d'un comune impegno fu possibile una presenza chiara, convicente e costruttiva nel processo di unificazione europea. E con la creazione del »Partito Popolare Europeo« (PPE), raggruppamento dei partiti democratici cristiani della Comunitâ Europea, il gruppo parlamentare del Parlamento Europeo dispone oggi di una base, un appoggio diretto, un legame organico con le masse di elettori democratici cristiani in seno alle Comunità.
La democrazia cristiana rappresenta oggi la seconda forza in seno al Parlamento Europeo – ma è la forza più omogenea, più unita nel suo impegno europeo. A capo dei governi dell'Italia, della Germania Federale e dei tre paesi del Benelux, troviamo dei democratici cristiani. La Comunità Europea sta attraversando un periodo estremamente difficile in quanto deve

affrontare gravi problemi interni e, allo stesso tempo, deve acceleare il processo di creazione di un'autentica unione politica, che consenta all'Europa di svolgere il suo ruolo anche a livello internationale in misura adeguata alla sua grande forza che non trova ancora riscontro nella influenza che essa potrebbe esercitare nel mondo.
Nel ripensare a tutto ciò che hanno realizzato i democratici cristiani nel loro comune impegno è giusto riconoscere che la loro partecipazione diretta e creativa alla construzione dell'unità europea, il loro impegno instancabile costituiscono un fattore essenziale della stabilitá politica, del progresso economico e sociale e della pace tra i popoli europei. In questo quadro, non va trascurata la dimensione mondiale di questa loro azione. Negli anni sessanta i democratici cristiani hanno stretto i legami con i movimenti ispirati agli stessi principi e agli stessi ideali operanti in tutti i continenti, in primo luogo con quelli dell'America Latina. Con la loro partecipazione diretta e il loro fervido impegno fu creata a Santiago del Cile, nel 1961, l'»Unione Mondiale Democratica Cristiana«. Essa raccoglie oltre cinquanta partiti in tutto il mondo. El nel 1977 ha elaborato un »Manifesto mondiale« che ha avuto il consenso unanime di tutti i partiti aderenti all'Unione. Alla fine della Presidenza di chi ha dettato queste brevi note l'Unione si è data la denominazione più appropriata alle sue dimensioni planetarie di »Internazionale Democratica Cristiana« (IDC). La collaborazione dei partiti DC europei ha incoraggiato in maniera sostanziale le forze cristiane e veramente democratiche, operanti anche in situazioni di estrema difficoltà, con partiti e leaders coraggiosi e idealisti latino americani e di altri continenti; ha stimolato l'azione e la responsabilità internazionale, modiale, dei democratici cristiani europei, consentendo loro di vivere esperienze di altissimo valore politico ed umano.
Anche in virtù du questa esperienza essi considerano come primo impegno – condizionante l'assolvimento delle responsabilità europee – la realizzazione piena di quella unità politica europea per la quale si batterono con lucida intuizione e forte determinazione Konrad Adenauer, Alcide De Gasperi, Roberto Schuman. Tocca a noi e a chi verrà dopo di noi erigere nella sua compiutezza l'edificio di cui essi posero le fondamenta.

Die gemeinsame Aktion der Christlichen Demokraten in Europa*

Mariano Rumor

Der 75. Geburtstag von Kai-Uwe von Hassel bietet eine glückliche Gelegenheit, die Ehrerbietung, Bewunderung und Zuneigung, die seine Weggefährten für ihn hegen, zum Ausdruck zu bringen. Die vielen Freunde, die sich mit ihm verbunden fühlen, sind Zeugen seiner großen menschlichen und politischen Erfahrung und seines außerordentlich engagierten Wirkens. Kai-Uwe von Hassel hat sich dem Dienst der christlich-demokratischen Ideale gewidmet und unermüdlich für die Sache der Demokratie, des Friedens und der Freiheit in Sicherheit gearbeitet; vor allem hat er sich für das Ziel eingesetzt, welches an der Spitze unserer gemeinsamen Hoffnungen steht: für den Aufbau und die Einigung Europas.
Ich habe das Glück gehabt, mit ihm für die gleichen Ideale arbeiten zu können. Es ist meine persönliche Überzeugung, daß die gemeinsame Politik der Christlichen Demokraten Europas zur Stabilität des Friedens, zur Sicherung der demokratischen Freiheit, zum Fortschritt Europas und zum Kampf für die Freiheit und das Wachstum der Völker anderer Kontinente einen großen und entscheidenden Beitrag geleistet hat. Mir scheint deshalb, daß ich den Freund, mit dem mich ein gemeinsames Engagement und gemeinsame Ideale verbinden, nicht besser würdigen kann als durch einen Rückblick auf die Geschichte der christlich-demokratischen Bewegung.

*

Die Einigungsbewegung der Parteien christlicher Inspiration hat ihren ersten organischen Ausdruck erst nach dem Zweiten Weltkrieg gefunden. Jedoch waren auch schon vor 1939 die christlich-sozialen Parteien oder christlichen Volksparteien miteinander in ständigem Kontakt und ausgestattet mit einem organisatorischen Zentrum, das seinen Sitz in Paris hatte. Es war angeregt und geschaffen worden von Don Luigi Sturzo, der sich

* aus dem Italienischen von Thomas Jansen

dabei auf die Hilfe von Robert Schuman stützen konnte. In jener Zeit wurden die internationalen Verbindungen jedoch noch nicht im Rahmen einer strukturierten Organisation gepflegt, die es den Christlichen Demokraten erlaubt hätte, an eine gemeinsame Aktion auf europäischer Ebene zu denken oder neben den Parteien, die sich an anderen Ideologien orientierten, eine besondere Rolle zu spielen.

Mit der Gründung der Nouvelles Equipes Internationales (1946), die 1947 ihren ersten Kongreß in Chaudfontaine (Belgien) veranstalteten, ergab sich nach dem Zweiten Weltkrieg eine neue Situation: eine nach Einheit strebende, strukturierte internationale Bewegung, gegründet auf gemeinsame ideologische Prinzipien, mit einer politischen und sozialen Perspektive, auf die sich alle Mitgliedsparteien gleichermaßen beziehen konnten, ausgestattet mit einem Organisationszentrum, das eine gemeinsame Aktion auf europäischem und internationalem Niveau ermöglichte.

Die Bedeutung dieser neuen politischen Organisation muß in ihrer ganzen Bedeutung erkannt werden. Es handelt sich nämlich tatsächlich um die Verwirklichung der weitsichtigen Vorstellungen von Don Luigi Sturzo, der mit großer Klarheit die Dringlichkeit einer europäischen Präsenz der Christlichen Demokraten auf politischer Ebene schon 1921 während seiner ersten Reise in verschiedene Länder Europas erkannt hatte.

Die Sozialisten – und auch die Kommunisten – verfügten seit langem über eine mehr starke internationale Organisation. Die politische Zusammenarbeit der Sozialisten auf der internationalen Ebene reicht ins 19. Jahrhundert zurück und hat seitdem bis in unsere Tage hinein eine erhebliche Stärke entwickelt. Die Bedingungen waren dieser Entwicklung aus verschiedenen Gründen sehr günstig. Die Sozialisten und generell die Marxisten orientierten ihre Aktion an der Vorstellung von einer Klassengesellschaft deren Lage grosso modo in den verschiedenen europäischen Regionen die gleiche war; identisch waren dementsprechend auch die Bedürfnisse und die Leiden eines großen Teils der Arbeiterschaft. Die Linke übernahm nicht nur deren Denk- und Handlungsweise, sondern auch deren Sprache, was in erheblichem Maße zur Schaffung einer internationalen Bewegung beitrug.

Die Christlichen Demokraten gingen dagegen nicht von einem Klassenmodell aus, sondern von der Zusammengehörigkeit des Volkes. Dabei anerkannten sich natürlich, daß sich die Gesellschaft aus verschiedenen Elementen zusammensetzt. Deren ärmste und schwächste Elemente wollten sie besonders verteidigen. Alle Bürger guten Willens, die ähnlich dachten, sollten um dieses Ideal herum versammelt werden. Ziel der Christlichen Demokraten war der Aufbau einer gerechten und freien Ge-

sellschaft im Geist der Solidarität. Sie bemühten sich dementsprechend, alle sozialen Schichten zu verstehen, um auf diese Weise auch die ganze Gesellschaft in ihrer Einheit zu begreifen.
Die Aktion der Parteien, die sich diesem Projekt verschrieben, sollte jeweils auf die ganze Nation ausgerichtet sein. Angesichts der mannigfaltigen Interessen, der komplexen Bedingungen und der verschiedenen Orientierungen innerhalb der Nationen ist es verständlich, daß die Harmonisierung in einer gemeinsamen internationalen Bewegung auf erhebliche Schwierigkeiten traf. Das erklärt teilweise den zeitweiligen Rückstand, mit dem sich die Christlichen Demokraten in einer internationalen gemeinsamen Bewegung vereinigt haben.
Der Zweite Weltkrieg mit seinen schrecklichen Konflikten hat dazu beigetragen, die Entwicklung des Denkens und der Aktion der christlich-demokratischen Parteien zu beschleunigen. Stark in ihrer gemeinsamen christlichen Inspiration wurde ihnen die dringende Notwendigkeit klar, gemeinsam am Wiederaufbau des Kontinents und an der Wiederherstellung des Friedens zwischen den früheren Feinden beizutragen. Heute kann man mit Stolz feststellen, daß die großen politischen Führer und christlich-demokratischen Staatsmänner ihre Verantwortung sofort erkannt haben. In allen Ländern Westeuropas brachte die Bevölkerung ihnen großes Vertrauen entgegen.
Ebenso kann man heute auch erkennen, daß es ein unschätzbares Verdienst der christlich-demokratischen Führer vor allem derjenigen Länder war, die gerade einer Diktatur oder einem totalitären System entkommen waren, mit Energie und Zähigkeit nicht nur zum wirtschaftlichen und sozialen Aufbau ihrer Länder beigetragen zu haben, sondern auch zur Schaffung einer neuen Demokratie nach einer langen Periode der Repression, des Terrors und der Beraubung der fundamentalen Freiheiten. Auf europäischer Ebene, im Rahmen ihrer neuen internationalen Organisationsstruktur, haben sie gemeinsam die Demokratie und den Frieden gewählt. Erinnert sei an die deutsch-französische Wiederversöhnung, die von Konrad Adenauer und Robert Schuman, beide wirklich bedeutende Christliche Demokraten, in die Wege geleitet wurde. Aber auch an die Atlantische Allianz kann man denken, zu deren Gunsten Alcide de Gasperi in seinem Lande eine klare Entscheidung herbeiführte, nachdem er die diffusen Tendenzen eines gefährlichen Neutralismus bekämpft und besiegt hatte, der für Italien in seiner außergewöhnlich exponierten geographischen Lage ganz unmöglich gewesen wäre.
Alle diese Erkenntnisse und politische Initiativen sowie die sich daraus ergebende Zusammenarbeit gaben der neuen europäischen Organisation,

den Nouvelles Equipes Internationales, schon bald eine beachtliche Stärke, die sie auch in engagierten und aktiven Stellungnahmen zum Ausdruck brachte. Von Anfang an setzte sie sich übrigens entschieden zugunsten der europäischen Integration, des Atlantischen Bündnisses, des Friedens und der sozialen Gerechtigkeit in Freiheit ein. Wenn man heute die Resolutionen der Kongresse der NEI liest, muß man mit großem Stolz die Klarheit und die eindeutige Kontinuität feststellen, mit der diese Ziele verfolgt und verbreitet wurden, zu einer Zeit, in der andere politische Bewegungen noch starke Reserven oder auch offene Gegnerschaft bekundeten.

In den sechziger Jahren hatte der Autor dieser Ziele die Ehre, die Präsidentschaft der NEI übernehmen zu dürfen (1965). Unsere Zusammenarbeit erreichte damals eine neue Dimension der Wirksamkeit und der Initiative auf europäischer Ebene. Auch in der Beziehung mit der Europäischen Parlamentsfraktion entwickelte sich eine intensive und lebhafte Zusammenarbeit, die einen strukturierten und dauerhaften Charakter annahm. Es war deshalb angesichts dieser Entwicklung naheliegend, für unsere europäische Organisation einen neuen anspruchsvollen Namen zu wählen: Europäische Union Christlicher Demokraten (EUCD, seit 1965). Als 1973 Kai-Uwe von Hassel die Präsidentschaft der EUCD in der Kontinuität dieses Engagements übernahm, wurde schließlich eine klare Präsenz der Christlichen Demokraten im Prozeß der Einigung Europas möglich, die überzeugend und konstruktiv in der Schaffung der Europäischen Volkspartei (EVP, 1976) zum Ausdruck gebracht wurde. Die EVP faßte die christlich-demokratischen Parteien der Gemeinschaft zusammen. Mit ihr verfügt heute die Fraktion der Christlichen Demokraten im Europäischen Parlament über eine Basis, über eine unmittelbare Stütze und eine organische Verbindung mit der Masse der christlich-demokratischen Wähler im Rahmen der Europäischen Gemeinschaft.

Die Christliche Demokratie repräsentiert heute die zweite Kraft innerhalb des Europäischen Parlaments – aber es ist die Kraft mit der größten Homogenität und mit der größten Einigkeit in den Fragen der Europapolitik. An der Spitze der Regierungen Italiens, der Bundesrepublik Deutschland und der drei Benelux-Staaten finden wir Christliche Demokraten.

Wenn man darüber nachdenkt, was die Christlichen Demokraten in ihrem gemeinsamen Engagement realisiert haben, muß man anerkennen, daß ihre unmittelbare, kreative Beteiligung am Aufbau der europäischen Einheit und ihr unermüdlicher Einsatz in diesem Zusammenhang wesentliche Faktoren der politischen Stabilität des ökonomisch-sozialen Prozesses und des Friedens zwischen den europäischen Völkern sind.

In diesem Rahmen darf man aber auch nicht die weltweite Dimension dieser Aktion übersehen. Während der sechziger Jahre haben die Christlichen Demokraten enge Verbindungen mit den Bewegungen aller Kontinente entwickelt, die von den gleichen Prinzipien beseelt sind und nach den gleichen Idealen streben; in erster Linie mit den Christlichen Demokraten Lateinamerikas. Mit ihrer unmittelbaren Beteiligung und dank ihres besonderen Einsatzes wurde in Santiago de Chile 1961 die Christlich-Demokratische Weltunion (CDWU) gegründet. Sie faßt mehr als 50 Parteien der ganzen Welt zusammen. 1977 wurde ein Manifest erarbeitet, das den einhelligen Konsens aller Parteien erzielte, die zur Weltunion gehörten.

Von 1967 bis 1982 konnte ich als Präsident der CDWU meine Arbeit für die Einheit der Christlichen Demokratie fortsetzen, wobei Kai-Uwe von Hassel als Vizepräsident und Präsident der EUCD (1973 bis 1981) mich immer vorbildlich unterstützte. Gegen Ende meiner Präsidentschaft hat sich die Weltunion einen Namen gegeben, der ihrer Dimension und ihrer Bestimmung besser entspricht: Christlich Demokratische internationale (CDI).

Die Zusammenarbeit der CD-Parteien in Europa hat in wesentlicher Weise zur Ermutigung der christlichen Kräfte und der Demokraten beigetragen, die überall auf der Welt in allerschwierigsten Situationen tätig sind. Die Zusammenarbeit mit politischen Parteien und ihren mutigen, idealistischen Führern in Lateinamerika und anderen Kontinenten hat die Aktion und die internationale, weltweite Verantwortung der Christlichen Demokraten Europas stimuliert, indem sie es ihnen erlaubte, Erfahrungen von außerordentlich großem politischen und menschlichen Wert zu machen.

Auch in Befolgung der Lehren aus diesen Erfahrungen betrachten die Christlichen Demokraten es als ihre erste Aufgabe, die volle Verwirklichung jener politischen Einheit Europas zu betreiben, für welche sich mit klarer Eingebung und starker Bestimmtheit Konrad Adenauer, Alcide de Gasperi und Robert Schuman schlugen. Es ist heute an uns und an denen, die nach uns kommen, das Gebäude zu vollenden, dessen Grundmauern sie legten.

Christliche Demokratie in Europa
Was ist sie? – Was wollen christliche Demokraten? –

Hans A. Lücker

Im Rahmen dieses Beitrages muß ich mich wohl beschränken auf das Europa der Europäischen Gemeinschaft, obwohl Idee und Programmatik christlicher Demokratie in fast allen Ländern des alten Europa eine bedeutende Rolle in der Politik gespielt haben und auch heute noch, selbst in den Ländern des kommunistischen Machtbereichs, lebendig sind. Darüber hinaus sind sie eine große Hoffnung für viele Länder in allen Erdteilen – vor allem im latein-amerikanischen Subkontinent. Die Zusammenarbeit christlicher Demokraten ist international folgerichtig auf drei Ebenen institutionalisiert: in der Europäischen Volkspartei (EVP) für die EG, auf der Ebene des Europarates in der Europäischen Union Christlicher Demokraten (EUCD) und in der Christlich Demokratischen Internationale (CDI) auf Weltebene.

Die Gründung christlich-demokratischer Parteien nach dem Inferno des Zweiten Weltkrieges ist nicht nur eine spontane Antwort auf das menschliche Elend und die materiellen Verwüstungen, die er hinterlassen hat; man muß sie wohl verstehen als ein Aufbäumen der Überlebenden in dieser Zäsur der Weltgeschichte gegen die Tyrannei und die Verbrechen der totalitären Machtentfaltung des Faschismus, des Kommunismus und des Nationalsozialismus. Man wußte jetzt, daß diese politischen Systeme am vorläufigen Ende einer historischen Entwicklung standen, die seit der französischen Revolution im geistigen Kielwasser der Aufklärung durch fürstlichen Absolutismus, revolutionäre Willkürherrschaft, übersteigerten Nationalismus mit der Folge des Imperialismus und Kolonialismus politisch-historisch geprägt war. Die erste industrielle Revolution mit einer fast grenzenlosen Fortschrittsgläubigkeit in Wissenschaft und Technik verbunden mit dem wachsenden Gegensatz zwischen Kapital und Arbeit sowie die Verbindung zwischen wirtschaftlicher und politischer Machtentfaltung der Staaten wirkten in die gleiche Richtung. Der »autonome« Mensch war die Folge, der kein Gesetz mehr über sich anerkannte – erst recht kein göttliches Gesetz, wie es Heraklit schon um 500 vor Christus mit seiner Definition des Logos die Menschheit gelehrt hatte.

Aus dieser Sicht scheint es folgerichtig, daß Alcide DeGasperi im Juli 1943 erstmals mit seinen »Grundgedanken« Idee und Programmatik »der christlichen Demokratie« in das politische Leben Europas einführte; diese »Grundgedanken«, noch unter der Herrschaft Mussolinis von einem Gründerkreis angenommen, wurden das politische Programm der gleichzeitig gegründeten »Democrazia Christiana Italiana«. Er ging damit einen ganz wesentlichen Schritt weiter als sein politischer Ziehvater Don Luigi Sturzo, dessen junger Mitarbeiter er bereits nach dem Ersten Weltkrieg war. Sturzo hatte 1919 den Partido Popolare Italiana als Partei der italienischen Christen gegründet, die aber schon mit ihrem Namen alle zur Mitarbeit einladen wollte, die ihr politisches Programm annahmen. Sturzo hatte in seinem Programm 1919 für eine Neukonstruktion Europas mit friedlichen Mitteln einen »Mercato Commune«, einen gemeinsamen Markt, vorgeschlagen, mit einer gemeinsamen Handels- und Zollpolitik nach außen, Umwandlung der Kolonialpolitik in eine Politik der Partnerschaft und eine Begrenzung und Kontrolle der Rüstungen. Der Prälat aus Caltagirone (Sizilien) mußte unter Mussolini 1924 ins Exil nach Frankreich gehen, wo er 1925 und 1927 zwei Kongresse »christlich geprägter Parteien« veranstaltete, die sich sein Programm für Europa zueigen machten; an ihnen nahmen nicht nur Repräsentanten aus den heutigen Mitgliedsländern der EG teil, sondern auch aus Österreich, der Schweiz, Ungarn, Tschechoslowakei, Litauen, Polen und Rumänien. Ein Kongreß der gleichen Parteien fand 1932 in Köln, der Stadt von Oberbürgermeister Konrad Adenauer, statt, der dieses Programm noch einmal insbesondere gegen die heraufziehende Gefahr des Nationalsozialismus beschwor. Alles vergeblich. Der *homo politicus* in Europa hatte offensichtlich den *homo sapiens* in Pension geschickt.
Doch Idee und Programmatik christlicher Demokratie haben ihre Vorläufer, die in den Ländern der EG zurückreichen bis in die Zeit der französischen Revolution, deren 200. Jahrestages wir 1989 gedenken können. Die Ideen der Aufklärung, maßgebend von René Descartes verkündet, der die menschliche Vernunft für »autonom« erklärte und sie von jeglicher Glaubensoffenbarung löste, brachen wie ein Vulkan in der französischen Revolution durch, der Gewesenes auslöschte. Nicht, daß die Aufklärung auch positive Entwicklungen hervorbrachte: im europäischen Geistesleben, in der Entfaltung wirtschaftlich-sozialer Gerechtigkeit und insbesondere in der Hervorbringung bürgerlicher Rechte und Freiheiten. Aber die Exzesse der französischen Revolution und der darauf folgende Cäsaropapismus Napoleons sind denn auch der Ausgangspunkt eines »politischen Katholizismus« – und zwar zuerst in Frankreich. Von hier

griff diese Bewegung auf die europäischen Nachbarländer früher oder später nach den jeweils gegebenen Umständen über. In Ländern mit gemischt katholischer und protestantischer Bevölkerung verlief die geschichtliche Linie vielschichtiger als in den rein oder stark überwiegenden katholischen bzw. protestantischen Ländern. Im Laufe der Entwicklung in Gesellschaft und Staat kam es jedoch überall zu Annäherungen oder gar zu Übereinstimmungen zwischen Katholiken und Protestanten in ihren politischen Zielen und auch in ihrem Handeln. Es ist auch heute noch erstaunlich, wie rege der Austausch von Ideen und Programmatik über alle Grenzen hinweg war, insbesondere durch die zahlreichen Kontakte ihrer führenden Repräsentanten. Dieser Aufbruch führte schon in der ersten Hälfte des 19. Jahrhunderts in den genannten Ländern nicht nur zu entsprechenden politischen Bewegungen, ja im Ansatz schon zu Parteien; sie setzten sich für politische Ziele ein, die auch heute noch in den politischen Programmen unserer christlich demokratischen Parteien ebenso wie im Programm der Europäischen Volkspartei, der EUCD und der CDI enthalten sind:

- für den Schutz der unantastbaren Würde des Menschen,
- für den Schutz der Grundrechte des Menschen,
- für die Freiheit des religiös gebundenen christlichen Gewissens,
- für die Freiheit der christlichen Gemeinschaften und ihrer Kirchen,
- für eine sozial gerechte Gesellschaft,
- für den Verfassungsstaat, sei er konstitutionelle Monarchie oder Republik,
- für regierungsunabhängige Gerichtsbarkeit,
- gegen die Omnipotenz des Staates sowohl in der Form absolutistischer Fürstenherrschaft als auch in der Form pseudodemokratischer Willkürherrschaft,
- Begrenzung der Staatsgewalt durch Recht und Gesetz, die auf den christlichen Grundwerten gründen.

Wir sollten und wir wollen uns die führenden Persönlichkeiten der christlich geprägten Bewegungen und Parteien in der geistig-politischen Auseinandersetzung mit den immer weiter um sich greifenden säkularisierenden Tendenzen in der geistig-ethischen Verfassung der Gesellschaft, den wachsenden Ansprüchen der staatlichen Macht, den politischen Bewegungen und Parteien des Liberalismus, des Sozialismus und des Kommunismus, die sich gleichzeitig organisierten und überwiegend oder gänzlich andere politische Konzeptionen und Ziele verfolgten, im Gedächtnis erhalten; nicht nur um ihres Andenkens willen, sondern vor allem, um uns selbst in unserem politischen Kampf an diesen leuchtenden Vorbildern

Mut zu machen. Ich will nur einige wenige Persönlichkeiten des 19. Jahrhunderts bis zum Neubeginn nach dem Zweiten Weltkrieg nennen, ohne die Verdienste anderer zu schmälern; sie sind die Zeugen einer ununterbrochenen Kontinuität in den Aktionslinien christlich demokratischer Politik, für die wir heute Verantwortung tragen:

In Frankreich sind zu nennen: René de Chateaubriand, Graf Montalambert, Marc Sagnier, Robert Schuman;

in Deutschland: Joseph von Görres, Ernst Ludwig von Gerlach, Wilhelm Emanuel von Ketteler, Ludwig Windhorst, Georg Heim, Heinrich Brüning, Konrad Adenauer, Josef Müller (»Ochsensepp«);

in Italien: Don Luigi Sturzo, Alcide DeGasperi, Mario Scelba, Mariano Rumor;

in Luxemburg: Emile Reuter, Pierre Dupong, Josef Bech;

in Belgien: Paul van Zeeland, Auguste Edmond de Schrijver, Theo Lefevre, Pierre Harmel;

in den Niederlanden: Groen van Prinsterer, Hermann J. A. Schaepmann, Abraham Kuiper, Luis Joseph Maria Beel;

in Irland: Daniel O'Connell, Arthur Griffith, Desmond FitzGerald.

In seinen »Grundgedanken der christlichen Demokratie« hatte Alcide DeGasperi für den Neuaufbau Europas nach dem Zweiten Weltkrieg die Vorschläge Sturzos wieder aufgegriffen und fortentwickelt in Vorausahnung der Zustände Europas als Folge dieses »Bruderkrieges«, mit dem das Staatensystem des Wiener Kongresses endgültig seine Vormachtstellung in der Welt verlieren würde, weil die politische Vorrangstellung der beiden Supermächte USA und UdSSR Europa in dieser Funktion ablösen würde. Um Europa eine lebenswerte Zukunft in Freiheit, in Selbstbestimmung und wirtschaftlich-sozialer Erholung zu sichern, schlug er einen politischen Zusammenschluß der europäischen Länder in der überwiegenden Form eines Bundesstaates vor. Ganz wesentlich für ihn war dabei die Einbeziehung Deutschlands, da »die Erfahrung der Geschichte lehre, daß ohne Deutschland ein freies und friedliches Europa nicht zu verwirklichen sei«.

Diese Gedanken finden wir wieder in einer »Deklaration über die europäische Zusammenarbeit« vom Frühjahr 1944, die von aktiven Mitgliedern der Widerstandsbewegungen aus Frankreich, Italien, den Niederlanden, Dänemark und Deutschland ausgearbeitet war; christlich demokratische Persönlichkeiten und Nahestehende bildeten in diesem Kreis die Mehrheit.

Die Deklaration schlägt vor: »Schaffung einer europäischen bundesstaatlichen Ordnung, in deren Rahmen sich die Länder bereiterklären müssen, das Dogma der absoluten Staatssouveränität abzustreifen . . . Diese Bundesordnung muß von Anfang an stark und umfassend genug sein, um der Gefahr zu entgehen, nur die Einflußzone eines fremden Staates zu sein oder das Instrument für die Hegemoniepolitik eines Mitglieds«.

Die Bundesordnung sollte folgende Ziele verfolgen:

- »Der Frieden in Europa stellt den Schlüssel zum Frieden in der Welt dar,
- die Lösung des Deutschlandproblems ist im Rahmen der Bundesordnung zu sehen, um die Teilnahme des deutschen Volkes am Leben der europäischen Völker zu gestatten,
- die europäische Bundesordnung muß sich auf eine Deklaration der Menschenrechte – der persönlichen, der politischen und der wirtschaftlichen – gründen, die die freie Entwicklung der menschlichen Person und das normale Funktionieren der demokratischen Institutionen gewährleisten,
- nur eine Bundesordnung wird den wirtschaftlichen Wiederaufbau des Kontinents, die Kontrolle der Monopole und den Abbau nationaler Autarkien gewährleisten«.

Nur mit größtem Respekt kann man sich vor diesen Männern verneigen, die in diesen apokalyptischen Zeiten – ein Jahr nach der Niederlage Hitlers in Stalingrad und kurz vor der Landung der westlichen Aliierten in Süditalien und in der Normandie – die Charakterstärke, den Mut, die staatsmännische Umsicht und ein fast unvorstellbares Maß an Gottvertrauen besaßen, um diese politische Vision für ein neues Nachkriegs-Europa für ihre spätere praktische Politik zu entwerfen.

Schon bald nach Kriegsende nahmen die christlichen Demokraten aus den späteren Gründungsländern der EG – nachdem sie zu Hause ihre Parteien organisiert hatten – Verbindung zueinander auf und gründeten nach einigen vorbereitenden Zusammenkünften eine feste europäische Organisation; das war im Mai 1947 in Chaudfontaine (Belgien). Ihre dort verkündete erste Proklamation beginnt mit den Worten: »Faire l'Europe ou mourir, telle semble bien l'alternative qui s'offre aux nations du vieux continent . . .« (Europa aufbauen oder sterben, das scheint wohl die Alternative zu sein, die sich den Nationen des alten Kontinents stellt). Und natürlich entschieden sich die Christdemokraten für den Neuaufbau Europas – und wurden seine Avantgardisten bis zum heutigen Tag. Sie gaben ihrer Organisation den Namen »Nouvelles Equipes Internationales« (NEI) (Neue Internationale Gemeinschaft). Aus ihr gingen alle späteren Organisationen der christlichen Demokraten, die EUCD, die CDI und die EVP hervor. Mit großem Elan gingen sie in ihren Heimatländern ebenso an den Wiederaufbau wie gleichzeitig an die Verwirklichung des europäischen Einigungswerkes. Sie stellten in ihren Ländern entweder allein oder in Koalitionen mit benachbarten Parteien die Regierungen: in Frankreich bis zum Frühjahr 1958, als Pierre Pflimlin die Regierungsgewalt an General de Gaulle abtrat; in Deutschland bis 1969 und wiederum seit 1982; in Italien seit 1944; in Belgien, Luxemburg und in den Niederlanden seit 1945 mit politisch nicht ins Gewicht fallenden relativ kurzen Unterbrechungen.

Auf der europäischen Ebene bewirkten sie zusammen mit dem größten Teil der liberalen und unterstützt von einer Minderheit der sozialistischen bzw. sozialdemokratischen Parteien die Ingangsetzung des europäischen Einigungswerkes mit der Gründung des Europarates am 5. Mai 1949. Da in den heißen Debatten der Parlamentarischen Versammlung des Europarates zwischen den zehn Delegationen der damaligen Mitgliedstaaten keine auch nur annähernde Einigung über den konkreten Aufbau Europas gefunden werden kann, verkündet am 9. Mai 1950 der französische Außenminister Robert Schuman den nach ihm benannten Schuman-Plan, der als erste Verwirklichung einer Föderation Europas die Montan-Union vorschlägt, die 1952 in Kraft tritt. Dieser war auf einer Konferenz der NEI im April 1950 in Sorent von den christlich demokratischen Führern der NEI gutgeheißen worden. Das war der Beginn des Sechser-Europas (Frankreich, Italien, Deutschland, Belgien, Luxemburg und die Niederlande). Und schon verhandelten seit Februar 1951 die Regierungen der sechs Gründerstaaten über eine Europäische Verteidigungsgemeinschaft (EVG) mit der Konsequenz einer Europäischen Politischen Gemeinschaft (EPG). Es waren politisch dynamische Jahre, die einen glauben lassen konnten, daß »die Vereinigten Staaten von Europa« bis 1960 oder spätestens 1965 verwirklicht sein könnten. Aber wer so rechnete, hatte den Wirt vergessen. In einer großen historischen Debatte in der Parlamentarischen Versammlung des Europarates vom 15. bis 30. September 1952 prallten erneut die gegensätzlichen Konzeptionen für den Neuaufbau Europas aufeinander. Der britische Außenminister Anthony Eden legte den nach ihm benannten Eden-Plan vor, der eine »Atlantische Gemeinschaft« als Dach vorsah, der folgende 14 Staaten angehören sollten: Belgien, Canada, Dänemark, Frankreich, Griechenland, Großbritannien, Island, Italien, Luxemburg, Niederlande, Norwegen, Portugal, Türkei und USA, doch Deutschland nicht. Diese Atlantische Gemeinschaft sollte von drei Säulen getragen werden:

- USA – Canada: Mitwirkung an den europäischen Regionalzusammenschlüssen durch Beobachter ohne Stimmrecht;

- Großbritannien und Commonwealth: erfordert eine von starken Bindungen freie Sonderstellung neben und innerhalb der europäischen Zusammenschlüsse;
- Europarat der 14 Staaten: Belgien, Dänemark, Deutschland, Frankreich, Griechenland, Großbritannien, Irland, Island, Italien, Luxemburg, Niederlande, Norwegen, Schweden und Türkei,
  - für den Ministerrat nur beschränkte Vollmachten;
  - für die Parlamentarische Versammlung nur Empfehlungsrecht;
  - keine Abtretung von Souveränitätsrechten Großbritanniens.

Ministerpräsident Alcide de Gasperi verteidigte dagegen die christlich-demokratische Konzeption, für die auch mit ihren Reden Konrad Adenauer und Robert Schuman eintraten. Noch heute hängt das Bild dieser Gründungsväter Europas, das während der Debatte in Straßburg aufgenommen wurde, in meiner Bibliothek. Ich zitiere aus zwei Reden DeGasperis:
»Der Geist europäischer Solidarität dient in erster Linie der Sicherung des Friedens und dem Bemühen aller um die Einheit (Europas) - eine Bemühung, die nur unter Einschluß Deutschlands die Gefahr von Krieg, Rache und Vergeltung beseitigt. Das ist die Inspiration unserer Politik.«
»Wenn wir an die Streitkräfte der einzelnen Länder appellieren, sich in einer ständigen verfassungsmäßigen Organisation zusammenzuschließen, um gegebenenfalls ein größeres europäisches Vaterland zu verteidigen, dann muß dieses Vaterland auch sichtbar sein. Die im EVG-Vertrag begründete Solidarität auf Leben und Tod wird ohne übernationale politische Autorität nicht verwirklicht werden. Deshalb soll die europäische Organisation so beschaffen sein, daß sie ein späteres vorwiegend bundesstaatliches Gemeinwesen bilden kann, das auf dem Grundsatz der Gewaltenteilung beruht und insbesondere über ein Zweikammersystem verfügt«.
Das ist die Stimme der christlichen Demokratie in Europa, mit der die politischen Kräfte zurückgewiesen werden, die mit den alten, überlebten Methoden nationaler Interessenpolitik Europas Zukunft noch einmal glauben gestalten zu können. Die christlich-demokratische Vision Europas setzt sich jedoch in der weiteren Entwicklung schrittweise, wenn auch mühsam, bis heute durch.
Die christlichen Demokraten konnten leider nicht verhindern, daß der EVG-Vertrag mit dem Projekt der EPG in der französischen Nationalversammlung am 13. August 1954 mit 319 gegen 264 Stimmen bei 12 Enthaltungen von der Tagesordnung abgesetzt wurde. Das war die Ablehnung. Der Vietnam-Krieg mit seiner entnervenden Schlacht von Dien Bien Phou hatte Frankreich verändert. Ähnliches erlebte Frankreich seit

1958 mit dem Algerien-Krieg und dem Verlust seines überseeischen Imperiums, da es seine früheren Kolonien in die Unabhängigkeit eigner Staatswesen auf meist friedlichem Weg entließ.
War das schon das Ende des europäischen Aufbaues?
Viele glaubten es damals und ließen schon die Köpfe hängen. Doch die christlichen Demokraten in Europa gaben nicht auf. Die tiefgreifende Krise mußte überwunden werden. Mario Scelba, nach dem Tode DeGasperis am 19. August 1954, ergriff als Ministerpräsident die Initiative mit einer Reise zu Konrad Adenauer nach Bonn und in die anderen Hauptstädte. Der »Stier von Rom« brachte es zuwege – unterstützt durch eine Resolution der Parlamentarischen Versammlung des Europarates mit dem Initiator, ihrem Präsidenten Guiseppe Pella (italienischer Christdemokrat) – daß bereits im Juni 1955 die sechs Außenminister zu einer Konferenz in Messina zusammentrafen mit dem Auftrag, Vorschläge für die Fortführung des europäischen Aufbaues auszuarbeiten. Die Konferenz hatte Erfolg und führte am 25. März 1957 zu den Römischen Verträgen, die die Europäische Wirtschaftsgemeinschaft (EWG) und die Europäische Atomgemeinschaft (EAG) begründen. Sie traten am 1. Januar 1958 in Kraft. Die seitdem bestehenden drei Gemeinschaften wurden dann 1967 zur Europäischen Gemeinschaft (EG) mit einer Kommission, mit einem Parlament und einem Ministerrat zusammengefaßt.
Doch das seit 1966 im Ministerrat – dem vertragsrechtlichen Entscheidungszentrum – praktizierte Veto blockierte und lähmte nicht nur den Einigungsprozeß, weil es das demokratische Abstimmungsverfahren des Vertrages aus den Angeln hob, sondern machte auch deutlich, daß General De Gaulle eine vornehmlich bundesstaatliche Ordnung Europas durch eine intergouvernementale Zusammenarbeit einer Staaten-Koalition ersetzen wollte. Das war der Grund, weshalb die europäischen Christdemokraten diese Konzeption immer abgelehnt und die von ihnen geführten Regierungen dieses Veto auch niemals ausgeübt haben. Die Haltung Frankreichs kam einer zweiten Absage an das politische Endziel der Einigung Europas im Sinne der Schuman-Erklärung gleich. Diese Absage wurde jedoch im Dezember 1969 in Den Haag von Georges Pompidou gelöscht, dem Nachfolger De Gaulles als französischer Staatspräsident. In einer feierlichen Erklärung, die von ihm inspiriert war, bekräftigten die europäischen Staats- und Regierungschefs auf ihrrer Gipfelkonferenz die »Finalité politique«, das politische Endziel des europäischen Einigungswerkes im Sinne der Schuman-Erklärung. Seitdem ist diese Konzeption von niemandem mehr in Frage gestellt worden, auch wenn bis heute die

Meinungen zwischen den beteiligten Regierungen der mittlerweile zwölf Mitgliedstaaten über die konkrete Ausgestaltung der Europäischen Union als Vorstufe einer Europäischen Föderation noch nicht in Übereinstimmung gebracht werden konnten; die »Einheitliche Europäische Akte« weist dies aus. Bundeskanzler Helmut Kohl erklärte dazu, daß neun Regierungen bereit waren, »weiterzugehen«. Das macht Hoffnung für die Zukunft. Das Europäische Parlament verabschiedet am 14. Februar 1984 mit 237 gegen 31 Stimmen bei 43 Enthaltungen den »Entwurf eines Vertrages zur Gründung der Europäischen Union«, dessen Bestimmungen und Regeln nicht nur ein demokratisches Funktionieren der Gemeinschaft gewährleisten, sondern auch in seinen Perspektiven ihre Fortentwicklung zu einem Europäischen Bundesstaat bereits sichtbar werden läßt. Alle Vorschläge der europäischen Christdemokraten konnten in diesen Entwurf eingebracht werden, bei dessen Ausarbeitung sie denn auch die führende Rolle gespielt haben. Sie waren auch die Einzigen, die mit allen Stimmen ihrer Fraktion mit Ja stimmten. Wer immer in Zukunft die Europäische Union verwirklichen will, die diesen Namen verdient, wird die Europäische Akte bis zu diesem Entwurf fortschreiben müssen. Seit Reykyavik und insbesondere seit Washington scheint sich auch bei den letzten Verantwortlichen der Wille durchzusetzen, dieses Europa doch schneller und effizienter aufzubauen, wenn die Probleme unserer Zeit und unserer Welt nicht ohne oder über die Köpfe der Europäer entschieden werden sollen. Die Standfestigkeit und der unermüdliche Einsatz der europäischen Christdemokraten haben sich dann gelohnt.
Wie wollen die Christdemokraten dieses Europa gestalten? Die Antwort gibt wohl am überzeugendsten das Politische Programm, das die EVP im März 1978 für die erste Direktwahl des Europäischen Parlamentes im Juni 1979 einmütig annahm. Denn dieses Programm wurde 1983 vor der zweiten Direktwahl des EP in den Rang eines Grundsatzprogramms erhoben und ist als solches bis heute gültig. Die Bedeutung eines solchen Programmes liegt nicht nur in der Absicht, Anhängern und Wählern das politische Wollen der Partei vorzustellen und dafür zu werben, sondern vielmehr in der Verpflichtung ihrer politischen Akteure auf allen Ebenen, überzeugend ihren politischen Einsatz an den Aussagen des Programms zu orientieren. Die Geschlossenheit, mit der die EVP diese Programmatik von Dublin bis Palermo, von Bordeaux bis Hannover den Wählern nahebringen konnte, ist denn wohl auch mitentscheidend dafür, daß die Christdemokraten in beiden Direktwahlen die relativ meisten Wählerstimmen auf sich vereinigen konnten. Da es den Rahmen dieses Beitrages

sprengen würde, das Programm auch nur inhaltlich vorzustellen, will ich mich als verantwortlicher Verfasser des Programms auf die Herausarbeitung und Kommentierung seiner Grundlinien beschränken.

- Der Mensch und die Gesellschaft – Grundrechte und Grundfreiheiten. Das Programm der EVP geht von einem Bild des Menschen und der Gesellschaft aus, das in den christlichen Grundwerten begründet ist; der Mensch als personales Wesen und die Gesellschaft verstanden als Gemeinschaft, sollen sich entfalten in Freiheit als Ausdruck der Würde des Menschen in mitmenschlicher Gerechtigkeit und Solidarität; sie äußert sich in Rechten und Pflichten sowie in Anerkennung des geistigen und kulturellen Pluralismus als Voraussetzung für das friedliche Zusammenleben aller im Interesse des Gemeinwohls. Der Respekt vor dem Recht des anderen bedeutet Frieden für alle. Damit bekennt sich die EVP zu unserer Werte-Ordnung, wie sie in den Verfassungen unserer Länder sowie in der Straßburger Menschenrechtskonvention definiert ist. Diese Wertvorstellungen und ethischen Normen werden abgeleitet von der religio (Rückbindung) des Menschen an den Gott seines Glaubens, sind also vorgegeben und entsprechen der »wesenhaften« Veranlagung des Menschen. Sie können deswegen auch keiner »demokratischen Mehrheitsentscheidung« unterliegen. Das Programm stellt sich mit seinem Bekenntnis zum Pluralismus entschieden gegen alle jene Kräfte, die diese Ordnung zerstören wollen, schon deswegen, weil sie keine bessere oder auch nur annehmbare Alternative bieten können. Mit der Treue zu diesen Grundsätzen öffnet sich die Partei – auch in ihrer Satzung – für alle, die sich von dieser geistig-ethischen Konzeption angesprochen fühlen und bereit sind, sich für diese gemeinsamen Ziele einzusetzen. »In Verantwortung vor Gott und den Menschen« (wie es übrigens in der deutschen Verfassung steht) wird die Freiheit des Menschen definiert, die den sittlich ungebundenen Libertinismus ebenso ablehnt wie den marxistisch-materialistischen Kollektivismus. Das Programm anerkennt ausdrücklich die geistige und materielle Leistung des Menschen als unverzichtbare Teilantwort auf den Sinn menschlichen Daseins, die durch eine Ideologie nivellierender Gleichmacherei nicht ersetzt werden darf, weil sie zur Ungerechtigkeit führt. Damit entscheidet sich das Programm für die Freiheit und gegen die Gleichheit und plädiert für mitmenschliche Gerechtigkeit und aktive Solidarität.
- Die pluralistische Demokratie ist für uns die Staatsform, die unserer Vorstellung einer partnerschaftlichen Gesellschaft entspricht. Sie ist kontrollierte Herrschaft auf Zeit, gründet auf einer rechtsstaat-

lichen Verfassungs-Ordnung und ermöglicht nach dem Willen freier Bürger Anpassung und Wandel ohne Gewalt. Durch Selbstbestimmung der Bürger überwindet sie die Spannungen in der Gesellschaft im Interesse des Allgemeinwohls. Das Programm fordert deshalb, daß die Europäische Union und die aus ihr hervorgehende Europäische Föderation ein freiheitlich-demokratisches und pluralistisches Gemeinwesen sein soll, in dem sich alle demokratischen Kräfte frei ausdrücken und an seiner Gestaltung aktiv teilhaben können. Keine politische Richtung kann und darf deshalb Europa für sich allein beanspruchen – wie es hie und da meist im Übereifer geschieht –, um ihr Modell der Gesellschaft, der Wirtschaft und des Staates durchzusetzen.

– Das wirtschaftlich-soziale Ordnungssystem muß auf die Verbesserung der Lebensbedingungen für alle abzielen.

Vor allem gilt es, Arbeitsmöglichkeiten für alle zu schaffen und die Arbeitsbedingungen mit der technischen, wirtschaftlichen und gesellschaftlichen Entwicklung in Einklang zu bringen und zu halten; Arbeit ist eine wesentliche Voraussetzung für die Entfaltung des Menschen. Unser Ziel ist es, das gute Funktionieren einer Wirtschaftsordnung zu sichern, die sich in unseren Tagen als System der sozialen Marktwirtschaft beschreiben läßt. Es ist dynamisch in seiner Leistungsfähigkeit, die es der freien Initiative des einzelnen und dem Wettbewerb auf dem Markt verdankt. Seine soziale Verantwortung kommt in aktiver Solidarität darin zum Ausdruck, daß es nicht nur einen menschenwürdigen Wohlstand für alle arbeitsfähigen Menschen bietet, sondern darüberhinaus die Mittel bereitstellt für die Sicherung eines ebenfalls menschenwürdigen sozialen Netzes für die nicht Arbeitsfähigen und die Rentenempfänger. Das Programm spricht sich aus für Mitverantwortung und Mitbestimmung möglichst aller Betroffenen sowie für privates Eigentum als Element einer gewissen Unabhängigkeit und damit Freiheit des Menschen.

Solidarität und Partnerschaft sollen Gerechtigkeit für alle und gleichzeitig größere Leistungsfähigkeit unserer Wirtschaft gewährleisten. Darauf gründet sich christlich-demokratische Politik – nicht auf Kapitalismus ohne soziale Bindung oder auf Klassenkampf und Kollektivismus; das erstere bedeutet, daß der Mensch in seiner Würde und verantworteten Freiheit Subjekt und nicht Objekt der gesellschaftlichen Tätigkeiten, also gleichberechtigter Bürger ist; das letztere bedeutet, ihn zu endloser Abhängigkeit – nur unter anderen Herren – zu degradieren.

Dieses Ordnungssystem hat bisher in unseren Ländern bei aller Kritik im einzelnen gezeigt, daß es allen Systemen zentraler Verwaltungswirtschaften überlegen ist, und es besteht kein Anlaß anzunehmen, daß sich daran zukünftig Grundlegendes ändern wird.

- Die Verantwortung und Rolle Europas in der Welt sind ein Angelpunkt unserer Politik.

Nach den tiefgreifenden Erschütterungen unseres Jahrhunderts ist unsere Welt von heute immer noch auf der Suche nach einem neuen Gleichgewicht als Voraussetzung für Freiheit, Sicherheit und Frieden im Zusammenleben der Völker. Europa, aus den Trümmern des Zweiten Weltkrieges wiedererstanden, muß angesichts der Vormachtstellung der Supermächte und der Emanzipation der Völker der Dritten Welt seine Handlungsfähigkeit und seine Selbstbestimmung sichern. Dabei darf Europa sich nicht mit der Wahrung seiner regionalen Eigeninteressen zufrieden geben; seine Geschichte, seine geistige und kulturelle Berufung, aber auch seine Wirtschaftskraft bürden ihm Verantwortung für andere auf; jedoch wird nur ein geeintes Europa, das mit einer Stimme spricht, stark genug hierfür sein. Es ist gleichzeitig die Voraussetzung, am Aufbau einer neuen Weltordnung erfolgreich mitzuwirken und sich dabei weltweit als Kraft des Fortschritts und der sozialen Gerechtigkeit zu bewähren.

In diesem Geiste tragen wir auch moralische Mitverantwortung für die Völker des kommunistisch beherrschten Europas, die uns aus gemeinsamer Geschichte und Kultur verbunden sind. Wir wollen die Spaltung Europas mit friedlichen Mitteln überwinden, wobei das Recht auf Selbstbestimmung ein unverzichtbarer Grundsatz unserer Politik bleibt.

Glaubwürdige, dauerhafte Entspannung in Europa als Voraussetzung wirklicher Sicherheit kann nur auf der Grundlage der Ausgewogenheit von Leistung und Gegenleistung erreicht werden; man muß also die Ursachen der Spannungen beseitigen; dann kann auch ein ausgewogener und kontrollierter Truppen- und Rüstungsabbau den Frieden in Europa sicherer machen. Dabei wissen wir, daß die europäische Sicherheit auf der Atlantischen Allianz ruht, die für die Erfüllung ihrer Aufgabe entsprechend stark genug sein muß. Unser Europa bleibt jedoch unvollständig, solange es nicht im Rahmen des Atlantischen Bündnisses eine gemeinsame Sicherheitspolitik hat, die den europäischen Pfeiler des Bündnisses stärken soll und dabei gleichzeitig auf Koproduktion und Standardisierung der Waffensysteme sowie auf entsprechend ausgerüstete konventionelle Streitkräfte gerichtet sein muß.

Berlin-West – Teil der Europäischen Gemeinschaft – bleibt in diesem

Zusammenhang ein wichtiger Prüfstein für wirkliche Entspannung in Europa.

- Europa muß auch seine Verantwortung für die Dritte Welt auf sich nehmen.
  Wir wollen an einer umfassenden Entwicklungs- und Wachstumsstrategie mitarbeiten, an der die Länder der Dritten Welt als gleichberechtigte Partner teilnehmen. Dabei kann Europa seine wirtschaftlichen und sozialen Erfahrungen einbringen. Wir müssen auch unseren eigenen Völkern mehr als bisher die politische Tragweite einer Verbesserung der Beziehungen zwischen den Industrie- und Entwicklungsländern bewußt machen, um zu einer internationalen Ordnung zu gelangen, die den berechtigten Interessen aller Beteiligten entspricht. Gelingen oder Mißlingen einer solchen Politik wird für den Zustand und das Antlitz der Welt von morgen entscheidend sein.
  Wir sind überzeugt, daß die in den Lomé-Verträgen geregelte Zusammenarbeit zwischen der Gemeinschaft und den heute 66 AKP-Ländern nicht ohne weiteres in eine weltweite Politik übernommen werden kann. Aber der Geist von Lomé ist eine fundamentale Voraussetzung für die Schaffung eines weltweiten Klimas des Vertrauens, ohne das diese Zusammenarbeit kaum erfolgreich sein kann. Partnerschaft ist unser Leitmotiv.
- Der konstitutionelle und institionelle Weiterbau der EG zur Europäischen Union als Vorstufe zur Föderation Europas ist der Angelpunkt unserer Politik. Denn die Erfahrung bestätigt, daß nur Institutionen mit entsprechender demokratischer Legitimation und mit entsprechender Kompetenz-Ausstattung in der Lage sind, wirksame Gemeinschaftspolitik zu definieren und auszuführen. »Europäische Lösungen« für anstehende Problem-Entscheidungen, die von den Regierungen der heute zwölf Mitgliedsländer konzipiert werden, sind in der Regel untauglich für eine wirkliche Gemeinschaftspolitik. Von den nationalen Parlamenten ist dies noch weniger zu erwarten. Man muß nur fähige Köpfe in die Kommission nach Brüssel entsenden, um der Gemeinschaft eine ihren Aufgaben entsprechende Regierungskompetenz zu übertragen und dem Europäischen Parlament jene Rechte einräumen, die den nationalen Parlamenten eigen sind, dann würde schon im heutigen Zustand der Gemeinschaft der politische Prozeß der Meinungsbildung zügiger und effizienter zum Abschluß gebracht werden können. Der Ministerrat sollte sich dann an das Entscheidungsverfahren halten, wie es im Gründungsvertrag von Rom geregelt ist. Dann brauchte auch der Europäische Rat der Staats- und Regierungschefs

sich nicht als Berufungsinstanz des Ministerrates zu betätigen, der ihm Beschlußvorlagen auf den Tisch serviert, mit denen Chefs eigentlich nicht befaßt werden sollten. Das Zustandekommen der Europäischen Akte ist ein Paradebeispiel. Vier- oder fünfmal mußte sich der Europäische Rat damit befassen, ehe er sie nach fast drei Jahren verabschieden konnte. Die europäischen Christdemokraten sind aus diesen Erfahrungen der Überzeugung, daß auch mit gewissen Fortschritten der Europäischen Akte der europäische Zug zu langsam fährt, und fordern, daß der Vertragsentwurf des Europäischen Parlamentes möglichst bald in Kraft gesetzt wird.
Im Rückblick muß man die 70er Jahre wohl als politisch dynamisch einstufen: der Beschluß des Europäischen Rates zur Schaffung der Europäischen Union bis 1980 mit der gleichzeitigen Verpflichtung zur Rückkehr der vertraglich geregelten Mehrheits-Abstimmungen im Ministerrat (1972); der Beitritt Dänemarks, Großbritanniens und Irlands zur EG (1973); der Beschluß des Europäischen Rates zur Direktwahl des Europäischen Parlamentes, die dann im Juni 1979 stattfand; das ist die Bestätigung des Willens, zu einer Föderation Europas weiterzuschreiten, denn Konföderationen oder Organisationen von Staaten noch geringeren Bindungsgrades kennen kein Parlament, schon gar kein direkt gewähltes; die Gründung der Europäischen Volkspartei auf föderativer Grundlage, jedoch mit der Bestimmung, daß die Mitglieder ihrer Beschlußorgane selbstverantwortlich abstimmen (1976); die Annahme des Politischen Programms der EVP anläßlich ihres I. Kongresses in Brüssel (1978).
In diesen Jahren trug Kai-Uwe von Hassel Spitzenverantwortung für die christlichen Demokraten. Er war 1973 zum Präsidenten der EUCD gewählt worden; im Jahre 1976 wurde er gleichzeitig zum Vizepräsidenten der EVP gewählt. Ihm, einem bewährten Weggefährten und guten Freund in langen Jahren vertrauensvoller und erfolgreicher Zusammenarbeit, ist dieser Beitrag zu seinem 75. Geburtstag gewidmet. Mit seinen Erfahrungen als Ministerpräsident seines Heimatlandes, als Bundesminister in verschiedenen Ressorts, als Präsident des Deutschen Bundestages und in vielen anderen Ämtern sowie mit seiner Beherrschung der englischen und französischen Sprache, war er ein Präsident, der mit geschickter Hand und souverän nicht nur alle Sitzungen zu leiten verstand, sondern auch mit seiner pflichtbewußten Präsenz und Kenntnis der Dossiers ein Vorbild für uns alle war. Wir europäischen Christdemokraten haben ihm viel zu danken.

Demokratie im christlichen Europa

Dr. *Heinrich Böx*

Nie zuvor haben so viele Veränderungen gleichzeitig auf der Weltbühne stattgefunden. Nie auch haben sie so viele Wechselbeziehungen hervorgerufen, in einer sich vernetzenden Welt. Das etablierte Machtgefüge, der Dualismus der sogenannten Supermächte, wird auch durch die Entstehung neuer Potentiale relativiert. In diesem Zusammenhang genügt es, auf Japan, Indien und den Giganten China hinzuweisen, der seine Isolation abgeschüttelt hat, um seinen Platz im Weltgeschehen nachdrücklich einzunehmen.

Die Entwicklungsländer begehren auf. Sie beanspruchen einen gesicherten Platz in den politischen und wirtschaftlichen Konstellationen, die im wesentlichen von den großen Industrienationen gestaltet wurden. Sie bewaffnen sich zum Teil mit aggressiven Ideologien, die die gesellschaftlichen Verhältnisse ihrer vermeintlichen Gegner fundamentalistisch in Frage stellen.

Der Zeitgenosse fühlt sich mitgezogen in den Strom der Ereignisse, dem Wechselbad von Hoffnung und Angst. Diese gehört bei manchen Zeitgenossen heute zur seelischen Ausstattung. Nicht wenige rühmen sich ihrer und tragen zu ihrer Verdichtung bei. Selbst Politiker und Parteien, die üblicherweise zu den Standfesten, ihrer Werte Sicheren gehören, können sich der generalisierenden Furcht nicht entziehen, verfallen in Aktionismen, die über das Ziel hinausschießen, allemal wenn die Stichworte Atom und Rüstung fallen.

Vor dieser Problematik stehen die demokratischen Parteien in Europa, in besonderem Maße jedoch in der Bundesrepublik Deutschland. Sie müssen sich fragen lassen, wieweit sie, vor allem im Zusammenhang dieser Betrachtungen, auf die internationalen Veränderungen vorbereitet und eingerichtet sind. Ein Rückzug auf den innerstaatlichen Raum ist ihnen verwehrt, denn das Aufbrechen neuer Machtkonstellationen kennt in seinen Auswirkungen ebenso wenig Grenzen wie die aggressiven Ideologien.

Die CDU ist als Partei nur zögernd in die Arena der Außenpolitik getreten. In den Anfangsjahren war sie mit der Bewältigung der innerstaatlichen Nachkriegsprobleme voll in Anspruch genommen. Die ersten Ansätze außenpolitischer Programmatik richteten sich auf ein Vereinigtes Europa, bestimmt durch die Hoffnung, aus dem Bannkreis moralischer und politischer Isolierung herauszutreten. Organisatorische Folgerungen ergaben sich zunächst nicht außer dem Beitritt zu den Nouvelles Equipes Internationales, einer christdemokratischen eher lockeren Institution. Sie bot wenig Möglichkeiten einer Einwirkung auf die Ereignisse in der internationalen Politik.

Die europäische Einigungspolitik lag in ihren Anfängen fast ausschließlich in den Händen der Regierungen, namentlich von Staatsmännern wie de Gasperi, Schumann und Adenauer.

Die CDU sorgte für die erforderlichen parlamentarischen Mehrheiten und die Aufrechterhaltung eines auf Europa gerichteten Bewußtseins. Mit der Bildung europäischer Versammlungen wie Europarat, WEU und Europäischem Parlament wuchs den nach dort entsandten Abgeordneten die Aufgabe zu, die CDU international zu verbinden und wirksam werden zu lassen. Dazu wurden internationale Fraktionen geschaffen, die auf gemeinsamer ideeller und politischer Programmatik beruhten. Die Partei beschränkte sich auf Programmatik und ihre Akzeptanz in der Öffentlichkeit, beteiligte sich aber nur zögernd an engerer internationaler Zusammenarbeit.

Das änderte sich allmählich während der großen Koalition 1966. Die Union war in der Regierungsverantwortung mit einer Partei verbunden, die über eine beachtliche Tradition internationaler Verbindungen und Strukturen verfügte. Sie sah aus der Nähe, wie Politik wirkungsvoll auch außerhalb der eigenen Grenzen abgestützt werden konnte.

Die entscheidende Neuorientierung der CDU in die Internationalität erfolgte nach dem unerwarteten Sturz 1969 in die Opposition. Verantwortlich für diese Neuorientierung waren die Politiker Barzel und von Hassel. Nicht mehr in der Regierungsverantwortung sollte die CDU/CSU versuchen, auf anderen, neuen Wegen ihre auf ein Vereinigtes Europa ausgerichtete Politik fortzusetzen. Die internationale Zusammenarbeit mit anderen Parteien eröffnete hierfür Möglichkeiten, weil andere Mitgliedsparteien an ihren Regierungen beteiligt waren. Konzepte der Union konnten über diesen Weg auf die Entscheidungsebene gebracht werden.

Der Vorstoß in politische Gebiete auch jenseits der europäischen Grenzen erwies sich als möglich und erfolgreich. Als Beispiel seien die erfolgreichen Bemühungen um die Aufnahme politischer Beziehungen zur Volksrepublik China erwähnt, an denen die CDU initiativ beteiligt war und damit zum Austausch diplomatischer Vertretungen maßgeblich beigetragen hat.

Die Union nahm den ihr zustehenden Platz in den internationalen Parteiorganisationen ein. Ihr Engagement unter der verantwortlichen Führung von Hassels ließ sie bald zu einem maßgeblichen Partner werden. Das fand seinen sichtbaren Ausdruck bereits im Herbst 1973. Die EUCD übergab die Führung der Organisation an die Union. Kai-Uwe von Hassel wurde zum Präsidenten gewählt und blieb es bis 1982.
Die Parteiführung richtete als organisatorisches Instrument ein Büro für Auswärtige Beziehungen ein, das sie sich unmittelbar zuordnete. Der ihr direkt Verantwortliche war ihr Präsidiumsmitglied und damaliger Präsident des Deutschen Bundestages Kai-Uwe von Hassel.
Auch nach dem Wechsel in die Opposition behielt die Europapolitik das Hauptinteresse im Gesamtzusammenhang der auswärtigen Beziehungen. Die Bemühungen richteten sich darauf, den integrativen Prozeß bis zur Bildung einer Europäischen Union fortzusetzen, einschließlich der Direktwahlen zum Europaparlament. Hier lag die Domäne der Parteien, denn nur sie konnten die erforderliche Programmatik entwickeln und den Wahlkampf führen.
Die Union Europäischer Christdemokraten (EUCD) wurde zum Hauptinstrument dieser Politik. Sie konnte auf die Dauer nicht als Plenum arbeiten. Mitglieder waren auch Neutrale, für die aus völkerrechtlichen Gründen ein Zutritt zur EG ausgeschlossen war. Auch konnte auf die Zusammenarbeit mit christdemokratischen Abgeordneten aus dem Europaparlament und deren Sachkenntnis nicht verzichtet werden. Die EUCD entwickelte aus sich heraus eine neue Institution aus den Parteien, deren Staaten der EG angehörten und Vertretern der christlich-demokratischen Fraktion des Europäischen Parlaments. In ihr wurde eine intensive Vorarbeit für die Fortentwicklung der EG auf allen Gebieten geleistet.
Die EG-Gipfelkonferenz vom Dezember 1973 stellte die Weichen für den kontinuierlichen Zusammenschluß der EG-Mitglieder zu einer Europäischen Union. Die christlich-demokratischen Parteien aus den Mitgliedsstaaten der EG waren damit vor die Notwendigkeit gestellt, sich programmatisch und organisatorisch auf grenzüberschreitende europäische Wahlen vorzubereiten. Die EUCD begrüßte diese Aufgabe. Sie beauftragte das »Politische Kommittee« damit, eine Organisation zu planen, in der die Mitgliedsparteien ihre ideellen und materiellen Möglichkeiten wahlwirksam harmonisieren konnten.
Die Union hat hier unter der Leitung von Hassels ihren wirkungsvollen Beitrag geleistet. Übereinstimmung herrschte darüber, daß eine stärkere Struktur der Zusammenarbeit zu finden wäre, als die EUCD sie nach ihrer Verfassung und differenzierten Mitgliedschaft bieten konnte. Eine

parteiähnliche Organisation bot sich als Lösung an, in der Programm und Sekretariat gemeinsam sein sollten. Die christlich-demokratischen EG-Abgeordneten waren es im besonderen, die als Fraktion die Notwendigkeit betonten, besser parteilich verankert und unterstützt zu werden.
Bei der Konzeption einer CD-Partei mußte die Frage einer möglichen Mehrheitsbildung in dem zukünftig direkt gewählten Parlament besonders berücksichtigt werden. Zur Entscheidung stand an, ob in dieser neuen Partei nach Möglichkeit alle Kräfte der Mitte zusammengefaßt werden sollten, die in ihrer Programmatik verwandt und durch Zusammenarbeit im Europäischen Parlament ausgewiesen waren, der Zugang also flexibel gehandhabt werden sollte. Oder sollte die zu bildende Partei sich auf eine prononcierte christdemokratische Tradition und Programmatik beschränken? Da erfahrungsgemäß die CD-Fraktion im Europäischen Parlament bislang allein nicht mehrheitsfähig war und auch die vorhersehbare Entwicklung in den Mitgliedstaaten eine günstigere Prognose nicht zuließ, wäre sie damit auch in Zukunft auf Koalition nach rechts oder links angewiesen.
Daß die neue Partei ihren Platz in der Mitte des politischen Spektrums einnehmen sollte, war unbestritten. Deshalb bot die Namensgebung kein Problem. Man einigte sich schnell auf den Namen einer Europäischen Volkspartei. Der Untertitel jedoch schränkte die umfassende Bezeichnung einer Volkspartei auf die als christdemokratisch ausgewiesenen Parteien ein – Föderation der christlich-demokratischen Parteien der Europäischen Gemeinschaft. Damit war eine Entscheidung getroffen, die erhebliche Folgerungen für die Zusammenarbeit der Kräfte der Mitte haben sollte.
Die EVP konnte nach dem Stand der Dinge weder in Großbritannien noch in Dänemark vertreten sein. Dadurch fehlten ihr Kräfte, die maßgeblichen Einfluß auf die Weiterentwicklung der EG, auch für die Kompetenzerweiterung des Parlaments, haben mußten. In manchen Ländern wie Frankreich stellten die CD-Gruppierungen ein nur minoritäres Segment im politischen Spektrum dar. Ähnlich sieht es heute in Portugal und Spanien aus.
Im gegenwärtigen Europäischen Parlament verfügt die EVP als zweitstärkste Fraktion nach den Sozialisten (33 v. H.) über 23 v. H. der Sitze.
Die Frage, welche Parteien mitgliedfähig sein sollen in der EVP, war auch in der Union nicht unumstritten. Sie neigte aber letztlich, begründet aus ihren Erfahrungen mit Parteien außerhalb des engeren christdemokratischen Bekenntnisses, zu einer umfassenderen europäischen Zusammenarbeit.

Auch die mit den Vorbereitungen zur Direktwahl beauftragte politische Kommission suchte nach Lösungen. Diese waren um so mehr gefordert, als bewährte Mitglieder in der EUCD sich durch die EVP, der sie aus völkerrechtlichen oder politischen Gründen nicht beitreten konnten oder wollten, an den Rand der europäischen Christdemokratie gedrängt fühlten, wie Österreich, die Schweiz und Malta. Als Alternative schlug sie »ein Zentrum für europäische Einigung und den sozialen Fortschritt« vor. In ihm sollten Fragen der europäischen Politik diskutiert werden, auch mit der Absicht, zu einem gemeinsamen Handeln zu kommen. Dieser Vorschlag konnte sich nicht durchsetzen. Die deutliche Ausrichtung auf die europäische Einigung und die damit verbundenen Fragen entsprachen nicht zureichend den Interessen der anszusprechenden Parteien und politischen Kräfte.

Die Union verfügte über ein breites Spektrum von bilateralen kooperativen Beziehungen zu Parteien der Mitte, deren Länder nicht zur EG gehörten oder, in der EG, nicht zu den im engeren Sinne christdemokratischen Parteien zählten, trotz Übereinstimmung in allen wesentlichen politischen Werten.

Aus der Analyse der europäischen Parteisituation ergaben sich in der Union Überlegungen, ob nicht eine neue organisatorische Struktur der Zusammenarbeit der Gefahr entgegenwirken konnte, daß Europa in verschiedene Gruppierungen zerfiel, die etwaige Spaltungsversuche begünstigen konnten.

Diese Überlegungen wurden durch den Übergang der autoritären Regime in Portugal, Spanien und Griechenland zur Demokratie vorangetrieben. Zwar hatten die Union und andere christdemokratischen Parteien sich bemüht, die neuen politischen Kräfte für ihre Ideologie zu gewinnen. Die Entwicklung bewies aber, daß die sich entwickelnde Christdemokratie im strengen Sinne ihre Anfangserfolge nicht halten konnte. Die politische Vergangenheit stand dem manchen Orts entgegen. Die Charakterisierung einer Partei als christdemokratisch wurde häufig zwar fälschlich aber nicht ohne Wirkung als Klerikalismus gedeutet.

Zur Unterstützung der neuen Demokratie, auch um den Gedanken einer europäischen Einheit zu verbreiten, sollten den sich bildenden Parteien in der Mitte des politischen Spektrums eine organisierte Zusammenarbeit offen stehen, die diesen Zielen diente. Die EVP war in ihrer Programmatik christlich charakterisiert, in ihrer Mitgliedschaft auf die Staaten der EG beschränkt.

Die Zusammenarbeit von Parteien der Mitte, christlich in der Wertesub-

stanz, ohne optische Nähe zum Christentum verschiedener konfessioneller Ausprägung, hat eine längere Tradition.
Der Anregung ging von den britischen Konservativen aus, die Verbindungen zu Parteien auf dem Kontinent, vornehmlich seiner nördlichen Hälfte herstellten, ganz gleich ob konservativ oder christdemokratisch. Der Maßstab war die rechtstaatliche parlamentarische Demokratie, der Personalismus und die Ablehnung jeglichen staatlichen Monopols, vor allem im Bereich der Wirtschaft.
Die Briten schufen eine Art Parteiclub - die Interparty Conference - als Ort eines informellen Meinungsaustausches auf den Parteitagen der britischen Konservativen. Daran beteiligt waren in der Regel konservative Vertreter aus den skandinavischen Ländern, aber auch Abgesandte der christlich-demokratischen Parteien aus der Bundesrepublik, Österreichs und der Schweiz. In dem Maße, wie sich die EG formierte und ihre Mitgliedschaft erweiterte, wuchs das Interesse der britischen und skandinavischen Konservativen, aber auch der Christdemokraten aus den neutralen Ländern, an mehr gegenseitiger Information und Zusammenarbeit und mit dazu bereiten Mitgliedern der EUCD und EVP. Der Gedanke, einen Zusammenschluß von Parteien der großen europäischen Mitte herbeizuführen, lag schon seit längerer Zeit sozusagen in der Luft.
1973 bereits meldeten sich Stimmen in diesem Sinne aus der Mitte der Parteiszene.
Im Namen und im Auftrag der französischen Reformateurs forderte Senatspräsident Poher, ein führender Christdemokrat, nach dem Beitritt Großbritanniens und Dänemarks zur EG ein weiteres festeres Dach für die europäische Parteienmitte, eine »Union Europäischer Demokraten«, mit denen auch eine Direktwahl zum Europäischen Parlament bestritten werden könnte.
Im gleichen Jahr hielt der damalige Bundestagsabgeordnete Richard von Weizsäcker auf dem 19. Kongreß der Europäischen Christdemokraten im Namen der CDU eine Grundsatzrede, in der er eine Integration von Christdemokraten und »unseren wahrhaft fortschrittlichen konservativen Freunden« forderte. Nachfahren würden »kein Verständnis haben für die kleinen Schwierigkeiten einer Integration«. Die Ausführungen von Weizsäckers fanden eine geteilte Aufnahme. - Trotzdem wurde Kai-Uwe von Hassel zum Präsidenten der EUCD gewählt, obwohl über seine Zustimmung zu den Vorschlägen von Weizsäckers kein Zweifel bestehen konnte. Die Integration der britischen Konservativen in die EUCD oder EVP kam nicht zustande. Die Interparty Conference hingegen entwickelte sich zu einer interparteilichen Arbeitsgemeinschaft. Der Rhythmus ihrer Sit-

zungen beschleunigte sich im Gleichschritt mit den Bemühungen der Europäischen Gemeinschaft um mehr Integration.
Unter dem Eindruck dieser Lage verdichtete sich die Meinungsbildung bei den Teilnehmern der Interparty Conference zu dem Entschluß, eine neue, zunächst Europa umspannende Parteienorganisation zu gründen.
Auf einer Tagung von 18 europäischen christdemokratischen Konservativen und anderen Parteien der großen europäischen Mitte im April 1975 auf Schloß Kleßheim bei Salzburg wurde auf Vorschlag des CDU-Vorsitzenden Helmut Kohl die Gründung einer ständigen Arbeitsgemeinschaft mit Programm und Statut beschlossen, das eine ideologische und politische Kohärenz der Mitgliedsparteien ermöglichen sollte.
Drei Gedankenrichtungen wurden bei dieser Zusammenkunft und in den mit den Vorarbeiten beauftragten Kommissionen angesprochen:

1. Die Demokratien Europas dürfen sich nicht auf tagespolitischen Pragmatismus beschränken. Sie müssen sich immer wieder auf die ihnen gemeinsamen unabänderlichen, nicht verhandelbaren Werte besinnen und sie in den sich ständig vollziehenden ideologischen Auseinandersetzungen, vornehmlich mit kollektivistischen Tendenzen, unablässig vertreten. Nur so kann in einer offenen pluralistischen Gesellschaft die Freiheit und Würde des Menschen gesichert werden. Es gibt keine Demokratie ohne Ethos.
2. Eine europäische Einigung muß alle Länder Europas umfassen; dazu gehören auch solche, die in den sowjetischen Machtbereich eingeschlossen sind. Ihnen muß die Möglichkeit freier Selbstbestimmung eröffnet werden. Alle Schritte zu einer Einheit Europas mit demokratischen Mitteln dienen dem Weltfrieden.
3. Die Parteien in der EDU stellen sich der die Zeitgeschichte beherrschenden nationalen und internationalen Auseinandersetzung zwischen Freiheit und Despotie, der der Herrschaft des Völkerrechts und der Unterdrückung durch Imperialismus. Sie verstehen sich als Träger einer demokratischen Revolution, in deren Mittelpunkt die Menschenrechte stehen, als integraler Bestandteil jeder Friedensordnung.
   Mit einer solchen Zielsetzung war von Anfang an eine über Europa hinausreichende Zusammenarbeit und Organisation mit gedacht.
   Diese vollzog sich folgerichtig 1983 mit einer internationalen Parteiorganisation im Pazifischen Raum, der PDU (Pazifische Demokratische Union mit Sitz in Canberra) unter dem Dach der IDU (Internationale Demokratische Union mit Sitz in London).

Damit war eine weltumspannende Organisation von Parteien geschaffen, auf der Grundlage gleicher Wertsysteme und ähnlicher Programmatik.

Die CDU/CSU hat an den Arbeiten zur Schaffung internationaler Parteienorganisationen auf allen politischen Ebenen nachhaltig und häufig führend mitgearbeitet. Sie war dazu besonders ausgerüstet, weil sie in der Oppositionszeit ein weltweites Netz bilateraler Verbindungen aufgebaut hatte.
Sie sah ihre Aufgabe darin, Brücken zu bauen, nicht nur zu etablierten demokratischen Parteien, sondern auch zu politischen Kräften, die sich im Formationsprozeß befanden. Das galt nicht nur für Länder, die in Europa die sie beherrschenden autoritären Systeme abschüttelten, sondern auch zu unterdrückten Parteien in allen anderen Erdteilen.
In diesen vielfältigen Tätigkeiten nahm Kai-Uwe von Hassel eine Schlüsselstellung ein, als Verantwortlicher für die auswärtigen Beziehungen der CDU. Ihm kam dabei zugute, daß er durch seine Herkunft, seinen beruflichen Werdegang, Europa von draußen gesehen und erfahren hatte. Er sah den Christlichen Kontinent über alle Verschiedenheiten hinweg als Einheit. Er war auf Grund seiner Kenntnisse weltpolitischer Zusammenhänge davon überzeugt, daß Europa auch nur als Einheit seine Zukunft gestalten kann.
In Afrika erlebte er, in einer ganz anderen Welt, daß über religiöse und ideologische Grenzen hinweg der beherrschende Wesenszug der Natur des Menschen das Prinzip der Freiheit ist. Er war in besonderem Maße geeignet, zwischen divergierenden Auffassungen zu vermitteln und Brücken des Kompromisses zu schlagen.
Ihm kam dabei seine durch Pragmatismus temperierte Ideologie zugute.
So konnte er maßgeblich dazu beitragen, die christlichen Parteien in den Ländern der EG zur EVP zusammenzuführen, wie den Parteien der großen europäischen Mitte eine neue Basis internationaler Kooperation zu schaffen.
Es ist hier nicht der Ort, im Einzelnen auf die internationalen Bemühungen von Hassels einzugehen, sie waren und sind vielfältig, immer von der Pflicht erfüllt, für Freiheit und Demokratie einzutreten. Sie gehören zum Lebensbild eines europäischen Deutschen, der ein reiches politisches Erbe geschaffen hat – und noch schafft.

Die Europäische Union Christlicher Demokraten 1987 – vierzig Jahre nach ihrer Gründung

Thomas Jansen

Die erste Organisation der christlich-demokratischen Bewegung in Europa ist vor 40 Jahren entstanden: in Chaudfontaine (Belgien) fand im Sommer 1947 das Gründungstreffen der Nouvelles Equipes Internationales (NEI) statt, aus denen 1965 die Europäische Union Christlicher Demokraten (EUCD) hervorging. Am 8. Dezember 1987 hat die EUCD gemeinsam mit der Fraktion der Europäischen Volkspartei (EVP) im Europäischen Parlament zur Erinnerung an dieses Datum unter dem Vorsitz der Präsidenten Emilio Colombo und Egon Klepsch ein Kolloquium veranstaltet. Es bestätigte nicht nur den großen Beitrag, den die Christlichen Demokraten zum Wiederaufbau, zur Einigung und zur Gestaltung Europas geleistet haben, sondern auch die Aktualität ihrer politischen Ideale. Neben Historikern kamen bei dieser Veranstaltung vor allem die Zeitzeugen zu Wort, darunter auch Kai-Uwe von Hassel, der von 1973 bis 1981 Präsident der EUCD war und der auch heute noch, als Erster Vizepräsident und Vorsitzender ihrer Kommission für Sicherheits- und Verteidigungspolitik, der EUCD zur Verfügung steht.

Die EUCD, europäische Regionalorganisation der Christlich Demokratisch Internationale (CDI), ist die umfassende Vereinigung der Christlichen Demokraten im freien Teil Europas. In ihrem Rahmen wird die Zusammenarbeit organisiert

- der 21 Mitgliedsparteien aus 19 Ländern (darunter die 14 Mitgliedsparteien der EVP),
- der EVP als Föderation der CD-Parteien in der Europäischen Gemeinschaft,
- der EVP-Fraktion im Europäischen Parlament sowie der CD-Fraktionen in der Parlamentarischen Versammlung des Europarates und in der Nordatlantischen Versammlung,
- der Vereinigungen der Jungen, der Kommunalpolitiker, der Arbeitnehmer und der Frauen sowie der EVP-Mittelstandsvereinigung.

Die Aktivitäten im weiteren EUCD-Rahmen und im engeren EVP-Rahmen sind aufeinander abgestimmt mit dem Ziel, eine größtmögliche politische Einheit der Christlichen Demokraten in Europa zu gewährleisten. Dies wird ermöglicht durch die institutionelle und personelle Verschränkung der Führungsorgane: der Präsident der EUCD, Emilio Colombo, ist zugleich Vizepräsident der EVP; Generalsekretär wie Schatzmeister fungieren in Personalunion; die Präsidenten der EVP-Fraktion im Europäischen Parlament, Egon Klepsch, und der anderen CD-Fraktionen, Jean-Marie Daillet (Nordatlantische Versammlung) und Adolfo Sarti (Parlamentarische Versammlung des Europarates), sind Mitglieder der Präsidien bzw. der Politischen Bureaus von EUCD bzw. EVP; die Präsidenten und Generalsekretäre der Vereinigungen gehören den Politischen Bureaus von EUCD bzw. EVP an; EUCD und EVP verfügen über ein gemeinsames Generalsekretariat, das die Zusammenarbeit und Koordination mit den Sekretariaten sowohl der Mitgliedsparteien wie der Fraktionen und Vereinigungen sicherstellt.
Vor diesem Hintergrund wird in der EUCD und in der EVP die Möglichkeit einer Fusion oder einer Integration beider Organisationen diskutiert, um die praktizierte Aktionsgemeinschaft auch durch eine formale Einheit zu dokumentieren, und um gewisse Reibungsverluste, die sich aus dem Bestehen zweier Organisationsstrukturen ergeben, zu überwinden.
Ein Bericht über Situation und Entwicklung der EUCD im vierzigsten Jahr nach ihrer Gründung muß deshalb auch die Aktivitäten der (seit 1976 bestehenden) EVP erfassen.

Wahlen auf allen Ebenen

Das politische Leben der europäischen Organisationen der Christlichen Demokraten wurde während der ersten Hälfte des Jahres 1987 stark bestimmt durch eine Reihe von wichtigen Wahlen.
In der Bundesrepublik Deutschland fanden am 25. Januar Wahlen zum Bundestag sowie im April und Mai Regionalwahlen statt; bei leichten Verlusten behaupteten CDU/CSU ihre Position als stärkste politische Kraft. Helmut Kohl wurde als Bundeskanzler bestätigt.
In Irland wurde am 17. Februar das Parlament neu gewählt. Die EVP-Mitgliedspartei Fine Gael konnte ihre Position als Regierungspartei nicht behaupten. Garret FitzGerald trat als Regierungschef und als Parteiführer zurück. Mit der Wahl von Alan Dukes an die Spitze von Partei und Parlamentsfraktion fand auch ein Generationswechsel statt.

In Malta fanden am 10. Mai Parlamentswahlen statt, bei denen die Nationale Partei einen bedeutenden Sieg erringen konnte: nach sechzehn Jahren in der Opposition kehrten die Christlichen Demokraten in die Regierung zurück. Edward Fenech-Adami, Vizepräsident der EUCD, wurde zum Premierminister gewählt. Damit endete glücklich eine lange Auseinandersetzung um die Erhaltung der Demokratie, die schwer gefährdet war durch das mit unrechtmäßigen Mitteln, oft gewalttätig um den Machterhalt kämpfende Regime der Labour-Partei. Die EUCD hatte sich wiederholt im Laufe der Jahre an der Seite ihrer maltesischen Mitgliedspartei zugunsten der Freiheit und Gerechtigkeit im Inselstaat eingesetzt.
In Spanien wurden am 10. Juni erstmals Wahlen zum Europäischen Parlament, verbunden mit Regional- und Kommunalwahlen, durchgeführt. Die Ergebnisse für die Mitgliedsparteien (PDP, PNV, UDC) waren nicht befriedigend. Nur die katalanische UDC gewann mit Concepcio Ferrer, Vizepräsidentin der EUCD und Vorsitzende der EUCD-Frauenvereinigung, ein europäisches Mandat.
In Italien fanden am 14./15. Juni Wahlen zur Abgeordnetenkammer und zum Senat statt. Die Democrazia Cristiana erzielte einen beachtlichen Erfolg und konnte ihre Position als stärkste politische Kraft verstärken. Mit Giovanni Goria wurde wieder ein Vertreter der DC Ministerpräsident. EUCD-Präsident Emilio Colombo und EVP-Vizepräsident Gianni Prandini traten als Minister (für den Haushalt bzw. für die Handelsmarine) in die Regierung ein.
Während der zweiten Hälfte des Jahres waren nur zwei Wahlen auf nationaler Ebene zu verzeichnen.
In Portugal steckt das christlich-demokratische Centro Democratico Social seit geraumer Zeit in einer schweren Identitätskrise. Die Partei erreichte vor diesem Hintergrund bei der nationalen Parlamentswahl für die vom Parteichef Adriano Moreira geführten Liste nur ca. 5 % der Stimmen. Allerdings kam sie bei den gleichzeitig stattfindenden Wahlen zum Europäischen Parlament mit einer von Francisco Lucas Pires geführten Liste auf ca. 15 %. Das bedeutet, daß auch in diesem Land die Christliche Demokratie eine Rolle spielen kann und ihren Platz hat. Voraussetzung ist allerdings, daß sie sich als eine der Zukunft und Europa zugewandte, moderne Partei darstellt, die den sozialen Wirklichkeiten und den kulturellen Entwicklungen gegenüber sensibel und aufgeschlossen ist.
In Belgien führte die vorzeitige Wahl im Anschluß an eine Regierungskrise, die durch einen Konflikt im Verhältnis der beiden Bevölkerungsteile ausgelöst wurde, zu einer empfindlichen Schwächung der flämischen Christlichen Volkspartei (CVP) – mit 19,5 % auf nationaler Ebene, Ver-

lust von 1,8 % im Vergleich zu 1985 – die in den letzten Jahren unter der Führung von Wilfried Martens die Hauptlast der Regierungsverantwortung getragen hatte, während der wallonische Parti Social Chrétien (PSC) – mit 8,0 % vorher 7,9 % – ihre Position behaupten konnte.
Zu den regionalen und lokalen Wahlen, die in einigen Ländern Europas während der letzten Monate des Jahres stattgefunden haben, nur soviel: in Deutschland und Österreich haben sie zu einer gewissen Schwächung, in Luxemburg und der Schweiz zu einer Bestätigung der Position christlich-demokratischer Parteien geführt. Eine kursorische Bestandsaufnahme in Bezug auf die jeweilige Stellung der Mitgliedsparteien von EUCD und EVP im politischen System ihrer Länder ergibt am Ende des Jahres 1987 folgendes Bild:

- von den 21 Mitgliedsparteien der EUCD sind 12 in der Regierung, davon 7 als die jeweils führende Kraft;
- außerdem sind 5 Regionalparteien, die der EUCD/EVP angehören, in ihren Ländern bzw. Regionen in der Regierung, davon 3 in der Führungsrolle;
- die EUCD-Mitgliedsparteien in Regierungsverantwortung koalieren, wenn sie nicht über die absolute Mehrheit verfügen, was nur in Malta und in Bayern der Fall ist, mit verschiedenen politischen Kräften:
  * in Deutschland, Belgien und den Niederlanden sind die Liberalen ihre Partner,
  * in Frankreich die Konservativen bzw. Gaullisten und die Liberalen,
  * in Luxemburg, Österreich und im Baskenland die Sozialisten,
  * in Italien und in der Schweiz die Sozialisten und die Liberalen,
  * in Katalonien die Nationalisten,
  * und in San Marino die Kommunisten.
- von den nationalen Parteien, die in ihrem jeweiligen Land in Opposition sind, waren 4 in den letzten Jahren zeitweise an der Regierung und bleiben potentielle Regierungsparteien; 2 davon (die griechische und die irische Partei) in führender Position.

Die Bündnispolitik der christlich-demokratischen Parteien Europas folgt nicht ideologischen Gesichtspunkten, sondern wird pragmatisch nach den Notwendigkeiten der jeweiligen Innenpolitik bzw. der Verfassungs-Situation entschieden. Alle Mitgliedsparteien der EUCD können – wie die Erfahrung lehrt – sowohl mit Konservativen, mit Liberalen und mit Sozialisten koalieren. Problematisch ist natürlich ein Bündnis mit den Kommunisten, wie es seit einiger Zeit in San Marino unter ganz spezifischen Bedingungen praktiziert wird. Undenkbar wäre ein Bündnis mit einer rechtsextremen Partei.

Am 31. März wurde das Präsidium der EVP neu gewählt. An die Stelle von Piet Bukman (CDA-NL), der nach zweijähriger Amtszeit nicht wieder kandidierte, da er inzwischen als Minister für Entwicklung und Internationale Zusammenarbeit in die Regierung der Niederlande eingetreten war, trat als Präsident Jacques Santer, Premierminister von Luxemburg. Als Vizepräsidenten wurden gewählt: Pierre Méhaignerie (CDS-F), Alan Dukes (FG-IRL), Gianni Prandini (DC-I), Gerold Tandler (CSU-D), Norbert Schmelzer (CDA-NL), Ioannis Varvitsiotis (ND-GR). Als Schatzmeister wurde Rika De Backer-Van Ocken (CVP-B) bestätigt. (Dem Präsidium der EVP gehören außerdem an: Ehrenpräsident Leo Tindemans, der Präsident der EUCD, Emilio Colombo, und der Präsident der EVP-Fraktion, Egon Klepsch, als Vizepräsidenten sowie der Generalsekretär.)
Der natürliche Schwerpunkt der Bemühungen von EUCD und EVP liegt in der europäischen Einigungspolitik und auf der Förderung der europäischen Aktionseinheit der Christlichen Demokraten. Insbesondere die EVP-Fraktion im Europäischen Parlament ist ständig in diesem Sinne tätig. Eine Vielzahl von Initiativen, Stellungnahmen und Interventionen dienen diesem Ziel.
Höhepunkt der diesbezüglichen Aktivität der EVP im ersten Halbjahr 1987 war das »Gipfeltreffen« am 30. Mai, an dem neben den christlich-demokratischen Regierungschefs (Kohl, Bundesrepublik Deutschland; Martens, B; Lubbers, NL; Santer, L; Strauß, Bayern; Ardanza, Baskenland) die Parteichefs sowie die christlich-demokratischen Außen- und Europaminister, die Mitglieder der EG-Kommission sowie die Mitglieder der Präsidien von EVP und EVP-Fraktion teilnahmen. Es wurde dabei eine große Übereinstimmung der Positionen sowohl in Bezug auf die Sicherheit/Abrüstung wie auch auf die Fragen der Weiterentwicklung der Europäischen Gemeinschaft erzielt.

Die Politischen Bureaus von EUCD bzw. EVP, die während des Jahres 1987 siebenmal zusammengetreten sind, haben sich bei ihren Sitzungen jeweils auch mit Problemen der internationalen Beziehungen, insbesondere natürlich mit der Rolle befaßt, die die Europäer bei deren Bewältigung spielen können.
Besondere Aufmerksamkeit schenken EUCD und EVP weiterhin der Entwicklung in Zentral- und Südamerika und der Zusammenarbeit mit den Mitgliedsparteien der Amerikanischen Organisation Christlicher Demokraten (ODCA). Hierbei spielt eine unverzichtbare Rolle als Anreger

und Vermittler das Generalsekretariat der Christlich Demokratischen Internationale (CDI), mit dem das Generalsekretariat der EUCD/EVP seit Mitte 1987 ein gemeinsames Haus in der Brüsseler Rue de la Victoire bewohnt. Hier sind auch in diesem Jubiläumsjahre wieder eine Reihe von einzelnen Persönlichkeiten und Delegationen aus Lateinamerika empfangen worden; Christliche Demokraten aus Europa haben aus unterschiedlichen Anlässen verschiedene Länder Lateinamerikas besucht und dabei den Kontakt mit den dortigen CD-Parteien gesucht. Wichtigstes Ereignis in diesem Zusammenhang war zweifellos das Treffen des Politischen Bureaus der CDI Ende November in Santiago de Chile, an dem in Vertretung der EUCD und einzelner Parteien eine starke europäische Delegation teilnahm.

Diese Aktivitäten und die dabei gewonnenen Erkenntnisse bzw. die sich daraus ergebenden Projekte werden in der EVP-Kontaktgruppe »Lateinamerika« besprochen, in der die Mitgliedsparteien ebenso vertreten sind wie die EVP-Fraktion und das Generalsekretariat der CDI. Hier findet auch die Koordinierung der auf den verschiedenen Ebenen (Parlamente, Parteien, CDI) laufenden Initiativen, der Reise- und Besuchsprojekte statt.

Im Hinblick auf Afrika hat eine entsprechende Funktion in letzter Zeit das regelmäßig tagende Leitungsgremium der »Afrika-Stiftung« der EVP-Fraktion übernommen. Es bemüht sich darüber hinaus, die Zusammenarbeit zwischen den christlich-demokratisch orientierten ONG's, die in Afrika Entwicklungsarbeit leisten, zu organisieren.

Der Generalsekretär von EUCD/EVP besuchte im Januar Polen – gemeinsam mit dem Generalsekretär der Union der Christlichen Demokraten Mitteleuropas (UCDEC), Konrad Sieniewicz. Ziel des Besuches war es, Kontakte mit christlich-demokratisch orientierten Gruppen aufzunehmen bzw. zu erneuern. Es besteht die Absicht, den Dialog und die Zusammenarbeit mit den unter schwierigen Bedingungen existierenden und arbeitenden Gruppen in Polen und anderen Ländern Mitteleuropas zu intensivieren. Gefördert u. a. durch den neuen Kurs der sowjetischen Führung, haben sich in den mitteleuropäischen Ländern, besonders in Polen, Möglichkeiten ergeben, die seitens der EUCD/EVP konsequent genutzt werden sollen, um dort die christlich-demokratische »Botschaft« zu verbreiten, ihre Anhänger zu ermutigen und ihnen bei ihrer schwierigen Arbeit zu helfen. Anläßlich eines Besuchs des Präsidenten der CDI, Flaminio Piccoli, im November, der ebenfalls in Begleitung von Konrad Sieniewicz stattfand, konnten die Kontakte vertieft und weiterentwickelt werden.

Ein besonderes Ereignis im Verlauf dieses Jahres war auch das Kolloquium der EVP, das am 29./30. September im Senat zu Paris unter der Schirmherrschaft des Präsidenten Alain Poher zum Thema »Christliche Demokratie und Soziale Marktwirtschaft« stattfand. Es diente der vertiefenden Diskussion über die Konzeption der Christlichen Demokraten betreffend die Wirtschafts- und Sozialordnung. Dieses Kolloquium wurde in Zusammenarbeit mit der Universität Paris–Nanterre und der französischen Partei, dem Centre des Démocrates Sociaux (CDS), durchgeführt. Eine große Zahl von Universitätsprofessoren, Vertretern der Kirche, Gewerkschaftlern, Unternehmern und Politikern nahm daran teil. Es wurde dabei versucht, unter theoretischen und historischen Gesichtspunkten herauszuarbeiten, was das Spezifische am wirtschaftspolitischen Denken und Handeln der Christlichen Demokraten ist und ob überhaupt die sehr unterschiedlichen Ansätze, Praktiken und Lösungsvorschläge der Christlichen Demokraten in den verschiedenen Ländern auf einen Nenner gebracht werden können. Dieses war die 4. Veranstaltung in einer Reihe, die von der EUCD-Arbeitsgruppe »Geistige Grundlagen christlich-demokratischer Politik« organisiert wird. Das 3. Kolloquium hatte – in kleinerem Rahmen – am 24./25. April in der Politischen Akademie der Österreichischen Volkspartei (ÖVP) zu Wien stattgefunden; sein Thema lautete: Föderalismus als Element christlich-demokratischen Denkens. Die Arbeit, die auf eine Überprüfung oder Neuformulierung der christlich-demokratischen »Doktrin« abzielt, belegt die Erneuerungsfähigkeit, also auch die Zukunftsfähigkeit der EUCD, die auch vierzig Jahre nach ihrer Gründung eine junge, dynamische Kraft geblieben ist.

Die angestrebte Fusion von EUCD und EVP

In der Einleitung zu diesem Bericht wurde Bezug genommen auf die Diskussion, die seit einiger Zeit über eine Fusion oder Integration der beiden Organisationsstrukturen von EVP und EUCD geführt wird. Diese Diskussion hat im Laufe des Jahres 1987 einen Konsens reifen lassen, der verspricht, daß die Gremien der EUCD und der EVP bald eine positive Entscheidung darüber treffen werden.
Bei diesem Stand der Dinge ist es, 40 Jahre nach den Anfängen, im Hinblick auf die Bedeutung dieses Vorgangs für die zukünftige Entwicklung der christlich-demokratischen Bewegung in Europa, von Interesse, einmal darzustellen, wie sich die Mitgliedschaft in EUCD und EVP entwickelt

hat, und welche Motive Anlaß gegeben haben, im Sinne der Fusion/Integration von EUCD und EVP voranzuschreiten.
Bis zur Gründung der EVP (1976) gehörten der EUCD 15 nationale Equipen oder Parteien an. Von diesen traten der EVP drei nationale Equipen (mit zwei bzw. drei Parteien) und drei nationale Parteien bei. Hinzu kam die irische Fine Gael, die ursprünglich nicht der EUCD angehört hatte.
1981 trat die norwegische Kristelig Folkeparti der EUCD bei.
Bis zur Fusion der Sekretariate von EUCD und EVP im April 1983, in deren Folge auch die Personalunion des Generalsekretärs eingeführt wurde, gehörten der EUCD also 16 nationale Equipen bzw. Mitgliedsparteien an, der EVP neun Mitgliedsparteien aus sieben Ländern.
1983 trat die griechische Nea Demokratia der EVP und der EUCD bei.
1984 wurde die Bedingung des EUCD-Statuts, welches im Falle der Existenz mehrerer christlich-demokratischer Parteien in einem Lande diese nur in einer nationalen Equipe als Mitglied zuließ, aufgehoben; dadurch wurden CDU und CSU (Bundesrepublik Deutschland), CVP und PSC (Belgien) sowie PNV und UDC (Spanien) Mitgliedsparteien eigenen Rechts in der EUCD; der Kreis der Mitgliedsparteien erweiterte sich gleichzeitig um die spanische PDP und die schwedische KDS. Die EUCD hatte damit also 21 Mitgliedsparteien; davon waren zehn Parteien aus acht Ländern gleichzeitig Mitglieder der EVP.
Nachdem Spanien und Portugal in die Europäische Gemeinschaft aufgenommen worden waren (1986), traten die spanische PDP, die baskische PNV und die katalonische UDC sowie das portugiesische CDS der EVP bei. Heute gehören also 14 von 21 Mitgliedsparteien der EUCD, also zwei Drittel, gleichzeitig der EVP an.
Unter diesen Umständen erscheint es nicht mehr sinnvoll, nebeneinander zwei Organisationsstrukturen am Leben zu erhalten. Schon aus praktischen Gründen konzentriert sich die Aktivität, die Zusammenarbeit, die Aufmerksamkeit von zwei Dritteln der Mitgliedsparteien (darunter die stärksten und einflußreichsten) notwendigerweise immer mehr auf die EVP. Im gleichen Maße nimmt das Interesse an der EUCD ab. Hinzu kommt, daß von den sieben EUCD-Parteien, die nicht der EVP angehören, keine den Anspruch erhebt, daß – wegen der Nicht-Mitgliedschaft ihres Landes in der Europäischen Gemeinschaft – eine besondere Organisationsform für ihre Zusammenarbeit mit den christlich-demokratischen Parteien aus den EG-Ländern notwendig ist. Im Gegenteil: diese Parteien sind daran interessiert, ihr Verhältnis zu allen europäischen christlich-demokratischen Parteien möglichst eng zu gestalten und sich ähnlichen Regeln zu unterwerfen, wie sie im Rahmen der EVP schon gelten.

Das Nebeneinander von zwei Organisationen auf europäischer Ebene trägt außerdem nicht zur Klarheit des Bildes bei, das sich die Öffentlichkeit von den Christlichen Demokraten macht. Es ist damit ein Image-Problem verbunden, aber auch ein Effizienz-Problem, das durch die 1983 erfolgte Fusion der Sekretariate nur zu einem Teil eingedämmt werden konnte. Ein Rest davon bleibt, solange formal zwei Präsidien und zwei Politische Bureaus nebeneinander bestehen, die eigenen Veranstaltungsbedarf und natürlich auch eigenen Darstellungsbedarf haben.
Zwischen 1983 und 1985 haben – aus dieser Erkenntnis die Konsequenz ziehend – die Europäische Union Junger Christlicher Demokraten (EUJDC) und das sogenannte »Team Of The Ten«, die beiden Jugendvereinigungen von EUCD und EVP, ihre Fusion in Junge Europäische Christliche Demokraten (JECD) vollzogen. 1983 ist die EUCDA, die 1976 als Arbeitnehmer-Vereinigung der EUCD gegründet worden war, auf eigenen Antrag, auch von der EVP als Vereinigung anerkannt worden. Die EKPV ist 1978 gleichzeitig als Vereinigung der Kommunalpolitiker der EVP und der EUCD gegründet worden.
Die Fusion der Sekretariate und die Personalunion des Generalsekretärs (seit 1983) waren erste wichtige Konsequenzen, die seitens der EVP und der EUCD selbst gezogen wurden, um gewissen praktisch-politischen Erfordernissen gerecht zu werden, insbesondere der Notwendigkeit einer immer engeren Zusammenarbeit der Christlichen Demokraten im Sinne einer gesamteuropäischen Solidarität und im Hinblick auf Politikbereiche, die nicht im Rahmen der EG, sondern im Rahmen des Europarats behandelt werden. Es kommt hinzu, daß die Christlichen Demokraten aus Ländern, die der Europäischen Gemeinschaft nicht angehören, ein berechtigtes Bedürfnis haben, sich an den Diskussionen über die EG-Politik zu beteiligen. Denn als unmittelbare Nachbarn und als Bürger von kleineren Ländern mit intensiven Wirtschaftsbeziehungen sind sie von der Entwicklung innerhalb der Europäischen Gemeinschaft besonders stark betroffen.
Aus diesem Grunde war schon 1977 in den Politischen Bureaus beschlossen worden, gemeinsame Sitzungen der Gremien und der Kommissionen von EVP und EUCD abzuhalten; das hat entscheidend dazu beigetragen, daß es nicht zu einem Auseinanderleben der Christlichen Demokraten der EG-Länder und der anderen Länder Europas gekommen ist. Diese Praxis hat übrigens niemals zu irgendwelchen von den Nicht-EG-Parteien verursachten Problemen bei der Meinungsbildung oder bei der Beschlußfassung im Rahmen der EVP geführt.
Insbesondere hat es nie einen Versuch von einer oder von mehreren

EUCD-Parteien gegeben, eine EVP-Position in Bezug auf die Weiterentwicklung der Gemeinschaft oder bezüglich einer Gemeinschaftspolitik in Frage zu stellen oder zu verwässern. Aufgrund der Mehrheitsverhältnisse wäre übrigens ein solcher Versuch auch zum Scheitern verurteilt.

Der XXII. Kongreß der EUCD (Madrid/Barcelona, 1985) bekräftigte in seiner einstimmig angenommenen Entschließung »Die Christliche Demokratie, eine internationale Kraft« den Wunsch, »die Anstrengungen fortzusetzen, die politische und technische Arbeit der EUCD und der EVP in stärkerem Maße zusammenzufassen und die Mittel für ihre Strukturen zu erhöhen«.

Dem VI. Kongreß der EVP in Den Haag (1986) lag ein Antrag der JECD vor, in dem die Fusion/Integration von EUCD und EVP gefordert wurde. Darin hieß es: »Der VI. Kongreß der EVP beauftragt den Generalsekretär von EVP und EUCD, in Abstimmung mit den Präsidenten der beiden Organisationen vor Ende des Jahres 1986 dem Politischen Bureau der EVP den Entwurf einer Änderung der EVP-Statuten vorzulegen, die vor allem die Möglichkeit vorsieht, christlich-demokratische Parteien aus Nicht-Mitgliedstaaten der Gemeinschaft in die EVP aufzunehmen und den vollständigen Zusammenschluß beider Organisationen einzuleiten unter Berücksichtigung des Willens aller Mitgliedsparteien und der von der EVP spezifisch für die Gemeinschaft entwickelten Arbeit.«

Dieser Antrag wurde an die Politischen Bureaus zur Behandlung überwiesen; die beiden Präsidenten und der Generalsekretär wurden beauftragt, nach Sondierungen einen Vorschlag zum Prozedere zu machen.

Die Sondierungen und die ausführlichen Diskussionen in zwei Sitzungen des Politischen Bureaus der EUCD (Straßburg, 12./13. Juni 1986, und Straßburg, 17. September 1987) ergaben eine generelle Zustimmung, verbunden mit skeptischen Anmerkungen und Rückfragen betreffend die Bedingungen.

Das Protokoll der Sitzung des Politischen Bureaus vom 17. September 1987 sagt dazu: »Dem Prinzip einer Fusion beider Organismen wird allseits zugestimmt; jedoch drücken einige ihre Befürchtung aus vor dem Risiko einer Verringerung des ›supranationalen‹ Charakters der EVP.«

An den Generalsekretär erging der Auftrag, den Mitgliedsparteien einen konkreten Vorschlag sowohl über die satzungsmäßigen Bedingungen wie über das Prozedere einer Fusion oder Integration zu machen. Auf dieser Grundlage wird sodann eine Entscheidung getroffen werden.

Es steht zu erwarten, daß die Fusion beziehungsweise Integration der Europäischen Union Christlicher Demokraten und der Europäischen Volkspartei, die mit einer grundsätzlichen Revision der Statuten verbunden

werden wird, zu einer Erneuerung der christlich-demokratischen Bewegung in Europa führt. Gewiß ist es kein Zufall, daß gleichzeitig erhebliche Anstrengungen unternommen werden, um - wie oben ausgeführt - auch ihre geistigen Grundlagen und kulturellen Wurzeln zu reflektieren.
Das sind gute Voraussetzungen dafür, daß die Christliche Demokratie in Europa auch in Zukunft ihre konstruktive Rolle bei der Einigung Europas spielen kann.

Europa - Wirklichkeit oder Vision?

Dr. *Otmar Franz*

40 Jahre Europäische Einigungspolitik, 40 Jahre Europäische Friedenspolitik wurden von Kai-Uwe von Hassel mitgestaltet. Diesen historischen Einigungsprozeß, dieses großartige Aussöhnungs- und Friedenswerk haben wir miterlebt. Begreifen wir aber wirklich, was erreicht wurde?

Europäische Aussöhnung, Europäische Friedenspolitik - Wirklichkeit oder Vision? Solange es eine europäische Geschichte gibt, gab es Krieg in Europa. Kaum eine Generation blieb vom Krieg verschont. Meist war bereits beim Friedensschluß der Keim für den nächsten Krieg gelegt, der vielfach einige Jahre, manchmal einige Jahrzehnte später ausbrach. Zweitausend Jahre lang wurde der Krieg in Europa immer wieder durch Friedensverträge unterbrochen, Friedensverträge, bei denen der Unterlegene meist bereits beim Abschluß überlegte, wie und wann er stark genug wäre, den neuen Krieg zu beginnen, um die alten Zustände herzustellen. Heute haben wir keinen Friedensvertrag, aber wir haben Frieden in Europa, nicht nur äußerlich. In 150 Kriegen in den letzten 40 Jahren fanden 36 Millionen Menschen den Tod. In Westeuropa, in der europäischen Gemeinschaft leben wir auf einer Friedensinsel. In einer Region, die dauernd vom Krieg geschüttelt war, von der viele Kriege für die Welt ausgegangen sind, haben wir seit 40 Jahren Frieden. Aber was viel wichtiger ist, niemand von uns, niemand von unseren Kindern kann sich mehr einen Krieg zwischen Deutschland und Frankreich, zwischen Großbritannien und Italien vorstellen. Das große Wunder dieses Jahrhunderts, daß aus ehemaligen Erbfeinden in einer Generation Freunde geworden sind, war noch vor wenigen Jahrzehnten eine Vision. Ein beispielloser Wandel von Feindschaft zur Versöhnung wurde Wirklichkeit.

1871 schrieb Victor Hugo: »Der Tag wird kommen, an dem euch die Waffen aus den Händen fallen werden, der Tag wird kommen, an dem der Krieg zwischen Paris und London ebenso lächerlich erscheinen und ebenso unmöglich sein wird wie zwischen Rouen und Amiens. Der Tag wird kommen, an dem die Kugeln und Bomben durch die Abstimmung, durch das allgemeine Wahlrecht der Völker ersetzt werden.« Visionen eines

Dichters, die schon nach 100 Jahren Wirklichkeit wurden, die Mut für weitere Fortschritte machen. Dabei sollten wir nie vergessen, daß das rohstoffarme Europa seinen unverwechselbaren Reichtum in seiner geistigen und kulturellen Einheit hat. In seiner schöpferischen Vielfalt wurde Europa in den letzten Jahrhunderten zum Mittelpunkt des Musiklebens, der bildenden Kunst, der Literatur in der ganzen Welt. Europäische Künstler haben sich gegenseitig beeinflußt und uns unsere Identität, unsere geistige Heimat gegeben. Europäische Komponisten, Maler, Bildhauer, Dichter haben dazu beigetragen, daß wir von europäischer Kultur sprechen, die in weiten Teilen der Welt nicht als englische, deutsche, französische oder italienische, sondern als europäische gilt. Die Einigung nach all den schrecklichen Kriegen war nur möglich, weil wir in Kultur und Religion gemeinsame geistige Grundlagen in Europa haben, weil Europa eine geistige Idee verkörpert. Auch dies ist Wirklichkeit, nicht Vision.

Die Friedens- und Aussöhnungspolitik sind das Kernstück europäischer Einigungspolitikk von Konrad Adenauer, Alcide de Gasperi, Robert Schuman, Henry Spaak und vielen anderen. Aber wir sollten darüber die Erfolge des Gemeinsamen Marktes nicht vergessen. Europäische Wirtschaftspolitik – Wirklichkeit oder Vision? Wer sich an das zerstörte, hungernde Europa nach dem Zweiten Weltkrieg erinnert, hält das eingetretene Wirtschaftswunder nicht für eine Selbstverständlichkeit. Die Vision großer Europäer, daß der Zollabbau, ein gemeinsamer Markt in Europa die für den Wiederaufbau notwendige Kreativität, Innovationsfreude und Dynamik wecken würde, wurde Wirklichkeit. Erstmals in der wechselvollen Geschichte Europas wurde nicht versucht, die eigenen wirtschaftlichen Probleme durch hohe Zollmauern, durch die Verhinderung des Wettbewerbs zu lösen. Der Abbau der Zollmauern, das Wachstum des innergemeinschaftlichen Handels um das 25fache, ein vor 40 Jahren ungeahnter Wohlstand, eine früher unvorstellbare Vielfalt des Angebots sind Wirklichkeit.

4 Millionen neue Arbeitsplätze dank des Gemeinsamen Marktes in der EG sind ebenso Wirklichkeit wie die Tatsache, daß jeder 6. Deutsche heute seinen Arbeitsplatz dem Export in die Länder der Europäischen Gemeinschaft verdankt. Eine Exportsteigerung der Bundesrepublik in die EG von 10 Mrd. DM im Jahre 1956 auf 269 Mrd. DM 30 Jahre danach wäre vor 30 Jahren als eine völlig unrealistische Utopie betrachtet worden. Und doch können und wollen wir nicht zufrieden sein. 30 Jahre nach Unterzeichnung der Römischen Verträge stehen wir auch wirtschaftlich erst in der Mitte des Einigungsprozesses. Wichtigstes Ziel der nächsten

Jahre ist die Verwirklichung des gemeinsamen Binnenmarktes. Bis 1992 sollen für die 320 Millionen Menschen der EG alle Grenzen für Waren, Personen, Dienstleistungen und neue Technologien abgebaut werden. Ein europäisches Kriminalamt, eine europäische Drogenfahndung sind zu schaffen. Durch die einheitliche europäische Akte, die in Ergänzung zu den Römischen Verträgen am 1. Juli 1987 in Kraft getreten ist, hat das Europaparlament Mitwirkungsrechte erhalten, die noch vor wenigen Jahren als Vision galten.

Eng verbunden mit der gemeinsamen Wirtschaftspolitik ist die europäische Währungspolitik. Bei der Schaffung des Europäischen Währungssystems im Jahre 1979 hätte kaum jemand für möglich gehalten, daß sich der private ECU-Markt so schnell entwickeln würde. Als 1981 die Kredietbank Luxembourgoise für die italienische Fernmeldegesellschaft STET die erste öffentliche ECU-Emission durchführte war nicht voraussehbar, daß der ECU schon wenige Jahre später eine der wichtigsten Anleihewährungen der Welt werden würde, daß auch Skandinavien und führende Gesellschaften in den USA, Kanada und Japan ebenso wie die UdSSR oder die Weltbank die Vorteile von ECU-Anleihen nutzen würden. Wer hätte es noch vor wenigen Jahren für denkbar gehalten, daß Italien 1987 über 20 % seines Außenhandels in ECU abwickeln würde, daß man überall in der Welt mit ECU-Kreditkarten, ECU-Reiseschecks zahlen könnte, ja wer hätte noch im Mai 1987 geglaubt, daß die Deutsche Bundesbank schon wenige Wochen später die private Verwendung des ECU in der Bundesrepublik zulassen würde. Gewiß nur kleine Schritte, aber doch ebenso Wirklichkeit wie der Beitrag des Europäischen Währungssystems zur Annäherung der europäischen Wirtschaftspolitiken und zur Senkung der Inflationsraten in den Ländern der EG. Wer hätte damit gerechnet, daß das Europäische Währungssystem so schnell zu einer relativ stabilen Währungszone in Europa führen würde. Gewiß, eine Europäische Währung und die dafür notwendige autonome Europäische Zentralbank sind wie der völlige Grenzabbau, der gemeinsame Binnenmarkt noch Vision, aber eine Vision, die schon in wenigen Jahren zur Wirklichkeit führen muß, wenn wir unseren Wohlstand, die wirtschaftliche Stabilität in Europa erhalten wollen.

Europäische Forschungspolitik, Europäische Energiepolitik, Europäische Verkehrspolitik, Europäische Umweltpolitik – Wirklichkeit oder Vision? Mit dem Erreichten sind wir nicht zufrieden. Die Europäische Technologiegemeinschaft, gemeinsames Europäisches Umweltbewußtsein, gleiche Umweltauflagen, Europäische Schnellbahnsysteme sind noch Vision, aber Ariane und Airbus, erfolgreiche europäische Forschungsvorhaben sind ebenso Wirklichkeit wie Fortschritte in der europäischen Umweltpolitik.

Basis für die Römischen Verträge, Basis für das europäische Einigungswerk war und ist die deutsch-französische Aussöhnung. Die deutsch-französische Freundschaft wird auch in den nächsten Jahren die treibende Kraft im europäischen Einigungsprozeß sein. Wenn sich Helmut Kohl und François Mitterrand regelmäßig zu Konsultationen treffen, ist dies ebenso Wirklichkeit wie die Einigung mit Margaret Thatcher auf einen gemeinsamen Standpunkt zu Abrüstungsinitiativen. Diese jahrhundertelang verfeindeten Länder sind heute nicht nur die besten Handelspartner der Welt, sie arbeiten nicht nur in der Forschung und Entwicklung eng zusammen, sondern auch in der Sicherheits- und Außenpolitik. Schon heute können Gegensätze und Auseinandersetzungen zwischen NRW und Bayern oder Baden-Württemberg gelegentlich größer sein als die zwischen Frankreich und Deutschland. Die Schaffung Europas, eines freien und einigen Europas ist ein langer schwieriger Weg. Wer die Schwierigkeiten beim Zusammenschluß der CDU zwischen Rheinland und Westfalen miterlebt hat, wird sich kaum darüber wundern.

Unsere Generation wird mitentscheiden können und müssen, ob die Vision der Vereinigten Staaten von Europa – Europa als Friedensinsel, als Hort der Freiheit und der Menschenrechte – Wirklichkeit wird. Die Beispiele der Geschichte ermöglichen und verstärken das Verständnis für die Bedeutung der Vereinigten Staaten von Europa. Fast alle Anläufe zu einer politischen Einheit, von der fränkischen Großreichsbildung Karls des Großen bis zum Empire Napoleons, zehren vom Erbe des Römischen Reiches. Der bestimmende Grundzug der europäischen Geschichte war aber nicht die politische Einheit, sondern eine in ihren Formen wechselnde Vielheit. Niemals, auch nicht zur Zeit der karolingischen Reichsschöpfung, gab es eine politische Einheit im Sinne einer universalen, ganz Europa zusammenfassenden Reichsbildung.

In den letzten 700 Jahren wurde die Idee eines politisch geeinten Gesamteuropas immer wieder in literarisch-publizistischen Schriften vertreten, denkt man nur an Dantes »De Monarchia«. 1849 hat wohl als erster Victor Hugo auf dem internationalen Friedenskongreß in Paris das Wort von den »Vereinigten Staaten von Europa« ausgesprochen. In den früheren Jahrhunderten noch bis zum Ende des 2. Weltkrieges behielt der Gedanke eines europäischen Zusammenschlusses immer etwas Spekulatives; er hatte nur selten eine Breitenwirkung.

Auch nach dem 1. Weltkrieg fand Europa nicht den Weg zu einer politischen Einheit, sondern in eine noch weitergehende nationale Zersplitterung, wobei der Völkerbund als universale Staatenorganisation die Einrichtung regionaler Organisationen erschwerte. Während des 2. Weltkrieges wurde eine föderative Neuordnung Europas von vielen, vor allem von nationalen Widerstandsbewegungen gefordert, eine Forderung, die Winston Churchill in seiner berühmten Züricher Rede vom 19. September 1946 mit seinem uneingeschränkten Plädoyer für die »Vereinigten Staaten von Europa« aufnahm.
Die Schaffung des Europarates, die 1957 gegründete Europäische Wirtschaftsgemeinschaft, Euratom, die Montanunion, die Erweiterung der Europäischen Gemeinschaft, das erste direkt gewählte Europäische Parlament sind Wirklichkeit. Der Schritt von der Wirtschaftsgemeinschaft zur politischen Gemeinschaft ist noch Vision. Grundlegende politische und moralische Entscheidungen müssen getroffen werden. Dies ist nicht nur eine Aufgabe der Regierungen und des Europaparlaments. Alle Europäer sind aufgefordert, dazu beizutragen, sie zu ermöglichen.
Wir stehen heute am Wendepunkt der europäischen Geschichte. Die früheren europäischen Großmächte, die als Nationalstaaten Weltpolitik gemacht haben, werden entweder an der Peripherie der Weltpolitik zur Bedeutungslosigkeit verdammt sein oder als Vereinigte Staaten von Europa aktiv die Weltpolitik des nächsten Jahrhunderts mitgestalten können. Dabei muß in Kauf genommen werden, daß ein geeinigtes Europa in einer geteilten Welt zumindest auf Jahrzehnte hinaus ein geteiltes Europa sein wird.
Unsere Freiheit im Westen ist Wirklichkeit, aber die Grenze durch Deutschland spaltet zugleich Europa. An dieser Grenze stehen sich die beiden größten Militärblöcke gegenüber. Zwar ist auch Mitteleuropa vor Krieg bewahrt geblieben, nicht bewahrt blieb es aber vor fremder Gewalt, denken wir an Ungarn 1956, an die Tschechoslowakei 1968, schließlich an Polen. Dies ist kein Friede. Alle geschichtliche Erfahrung zeigt, daß die gewaltsame Spaltung eines selbstbewußten Volkes kein solides Fundament für einen gesicherten Frieden ist.
Europas Mitte ist geteilt, ungeteilt ist der Wille des deutschen Volkes zur Einheit in Freiheit. Die Freiheit bleibt Kern der deutschen Frage. Die Einheit der Nation soll und muß sich zuallererst in der Freiheit ihrer Menschen erfüllen. In der Geschichte Europas bilden seit dem Zeitalter der Aufklärung Nation und Freiheit eine spannungsreiche ideelle Einheit. Von Anfang an enthielt diese Idee der Nation ebensoviel Schöpferkraft

wie Sprengkraft. Seit der Französischen Revolution wird die europäische Geschichte von der Auseinandersetzung bestimmt, die aus dieser Spannung entstand – geistig, wirtschaftlich und militärisch.
Europa ist geteilt, weil ein Teil Europas unfrei ist. Deutschland ist geteilt, weil ein Teil Deutschlands unfrei ist. Europa wie Deutschland wollen frei zur Einheit finden. Auch für die Einheit Deutschlands werden wir nicht den Preis der Freiheit zahlen.
Wer heute einen Schlußstrich unter die deutsche Frage ziehen will, gibt eine Absage an das Selbstbestimmungsrecht und an die Verwirklichung von Menschenrechten. Er gibt der Freiheit für Europas Mitte, für ganz Europa, keine Chance. Und er hat die Geschichte nicht begriffen – ihre Kontinuität so wenig wie den vielfältigen Wandel auf deutschem Boden in der Mitte Europas.
Die deutsche Frage, die Gestaltung von Europas Mitte gehört zu den großen Aufgaben, zu den Visionen unseres Kontinents, seit vor Jahrhunderten in Europa ein Mächtesystem entstand. Sie hatte und hat zum Gegenstand, wie Deutschland in Europa eingefügt wird, und wie die Deutschen sich einfügen und ihre europäische Verantwortung annehmen oder verweigern.
Der freiwillige Zusammenschluß der europäischen Völker, mit dem wir im westlichen Teil Europas begonnen haben, ist ein mühsamer, aber hoffnungsvoller Ansatz. Indem wir das europäische Einigungswerk weiter voranbringen, bereiten wir langfristig den Weg für eine spätere Aufhebung der Teilung von Europas Mitte und unseres Kontinents.
Die Präambel des Grundgesetzes sagt: »Das deutsche Volk ist von dem Willen beseelt, seine nationale und staatliche Einheit zu wahren und als gleichberechtigtes Glied in einem vereinten Europa dem Frieden der Welt zu dienen. Das gesamte deutsche Volk bleibt aufgefordert, in freier Selbstbestimmung die Einheit und Freiheit Deutschlands zu vollenden.«
Die Überwindung der Teilung Europas ist nicht nur eine Vision, sie ist ein gesamteuropäischer Auftrag. Aber hängen wir keinen Illusionen nach. Niemals hätten die UdSSR, aber auch die westlichen Siegermächte Frankreich, England und Amerika einem neuen einigen Nationalstaat Deutschland zugestimmt. Niemals werden sie ihm zustimmen. Nur im Rahmen eines vereinigten Europas ist ein geeintes Deutschland möglich. Wir Deutschen brauchen das geeinte Europa mehr als andere, weil sich die Teilung von Europas Mitte, die Teilung unseres Vaterlandes nur im größeren europäischen Rahmen überwinden läßt.
Gewiß ist ein vereintes Europa nicht kurzfristig zu erreichen, aber der Atem der Geschichte ist lang. Wir müssen erreichen, daß Europa als eine

Union mit einem Höchstmaß an Freiheit, ohne Krieg, eine Anziehungskraft auf die mitteleuropäischen Länder, insbesondere aber auf die deutschen Gebiete ausübt, der sich auf Dauer niemand entziehen kann. Jedes afrikanische Land, und sei es noch so unbedeutend, kämpft für seine Freiheit, auch die UdSSR wird nicht ewig Mitteleuropa unterdrücken können. Der Tag wird kommen, auf ihn müssen wir hoffen, aber für ihn müssen wir auch arbeiten, in dem unsere Vision, daß Europas Mitte in Frieden und Freiheit in einem vereinten Europa wiedervereint ist, Wirklichkeit wird.

Von der Einheitlichen Europäischen Akte zur Europäischen Union

Egon A. Klepsch

Als die Einheitliche Europäische Akte am 1. Juli vergangenen Jahres endlich in Kraft trat, wurde dieses Ereignis von unserer Öffentlichkeit – wenn überhaupt – dann nur mit Achselzucken, ja teilweise sogar mit völligem Unverständnis zur Kenntnis genommen. Viel zu lange schon hatte man in der Gemeinschaft auf diesen Zeitpunkt gewartet, und viel zu hoch waren bei manchen die Erwartungen gewesen. Den ersten Strich durch die Rechnung hatten uns bereits die Regierungen der Mitgliedsländer gemacht, als sie auf der Luxemburger Regierungskonferenz im Dezember 1985 einen Vertragstext beschlossen, der zwar allen Konferenzteilnehmern die Zustimmung ermöglichte, von den großen Visionen des Vertragsentwurfes des Europäischen Parlaments jedoch meilenweit entfernt blieb. Eine weitere Enttäuschung erlebten wir, als die Akte, nicht wie ursprünglich geplant, am 1. 1. 1987 in Kraft treten konnte, sondern erst noch eine durch Bedenken des obersten irischen Gerichtshofes erforderliche Volksabstimmung in Irland abgewartet werden mußte.

Als es dann am 1. Juli vergangenen Jahres endlich so weit war, wurde eigentlich nur den unmittelbar von den Auswirkungen der Akte Betroffenen richtig bewußt, daß die Gemeinschaft, beginnend mit diesem Datum, auf eine neue rechtliche und politische Grundlage gestellt wurde, die über die bestehenden Verträge hinausgeht, sie fortschreibt und in wesentlichen Teilen ergänzt. Zwar wird die EG dadurch nicht – oder besser noch nicht – zur Europäischen Union, wie es der von Altiero Spinelli inspirierte Vertragsentwurf des EP angestrebt hatte. Aber sie hat immerhin eine Veränderung in ihrem Zuständigkeitsbereich und in ihrer Arbeitsweise erfahren, die sie der Europäischen Union näherbringt. Neue Politikfelder gingen in die Kompetenz der Gemeinschaft über, und für ihren Ausbau wurden feste Ziele und klare Fristen gesetzt. Darüber hinaus wurde auch das interinstitutionelle Beziehungsgefüge neu geordnet, wobei insbesondere das Europäische Parlament eine Erweiterung seiner Befugnisse erfuhr, die zwar begrenzt ist, die ihm aber neue Möglichkeiten der politischen Einflußnahme vor allem im gesetzgeberischen Bereich eröffnet.

Was den eigentlichen Stellenwert der Einheitlichen Akte im europäischen Einigungsprozeß anbetrifft, so ergibt sich dieser bereits aus den ihr präambelhaft vorangestellten »Gemeinsamen Bestimmungen«, aus denen hervorgeht, daß die zwölf Mitgliedstaaten der Gemeinschaft mit diesem Vertragswerk das Ziel verfolgen, »zu konkreten Schritten auf den Weg zur Europäischen Union beizutragen«. Die Vertragsrevision von Luxemburg ist also ein Zwischenergebnis, das zwar hinter den ursprünglichen Forderungen und Erwartungen des Europäischen Parlaments zurückbleibt, zu dem wir jedoch durch unsere Initiative für die Ausarbeitung eines neuen Vertragsentwurfes eigentlich erst den politischen Anstoß gegeben haben. Zentralanliegen dieses bedeutenden Zwischenschritts ist die für den 31. 12. 1992 anvisierte Verwirklichung eines Wirtschaftsraums ohne Grenzen – des Gemeinsamen Binnenmarkts –, in dem alle Handelshemmnisse beseitigt und die Personen-, Waren-, Dienstleistungs- und Kapitalverkehre vollkommen liberalisiert sind. Im einzelnen sieht die Einheitliche Akte vor:

- die Koordinierung der Sozialpolitik der Mitgliedstaaten, d. h. die Harmonisierung der Beschäftigungsbedingungen und der Arbeitsumwelt bei gleichzeitigem Fortschritt;
- die Stärkung des wirtschaftlichen und sozialen Zusammenhalts, mit dem Ziel, den Abstand zwischen den verschiedenen Regionen und den Rückstand der am stärksten benachteiligten Gebiete zu verringern;
- den Ausbau der wissenschaftlichen und technologischen Grundlagen der westeuropäischen Industrie, um dadurch ihre internationale Wettbewerbsfähigkeit zu steigern;
- ein hohes Maß an Verbraucher- und Umweltschutz sowie eine umsichtigere und rationelle Nutzung der natürlichen Ressourcen.

Trotz dieses beeindruckenden Themenkatalogs weist die Akte allerdings noch schwerwiegende Lücken, und zwar insbesondere im Bereich der Wirtschafts- und Währungspolitik, auf. Das Europäische Parlament hat daher nachdrücklich darauf hingewiesen, »daß die Schaffung eines gemeinsamen Wirtschaftsraums nur dann verwirklicht werden kann, wenn – zum einen – mit Hilfe der kooperativen Wirtschaftsstrategie und der Schaffung von Arbeitsplätzen eine größere wirtschaftspolitische Übereinstimmung erreicht und – zum anderen – eine größere währungspolitische Konvergenz herbeigeführt wird. Dazu bedarf es allerdings

1. des Aufbaus des Europäischen Währungssystems, mit dem Ziel einer schrittweisen Abschaffung der Währungsausgleichsbeträge;
2. seiner Weiterentwicklung zu einem europäischen autonomen Zentralbankensystem, durch das die Gemeinschaft eine verstärkte politische

und wirtschaftliche Dimension erhalten wird, wobei ein solches System über die notwendigen Instrumente zur Stabilisierung des ECU verfügen und ein gemeinsames Handeln im Rahmen des Weltwährungssystems ermöglichen muß;

3. der Förderung des ECU durch die Ausweitung seines Gebrauchs.«

Die Einheitliche Europäische Akte beschränkt sich zu dieser Thematik leider nur auf einen einzigen mageren Artikel - den Art. 20 -, der lapidar feststellt: »Um die Konvergenz der Wirtschafts- und Währungspolitiken zu sichern, berücksichtigen die Mitgliedstaaten die Erfahrungen, die bei der Zusammenarbeit im Rahmen des Europäischen Währungssystems und bei der Entwicklung des ECU gesammelt worden sind und respektieren die bestehenden Zuständigkeiten«. Nur hinsichtlich des Ausbaus der Zusammenarbeit in eben diesen Bereichen sind die Ausführungen der Akte bemerkenswert deutlich - und ernüchternd! Sollte dieser Ausbau nämlich institutionelle Veränderungen erforderlich machen - und darum kommen wir ab einem bestimmten Entwicklungsstand gar nicht herum -, dann kommt Art. 236 EWG-Vertrag zur Anwendung, der eine einstimmige Beschlußfassung durch alle Mitgliedstaaten vorsieht und damit eine Weiterentwicklung der Zusammenarbeit hin zu einer Wirtschafts- und Währungsunion deutlich erschwert.

Gleichsam als Ausgleich für die mangelnde Breite des Reformwerkes haben die vertragsschließenden Parteien eine Stärkung der Integration in der Tiefe, nämlich hinsichtlich der Beschlußfassung bei der Verwirklichung des Binnenmarktes vorgesehen. Im Mittelpunkt dieser Veränderungen steht, neben Mehrheitsbeschlüssen im Ministerrat, eine stärkere Beteiligung des Europäischen Parlaments am Entscheidungsprozeß. Vorgesehen sind insbesondere ein neues »Verfahren der Zusammenarbeit«, auch »Kooperationsverfahren« genannt, an dem sowohl die Kommission als auch der Rat und das Europäische Parlament beteiligt sind. Wirkliche Gesetzgebungsbefugnisse erwachsen dem Parlament daraus jedoch nicht. Besteht dieses Verfahren im Grunde doch nur aus einer doppelten Konsultierung, die dem EP zwar eine gewisse »negative power« im Sinne einer Erschwerung der Willkürherrschaft des Rates gibt, seinen Ausschluß beim ersten und letzten Wort im Gesetzgebungsprozeß im Grunde jedoch nur bestätigt. Zwar kann das EP in einer Art Zweiten Lesung den »Gemeinsamen Standpunkt« des Rates ablehnen bzw. Änderungsvorschläge dazu einbringen. Dies muß jedoch innerhalb einer relativ kurzen Frist von 3 Monaten und darüber hinaus mit absoluter Mehrheit geschehen. Überschreitet das Parlament diese Frist, so wird der auf Vorschlag der Kommission und nach Stellungnahme des EP in Erster Lesung vom Rat fest-

gelegte »Gemeinsame Standpunkt« rechtskräftig. Ähnlichen Zwängen unterliegt der Rat dagegen nicht. Zwar ist für ihn Einstimmigkeit erforderlich, wenn er nach Ablehnung des »Gemeinsamen Standpunkts« durch das Parlament erneut beschließt. Überschreitet er jedoch die ihm hierfür gesetzte Frist von 3 Monaten, so tritt nicht etwa die Parlamentsfassung an die Stelle seines fehlenden Beschlusses. Die Gesetzesvorlage wird vielmehr in ihrer Gänze hinfällig und gilt als nicht angenommen.
Angesichts dieser institutionellen Ungleichgewichtigkeit im Gesetzgebungsverfahren ist es nicht mehr als ein Trostpflaster, wenn uns die Akte in einem Nebenbereich, nämlich bei den Beitritts- und Assoziierungsabkommen, ausnahmsweise einem Zweikammersystem entsprechende Mitentscheidungsbefugnisse einräumt.
Weitaus erfreulicher – weil weitaus integrationsfreundlicher – sind die durch die Einheitliche Akte bewirkten Veränderungen dagegen im Bereich der Europäischen Politischen Zusammenarbeit und der Außenbeziehungen der EG. Ziel der neuen Bestimmungen ist es, durch Abstimmung, Angleichung der Standpunkte und Durchführung gemeinsamer Aktionen den gemeinsamen Einfluß der Mitgliedstaaten in den internationalen Beziehungen zu stärken und so wirkungsvoll wie möglich auszuüben. Art. 30, Abs. 2 der Einheitlichen Akte verpflichtet die Vertragsparteien, in allen außenpolitischen Fragen Konsultationen vorzunehmen, bevor sie ihre endgültige Haltung festlegen. Auch in diesem Bereich ist das Europäische Parlament eng an der Ausarbeitung der Gemeinschaftspolitik beteiligt. Gemäß Art. 30, Abs. 4 »unterrichtet die Präsidentschaft das Europäische Parlament regelmäßig über die im Rahmen der Arbeit der Europäischen Politischen Zusammenarbeit geprüften außenpolitischen Themen und trägt dafür Sorge, daß die Auffassungen des EP bei dieser Arbeit gebührend berücksichtigt werden«.
Große Aufmerksamkeit verdient auch die Tatsache, daß die Einheitliche Akte vorsieht, die Sicherheitspolitik in die Europäische Politische Zusammenarbeit miteinzubeziehen. Laut Art. 30, Abs. 6 halten die Mitgliedstaaten eine engere Zusammenarbeit in Fragen der europäischen Sicherheit für geeignet, um wesentlich zur Entwicklung einer außenpolitischen Identität Europas beizutragen, und sind daher »zu einer stärkeren Koordinierung ihrer Standpunkte zu den politischen und wirtschaftlichen Aspekten der Sicherheit bereit«. Welche konkrete politische Tragweite diese Absichtserklärung allerdings beinhaltet, ist bis heute noch nicht ganz genau festzustellen. Festzuhalten bleibt zumindest, daß der Versuch des Kommissionspräsidenten Delors, unter Berufung auf diesen Passus der Akte einen der Sicherheitspolitik gewidmeten EG-Gipfel

zustandezubringen, bisher von den Mitgliedstaaten nicht aufgegriffen wurde und wohl auch bis auf weiteres kaum Aussicht auf Erfolg hat. Und dies, obwohl uns doch allen klar sein müßte, daß wir nur mit einer gemeinsamen westeuropäischen Haltung wirkungsvoll auf die Verhandlungspositionen der beiden Supermächte in diesem Bereich einwirken können.

Weitaus mehr Erfolg dürfte der Kommission dagegen mit ihrer Absicht beschieden sein, die eigentlichen Kernziele der Akte – nämlich die Verwirklichung des Binnenmarktes sowie die Verstärkung des wirtschaftlichen und sozialen Zusammenhalts der Gemeinschaft – fristgerecht zu verwirklichen. Hierzu hatte sie bereits im Februar vergangenen Jahres ein Vorschlagspaket vorgelegt mit dem Titel: »Die Einheitliche Akte muß ein Erfolg werden – Eine neue Perspektive für Europa«, dessen Ausführungen die uneingeschränkte Unterstützung des Parlaments fanden. In dem zu dieser Vorlage vom Ausschuß für den Erfolg der Einheitlichen Akte erstellten Bericht verpflichtete es sich »in Zusammenarbeit mit der Kommission und dem Rat die Einheitliche Europäische Akte so anzuwenden, daß gewährleistet ist, daß die erforderlichen Beschlüsse, insbesondere in den folgenden vier Bereichen, rasch, gemäß einem genauen Zeitplan und im Zuge eines umfassenden Programmes, gefaßt werden:

1. Verwirklichung eines Europa ohne Grenzen und gleichzeitige Schaffung eines gemeinsamen Sozialraumes im Rahmen einer kooperativen Wachstumsstrategie;
2. Stärkung des wirtschaftlichen und sozialen Zusammenhalts zwischen den zwölf Mitgliedstaaten;
3. Reform und Modernisierung der Gemeinsamen Agrarpolitik;
4. Stärkung der Finanzkapazität und Haushaltsautonomie der Gemeinschaft.

Beide Papiere – das Delors-Paket ebenso wie der Baron Crespo/von Wogau-Bericht – sind Ausdruck der Pflicht, in der sich die beiden Gemeinschaftsorgane empfinden und die darin besteht, allen Beteiligten deutlich zu machen, welche Bedingungen erfüllt werden müssen, um die Einheitliche Akte zu verwirklichen und die mit ihr gestellte Herausforderung zu bestehen. Zusammen mit der Reform der Geschäftsordnung des EP sowie einer Vielzahl kleinerer Maßnahmen zur Steigerung der Effizienz der parlamentarischen Arbeit beweist dieses Engagement, daß wir entschlossen sind, jeden Fortschritt im Integrationsprozeß und jede noch so kleine Ausweitung unserer Befugnisse systematisch zu nutzen – getreu unserer Doppelstrategie, die vorsieht, einerseits die durch die Akte erweiterten Gesetzgebungsbefugnisse des Parlaments sowie die neuen Verfahren voll anzuwenden und die vorgesehene Weiterentwicklung der Gemeinschaft zügig und im geplanten Zeitrahmen durchzusetzen, andererseits parallel dazu auf der Grundlage des vom EP im Jahre 1984 verabschiedeten eigenen Vertragsentwurfs und des von meiner Fraktion eingebrachten Verfassungsentwurfs weiterreichende Initiativen zur Vertragsänderung mit Zielrichtung »Europäische Union« einzuleiten. Unter diesem Blickwinkel betrachtet, ist die Einheitliche Europäische Akte für das Europäische Parlament alles andere als eine Enttäuschung, sondern vielmehr die Herausforderung und Gelegenheit für eine erste große Bewährungsprobe unserer Institution.

Das europäische Nord-Süd-Problem

Karl Josef Hahn

Die weltweite Kluft zwischen den Ländern der Dritten Welt und den hochindustrialisierten Ländern mit ihrem hohen Wohlstandsniveau beherrscht als Nord-Süd-Problem die Regierungen und die Wirtschafts- und Finanzexperten der ganzen Welt. Daß dieses Problem innerhalb der Europäischen Gemeinschaft ebenfalls eine außerordentlich ernste und besorgniserregende Dimension angenommen hat, wird in politischen Kreisen und in den nationalen Ministerien der Gemeinschaft unterschätzt oder sogar übersehen. Daß dieses Problem in manchen Gebieten der Gemeinschaft in den nächsten Jahren dramatische Aspekte annehmen kann, zwingt umso mehr zu einer gründlichen Besinnung auf die unaufschiebbaren politischen Entscheidungen, die getroffen werden müssen.
Der gesamte Fragenkomplex läßt sich nicht allein auf wirtschaftliche, finanzielle oder soziale Aspekte reduzieren. Das Gefälle zwischen Nord und Süd hat seine Ursachen in lange zurückliegenden historischen Entwicklungen, in demographischen und kulturellen Verschiedenheiten und den daraus entstandenen gesellschaftlichen und politischen Traditionen. Ausgangspunkt muß begreiflicherweise die wirtschaftliche und soziale Situation in ihrer Konkretheit sein, und dieser konkreten Sachlage kann man nicht aus dem Wege gehen, indem man sich auf globale Durchschnittsergebnisse des Fortschritts innerhalb der Gemeinschaft stützt. Die Tatsachen sprechen im Einzelnen eine harte, unbarmherzige Sprache.
Dazu kommt, daß durch die Süderweiterung der Gemeinschaft der Süden Europas eine weit größere Bedeutung auch in politischer Hinsicht bekommen hat: Griechenland, Italien, Spanien und Portugal sind in vieler Hinsicht strukturell einander sehr verwandt, und das hat auch seine politischen Auswirkungen. Wenn hier der Kürze halber vom Nord-Süd-Problem gesprochen wird, so darf nicht übersehen werden, daß alle Sorgen, die diese Problematik veranlaßt, genau dasselbe Gewicht haben im Hinblick auf entwicklungsbedürftige Gebiete in Irland und Schottland. Sie verdienen die Aufmerksamkeit in nicht geringerem Maße. Das Ausmaß und das Gewicht der Gesamtlage Südeuropas sind jedoch beispielhaft für das Faktum, daß das Europa der »deux vitesses« nicht eine bloße Möglichkeit der politischen Planung, sondern eine bereits bestehende und zu oft unterbewertete Wirklichkeit darstellt.

Es ist daher ein besonderes Verdienst des EVP-Euro-Parlamentariers Hans-Gert Pöttering, zusammen mit dem Sekretär des regionalpolitischen Ausschusses des Europaparlaments Frank Wiehler der ganzen Frage auf den Grund gegangen zu sein und vor allem auch die schwerwiegenden Folgen dieser Situation für die nächste Zukunft der Europäischen Gemeinschaft an Hand von konkreten Tatsachen aufgezeigt zu haben. Die beiden Autoren kommen zu den folgenden Schlußfolgerungen: das Gefälle wird in den kommenden Jahren unzweifelhaft größer, die Unterschiede in wirtschaftlicher und sozialer Hinsicht werden schärfer. Dazu kommt, daß diese Zone der Gemeinschaft an der nördlichen Küste des Mittelmeers direkt einbezogen ist in einen Raum, der politisch gekennzeichnet ist durch Spannungen, Gegensätze und Konflikte, die die gesamte Gemeinschaft unmittelbar berühren. Schließlich droht die Entwicklung geradezu alarmierend zu werden, wenn man in wissenschaftlichen Untersuchungen in Italien zu dem Schluß kommt, daß sogar die Gegensätze zwischen Norditalien und Süditalien in den nächsten Jahren größer werden. Weder Resignation noch Straußvogelpolitik können die geeignete Antwort auf diese Herausforderung sein. Der »Mittelmeerplan«, den das Europaparlament im Februar 1982 dem Europäischen Rat vorlegte, ist ein Beginn. Die Fakten beweisen jedoch, daß noch weit mehr getan werden muß.
Pöttering und Wiehler nennen eine Reihe von Tatsachen, die durchwegs in eine Richtung weisen: die Kluft zwischen Nord und Süd, zwischen den bevorrechteten und den benachteiligten Regionen wird größer. Beginnen wir mit der Landwirtschaft: der Prozentsatz der Beschäftigten in der Landwirtschaft war im Jahre 1958, als die Europäische Gemeinschaft 9 Mitgliedstaaten zählte, 18 %, im Jahre 1980 bei 10 Mitgliedstaaten nur noch 8 %, heute gegen 5 %. In Griechenland betrug die Zahl der Beschäftigten in der Landwirtschaft 42 % noch im Jahre 1970, heute aber immer noch, wie in Portugal, 30 %.
Ähnliche Unterschiede bestehen auf dem Gebiet der Arbeitslosigkeit: im Jahre 1982 betrug die Arbeitslosigkeit in der Gemeinschaft im Durchschnitt 9,9 %, in Süditalien betrug sie zu dieser Zeit zwischen 16 und 26 %, in Nordirland 19,4 %, örtlich wie in Süditalien bis zu 40 %.
Nicht anders sieht es auf dem Gebiet des Durchschnittseinkommens aus: im Jahre 1970 verdiente ein Einwohner Hamburgs viermal so viel wie ein Sizilianer, 8 Jahre später war es 6 mal so viel. Im Jahre 1970 verdienten die Einwohner Süditaliens und Irlands nur 33 % dessen, was ein Einwohner der norddeutschen Städte verdiente, acht Jahre später waren es nur mehr 25 %. Zu Beginn der neunziger Jahre werden die Bürger Irlands und

Siziliens nur 14 % dessen verdienen, was Einwohner von Paris, Brüssel oder Westberlin verdienen. Nimmt man den Durchschnitt des Einkommens im Verhältnis Nord-Süd, so betrug er 1982 schätzungsweise 1:18, im Jahre 1992 wird er 1:20 sein.

Auch wenn man dabei den beträchtlichen Unterschied in den örtlich bestehenden Unterhaltskosten berücksichtigt, zeigt die Konfrontation solcher Prozentsätze, daß es hier tief verwurzelte strukturelle Gegensätze gibt, deren Auswirkungen weitreichend und weit verästelt sind. Man kommt daher nicht um die Schlußfolgerung herum, die auch die Autoren zum Ausdruck bringen, daß mit solchen Gegensätzen die Gemeinschaft kaum noch zu lenken ist und daß die politischen und wirtschaftlichen Interessen der einzelnen Länder aufeinander stoßen müssen, kurz, daß zum Schutz dieser Interessen Protektionsmaßnahmen in der Form von neuen Zollschranken und Beschränkungen des freien Handelsverkehrs erwogen werden - was die Gemeinschaft noch weiter entfernt vom Gemeinsamen Markt, und daß die Entwicklung auf die »Politische Union« weiterhin gebremst wird.

Es muß also an eine neue und umfassende Konzeption der gemeinsamen Regionalpolitik gedacht werden. Der Regionalfonds der Gemeinschaft ist nun einmal unzureichend. Die Verträge von Rom bieten für eine solche Regionalpolitik nicht die notwendige rechtliche Grundlage. Es hängt also alles von dem politischen Willen der einzelnen Mitgliedstaaten, ihrer Parlamente und ihrer Regierungen ab. Dabei ist begreiflicherweise zu berücksichtigen, daß es sich nicht um eine unilaterale Leistung von Geberstaaten gegenüber den Empfängerstaaten handeln kann. Das würde geradewegs zum Europa der zwei Geschwindigkeiten führen und die Kluft auf lange Sicht beständig machen, mit den leicht vorstellbaren politischen Nachteilen. Es muß auch von den europäischen »Südstaaten«, wenn dieser hier beinahe unzulässige Begriff einfachheitshalber einmal verwendet werden darf, ein entsprechendes Engagement geleistet werden. Die organisatorische, administrative und oft auch kulturelle Infrastruktur mancher Gebiete dieser Länder bedürfen der Verbesserung und Stärkung. Durch traditionellen Zentralismus fehlt es an den unteren und mittleren Strukturen, die diese Mitarbeit konkret leisten können, man kann geradezu von einem »Demokratie-Defizit« sprechen, das nicht mit Subventionen und rein juridischen Prozeduren überwunden werden kann.

Es ist deutlich, daß vor allem die Agrarpolitik der Gemeinschaft und der einzelnen Mitgliedstaaten unter dieser Sachlage sehr schwer zu leiden haben muß und daß es deshalb innerhalb der Gemeinschaft auch in der nächsten Zukunft zu erheblichen Spannungen kommen wird. Das kann

jedoch nicht allein durch eine Regelung auf dem Gebiet der Landwirtschaft überwunden werden. Die Agrarfonds der Gemeinschaft ist dazu nicht geschaffen und dazu nicht imstande. Hier hilft nur eine großzügige Regionalpolitik der Europäischen Gemeinschaft, die alle Aspekte der bestehenden Divergenzen und ihrer strukturellen Ursachen ins Auge faßt. Der Augenblick für eine solche globale Fassung der Regionalpolitik ist der denkbar ungünstigste: die Gemeinschaft hat sich kurzfristig gewissermaßen makropolitische Ziele gesetzt, die keinen Aufschub dulden, nämlich die Politische Union und den Gemeinsamen Binnenmarkt. Dazu kommt, daß nach der Süderweiterung durch die Aufnahme Griechenlands, Spaniens und Portugals jetzt auch die Türkei, Zypern und Malta an die Tür der Gemeinschaft klopfen.
Dem ist jedoch entgegenzuhalten, daß der gemeinsame Binnenmarkt mindestens stark verzögert, wenn nicht entscheidend gebremst wird, wenn die nationalen Märkte so stark verschieden sind und die Neigung zunimmt, sie zu schützen. Auch wenn man einerseits die Notwendigkeit erkennt, daß die Gemeinschaft heute auch die neue Dynamik in den Ost-West-Beziehungen benutzen muß, um vor allem in den Ländern Ost-Mitteleuropas neue Wege wirtschaftlicher Zusammenarbeit zu finden, kann andererseits nicht geleugnet werden, daß der Süden Europas, die Präsenz der Gemeinschaft im Mittelmeer in der heutigen internationalen Konstellation von der größten Bedeutung ist. Die Beziehungen zur Welt der arabischen Staaten, zu Afrika und die Rolle, die Europa auch im Mittleren Osten spielen kann und spielen muß, zwingen nachgerade zur Stärkung dieses Gebiets der Europäischen Gemeinschaft. Im selben Sinne werden auch in der Zukunft die traditionellen Bande Spaniens und Portugals mit den Ländern Lateinamerikas für die Gemeinschaft wertvoll und fruchtbar sein. Auch wenn die Stärkung der Regionalpolitik vor allem die bevorzugten Mitgliedstaaten des Nordens belasten wird, kann nicht übersehen werden, daß die politischen Vorteile für die gesamte Gemeinschaft bedeutend sein werden.
Schließlich gilt eines: Artikel 2 der Römischen Verträge erklärt ausdrücklich, daß es Aufgabe der Gemeinschaft ist, durch die Errichtung eines gemeinsamen Marktes und durch eine schrittweise Angleichung der Wirtschaftspolitik der einzelnen Mitgliedstaaten eine harmonische Entwicklung der Wirtschaft innerhalb der Gemeinschaft zu ermöglichen. Wenn es wahr ist – und es ist wahr – daß die Unterschiede innerhalb der Europäischen Gemeinschaft gerade im Laufe der Integration und durch die Integration größer geworden sind, dann droht die Entwicklung auf die Dauer in die entgegengesetzte Richtung zu gehen.

The Common Heritage of Mankind A Linking Concept between Christian Democracy and Global Ecology

Edward Fenech-Adami

Soon after Pope John XXIII, in 1963, exactly 25 years ago launched his encyclical called *Pacem in Terris* (Peace on Earth), the government of the newly independent Malta launched at the United Nations a particularised application of the slogan *Pacem in Maribus* – if not peace all over the earth, at least peace on the sea:

The central idea of Pope John's encyclical was that, in political theory, there had been much said about the *common good.* The idea of the *common good* had been, indeed, traditionally, the key concept of political theory. But the common good had been looked at in terms of the individual national state. It was now time that we began to think in terms of the *common good of mankind as a whole,* of humanity as a single species, not of course in opposition to other animal species, but as really constituting a single, physical entity, sharing a common genetic heritage and a common environment.

To give a practical turn to this concept, the Maltese Ambassador to the U.N. proposed that the idea of a *common heritage of mankind* be introduced as a basic principle of international law, and those resources, at least, which had not yet been appropriated by individuals or states, should be developed as such only for peaceful purposes.

I think that it is fitting that a Maltese should, in homage to a Christian Democratic leader, recall the ethical and political ideal that is helping to give a new shape to international law.

The heart of the new Law of the Sea is the concept of the *common heritage of mankind.* Pardo and Borgese[1] have defined this concept as comprising five aspects or attributes:

1. The *common heritage* cannot be appropriated by any State, individual or other entity. It can be utilized, but it cannot be owned. In this respect, it is similar to the medieval concept of »the commons«.

1 Pardo, A., and E. Mann Borgese, 1976: *The New International Economic Order and the Law of the Sea,* International Ocean Institute Occasional Papers, No. 4, Malta.

2. Unlike this traditional concept, it implies a system of management. Rapid technological innovation, intensification and diversification of resource uses, and growing population pressures have generated the need for rational planning and orderly, law-regulated development.
   In other words, the concept of the *common heritage* is opposed to leaving things to chance and random happening. This implication is to be somewhat tempered by the growing awareness of the extent of our ignorance. Rational planning does not necessarily imply immediate use. On the contrary, it may well imply preventing it, so that a better use may be made of ressources in the future. It may imply conservation, rather than rapid exploitation. But even this should be a deliberate and conscious decision.
   The philosophy of the *common heritage* is against leaving things to luck and, in favour, of discovering and increasing order where, on the face of it, there may appear to be chaos and confusion. For that is the breeding ground of conflict and of war.
3. This management must act on behalf of mankind as a whole. That is, there must be benefit sharing among all parts of the international community: developing as well as developed countries. The concept of the *common heritage* implies global scale thinking as against small scale thinking.
   It is generally recognised at the biological level that differences in the scale of the area under consideration can be of extreme importance in the study of ecology and evolution. Thus, if population changes are considered in small areas, it will appear that an increase in animal numbers causes conflict to arise. It is then easy to pass to theories about the survival of the fittest (or of the more fortunate, if one has a pro-chance prejudice). Conflict and chance, struggle and luck, then emerge as the basic laws of nature and evolutionary progress. But if planetary space is taken as the horizon, then it becomes necessary to correspondingly enlarge the time-scale. It will then appear that over a large area and in the long-term, the opposite must be true. Conflict cannot be the most basic law of nature, except in a very small space-time continuum, for otherwise life would not have got beyond the protozoan stage; and human life, given that is had come about, could not have progressed beyond that of lonely cavemen. Over extended areas of space-time, other principles than conflict and chance must prevail: for instance, successful adaptation to the environment at the biological level and cooperation at the cultural.
   The physical unity of oceanspace is such as to trascend all political di-

visions. The new Law is intended to make the ocean a means to enhancing awareness of the solidarity of the human species, and indeed of all living beings.

Physically, the sea is a moderating influence, tempering the harsh contrasts of so-called continental climates and making coastal regions pleasanter to live in. The new Law is intended to make the ocean have an equalizing or at least an equilibrating influence on the economic fortunes of nations by offering those with poor resources on land access to the rich resources of the sea and a share in the management of this common heritage of mankind.

4. The *common heritage* is reserved exclusively for peaceful purposes. This clearly follows from the tenet that it must be used for the benefit of mankind as a whole. Its misuse for purposes of war would clearly not be for the benefit of mankind.
5. Finally, the *common heritage* must be managed also with the interests of future generations in mind. This derives from the concept of *mankind as a whole* as beneficiary of the *common heritage.* Since mankind, clearly includes future as well as present generations, it follows that human rights and duties include the rights and duties of future generations, in particular environmental rights.

The time-scale naturally adopted in the taking of policy options is a function of the spatial scale. Local options tend to be short-term; national options, medium term: regional options, fairly long term; global options, to include future generations. Thinking and planning on an enlarged spatial scale – in terms of the planet instead of in terms of a local market or a nation-state – implies also thinking and planning on a proportionately enlarged temporal scale.

The new Law of the Sea assumes the setting-up of institutions capable of planning on a time-scale commensurate with the immensity of the oceans.

A first consideration is that as soon as one adopts a global or planetary perspective, it becomes necessary to essentially include a determining time perspective. The moment one begins to talk of a heritage that belongs to mankind as a whole, one implies a necessary diachronic relationship. Consideration of future generations becomes an essential dimension of the concept of the *common heritage.*

It has been stressed by Pardo[2] that the concept of the Common Heritage of Mankind has not been embodied adequately, or even viably, in the U.N. Convention on the Law of the Sea. Unabating expansion of national

2 Pardo, A., 1984: Third World Lecture, Cartagena, Colombia.

claims, on the one hand, and a management machinery flawed by unrealistic assumptions and impractical political compromises, have jeopardized the principle.
While this is undoubtedly the truth, it is not the whole truth. National claims to more and more areas of the sea have continued. But, with the adoption of the Convention, these claims are of a qualitatively different kind from what they were in the past. They are no longer claims to »territorial sovereignty«, of the kind coastal states exercise in their land territories and in their territorial seas. Under the Convention, the new claims are for »sovereign rights« to utilize the resources of the zones adjacent to the coast: not possession, not ownership, but the right to manage and utilize is granted by the Convention. This has been called functional sovereignty.
It is possible, for instance, that besides the rights allowed to the coastal state over an area of the sea, other rights be attributed to the international community.
Secondly, it is true that the mechanism established by the Convention for the management of the *common heritage* is unsatisfactory. It is the most cost-ineffective that could have been devised. There is an over-abundance of administrative and financial detail most of which has already been overtaken by economic and scientific developments and simply can no longer be applied. But, again, while this is the truth, it is not the whole truth. There are sections in Part XI which are not overloaded with obsolete detail, which are flexible and can be interpreted and developed. This applies particularly to the articles dealing with joint ventures. It is the function of the Preparatory Commission for the International Seabed Authority and for the Tribunal for the Law of the Sea to adjust this part of the Convention to the changed reality, and the Commission appears to be doing its job effectively.
Thus, on the one hand, the original inspiration of the concept of the *common heritage* has been allowed to be somewhat mystified and obscured, and the material *common heritage* has been greatly whittled down, until only a few crumbs of the initial loaf have been left as far as the oceans are concerned.
But, on the other hand, awareness of the pregnancy of the concept and the range of its proper applications has been growing. In the first place, it was soon clear that the concept could not be applied simply and exclusively to the seabed, as originally proposed by Malta for reasons of political expediency, which meant in practice just to the almost legendary manganese nodules.
It was soon clear that there could be no real participation in the exploita-

tion of the resources of the seabed by most countries unless these countries could first participate in the advanced scientific and technological knowledge necessary to carry out seabed mining efficiently and profitably. It became obvious that scientific ideas and knowledge are, no less than the mineral deposits of the sea, also a heritage which, of its nature, belongs to mankind as such. Ideas, like fish, cannot be kept within national boundaries. In fact, a whole section of the new Law of the Sea is devoted to Scientific Research and the Transfer of Technology.
Moreover it was equally realised that the unity of ocean space does not really cohere with having one regime for the seabed and another different regime for the water column above it. The extension of the *common heritage* principle to ocean fishing, for example, has been envisaged by authoritative writers, for instance Shigeru Oda, of the International Court of Justice.[3]
Indeed, Outer Space and the Moon have already been declared to belong to the Common Heritage of Mankind if and when it becomes technologically possible to exploit the resources there, then it will be necessary to establish institutions for their management on mankind's behalf.
Malaysia has already tabled a resolution, in the General Assembly of the United Nations, for Antarctica to be declared part of the Common Heritage of Mankind.
No doubt, similar claims will be made with regard to many other resources. If these are entertained and substantiated, the result will be a movement towards a different system of political economy than the one prevailing, towards a system based on different concepts of value, ownership and sovereignty, as different from the prevailing ones – Elisabeth Mann Borgese has written – »as Einstein's physics is from Newton's«.[4]
The new Law of the Sea gives all of us very great responsibilities. Laws are not enough; the recognition of relevant ethical principles is also needed. Rene Dupuy, of the College de France, has said that the »cultural and ethical aspects of man's interaction with the seas and oceans have not yet been given thorough attention«.[5]
Since the Law of the Sea deals with a most important part of the natural environment, it is concerned with nature. It forces us to take account of

3 Oda, S.: »Fisheries under the United Nations Convention on the Law of the Sea«, *American Journal of International Law*, 1983, Vol. 77 No. 4.
4 Mann Borgese, E.: *The Future of the Oceans: A Report to the Club of Rome*, 1986, Harvest House, Montreal, p. 68.
5 Dupuy, R.: Unesco Working Paper, Paris.

the living creatures who inhabit it. It obliges us to define our attitude towards them. Since the relevant legal concepts have to be freshly forged and newly minted, this is essentially an ideological task which presents a great challenge to Christian Democratic thinkers.

The new Law of the Sea, however imperfect, gets a lot nearer than any other existing international agreement towards providing the appropriate institutions corresponding to a philosophy of nature such as Christian Democrats should subscribe to.

The new Law of the Sea is very important in itself. But it is perhaps even more important as a model of much else that could be done to construct a new international order that could not only offer better prospects for peace, but also bring into greater harmony a Christian philosophy of nature and the behaviour of the human species within itself and towards the rest of God's creation, and towards God Himself.

Grenzen und Möglichkeiten der Stärkung konventioneller Verteidigungsfähigkeit

Manfred Wörner

Das Streben nach Sicherheit ist nicht nur Grundelement menschlichen Verhaltens, es gehört zu den zentralen politischen Aufgaben eines jeden Staates.
Sicherheitspolitik dient dem Schutz der Werte eines Staates, sie umfaßt die Gesamtheit aller politischen Vorkehrungen und Handlungen, die den Frieden und die staatliche Integrität erhalten sollen.
Die Sicherheitspolitik der Bundesrepublik Deutschland verfolgt das Ziel, den Frieden zu wahren, die Unversehrtheit unseres Landes zu sichern, die Freiheit der Bürger zu schützen und den politischen Handlungsspielraum der Bundesregierung zu erhalten sowie gleichzeitig Spannungen zwischen Ost und West abzubauen und durch Rüstungsbegrenzung und Rüstungskontrolle den Frieden sicherer zu machen.
Damit entspricht die Sicherheitspolitik der Bundesrepublik Deutschland dem Konzept des NATO-Bündnisses von Verteidigung und Entspannung, das seine Grundlage im Harmel-Bericht von 1967 hat.
Diese beiden Elemente – Verteidigungsfähigkeit und die Bereitschaft zum Dialog und damit zur Rüstungskontrolle – sind zwar gleichgerichtet, aber nicht gleichgewichtig. Verteidigungsfähigkeit besitzt klaren Vorrang. Nur auf der Basis gesicherter Verteidigung gibt es Aussicht auf wirkliche Entspannung.
Die Umsetzung des Doppelbeschlusses von 1979 ist dafür der schlagende Beweis.
Die konsequente Politik des Bündnisses und die Solidarität aller Partner hat dazu geführt, daß das INF-Abkommen zur Eliminierung aller landgestützten nuklearen Flugkörper zwischen 500 und 5500 km Reichweite Ende letzten Jahres, am 8. Dezember 1987, in Washington unterschrieben wurde. Dieses Abkommen ist ein politischer Erfolg, führt es doch zum ersten Mal in der Geschichte zur Abschaffung einer gesamten Kategorie von Waffen. Aufgrund des Festschreibens eines Präzedenzfalles für zukünftige Abkommen, insbesondere im Hinblick auf Verifikationsregelungen, Vernichtungsprozesse und Datenbestandsaufnahmen sowie seines Beitrages zu mehr Transparenz und Berechenbarkeit kann das Abkom-

men als wichtiger Meilenstein in den Ost-West-Beziehungen bezeichnet werden.
Mit Abschluß des INF-Abkommens ändert sich jedoch auch die politische Architektur der europäischen Sicherheit.
Dies ist aber weder ein Grund zu utopischen Erwartungen auf ein Jahrhundert des Friedens, noch berechtigt es zu apokalyptischen Vorstellungen über den Anfang vom Ende der westlichen Allianz.
Wir müssen allerdings unsere Strategie anpassen.
Durch die Reduzierung der nuklearen Potentiale gewinnt die konventionelle Verteidigungsfähigkeit zunehmend an Bedeutung.
Das Bündnis hat dies erkannt und bereits im Jahre 1985 eine Initiative zur Verbesserung der konventionellen Verteidigung (Conventional Defence Improvements – CDI) beschlossen. Sie umfaßt konkrete Maßnahmen zur Stärkung der konventionellen Kräfte, beispielsweise das Bereitstellen zusätzlicher Kräfte und Mittel zur Sicherstellung der Aufklärungs- und Führungsfähigkeit als Voraussetzung für Reaktionsfähigkeit und einen wirksameren Einsatz der Streitkräfte, Verbesserung der Mobilisierung von Truppenteilen, Erhöhung des Durchhaltevermögens durch Steigerung der Überlebensfähigkeit und Erweiterung der Verteidigungsvorräte sowie eine größere Rüstungskooperation. Darüber hinaus werden Untersuchungen zur Verbesserung der Planungsverfahren der NATO für alle Bereiche einschließlich einer Langzeitplanung und zur Erarbeitung einer Ressourcen-Strategie angestellt.
Bei der Umsetzung dieser Initiative haben die Europäer eine besondere Verpflichtung, weil sie den Hauptteil der konventionellen Kräfte stellen. Hinzu kommt eine nicht unberechtigte Erwartungshaltung der Amerikaner, die eine bessere Lastenverteilung im Bündnis fordern. Auf Dauer können wir das für uns unverzichtbare Engagement und die starke Präsenz Amerikas in und für Europa nur erhalten, wenn wir bereit sind, einen angemessenen Beitrag für die gemeinsame Verteidigung zu leisten.
Es gilt einerseits Verbesserungen im nationalen Bereich zu erreichen, das heißt für unsere langfristige Bundeswehrplanung: Wir wollen eine höhere Mobilität und Flexibilität unserer Truppen erreichen, unsere Fähigkeit zur schnellen Verstärkung ausbauen und die Reserven besser nutzen, sowie vermehrt moderne Technologien verwenden.
Andererseits gewinnt die europäische Zusammenarbeit, die »Stärkung des europäischen Pfeilers der Allianz« zunehmend an Bedeutung.
Erste Erfolge sind erkennbar.
Ein richtungsweisendes Dokument hat die Westeuropäische Union im Herbst 1987 verabschiedet, die »Plattform europäischer Sicherheitsinter-

essen«. Sie enthält ein klares Bekenntnis zur Beistandsverpflichtung des Brüsseler Vertrages und verstärkt damit die Verpflichtungen im Rahmen des Atlantischen Bündnisses. Mit dieser Plattform wurde ein wichtiger Schritt nach vorn getan. Sie ist sichtbarer Ausdruck des Willens aller Mitgliedstaaten zur Neubelebung dieser Organisation und ihrer Rolle in der europäischen Sicherheitspolitik. Es müssen jetzt aus den Absichtserklärungen konkrete Maßnahmen der Realisierung abgeleitet werden. Die Arbeit daran hat bereits begonnen.

Eine weitere positive Entwicklung ist in der deutsch-französischen Zusammenarbeit zu sehen, die sich zum Motor und Kern der europäischen Einigung entwickelt. Sie ist nicht gegen die USA oder andere europäische Bündnispartner gerichtet, sondern liegt im wohlverstandenen Interesse aller. Sie vollzieht sich im Rahmen der Atlantischen Allianz und nicht neben ihr oder gar gegen sie. Die deutsch-französische Zusammenarbeit ist nicht exklusiv, sie kann andere europäische Staaten inspirieren. Die konsequente Vertiefung der Zusammenarbeit auf allen Feldern der Sicherheits- und Verteidigungspolitik, die ihren sichtbaren Ausdruck in der Einrichtung des deutsch-französischen Rates für Verteidigung und Sicherheit, in dem gemeinsamen Truppenteil, gemeinsamer Ausbildung und in gemeinsamen Großübungen findet, trägt wesentlich zur Stärkung der Verteidigungsfähigkeit bei; sie kann Modellcharakter für andere bilaterale und multilaterale Aktivitäten innerhalb des Bündnisses haben.

Bei allen Anstrengungen zur Stärkung der konventionellen Verteidigungsfähigkeit dürfen wir aber nie aus dem Auge verlieren, daß wir auch an Grenzen stoßen.

Konventionelle Waffen für sich allein erlauben die Spekulation auf ein begrenzbares Risiko. Nicht nur die Geschichte, sondern auch die Gegenwart geben weltweit überzeugende Beweise dafür, daß Sicherheit durch konventionelle Verteidigungsfähigkeit allein nicht mit ausreichender Gewißheit gewährleistet werden kann. Eine rein konventionelle Verteidigung würde darüber hinaus die Kräfte der Allianz überfordern und ist angesichts der geostrategischen Disparitäten unrealistisch.

Um jede Art von Kriegen auch weiterhin verhindern zu können, müssen wir die Strategie der flexiblen Antwort glaubwürdig und funktionsfähig halten.

Zu ihr gibt es wie zu der Schicksals- und Wertegemeinschaft zwischen Europa und Amerika derzeit und in absehbarer Zeit keine Alternative.

Wir werden also auch in Zukunft neben einer starken konventionellen Verteidigung nukleare Waffen haben und brauchen, allerdings auf beiden Seiten wesentlich weniger als bisher.

Wir streben eine Umgestaltung der europäischen Sicherheitslandschaft mit dem Ziel einer dauerhaften, gerechten und freien Friedensordnung an. Dazu müssen alle Rüstungskontrollmaßnahmen auf unsere Sicherheitserfordernisse zugeschnitten sein und dem inneren Zusammenhang der einzelnen Waffenbereiche, das heißt auch der Abhängigkeit der einzelnen Abrüstungsbereiche voneinander Rechnung tragen, denn die Abschaffung einer Waffenebene destabilisiert möglicherweise eine andere oder verändert deren Rolle und Gewicht. So erhöht die Abschaffung der Mittelstreckenraketen die Bedrohung, die vom konventionellen Übergewicht des Warschauer Paktes auf unsere Sicherheit ausgeht. Daher hat aus Gründen der militärischen und politischen Logik sowie angemessener Sicherheit für uns Europäer die konventionelle Abrüstung hohe Priorität. Käme es hier zu einschneidenden Fortschritten, wäre eine weitere Reduzierung der nuklearen Kurzstreckenwaffen ohne Gefahren für unsere Sicherheit leichter möglich.
Das Ziel konventioneller Rüstungskontrolle ist der Abbau der Invasionsfähigkeit des Warschauer Paktes bei gleichzeitiger Bewahrung unserer konventionellen Verteidigungsfähigkeit in angemessenem, also operativ notwendigem Umfang. Dieses Ziel kann nicht allein durch das Herstellen von Parität bei Truppen und Waffen erreicht werden. Der Abbau der zahlenmäßigen Überlegenheit bei den Hauptwaffensystemen ist zwar ein wichtiger Schritt. Es müssen jedoch die Struktur der Streitkräfte des Warschauer Paktes, ihre Dislozierung, die logistische Unterstützung, die Aufklärungs- und Führungsfähigkeit und insbesondere die Doktrin und die Grundsätze der Operationsführung mit einbezogen werden. Die Auswirkungen der denkbaren wechselseitigen Veränderungen auf unsere Verteidigungsfähigkeit müssen untersucht werden.
Es ist Bewegung in das Ost-West-Verhältnis gekommen. Dieses gilt es zu nutzen und verstärkte Sicherheit mit weniger Waffen zu erreichen.
Sicherheit ist mehr als militärische Machtbalance.
Soldaten und Waffen sind nicht die eigentlichen Ursachen von Spannungen, sie sind deren Folgen.
Spannungen in Europa sind begründet im politischen Bereich. Sie lassen sich daher auch nicht mit militärischen, sondern nur mit politischen Mitteln lösen. Erfolgreich kann die Politik jedoch nur auf dem Boden einer solidarischen Haltung der Allianz, glaubwürdiger Abschreckung und gesicherter Verteidigungsfähigkeit sein.
Auch in der Zukunft hat unsere gemeinsame Sicherheit ihren Preis. Ohne die Fähigkeit zur Verteidigung, ohne die Bereitschaft zur Erhaltung unserer Lebensordnung gibt es keine Freiheit und keinen gesicherten Frieden.

Kai-Uwe von Hassel und die Europäische Verteidigungs-Initiative

J. L. Janssen van Raay

Kai-Uwe von Hassel habe ich als Kollegen und Mitglied des Europäischen Parlaments 1979 kennengelernt. Im Juli 1979 gab es zum ersten Mal Direktwahlen zum Europäischen Parlamente, und es charakterisiert von Hassel, daß er nach seiner glänzenden politischen Karriere, u. a. als Verteidigungsminister und Präsident des Deutschen Bundestages, bereit war, einfaches Mitglied einer zum ersten Mal demokratisch gewählten Volksvertretung zu werden. Das kennzeichnet ihn als Demokraten und Europäer. Aber darauf möchte ich in diesem »Liber Amicorum« nicht weiter eingehen. Lieber möchte ich von seinem flexiblen Geist berichten. Von Hassel, als Verteidigungsminister mitverantwortlich für die neue NATO-Strategie der »Flexiblen Antwort«, hat sofort die politische, strategische und technologische Bedeutung von Präsident Reagans »Strategic Defense Initiative« erkannt.

Aber zurück zum Juli 1979. Damals war die Rolle des Europäischen Parlaments auf dem Gebiet der Sicherheit noch völlig umstritten. Allerdings hatte Egon Klepsch während der vorhergegangenen Sitzungsperiode versucht, die Zuständigkeit des Parlaments für Sicherheitsfragen in einem Bericht über die erforderliche Zusammenarbeit der Europäischen Rüstungsindustrie quasi durch die Hintertür einzubringen, obwohl Sicherheitsfragen in erster Linie nicht wirtschaftlicher, sondern politischer Natur sind.

Um diese Lücke zu füllen, hatten von Hassel und General Wolfgang Schall zusammen mit den britischen Konservativen, aber sehr bald auch mit den Liberalen, sofort die Initiative ergriffen, eine interfraktionelle Gruppe »Sicherheit« zu bilden.

Es ist zweifellos das Verdienst von Kai-Uwe von Hassel, diese Gruppe prinzipiell für andere politische Fraktionen offen gehalten zu haben, und so hatten wir dann und wann das Vergnügen, Sozialisten und einen einsamen italienischen Kommunisten in unserer Mitte zu sehen.

Selbstverständlich spielte von Hassel in dieser Gruppe eine wichtige Rolle, und er war es auch, der damals schon, lange vor der »Revitalisierung«

der WEU, die erste Verbindung mit der Parlamentarischen Versammlung der WEU knüpfte, deren Präsident er von 1977–1980 war.
Die erwähnte Intergruppe hatte wegen ihres inoffiziellen Statuts keine amtliche Unterstützung, und deshalb wurde EIS gegründet, das »Europäische Institut für Sicherheitsfragen«, mit von Hassel als seinem ersten Vorsitzenden. Die interfraktionelle Gruppe und EIS waren die Vorboten des heutigen Sicherheitsunterausschusses, dessen glänzender junger Vorsitzender, Hans-Gert Pöttering, sicher mit Freude und Anerkennung seines alten Freundes und Mentors Kai-Uwe von Hassel gedenken wird. Alle dieses Anstrengungen von Hassels waren konsequent im Einklang mit seiner riesigen Erfahrung auf dem Verteidigungsgebiet.
Dann kam der amerikanische Präsident Reagan am 23. März 1983 mit seiner überraschenden SDI-Rede. Die Verteidigung der Vereinigten Staaten sollte nicht mehr auf Totalvernichtung der Sowjet-Union, sondern auf Abfang sowjetischer Interkontinentalraketen beruhen.
Reagan wurde damals bei uns in Europa als unverantwortlicher »Cowboy« betrachtet, und sein »Star Wars« wurde in der europäischen Presse allgemein als ein lächerlicher Hollywoodtrick abgetan.
Ich erinnere mich noch, als wäre es gestern gewesen, daß wir im September 1983 mit sechs Europaparlamentariern aus sechs »Marschflugkörperländern« (Großbritannien, Frankreich, Italien, Deutschland, Belgien und den Niederlanden), zugleich die fünf großen Parteien des Europäischen Parlaments vertretend, in Washington DC gegenüber der amerikanischen Öffentlichkeit die europäische Solidarität und Unterstützung des NATO-Doppelbeschlusses hinsichtlich der Aufstellung von Marschflugkörpern befürworteten. Zufälligerweise begegneten wir bei dieser Gelegenheit dem amerikanischen General Daniel O. Graham, der als Militärberater Reagans schon 1978 den zukünftigen Präsidenten über die Möglichkeit der Ausschaltung sowjetischer Raketen im Weltraum unterrichtet hatte. Als wir während eines Empfangs auf dem »Capitol Hill« anfingen, über Reagans Traum zu spötteln, hat Danny Graham uns zum ersten Mal vom Ernst der Reaganschen Initiative überzeugt.
Zurück in Europa, verspürten wir natürlich noch immer dieselbe Skepsis gegenüber SDI, ausgenommen Kai-Uwe von Hassel. Er hat nicht nur sofort die politisch-strategische Bedeutung des Reagan-Vorschlags erkannt, sondern auch dessen Anwendungen für die Verteidigung Europas. Ich hatte damals in enger Zusammenarbeit mit General Graham eine Stiftung namens »High Frontier Europa« gegründet, und von Hassel war nicht nur bereit, Hauptredner auf einem Symposium zu sein, er übernahm auch den Vorsitz in deren »Politischem Rat«. Auf dem High Frontier Eu-

ropa Symposium am 22. Juni 1985 hat von Hassel die Einführung eines neuen Verteidigungssystems für Europa nach dem Vorbild des amerikanischen, von Reagan vorgeschlagenen Raketenabwehrsystems befürwortet. In enger Zusammenarbeit mit den amerikanischen Generalen Danny Graham und Bobby Richardson auf der anderen Seite des Atlantiks, und mit Vize Luftmarschall Paddy Menaul, General Pierre Gallois, General Robert Close, dem Wissenschaftler Dr. Klaus Heiss und mir auf unserer Seite, plädierte er für eine europäische Weltraumverteidigung gegen russische Mittel- und Kurzstreckenraketen.

In seinem persönlichen Vorwort aus der High Frontier Europa Broschüre »The European Defense Initiative EDI, some implications and consequences« ist zu lesen:

»Chairman's Statement

In den letzten zwölf Monaten hat eine Gruppe prominenter europäischer Sachverständiger auf dem Gebiet der Strategie, der Kernwaffen und der neuen Technologien nach zahlreichen Sitzungen den beigefügten Bericht vorbereitet. Die Schlußfolgerungen basieren auch auf Diskussionen mit Politikern, Wissenschaftlern, Parlamentariern, Militärs und Industriellen. Die Gruppe umfaßte Mitglieder aus Frankreich, Großbritannien, Deutschland, Italien, den Vereinigten Staaten und verschiedenen anderen europäischen Ländern.

Es war die einhellige Auffassung der Gruppe, eine europäische Verteidigungs-Initiative in Koordinierung mit dem SDI-Programm der Vereinigten Staaten zu empfehlen.

Die Überzeugungskraft dieser Auffassung beruht auf den nachstehenden Erwägungen:

- *EDI und SDI sind neue defensive Technologien, meistens nicht explosiv, nicht nuklear, und für Massenvernichtung ungeeignet. Vielmehr bezwecken diese Technologien, ballistische Raketen und Gefechtsköpfe zu zerstören. Gleiche Technologien könnten gegen Luft- oder Bodenangriffe angewendet werden.*
- *EDI- und SDI-Systeme können nur nach der Lanzierung feindlicher Raketen angewendet werden. Die Verteidigung sollte am besten vor der Trennung des Sprengkopfes von der Rakete und noch über dem Feindgebiet erfolgen.*
- *EDI und SDI werden eine Umwandlung der jetzigen Strategie gegenseitiger garantierter Vernichtung (Mutual Assured Destruction MAD) in eine Abhaltungsstrategie beinhalten.*
- *Mit EDI wird Europa ein Partner in SDI-Technologie-Entwicklungen.*
- *Die militärische Bilanz in Europa mit riesiger Zunahme sowjetischer*

Kernraketen, gegen die Europa heute überhaupt keine Verteidigung hat.

- *Die operationelle Aufstellung eines Raketenabwehrsystems in europäischem Rußland, gekoppelt an ein weitgestrecktes Luftverteidigungssystem.*

Welche Logik untersagt Europa die Aufstellung eines Raketenabwehrsystems, nachdem die Sowjet-Union schon ein solches System in Europa aufgestellt hat?
EDI und SDI bieten die Aussicht auf Herstellung einer Zone von Stabilität in Mitteleuropa. Eine solche Stabilität kann nicht durch einseitige Signale oder politisch-militärische Schwäche erreicht werden. Nur eine effektive Verteidigung wird die realistischen Bedingungen für radikale Verringerung, so nicht Abschaffung nuklearer Waffen, schaffen.
Frieden und Stabilität könnten erzielt werden, sobald eine Verteidigung gegen Angriffsraketen möglich wäre. In dieser Hoffnung empfehlen wir einstimmig eine gesamte Europäische Verteidigungs-Initiative zusammen mit der amerikanischen SDI.
Kai-Uwe von Hassel«

Daß es jetzt das erste Abrüstungsabkommen zwischen den Vereinigten Staaten und der Sowjet-Union betreffend die Zerstörung aller Mittel- und Kurzstreckenraketen und die Aussicht auf ein weiteres Abkommen für die Halbierung der Anzahl aller Interkontinentalraketen gibt, verdanken wir auch Persönlichkeiten wie Kai-Uwe von Hassel, die standhaft und mutig gegen Angst und Wankelmut gekämpft haben.
Von Hassel und ich haben glücklicherweise mehr gemeinsam als unser Interesse für Sicherheitsfragen im allgemeinen und Verteidigung gegen Raketen im besonderen. Zufälligerweise haben wir beide einen kolonialen Hintergrund: er einen afrikanischen und ich einen asiatischen. Beide haben wir unsere Liebe für unser respektives Geburtsland und dessen Nachbarstaaten bewahrt.
Beide sind wir begeisterte Vorkämpfer für Straßburg, Symbol der deutsch-französischen Versöhnung, als Sitz des Europäischen Parlaments und deshalb Hauptstadt Europas. Ich freue mich, Kai-Uwe von Hassel jeden Monat als Vorsitzenden des Straßburgfreundschaftskreises im schönen Clubgebäude an der Avenue de la Robertsau zu treffen.
Ich wünsche meinem Freund von ganzem Herzen Gottes Segen.

Europas Weg ins Jahr 2000
Weiter an der Seite Amerikas?

Rüdiger Moniac

Der 22. Januar 1988 wird in den Geschichtsbüchern gewiß einen bedeutenden Platz einnehmen. An jenem Tag, dem 25. Jahrestag des Elysée-Vertrages, belebten Deutsche und Franzosen das von de Gaulle und Adenauer damals unter vielen Hemmnissen begonnene Werk der Vereinigung beider Völker und gaben ihm Atem und Schwung genug, weit über das Jahr 2000 hinaus in die Zukunft vorzustoßen. Briten schauten an jenem Tag in einer Mischung aus Unbehagen, Zweifel, wenn nicht gar neidischem Zorn auf den Ehrenhof des Invalidendoms in Paris, wo französische Soldaten an der Seite deutscher Kameraden den Prinzipalen beider Länder in symbolträchtiger militärischer Theatralik die Ehre erwiesen. So erregt auch taten es Italiener, Holländer und viele sonst von anderen europäischen Völkern, die mit Deutschen und Franzosen in einem Bündnis vereint sind. Ob auch Nordamerika an jenem Tag Gefühle des Mißbehagens über die vielleicht zu traute Zweisamkeit von Deutschen und Franzosen beschlich, ist eher unwahrscheinlich. Dazu leben die Partner der beiden europäischen Völker zu weit entfernt hinter einem ausgedehnten Ozean, der, obwohl er ihrem Bündnis den Namen gab, im aufdämmernden fünften Jahrzehnt der Nordatlantischen Allianz sich allmählich weniger als Brücke, denn auch als trennendes Wasser erweist. Die deutschen und französischen Staatsmänner beteuerten freilich auch an jenem 22. Januar wieder, daß ihre Kooperation nicht den Anspruch auf Exklusivität erhebt, sondern ganz im Gegenteil den Kern bilden will für eine vertiefte europäische Zusammenarbeit, die letztlich ein starkes Widerlager schaffen soll für die transatlantische Brücke mit den USA und Kanada.
Die Frage stellt sich, ob dieser Anspruch tragfähig ist. Oder wird er nur deshalb so formuliert, weil diesseits des Atlantiks die Zweifel über den Willen der Amerikaner an ihrem europäischen Engagement wachsen, man dies aber nicht zu deutlich sagen will? Es scheint im Augenblick, als komme allen Verbündeten in der Allianz der Nebel über der Landschaft ihrer Absichten eher gelegen. So verhüllt, lassen sich die sonst kaum vermeidbaren Verstimmungen unter den Partnern überspielen. Denn was

würde es nützen, wenn die Amerikaner ihren europäischen Verbündeten heute unverblümt erklären würden, sie erwarteten von ihnen, ihr Schicksal ohne oder mit nur noch wenig Hilfe der USA in die eigenen Hände zu nehmen? Die daraus entstehenden politischen Turbulenzen ließen Europäer und Amerikaner dermaßen schnell auseinanderdriften, daß die Zeit nicht bliebe, das Werk der Selbstfindung Europas zu einem glaubwürdigen Ende zu bringen. Europa läge, in Länder zerstückelt, wie es heute ist, dem sowjetischen Zugriff offen.

Niemand vermag heute genau zu sagen, ob es tatsächlich die Absicht der USA ist oder in einiger Zeit sein wird, den Rückzug aus Europa anzutreten. Es lassen sich Hinweise finden, die für eine derartige Annahme sprechen, aber auch andere, die sie zu widerlegen scheinen. Wie immer auch die Zeichen aus Nordamerika zu deuten sind, die Europäer tun wohl gut daran, sich in den nächsten Jahren auf eine immer deutlicher werdende Tendenz zur Veränderung des transatlantischen Verhältnisses einzustellen. Es hat wenig Sinn, immer nur zu erklären, die Präsenz amerikanischer Truppen auf dem europäischen Kontinent sei ebenso unverzichtbar wie die strategische Rückendeckung für Europa gegenüber der Sowjetunion mit nuklear geladenen Fernwaffen der USA. Die Europäer müssen beginnen, über Eventualitäten nachzudenken. Selbst wenn diese am Ende nicht eintreten sollten, hilft ihnen die Analyse ihrer eigenen Lage, gegebenenfalls irgendwann dann schnell benötigte Entschlüsse gedanklich vorbereitet zu haben.

Grundlegende Veränderungen in der Politik vollziehen sich mit geologischer Langsamkeit. Das Wort Otto von Bismarcks, so zugespitzt es heute in einer Welt totaler Kommunikation und damit globaler Allgegenwärtigkeit auch erscheinen mag, gilt in seinem Kern weiter. Deshalb können sich die Europäer nicht damit beruhigen zu sagen, das Handeln einer amerikanischen Regierung sei die eine Sache, eine andere sei es, was ihr in Studien nahegelegt werde zu tun. Die Studie Fred Iklés und Albert Wohlstetters zur Formulierung einer »discriminate deterrence« hat mit ihren weitreichenden Schlußfolgerungen erst zu Beginn des Jahres 1988 die Öffentlichkeit erreicht. Für das Pentagon war das unangenehm, denn einige der Schlußfolgerungen entsprechen nicht den Interessen der europäischen Verbündeten. Es darf aber nicht übersehen werden, daß unter ihnen nicht wenige sind, die schon seit Jahren die Debatten in der amerikanischen Fachwelt bestimmen. So betrachtet, war die von der amerikanischen Administration ausgesprochene Verlegenheit über die Ergebnisse der Studie nur faktisch gemeint. Sie sollte den Europäern ein Gefühl des Gleichklangs mit der amerikanischen Regierung vermitteln, der in Wirklichkeit längst nicht mehr da ist. Es könnte also sein, daß die Ergebnisse dieser Studie den Entwurf für eine amerikanische Politik schon im nächsten Jahrzehnt abgeben und damit die europäischen Verbündeten jäh aus ihren liebgewordenen Wunschvorstellungen über ihre Verbundheit mit Amerika gerissen werden.

Für diese Annahme sprechen mehrere Hinweise: Die Amerikaner haben – erstens – Mächte in der pazifischen Region auf dem Weg zu Einfluß und Macht im weltpolitischen Maßstab lange vor der Studie Iklés und Wohlstetters entdeckt und wollen mit ihnen Politik und Geschäfte machen. Schon Mitte dieses Jahrzehnts hörte man viel von der Hinwendung der USA zum »pazifischen Becken«, wo dank einer von Amerika bewunderten, aber auch mißtrauisch beobachteten Dynamik junge Länder geschmeidig zum Sprung ins Zeitalter der Technologie ansetzen. Ganz anders das »alte« Europa, dessen wirtschaftliche und politische Strukturen ein rasantes Wachsen der Produktivität eher behindern.

Zweitens mehren sich seit geraumer Zeit amerikanische Stimmen, die zu einem beweglicheren Ansetzen und Verschieben von US-Streitkräften auf ausländischen Stützpunkten raten. Auch dazu möchte die amerikanische Regierung den NATO-Verbündeten gegenüber eher abwiegelnd erscheinen. Dies ändert aber nichts daran, daß der Druck aus dem Kongreß und aus Fachkreisen auf sie wächst. Verstärkend wirkt hierbei auch die schon erwähnte Studie, die ungeschminkt ausspricht, daß nur noch in solchen Ländern amerikanische Truppenkontingente stationiert werden sollten, die den USA deren Nutzung auch für politische Krisenfälle außerhalb der Wahrung eigener nationaler Interessen der Stationierungsländer gestatten.

Schließlich hat in der Studie – drittens – unter der Federführung Iklés sein schon seit einigen Jahren bekanntes Ressentiment gegen die politisch-militärische Nutzung von Nuklearwaffen durch die gültige NATO-Strategie MC 14/3 nun scharfes Profil gewonnen. Es paart sich im übrigen mit dem Interesse des Präsidenten zur Schaffung eines strategischen Raketenabwehrsystems und verschärft sich dadurch. Beide Tendenzen laufen letztlich darauf hinaus, die Anwendbarkeit der Strategie der flexiblen Reaktion mit Zweifeln zu belegen und so dem Adressaten Sowjetunion, bei dem eigentlich der Wille zur direkten oder indirekten Anwendung militärischer Macht gegenüber der NATO paralysiert werden soll, den Eindruck zu erlauben, für ihn entwickle sich die machtpolitische Konkurrenzlage letztlich doch günstig.

Iklé – und früher schon Kissinger – verneinen die Bereitschaft der USA, im Verlauf eines Krieges zur Unterstützung Europas die Sowjetunion notfalls mit strategischen Waffen anzugreifen. Die Studie führt aus, zur Verteidigung des Bündnisses könne man sich nicht mehr auf eine Strategie von Drohungen verlassen, deren Ausführung zur Vernichtung der eigenen Länder führen würde. Iklé hat nach Erscheinen der Studie seinen Posten als einer der führenden Beamten des Pentagon verlassen. In Europa mußte dieser Rücktritt gleichfalls als Distanzierung der Regierung von den Thesen der Studie verstanden werden. Dennoch lassen sich die Zweifel am amerikanischen Engagement in Europa nicht mehr vertreiben. Die Existenz der NATO als unzertrennliche Risikogemeinschaft steht auf dem Spiel. Die Wahrscheinlichkeit, daß die Allianz spätestens im fünften Jahrzehnt ihres Bestehens ihren Charakter als Versammlung einer Staatengruppe freiheitlicher Länder unter Führung einer Weltmacht verliert, rückt ins Licht. Sie darf nicht erschrecken, sie muß nüchtern analysiert werden. Europa wird sich mit der Frage auseinandersetzen müssen, welchen Platz es in der Welt einzunehmen gewillt ist. Irgendwann in nicht allzu ferner Zukunft wird die bipolare Kräftegruppierung mit den USA auf der einen Seite als Mittelpunkt und der Sowjetunion auf der anderen nicht mehr die Weltpolitik bestimmen. China, so steht zu erwarten, wird zu einem neuen Kraftzentrum herangewachsen sein, vielleicht auch Indien. Sogar die Sowjetunion könnte dann, wenn der von Gorbatschow gewollte »Umbau in Offenheit« Wirklichkeit wird, in Maßen ihren Impetus als Exporteur einer totalitären Ideologie verlieren und dadurch weniger aggressiv wirken.

Aber da das alles nicht sicher vorhersehbar ist, muß sich Europa auf möglichst alle Eventualitäten der Entwicklung zu einer neuen Konstellation der Welt einrichten. Am besten kann es das, wenn es seinen eigenen Einigungsprozeß hin zu einer Politischen Union vorantreibt. Dann erst gewinnt es die Kraft, als eigener Pol zu wirken und kann verhindern, Spielball von anderen zu werden; und gegenüber den Vereinigten Staaten gewinnt es die Statur, als gleichberechtigter Sicherheitspartner aufzutreten. Käme es dazu, würde es beiden Seiten leichter, die eigenen Interessen zu definieren und zum Erfolg Kompromisse zu schließen. Eine Vision erscheint: Amerika und Europa – ein Gespann ohne Gefühlsduselei?

Ansätze in Europa, die politische Einigung zu erreichen, hat es in den vergangenen Jahrzehnten bereits einige, allerdings von unterschiedlicher politischer Qualität gegeben. Manche Bemühungen wie die herausragenden um die EG sind noch auf dem Wege, andere gescheitert. Wieder andere schweben im Zustand der Latenz, so daß schwer zu erkennen ist, ob ihre Tendenz nach oben oder unten weist. Sicherheitspolitisch macht bisher allein die NATO das Gewicht aus, das auch Europas Bedeutung bestimmt.

Wenn aber nun – Fragen helfen das Denken anstoßen – die Vereinigten Staaten beginnen sollten, diese Sicherheitsunion zu verändern, wie müßte das atlantische Europa reagieren? In den fünfziger Jahren wollten Franzosen und Deutsche an der Schwelle zur NATO eine Europäische Verteidigungsgemeinschaft mit integrierten Stäben und vermischten Truppen aus beiden Ländern gründen. Der Plan scheiterte am Mißtrauen gegenüber den Deutschen in der Pariser Nationalversammlung. Erst de Gaulle, davon unbelastet und auf dem Gipfel seiner Macht, fand den Weg zu Adenauer und zum Freundschaftsvertrag, allerdings nicht aus von Interessen freien Motiven und gewissermaßen nur vom Wunsch zu guter Nachbarschaft beseelt. Auch de Gaulles Großmütigkeit, die französische Verfehlung vom August 1954, die manchen Deutschen in seinen Gefühlen tief verletzt hatte, zu heilen, war so selbstlos nicht, wie sie damals vielen erschien. Sie erwartete von Deutschland Respekt für die bestehenden Grenzen in Europa, guten Willen gegenüber dem Osten, Verzicht auf jedwede Form einer atomaren Bewaffnung und eine ungebrochene Geduld für die Wiedervereinigung. Nicht zuletzt mehr Distanz zu Amerika. Adenauer, politisch schon geschwächt, wollte den Preis in dem Bewußtsein zahlen, erst das Verhältnis der Bundesrepublik Deutschland zu Frankreich zuverlässig ordnen zu müssen, bevor Schritte zum Ausgleich mit dem Osten denkbar und auch möglich erschienen. Aber der Bundestag fiel ihm in den Arm und setzte in einer Präambel zum Elysée-Vertrag durch, daß die Partnerschaft mit den USA Vorrang habe vor der mit Frankreich.
25 Jahre später, nach der Gipfelbegegnung Reagans und Gorbatschows in Reykjavik und der Unterzeichnung des INF-Vertrages in Washington, definieren die beiden europäischen Kernländer ihre Sicherheitsinteressen anders. Sie tun es unter dem Druck, der durch das Handeln beider Weltmächte herrührt. Denn sie haben erkennen müssen, daß der amerikanische Präsident den Verzicht auf die nuklearen Mittelstreckenwaffen größerer Reichweite im Gegenzug zu einem vergleichbaren sowjetischen Gegengebot ohne Besprechung mit ihnen, den Verbündeten, verfügte. Amerika handelte über ihre Köpfe hinweg. Nicht zuletzt diese Erfahrung bestimmt heute das Trachten der französischen und deutschen Regierung, die sicherheitspolitische Annäherung zwischen beiden Ländern energisch voranzubringen. Zudem fragt man sich in Europa, wie es dieses Jahr in den Vereinigten Staaten weitergehen wird. Ein neuer Präsident ist dort zu wählen. Welchen Weg würden ein demokratischer Präsident oder ein republikanischer in der Außenpolitik gehen? Würde aus dem Wetterleuchten der Iklé/Wohlstetter-Studie letztlich substantielle amerikanische Po-

litik gegenüber den Verbündeten, das heißt, würde eine Lockerung der sicherheitspolitischen Bindungen über den Atlantik hinweg unvermeidlich? Sollte dieser Prozeß tatsächlich einsetzen, gilt es im Sinne des europäischen Sicherheitsinteresses, ihn nicht in jähe Abläufe entarten zu lassen. Es wäre fatal, würden die USA beschließen, innerhalb kurzer Zeit wesentliche Teile ihrer in Europa stationierten Truppen abzuziehen. Die jüngsten Schritte für die Verbesserung der deutsch-französischen Kooperation in der Verteidigungs- und Sicherheitspolitik - die Bildung eines Verteidigungsrates und die Schaffung eines gemischten Truppenverbandes - zeigen eindringlich, wieviel Zeit es braucht, bis sich Erfolge einstellen. Dieser Prozeß der Annäherung, der von zwei Ländern der WEU nun besonders kraftvoll betrieben wird, muß sich auf die anderen übertragen können. Zwar ist schon in anderen WEU-Ländern manches Interesse an einer engeren europäischen Zusammenarbeit zu erkennen. Das muß nun in Aktionswilligkeit, letztlich Handeln umschlagen. Aber das braucht Zeit. Die Entfernung Amerikas aus Europa, sollte sie denn wirklich nicht zu vermeiden sein, muß diese Zeit lassen. Erst dann wird man von der geordneten und nicht überstürzten Suche nach einer »europäischen Sicherheitsidentität« sprechen können oder von der wirklich absichtsvollen »Stärkung des europäischen Pfeilers der Allianz« oder gar von einer »Europäisierung Europas«. Dafür ist noch mehr Zeit erforderlich. Deshalb täten sich auch die Vereinigten Staaten in wohlverstandenem Eigeninteresse keinen Gefallen, wenn sie mit jähen Schritten zum Disengagement in Europa militärische Lücken rissen, die von den Europäern nicht schnell genug geschlossen werden könnten.
Könnten sie es überhaupt? Häufig wird als Antwort auf diese Frage die Zahl der Einwohner Europas ins Feld geführt. 320 Millionen Menschen erwirtschaften ein größeres Bruttosozialprodukt als die USA mit ihren 220 Millionen Menschen. Folglich, so wird gesagt, müßten die Europäer auch dazu in der Lage sein, mehr Geld für ihre äußere Sicherheit aufzuwenden. Theoretisch ist das richtig, in der Praxis aber kaum zu verwirklichen, so lange im öffentlichen Bewußtsein nicht geläufig ist, daß die Europäer viel stärker als heute für ihre Sicherheit selbst verantwortlich sein müssen.
Dieses Denken hat in Europa noch nicht eingesetzt. Folglich fehlt auch die öffentliche Erwartung an die Politiker und damit der Druck auf sie, entsprechend zu handeln. Der Druck würde sich wahrscheinlich erst dann einstellen, wenn Tatsachen jedem klar machen, daß Europa auf eigenen Füßen stehen und selbstverantwortlich dafür sorgen muß, daß es eigene Interessen in der Welt durchsetzen kann. So betrachtet, könnte ein von

den USA einseitig verfügter Teiltruppenabzug für die Debatte in Europa tatsächlich klärend wirken. Im übrigen auch für die Frage, mit welchen Mitteln die amerikanische Nukleargarantie schließlich zumindest teilweise substituierbar zu machen sei.
Wie die Bundesrepublik Deutschland dieses Problem bewältigen will, ist vorerst überhaupt nicht absehbar. Es existiert außer ihr kein Land in Europa, in dem die Bevölkerung mehr von einer »Allergie« gegen die Nutzung der Kernenergie befallen wäre, sei es die friedliche Nutzung, sei es die militärische. Aber auch die Deutschen werden dieser Frage nicht ausweichen können. Denn eine Europäische Union, der natürlich auch die Aufgaben der äußeren Sicherheit zu übertragen sind, wird sich die Verfügungsgewalt über Kernwaffen erhalten müssen. Nur mit ihrer Hilfe wird letztlich die Glaubwürdigkeit dafür erzeugt, daß eine Kriegführung in Europa für beide Seiten, die sowjetische wie die westeuropäische, untragbare Risiken in sich trüge und deshalb verhindert werden müßte. Dies gilt im übrigen unabhängig davon, daß der Rüstungskontroll- und Abrüstungsprozeß weitergehen soll und wird.
Auch und vor allem an der Frage, ob die vier »großen« Länder Europas, die zwei Atommächte Frankreich und Großbritannien sowie die zwei »Habenichtse« Italien und Bundesrepublik, sich auf eine ihnen geeignet erscheinende Einsatzdoktrin zur Abschreckung einer direkten oder indirekten sowjetischen Nutzung von Streitkräften verständigen könnten und dies in Anlehnung an das amerikanische Potential, wird sich die Zukunft dieses Kontinents entscheiden. Briten und Franzosen müßten bereit und willens sein, den Deutschen und Italienern die nukleare Teilhabe zu offerieren. Deutsche und Italiener wiederum müßten ihrerseits bereit sein, diese Verantwortung zu tragen. Die selbstquälerischen Debatten über diese Frage sind leicht vorherzusehen. Ohne die richtigen Antworten auf sie wird der Weg zu den »Vereinigten Staaten von Europa« nicht beschritten werden können, selbst wenn alle anderen Fragen wirtschaftlicher, sozialer und jedweder anderen denkbaren Kategorie vorher gelöst sein würden. Europa würde dann zwar auch das Jahr 2000 erreichen, aber immer noch so zerstückelt und schwach wie heute.

Akzente der Deutschlandpolitik

Dorothee Wilms

Es gehört zu den interessanten Beobachtungen der letzten Jahre, daß die deutsche Frage im Bewußtsein der Menschen bei uns, aber auch bei unseren Freunden und Verbündeten wieder an Gewicht und Interesse gewonnen hat. Nicht jeder begrüßt dies. Als Bundespräsident von Weizsäcker 1987 in Moskau von dem fortwährenden Zusammengehörigkeitsbewußtsein der Deutschen in beiden Staaten in Deutschland sprach, entgegnete ihm der sowjetische Parteichef Gorbatschow, es sei jetzt unfruchtbar, über die deutsche Nation zu theoretisieren. Dieser Behauptung des sowjetischen Generalsekretärs muß entgegengehalten werden: Die deutsche Nation ist anschaubare, gelebte Wirklichkeit. Mauer und Stacheldraht sollen nach dem Willen der Verantwortlichen in der DDR diese Realität unterbinden; faktisch sind die Grenzsperranlagen jedoch – entgegen ihrem Errichtungszweck – zum Symbol für die Zusammengehörigkeit der Deutschen geworden. Zugleich bedeuten Mauer und Stacheldraht den sichtbaren Hinweis, daß die Situation des geteilten Deutschlands nicht »normal« ist.

Die machtpolitische und ideologische Grenze, die unser Land teilt, teilt zugleich unseren Kontinent; in der Teilung Deutschlands wiederholt sich die Teilung Europas, verursacht durch den Ost-West-Konflikt in der Folge des Zweiten Weltkrieges. Der Ost-West-Konflikt unserer Zeit ist keiner der herkömmlichen Macht- und Hegemonialkonflikte, wie wir sie aus der europäischen Geschichte seit Jahrhunderten kennen. Das historische Neue an diesem Konflikt liegt in der Verknäuelung der machtpolitischen mit der ideologischen Komponente. Mit dem Vordringen der Roten Armee hat die Sowjetunion quasi sich selbst in die überrollten Länder exportiert, d. h. ihr politisches und gesellschaftliches System, das sie »realexistierenden Sozialismus« nennt. Der Realsozialismus im Europa westlich der Sowjetunion verdankt sich eben nicht originären Revolutionen – das ist eine der Lebenslügen der Sowjetunion, an der auch das »neue Denken« Gorbatschows bisher nichts geändert hat –, sondern dem Export der Revolution mit Mitteln der Gewalt.

Seit dem Ende des Krieges wird den Deutschen im sowjetischen Machtbereich wie unseren ostmittel-, ost- und südosteuropäischen Nachbarvölkern, die ebenfalls das ihnen auferlegte Sowjetsystem als fremd und ihrer Kultur und Geschichte zuwider empfinden, das Selbstbestimmungsrecht, das jeder Nation zusteht und das prinzipiell – wie die Menschenrechte – unverwirkbar ist, verweigert. Diese Verweigerung der Freiheit ist unverändert der Kern der deutschen Frage.

Schon diese knappe Skizze erhellt einige grundsätzliche Dimensionen der Deutschlandpolitik, von denen im folgenden in der gebotenen Konzentration die Rede sein soll.

Zum ersten: Die deutsche Frage – als Frage des Selbstbestimmungsrechts – ist rechtlich und politisch offen, bis über sie durch die Ausübung des Selbstbestimmungsrechtes aller Deutschen entschieden ist. Deutschlandpolitik umfaßt insofern – übergreifend verstanden und langfristig angelegt – alle Bemühungen, diesem Ziel näherzukommen.

Zum zweiten: Die deutsche Frage ist von der Teilung Europas und vom Ost-West-Konflikt nicht zu trennen. Ihre Lösung kann daher nur im Rahmen einer europäischen Friedens- und Freiheitsordnung erfolgen. Deutschlandpolitik basiert auf dem Wertekonsens der freien Völker und ordnet sich in ihre gemeinsamen Bemühungen ein, den Ost-West-Konflikt in Europa im Rahmen eines friedlichen Prozesses der Ausweitung von Freiheit und Selbstbestimmung zu überwinden.

Zum dritten: Die deutsche Frage ist, so wie die politische Lage sich gegenwärtig darstellt, nicht kurzfristig zu lösen. Zwischenzeitlich kommt es daher darauf an, den menschlichen Zusammenhalt der Nation zu bewahren und zu entwickeln, wie die Folgen der Teilung für die davon betroffenen Menschen weniger einschneidend und für den europäischen Frieden weniger bedrohlich zu machen. Deutschlandpolitik umfaßt in diesem Sinne – kurzfristig und tagespolitisch verstanden – alle Bemühungen, Begegnungen und Kontakte über die innerdeutsche Grenze hinweg zu ermöglichen und zu verdichten und im Sinne des Grundlagenvertrages gutnachbarliche Beziehungen mit der DDR zu entwickeln. Dies ist das Arbeitsfeld der innerdeutschen Beziehungen.

Die Väter des Grundgesetzes der Bundesrepublik Deutschland haben in seiner Präambel unser Ziel von Einheit und Freiheit der Deutschen verankert; die Präambel des Grundgesetzes fordert das gesamte deutsche Volk auf, »in freier Selbstbestimmung die Einheit und Freiheit Deutschlands zu vollenden«. Sie haben hinzugefügt, daß dieses Anliegen mit dem Ziel verbunden ist, als deutsches Volk in einem vereinten Europa dem Frieden der Welt zu dienen.

Vor wenigen Monaten anläßlich des Besuchs von SED-Generalsekretär Honecker in Bonn hat Bundeskanzler Kohl diese Maxime unserer

Deutschlandpolitik in einer bedeutenden Rede vor dem Gast und der Weltöffentlichkeit bekräftigt und dabei zugleich ihre geistige Grundlage verdeutlicht:

»Die gemeinsame Geschichte, die uns Deutsche im Guten wie im Bösen unentrinnbar miteinander verbindet, hat uns eine weitere zentrale Lehre vermittelt: Niemals wieder darf der Mensch als Mittel für politische Zwecke mißbraucht werden.«

Damit ist unser Verständnis von Staat und Politik im Sinne der gemeinsamen west- und mitteleuropäischen Tradition definiert – vor dem Hintergrund der Erfahrung des totalitären Machtstaates, der sich unumschränkt zur Gewalt berechtigt wähnte. Uns hat sich die unverlierbare Erfahrung eingegraben, daß ein Staat, der seinen Bürgern um angeblich höherer Staatsziele willen die innere Freiheit verwehrt, auch nichts auf die Freiheit und das Lebensrecht anderer Völker und Menschen gibt.
Dieses Staatsverhältnis hat auch Konsequenzen für unsere Haltung zur nationalen Frage. Da wir die Garantie staatsbürgerlicher Freiheit zu den höchsten Zwecken des Staates zählen, schließen wir Lösungen unseres nationalen Problems auf Kosten oder gar um den Preis eigener wie fremder Freiheit aus. Es geht darum, eine Antwort auf die deutsche Frage im Einklang mit den Erfahrungen und Lehren der Geschichte wie mit dem Willen und den Werten Europas zu erzielen.
Jeder politisch und geschichtlich denkende Mensch weiß, daß die heutige Lage Deutschlands kein stabiler Zustand ist, in dem die geschichtliche Entwicklung ihre Erfüllung gefunden hätte. Daß sich eine Nation im Herzen Europas auf Dauer mit Grenzen und Mauer und mit der Versagung des Selbstbestimmungsrechts abfinden würde, glaubt auch in Moskau oder Washington, in Warschau oder Paris im Ernst niemand.
Alle vernünftigen Politiker wissen, daß entgegen mancherlei Wunschdenken die deutsche Frage nicht gelöst, sondern nach wie vor offen ist. Jedermann muß bewußt sein, daß die Deutschen ihre Einheit in Freiheit unbeirrt anstreben und daß auch der Zeitablauf daran nichts ändert. Die Erhaltung oder gar Verfestigung des gegenwärtigen status quo in der deutschen Frage ist nicht unsere Politik. Auch noch so viele Beschwörungen, sei es im Ostblock, sei es aber selbst bei uns in der Bundesrepublik Deutschland, können die deutsche Frage nicht beseitigen. Sie ist nicht nur rechtlich offen – die Vier-Mächte-Vereinbarungen von 1944/45 sind unverändert und unüberholt in Kraft –, sie ist auch politisch offen, solange wie die Unfreiheit in Deutschland und Europa anhält.

Kein deutscher Demokrat hat das Recht, den Anspruch aller Deutschen auf gleiche Freiheit preiszugeben, am allerwenigsten derjenige, der im sicheren Hafen der Freiheit lebt.
Unsere Landsleute in der DDR, die ohne eigene Schuld den schwereren Teil unserer gemeinsamen historischen Erblast aus NS-Diktatur und Krieg tragen, haben einen Anspruch darauf, daß wir alles uns Mögliche und Verantwortbare tun, ihre Lage zu verbessern. Sie erwarten mit Recht, daß wir die uns verfügbaren Mittel einsetzen und eine Politik verfolgen, die zu einer positiven Veränderung ihrer Lage beiträgt und ihrem Interesse an mehr persönlicher Selbstbestimmung dient. Wir bekennen uns zu unserer rechtlichen, politischen und vor allem auch moralischen Verantwortung gegenüber unseren Landsleuten. Wer anderes von uns forderte, würde die elementare Rolle verkennen, die die deutsche Frage in unserem Bewußtsein auch und gerade vor dem Hintergrund unserer Einbindung in das westliche Bündnis einnimmt. Aus dieser Verantwortung erwächst nicht nur die Zielsetzung unserer Deutschlandpolitik im ganzen, sondern auch unsere konkrete Politik im einzelnen. Denn bloße Bekenntnisse und Beschwörungen können die deutsche Frage nicht offenhalten. Dazu bedarf es einer konsequenten und beharrlichen Politik, die bei uns im Lande selbst beginnt.
Freiheit, Demokratie und Rechtsstaatlichkeit überzeugend und erfolgreich vorzuleben, das ist der erste und wichtigste Teil einer solchen konsequenten Politik. Wir müssen aber auch mehr als in der vergangenen zwei Jahrzehnten unserer Jugend die Kenntnis unserer Geschichte und die Sensibilität für historische Entwicklungen vermitteln. Es ist eine Lebensweisheit: Wer die Vergangenheit nicht kennt, kann die Gegenwart nicht begreifen und die Zukunft nicht gestalten. Dies gilt in besonderer Weise auch für die deutsche Frage und muß deshalb in der Schul- und Bildungspolitik noch mehr berücksichtigt werden.
Hier ebenso wie in der deutschlandpolitisch relevanten Forschung muß es verstärkt darum gehen, Kenntnisse über die Sachverhalte und Probleme im geteilten Deutschland zu vermitteln und das Bewußtsein von der Zusammengehörigkeit der Deutschen wachzuhalten. Zu einer richtig verstandenen Informations- und Forschungstätigkeit gehört ferner, weder Unrecht zu verschweigen noch darauf zu verzichten, die politische Ordnung im anderen deutschen Staat an den Maßstäben zu messen, die aus der Tradition der europäischen Geistes-, Kultur- und Rechtsgeschichte erwachsen – die DDR selbst nimmt bekanntlich diese Tradition in den letzten Jahren zunehmend für sich in Anspruch.
Ein zentraler Teilbereich unserer Deutschlandpolitik ist Berlin. Als Aus-

druck der lebendigen Verbundenheit mit Berlin haben in den vergangenen Monaten aus Anlaß seiner 750-Jahr-Feier Präsident Mitterrand, Königin Elizabeth II. und Präsident Reagan die alte Hauptstadt der deutschen Nation besucht. Durch diese Besuche ist das politische Bekenntnis Frankreichs, Großbritanniens und der Vereinigten Staaten zu ihrer Mitverantwortung für die Lebensfähigkeit der Stadt in beeindruckender Weise bestätigt worden. In seiner Rede vor dem Brandenburger Tor hat der amerikanische Präsident konkrete Vorschläge zur Verbesserung der Situation Berlins gemacht und Berlin insbesondere als Luftkreuz und als Ort ständiger Ost-West-Konferenzen empfohlen. Diese Zielsetzungen haben jetzt durch den amerikanischen Präsidenten ein besonderes politisches Gewicht erhalten. Die Bundesregierung wird diese Anregungen gemeinsam mit den Schutzmächten weiter konkretisieren und die praktische Umsetzung betreiben. Solange Mauer und Schießbefehl bestehen und solange die vielfältigen Probleme, die durch die Teilung der Stadt erzeugt werden, nicht gelöst sind, werden wir uns mit der Situation Berlins nicht abfinden. Berlin ist ein lebendiger Faktor unserer gesamtstaatlichen Entwicklung. Die Stadt muß deshalb wie bisher in alle Abmachungen mit der DDR und in die Zusammenarbeit mit anderen Staaten, darunter auch den östlichen, voll einbezogen werden.

Das wichtigste aktuelle Arbeitsfeld unserer Politik der praktischen Verantwortung für die Deutschen im anderen Teil des Landes sind die innerdeutschen Beziehungen und ist die Bemühung um menschliche Erleichterungen. Wer die Bedeutung dieser menschlichen Erleichterungen bezweifelt, sollte sich in der DDR selbst umhören. Er wird zu dem Schluß kommen: Die menschlichen Erleichterungen als Ergebnis der innerdeutschen Beziehungen sind eine Realität. Sie werden von denen empfunden und geschätzt, die es wissen müssen, weil sie dort leben. Gerade auf dem Gebiet des innerdeutschen Reiseverkehrs hat das vergangene Jahr – mit rd. 5 Mio. Besuchen von Landsleuten aus der DDR hier bei uns – bedeutende Fortschritte gebracht, ohne daß man, wenn man etwa an den Zwangsumtausch oder an die Kontaktverbote für viele DDR-Einwohner denkt, schon von einer befriedigenden Lage sprechen könnte; davon sind wir noch weit entfernt. Was die Geltung der Menschenrechte in der DDR betrifft – man denke nur an Grenzregime und Schießbefehl oder an die politische Justiz –, so hat es auch hier sicherlich im einzelnen Fortschritte gegeben, die für die Menschen gewichtig sind; die Lage im ganzen aber bleibt zutiefst unbefriedigend.

Insgesamt gesehen: Die Chancen für den Ausbau der innerdeutschen Beziehungen geben derzeit Hoffnung, wobei wir uns vor Illusionen und

Überforderungen hüten. Wir sind nicht so verblendet zu glauben, die DDR wolle oder dürfe über ihre Selbstauflösung mit uns verhandeln. Vielmehr beschränken wir uns darauf, mit der DDR auf Gebieten zu kooperieren, auf denen beide Staaten ein starkes Interesse haben.
Die DDR und der Ostblock insgesamt sind zunehmend in einer Entwicklung begriffen, die sie aus vielerlei Gründen, nicht zuletzt aus technischen und ökonomischen, in praktisch allen Bereichen zur Öffnung nach Westen veranlaßt. Denn das selbstgesteckte Ziel, dem Westen nicht nur militärisch, sondern auch auf den anderen Feldern Paroli zu bieten, läßt sich nicht mit den starren, inflexiblen Strukturen eines zentralistischen Systems erreichen. Gemäß der allmählich auch im Osten fußfassenden Einsicht, daß die Leistungsfähigkeit eines Systems mit der Freiheit seiner Untersysteme wächst, erscheint vielmehr auch dort eine dynamischere, auf mehr Entfaltungsfreiheit ihrer Glieder angewiesene Gesellschaft denkbar. Die jüngsten Erfolge in der Rüstungskontrollpolitik, in der es dank der Entschlossenheit und Standfestigkeit des westlichen Bündnisses gelungen ist, die Sowjetunion zur Rücknahme ihrer Vor- und Überrüstung auf dem Gebiet der Mittelstreckenwaffen zu bewegen, könnten sich auf mittlere Sicht als ein positives Signal auch für die politische Lage an der Grenze zwischen beiden Blocksystemen erweisen.
Der sowjetische Parteichef hat seit dem Amtsantritt wiederholt das »gemeinsame Haus Europa« beschworen. Diese Metapher birgt zweifellos in sich den Stoff für eine politische Verführung. Sie zielt auf Westeuropa – hauptsächlich auf uns Deutsche, da sie mit sicherheitspolitischen und nationalen Verheißungen an unsere Adresse einhergeht. Ich hielte es jedoch für falsch, diese Herausforderung nicht anzunehmen. Es wäre ein Unding, wenn wir es zuließen, daß ausgerechnet die ihrer historischen Natur nach am wenigsten europäische Macht, die die Teilung des Kontinents bewirkt, sich zum Vorkämpfer der Ganzheit und Einheit Europas aufwirft und damit Möglichkeiten erhält, politischen Gewinn in ihre Scheuer zu fahren. Wer Europa beschwört, der setzt sich auch seinem Anspruch aus; wer Wohnrecht in diesem Hause beansprucht, muß sehen, daß hier in jahrhundertelanger Geschichte auch eine »Herausforderung« erwachsen ist, die die Freiheit des einzelnen und der Nationen fordert. Setzen wir das Sowjetsystem in Europa diesem Anspruch aus! Die Völker des mittleren, östlichen und südöstlichen Europas haben die Erwartung – sie ist mit Händen zu greifen –, daß wir uns in das Spiel einlassen und dabei unsere Stärke zur Geltung bringen.
Mit einer Politik, die den besten und überzeugendsten Traditionen unseres Kontinents verpflichtet ist, beschreiten wir den Weg zu einem »Zu-

stand des Friedens in Europa«, wie es im Brief zur deutschen Einheit heißt, »in dem das deutsche Volk in freier Selbstbestimmung seine Einheit wiedererlangt«. Dieser Weg wird voraussichtlich lang sein. Wie die Antwort auf die deutsche Frage letztlich konkret aussehen wird, läßt sich nicht voraussagen. Fest steht jedoch, was Ziel und Maßstab unserer Deutschlandpolitik bleibt und sie – nach innen wie nach außen – berechenbar macht. Wir wollen erstens die deutsche Frage im Rahmen des Atlantischen Bündnisses mit und nicht gegen Europa lösen. Wir wissen, daß das Schicksal Deutschlands nicht nur die Deutschen, sondern alle Nachbarn betrifft – im Westen wie im Osten. Deshalb streben wir eine Lösung im gesamteuropäischen Rahmen und im Einvernehmen mit allen unseren Nachbarn an; deutsche Sonderwege scheiden aus. Und zweitens darf die Lösung der deutschen Frage nicht losgelöst werden von den Werten der Menschenrechte und der Demokratie. Deshalb bilden Freiheit und Selbstbestimmung auch die Grundvoraussetzungen für das Ziel der deutschen Einheit.

Bonn-Kopenhagener Erklärung (29. März 1955) »Eine Regelung mit Modellcharakter für Europa«

Interview mit dem damaligen Ministerpräsidenten Kai-Uwe von Hassel (Nachdruck aus den »Kieler Nachrichten« vom 29. März 1985)

Die Bonn-Kopenhagener Erklärungen bilden die »Magna Charta« der dänischen und der deutschen Minderheit südlich beziehungsweise nördlich der Grenze. An dem Zustandekommen dieser Erklärungen hatte die seinerzeitige Landesregierung von Schleswig-Holstein unter Ministerpräsident Kai-Uwe von Hassel (CDU) maßgeblichen Anteil. Mit ihm sprach Professor Dr. Kurt Jürgensen vom Historischen Seminar der Universität Kiel.

Frage: Am 26. September 1949 billigte der Schleswig-Holsteinische Landtag einmütig die sogenannte Kieler Erklärung und gewährte damit der dänisch-gesinnten Bevölkerung im Landesteil Schleswig einen großzügigen Minderheitenschutz. Eine tatsächliche Befriedung trat im Grenzraum dennoch nicht ein. Warum eigentlich nicht?

Von Hassel: Die Kieler Erklärung war zwischen der schleswig-holsteinischen Landesregierung und der Vertretung der Südschleswigschen Vereinigung in Verhandlungen ausgearbeitet worden. Voraussetzung für die politischen und kulturellen Rechte, die der dänischen Minderheit eine freie Entfaltung garantierten, war doch die Erwartung, daß die dänische Minderheit die 1920 gemäß dem Selbstbestimmungsrecht gezogene Grenze zwischen Deutschland und Dänemark wirklich anerkennen und ferner die verfassungsrechtliche und verwaltungsmäßige Einheit Schleswig-Holsteins nicht mehr in Frage stellen würde. Diese Erwartung blieb unerfüllt, wobei besonders die dänischen Jahrestreffen in Südschleswig – jeweils am 1. Sonntag im Juni – zeigten, wie das politische Ziel nach einer neuen, weiter südlichen Grenzziehung fortbestand. Wir auf unserer Seite registrierten sehr genau, wie auch reichsdänische Politiker, sogar im Ministerrang, solche Wünsche unterstützten. Dies schuf natürlich keine Atmosphäre, in der eine wirkliche Befriedung im Grenzraum eintreten konnte.

Frage: Man wird sicherlich auch beachten müssen, daß die deutsche Volksgruppe in Nordschleswig nicht dieselben Rechte hatte wie die dänische Volksgruppe in Südschleswig.

Von Hassel: Das ist richtig. Zwar hatte die Landesregierung die Kieler Erklärung mit Zustimmung des Landtages in der »bestimmten Erwar-

tung« abgegeben, daß die dänische Regierung gleichartige Rechte und Freiheiten für die deutsche Volksgruppe erlassen und garantieren würde, aber davon konnte keine Rede sein. Der Hinweis der Regierung Hedtoft im sogenannten Kopenhagener Notat, die dänische Verfassung enthalte bereits alle die Rechte und Freiheiten, die gemäß der Kieler Erklärung der dänischen Minderheit zustünden, löste doch nicht die konkreten Probleme der deutschen Minderheit; zum Beispiel durfte diese über kein weiterführendes Schulsystem verfügen. Die beiden CDU-Abgeordneten, die der Kieler Erklärung nicht zugestimmt hatten, Friedrich Wilhelm Lübke und Peter Jensen (Ausacker), wußten schon, warum sie der Regierung Diekmann dringend nahegelegt hatten, die Kieler Erklärung nicht bloß in der Erwartung, sondern unter der Voraussetzung abzugeben, daß die Gleichbehandlung der deutschen Minderheit seitens der dänischen Regierung garantiert würde.
Frage: Warum hat nun Friedrich Wilhelm Lübke, der ja im Juni 1951 nach Dr. Bartram schleswig-holsteinischer Ministerpräsident wurde, die Situation im Grenzland durch die Wahlrechtsbestimmungen für den Schleswig-Holsteinischen Landtag verschärft?
Von Hassel: So formuliert klingt es, als seien die 7,5 Prozent-Klausel im schleswig-holsteinischen Landeswahlgesetz (Oktober 1951) und – nach der erfolgreichen Verfassungsklage des Südschleswigschen Wählerverbandes vor dem Bundesverfassungsgericht – die 5-Prozent-Klausel im Landeswahlgesetz (Oktober 1952) einseitig gegen die politische Vertretung der dänischen Minderheit gerichtet gewesen. Das war nicht der Fall. Die Sperrklausel sollte radikale Splitterparteien vom Landtag fernhalten, wobei die Erfolge der Sozialistischen Reichspartei (SRP) auch in diesem Lande aufgeschreckt hatten. Die ohnehin problemerfüllte Lage im Grenzland war wirklich nicht dazu angetan, für den SSW ein Sonderrecht einzuführen.
Frage: Gleichwohl muß es doch schwer gewesen sein, mit wirklich überzeugenden Argumenten den nur im Landesteil Schleswig wirkenden SSW der gleichen Sperrklausel zu unterwerfen, wie die anderen Parteien, zumal doch das Bundeswahlrecht vom Juli 1953 ausdrücklich die politische Vertretung der nationalen Minderheit von der 5-Prozent-Klausel befreite. War das nicht eigentlich ein Widerspruch?
Von Hassel: Die Befreiung von der 5-Prozent-Klausel war, wie das Bundesverfassungsgericht in seinem Urteil ausdrücklich festgestellt hatte, keine rechtliche Frage, sondern eine politische Ermessensentscheidung des Gesetzgebers, die so oder so getroffen werden konnte. Mir war durchaus klar, daß auch in Schleswig-Holstein früher oder später eine Aufhe-

bung der 5-Prozent-Klausel für den SSW geboten sein würde, wobei aber das Wie und Wann genau zu überlegen waren.

Frage: Sie übernahmen ja selber als Nachfolger des schwer erkrankten Lübke am 11. Oktober 1954, fünf Tage vor dessen Tod, die Regierungsverantwortung in Schleswig-Holstein. Wie beurteilte nun damals der neugewählte Ministerpräsident Kai-Uwe von Hassel die politische Lage im Grenzland?

Von Hassel: In der Tat war eingetreten, was ich eigentlich nicht erwartet hatte. Die 5-Prozent-Klausel hatte, in Anbetracht auch erheblich zurückgegangener Wählerstimmen, den SSW von dem im September 1954 neu gewählten Landtag ferngehalten. Dennoch habe ich die 5-Prozent-Klausel nicht als ein isoliertes Problem angesehen, das aus dem Gesamtzusammenhang der Lage beider Minderheiten südlich und nördlich der Grenze herausgelöst werden konnte. Ich habe der dänischen Regierung in meiner Regierungserklärung sofort das Einverständnis der schleswig-holsteinischen Landesregierung zu Verhandlungen erklärt, die zwischen der deutschen Bundesregierung und der dänischen Regierung zum Zwecke einer allseitig befriedigenden Minderheitenregelung zu führen seien. In einem Vertrag, so sagte ich, könnten alle anstehenden Probleme eine angemessene Lösung finden.

Frage: Warum legten Sie dabei – trotz bekannter dänischer Vorbehalte gegen einen deutsch-dänischen Vertrag – auf diese Form der Minderheitenregelung so großen Wert? Mußte das nicht den Weg zu Verhandlungen erschweren?

Von Hassel: Nein, keineswegs. Zunächst dies: Ein Vertrag über die Rechte der beiden Minderheiten nördlich wie südlich der Grenze verdiente meines Erachtens deshalb den Vorzug, weil er selbstverständlich von der beidseitigen Anerkennung der bestehenden Grenze ausging. Das war mir das Wesentliche, aber ich war durchaus bereit, auch andere Formen in Betracht zu ziehen, wenn sie nur diesem Ziele Rechnung trugen. Ich habe seinerzeit wiederholt mit Bundeskanzler Dr. Konrad Adenauer über Form und Inhalt einer möglichen Minderheitenvereinbarung gesprochen, zumal ja auch die Bundesregierung bei außenpolitischen Fragen, die das Interesse des Bundeslandes berühren, gemäß Artikel 32 des Grundgesetzes auf das einvernehmliche Vorgehen mit der Regierung des betreffenden Landes angewiesen ist. Und das ist zweckmäßig. Denn die tatsächlichen Probleme sind in dem betroffenen Lande natürlich besser zu beurteilen als von außerhalb, wo man bis dahin erstaunlich wenig über die Lage der beiden Minderheiten wußte.

Gewiß war es hilfreich, daß sich Bundeskanzler Adenauer und der däni-

sche Außenminister H. C. Hansen – er wurde nach dem Tode von Hans Hedtoft im Januar 1955 dänischer Regierungschef – am 22. Oktober 1954, also nach meiner Regierungserklärung, in der ich die beidseitigen Verhandlungen angeregt hatte, in Paris am Rande der Nato-Tagung über die Probleme aussprechen konnten. Hilfreich war natürlich auch die fast einmütig gefaßte Entschließung des Deutschen Bundestages vom 10. Dezember 1954, in der die Bundesregierung dazu aufgefordert wurde, Verhandlungen mit der dänischen Regierung aufzunehmen. Aber die inhaltlichen Überlegungen, was Ziel dieser Verhandlungen zu sein hätte, kamen von mir und meiner Regierung. Sie spielten bei den diplomatischen Sondierungen, die zu den deutsch-dänischen Verhandlungen führten, eine wesentliche Rolle. Schließlich war die Landesregierung durch Landesdirektor Dr. Dr. Kracht, den Chef der Landeskanzlei, in der kleinen deutschen Delegation, die der ehemalige deutsche Botschafter in Kopenhagen, Nöldeke, leitete, vertreten.
Frage: Wie liefen die Verhandlungen, und wie beurteilten Sie seinerzeit das Ergebnis?
Von Hassel: Die Verhandlungen, die vom 28. Februar bis zum 5. März in Kopenhagen geführt wurden, kamen sofort in eine kritische Phase, weil die dänische Delegation unter Leitung von Ministerialdirektor Svenningsen allein über die Aufhebung der 5-Prozent-Klausel reden wollte. Als wäre das das einzige Problem! Wir aber legten das ganze Verhandlungspaket auf den Tisch und erreichten schließlich, daß über alle Fragen gesprochen wurde.
Frage: Und auch einvernehmlich entschieden wurde?
Von Hassel: So natürlich nicht. Aber es wurde doch ein beiderseits zufriedenstellendes Grundkonzept erarbeitet, das am 29. März 1955 in Bonn in meinem Beisein von Bundeskanzler Dr. Konrad Adenauer und Staatsminister H. C. Hansen überprüft und unterschrieben wurde. Das Verhandlungsergebnis ist seither als Bonn-Kopenhagener Erklärungen in die Geschichte eingegangen. Für uns war damals das Wesentliche, und das ist es auch heute noch, daß mit der völligen Gleichartigkeit der deutschen Erklärung für die dänische Minderheit und der dänischen Erklärung für die deutsche Minderheit und daß mit der einmütigen Zustimmung des Dänischen Reichstages, des Deutschen Bundestages und des Schleswig-Holsteinischen Landtages zu der jeweiligen Erklärung ein Gegenseitigkeitsverhältnis hergestellt worden war, das von der stillschweigenden Anerkennung der bestehenden Grenze ausging. Wesentliche Einzelwünsche wurden erfüllt, so die Aufhebung der 5-Prozent-Klausel für den SSW durch

Landesgesetz und die Erlaubnis zur Errichtung eines deutschen weiterführenden Schulsystems in Nordschleswig.
Frage: Nun sind am 29. März dieses Jahres die Bonn-Kopenhagener Erklärungen genau 30 Jahre in Kraft und haben seither in gar keiner Weise an politischer Bedeutung verloren. Die Herausgabe einer gleichartigen Gedenk-Sondermarke im Königreich Dänemark und in der Bundesrepublik Deutschland zeigt den hohen Stellenwert, der den Bonn-Kopenhagener Erklärungen in der Bundesrepublik Deutschland wie in Dänemark zugemessen wird.
Von Hassel: Und nicht nur dort! Die Regelung im schleswigschen Grenzland hat europäischen Modellcharakter! Zunächst aber ist es doch großartig zu sehen, wie in jüngster Zeit die konservative Regierung Poul Schlüter in Kopenhagen und die Regierungen Kohl und Barschel in Bonn und Kiel ihre Beziehungen weiter entwickelt haben, und dies zugunsten der beiden Minderheiten. Das Ständige Sekretariat der deutschen Minderheit in Kopenhagen und die 100prozentige Bezuschussung der dänischen Schulen im Landesteil Schleswig sind dafür Beweise. Gewiß, die Zeitschrift »Slesvigland« mit ihrem außerordentlich einseitigen dänischen Geschichtsbild rät zur Wachsamkeit. Aber gemessen an der Lage der Minderheiten in Europa, so zum Beispiel der Katholiken in Nordirland, der Basken in Spanien, der Türken in Bulgarien und nicht zuletzt der verbliebenen Deutschen im heutigen Polen, ist doch im schleswigschen Grenzland ein Vorbild gesetzt:
Das freie Bekenntnis zum eigenen Volkstum, die Pflege der Muttersprache in eigenen Schulen und in eigenen Presseorganen sind wesentliche Elemente eines Minderheitenschutzes. Dieser Schutz muß aber noch für andere Minderheiten in Europa erreicht und zur Selbstverständlichkeit werden. Ist dies aber erreicht, so sind wir dem Ziel eines freien und geeinten Europas ein großes Stück nähergekommen.

Die Gründung der DEG

Kai-Uwe von Hassels Beitrag zur deutschen Entwicklungspolitik

Walter Scheel

Im Januar 1961 veröffentlichte Kai-Uwe von Hassel, damals Ministerpräsident des Landes Schleswig-Holstein, eine Denkschrift mit dem programmatischen Titel: »*Die deutsche Entwicklungsgesellschaft* zum Auf- und Ausbau der Wirtschaft in den Entwicklungsländern«. Zu jener Zeit gab es noch keine einheitlich formulierte Entwicklungspolitik der Bundesregierung, wohl gab es finanzielle Mittel und einzelne Haushaltstitel. Viele Staaten der Dritten Welt waren damals noch europäische Kolonien. Im öffentlichen Bewußtsein der Bundesrepublik war die Problematik der Entwicklungsländer nicht recht präsent. Der Begriff »Entwicklungshilfe«, soweit er schon existierte, war häufig negativ besetzt. Im weltwirtschaftlichen Zusammenhang wurden die Entwicklungsländer kaum gesehen. Wir Deutsche waren damit beschäftigt, unseren hart erarbeiteten Wohlstand zu sichern. Es spricht für Kai-Uwe von Hassels politische Weitsicht, bereits damals einen wichtigen Gedanken in die sich langsam bildende Entwicklungspolitik, die noch nicht den Rang einer eigenständigen Politik hatte, eingebracht zu haben, einen Gedanken, der bis heute ein wesentliches Element der deutschen Entwicklungspolitik ist.

Die Würdigung dieser Idee möchte ich mit einer persönlichen Reminiszenz beginnen. Am 14. November 1961 trat ich als jüngster Bundesminister in das Kabinett Konrad Adenauers ein. Dies war die Gründungsstunde eines neuen Ministeriums, des Bundesministeriums für wirtschaftliche Zusammenarbeit. Die ersten Ansätze einer deutschen Entwicklungspolitik gingen allerdings schon bis in das Jahr 1952 zurück. Unsere Aufgabe: die Entwicklungspolitik der Bundesregierung zu formen und zu koordinieren. Ich sollte mich um die Schwierigkeiten der Entwicklungsländer kümmern, in denen damals wie heute die große Mehrheit der Menschheit lebt. Als ich mein Amt antrat, fand ich die von Hasselsche Denkschrift auf meinem Schreibtisch vor. Die Idee dieser Denkschrift erschien mir bestechend. Das junge Ministerium und auch ich persönlich haben sich die-

ser Angelegenheit gleich angenommen. Anderthalb Jahre, nachdem Kai-Uwe von Hassel seine Denkschrift veröffentlicht hatte, war Premiere: Am 14. September 1962 wurde die Deutsche Gesellschaft für wirtschaftliche Zusammenarbeit (Entwicklungsgesellschaft) mbH – wie die DEG offiziell (bis Anfang 1983) firmierte –, im Großen Börsensaal der Industrie- und Handelskammer zu Köln gegründet.
Es ist reizvoll, heute, nach über einem Vierteljahrhundert, noch einmal in Kai-Uwe von Hassels Denkschrift zu blättern. Sie ist auch vor dem persönlichen Lebensweg des Autors zu sehen: Kai-Uwe von Hassel hat viele Jahre vor dem Zweiten Weltkrieg in Afrika gelebt. Angeregt zu seiner Denkschrift wurde von Hassel durch das Wirken englischer und französischer Entwicklungsbanken auf dem schwarzen Kontinent. Kai-Uwe von Hassel wollte die Entwicklungspolitik, die es regierungsamtlich noch gar nicht gab, nicht auf Hilfe beschränkt, sondern um privatwirtschaftliche Aspekte erweitert sehen. Er stellte sie in einen weiteren weltwirtschaftlichen Zusammenhang. Zum Teil ist diese Denkschrift auch durch den damals die Welt beherrschenden Ost-West-Gegensatz geprägt.
Von Hassel entwickelt seine politische Vision von der Verpflichtung der westlichen Industrieländer, den Entwicklungsländern beim »allmählichen Aufbau einer Marktwirtschaft mit der in diesem Rahmen gesicherten individuellen Freiheit« zu unterstützen. »Die Entwicklungshilfe des Westens soll die Grundlage für den Aufbau bzw. die Erhaltung einer freiheitlichen Gesellschaftsstruktur schaffen«. Die Lösung dieser Aufgabe werde, so der Autor, erleichtert, wenn die deutsche Wirtschaft an dieser Aufgabe beteiligt sei. Als eine der schwierigsten Fragen, die es zu lösen gelte, um wirtschaftliches Wachstum in den armen Volkswirtschaften auszulösen, stellt sich dem Autor »die Bereitstellung des erforderlichen Investitionskapitals« dar.
Die Aufgabe der zu gründenden deutschen Entwicklungsgesellschaft solle darin bestehen, schrieb von Hassel, die relativ geringe Kapitalbildung in den armen Volkswirtschaften wirksam zu unterstützen. Ausführlich setzt sich der Autor in seiner Denkschrift mit der ordnungspolitischen Grundsatzfrage auseinander, ob der Staat oder die private Wirtschaft Kapitaleigner der Gesellschaft sein solle. Die Denkschrift schließt, und dies spricht für Kai-Uwe von Hassels Engagement, mit dem er die Gründung der DEG verfolgte, mit dem Entwurf einer Satzung des zu gründenden Unternehmens. Hier geht es bis in die Details der Finanzierungsinstrumente, der Kapitalausstattung, der Bestellung der Geschäftsführung und aller sonstigen Aspekte, die bei der Gründung eines Unternehmens zu beachten sind.

Natürlich erweisen sich einige Anregungen der gedankenreichen Schrift, nach über einem Vierteljahrhundert wieder gelesen, aus der Zeit heraus für die Zeit geschrieben. Wesentliche Elemente der zu gründenden Gesellschaft jedoch – gleichsam die Grundstruktur der DEG – haben noch heute Gültigkeit und sich in über 25 Jahren Geschäftstätigkeit bewährt. Hierzu zählen Grundelemente des geschäftspolitischen Auftrags der DEG, nämlich die Entwicklungsländer beim Aufbau eines privatwirtschaftlichen Sektors und die deutsche Wirtschaft bei Investitionen in der Dritten Welt durch Risikokapital, langfristige Darlehen und Beratung zu unterstützen. Dieser Auftrag der DEG ist Ausdruck unserer Wirtschaftsordnung und der ihr zugrundeliegenden Philosophie: die Überzeugung, daß die Ideen und die schöpferische Tatkraft, die Risikobereitschaft und das Gewinnstreben des Unternehmers auch in den Entwicklungsländern stärker zum Motor des Wirtschaftswachstums werden sollen. Zu den bis heute gültigen geschäftspolitischen Grundsätzen zählen der vom Autor formulierte Auftrag, das Unternehmen solle zwar nach privatwirtschaftlichen Grundsätzen arbeiten, aber nicht auf Gewinnerzielung angelegt sein. Der Status der Gemeinnützigkeit gilt für die DEG bis heute. Gültig ist die Forderung, ein Schwergewicht der Finanzierungsleistung der DEG auf die Gründung kleiner und mittlerer Unternehmen in Entwicklungsländern zu legen, gültig ist das Basismodell des Partnerschaftsunternehmens (Joint-Venture-Modell), also die unternehmerische Zusammenarbeit von Investoren aus der Bundesrepublik und lokalen Investoren auf der Basis einer fairen Partnerschaft.
In einer Erklärung zur Gründung der DEG umriß Kai-Uwe von Hassel auf der Pressekonferenz am 14. September 1962 in der Industrie- und Handelskammer zu Köln nochmals die wesentlichen Merkmale, die seiner Denkschrift entsprachen und nun realisiert wurden: »Die Gesellschaft ist als Gesellschaft mit beschränkter Haftung gegründet worden. Mit Bedacht hat man eine Form des Handelsrechts gewählt, da die Gesellschaft frei von kameralistischen Einengungen nach privatrechtlichen Grundsätzen arbeiten solle, ohne Verzögerung, schlagkräftig.« Der schleswig-holsteinische Ministerpräsident betonte den Grundgedanken des Partnerschaftsunternehmens, um gesunde wirtschaftliche Verhältnisse in den aufstrebenden Ländern zu schaffen.
Kai-Uwe von Hassel hatte sich zu Recht der ordnungspolitischen Grundsatzfrage, was der Staat mit einem eigenen Unternehmen in der Entwicklungspolitik zu suchen habe, in seiner Denkschrift angenommen. Vor der Gründung der DEG wogte dann auch eine lebhafte Diskussion zwischen der Privatwirtschaft und dem Staat hin und her. Das Ergebnis dieser Dis-

kussion war die Gründung der DEG – aus der sich herausschälenden Einsicht, daß die DEG mit ihren Finanzierungs- und Beratungsleistungen das Leistungsangebot der Banken ergänze. Das Besondere der DEG ist ihre Bereitschaft, sich an Unternehmen in der Dritten Welt mit Risikokapital zu beteiligen und langfristige Darlehen gegen Sicherheiten im Entwicklungsland, die in aller Regel keine sind, zu festen Zinssätzen zu vergeben.
In der Presse wurde 1962 die ordnungspolitische Grundsatzfrage der Gründung der DEG kommentiert und diskutiert. Im »Handelsblatt« vom 26. März 1962 erschien ein Beitrag über die geplante DEG mit dem Titel »Entwicklungsgesellschaft mit falschen Akzenten – die Bundesregierung übernimmt eine Verantwortung, die sie nicht tragen kann.« Etwas tiefer in den Farbtopf griff der Kommentator der Tageszeitung »Die Welt«. Seinen Leitartikel vom 3. April 1962, der die Überschrift trug »Der ungebetene Partner«, begann er mit folgendem Satz: »Die Hochzeit findet statt, obwohl die Braut sich sträubt: Eine Entwicklungsgesellschaft der Bundesregierung will sich privaten deutschen Unternehmen, die in jungen Ländern investieren wollen, als Partner anbieten, obwohl die Wirtschaft diesen Partner nicht gerufen hat.« Der Leitartikel schließt mit einem Sprachbild, das vielleicht so falsch nicht gewesen ist: »Wer dennoch private Direktinvestitionen in Entwicklungsländer lenken will, muß also erreichen, daß ›das Wasser den Berg hinauffließt‹, mit kleinen Mitteln ist das nicht getan.«
Die DEG begann 1962 mit einem Stammkapital von 75 Millionen DM. Das Finanzierungsgeschäft, der Erwerb von Beteiligungen und die Gewährung von Darlehen, lief zunächst schleppend an, ein Umstand, der nicht überrascht angesichts der Komplexität und der Risikoträchtigkeit des Marktes der DEG. Nach vier Jahren wurde das Stammkapital auf 115 Millionen DM erhöht, 1970 betrug es dann 175 Millionen DM. Die siebziger Jahre, insbesondere die zweite Hälfte, verzeichneten ein rasches Wachstum, das sich an der Entwicklung der Kapitalerhöhungen wie des Zusagenbestandes deutlich ablesen läßt. Seit der Gründung 1962 bis Ende 1987 hat die DEG fast 420 Gründungen oder Erweiterungen von Unternehmen in 82 Entwicklungsländern rund um den Erdball mit rund 1,7 Milliarden DM mitfinanziert. Um dieses Ergebnis unternehmerisch zu werten, ist der Blick auf den Markt der DEG, die Dritte Welt, zu werfen.
Dieser Markt umfaßt heute über 130 selbständige Staaten. Dort leben rund drei Viertel der Weltbevölkerung. Staatsgeschichtlich sind die meisten Entwicklungsländer junge Nationen. Sie wurden erst in den sechziger Jahren unabhängig. Nicht alle diese Staaten verfügen über politische und administrative Strukturen, die als stabil gelten können. Viele von ihnen

kämpfen mit den typischen Schwierigkeiten des ›institution building‹ junger Nationen. Die drei Entwicklungskontinente Südamerika, Afrika und Asien bieten eine kaum überschaubare Vielfalt an wirtschaftlichen Strukturen und politischen Ordnungen. Darunter sind Länder, in denen die Kaufkraft der Bevölkerung kaum ausreicht, das Existenzminimum zu sichern. Einige Regierungen haben Schwierigkeiten, ihre Bevölkerung zu ernähren. Dies sind häufig Länder ohne nennenswerte Märkte, ohne Kapital, ohne Infrastruktur – Länder, die von den kolonialen Mächten auf dem Reißbrett entworfen worden waren. Aber es gibt auch Länder mit realen Wachstumsraten ihrer Wirtschaft, wie sie die Industrieländer seit langem nicht mehr realisieren.
Die Staatsformen in der Dritten Welt reichen von mittelalterlich-feudalen Monarchien über Militärdiktaturen bis hin zu Präsidialdemokratien, ohne daß diese Demokratien »demokratisch« in unserem Verständnis sind. Vielfältig sind auch die Wirtschaftsdoktrinen in der Dritten Welt, von planwirtschaftlichen Konzeptionen bis hin zu Marktwirtschaften, häufig gibt es auch Mischformen, ein Nebeneinander von ›private and public sector‹.
Die Dritte Welt wurde, wenn auch mit Unterschieden, von der schwersten Weltwirtschaftskrise seit den dreißiger Jahren überzogen, die tiefe Spuren hinterlassen hat. Dies blieb für den Investitionsbestand der DEG nicht ohne Konsequenz. Etwa die Hälfte aller Investitionsländer der DEG mit über einem Drittel des Investitionsbestandes sind wegen ihres Investitionsklimas, ihrer volkswirtschaftlichen Strukturen oder ihres Verschuldungsgrades als aktuelle Risikoländer zu bezeichnen. Dies erfordert eine Risikovorsorge, die in diesem Markt nicht zu verdienen ist, und enorme, kostenintensive Beratungsleistungen. Ich schließe mich weder dem ordoliberalen Extremurteil über entwicklungspolitische Leistungen, wie »schädlich und überflüssig«, noch dem Verdikt von der angeblich »tödlichen Entwicklungshilfe« an. Die DEG steht, was die Effizienz im Umgang mit Steuergeldern angeht, nicht schlecht da. Es dürfte nicht viele staatliche Einrichtungen geben, die mit dem ihnen anvertrauten Geld soviel produktives Kapital, soviele Arbeitsplätze und einen, wenn auch bescheidenen Wohlstand geschaffen haben wie die DEG durch ihre Projektgesellschaften. Dieses Ergebnis war nur möglich, weil es der DEG, der Geschäftsführung und den Mitarbeitern, gelang, eine Vertrauensbasis gegenüber der Privatwirtschaft zu schaffen und damit die DEG partnerschaftsfähig zu machen und zu erhalten. Voraussetzung hierfür war – eine der Grundüberlegungen, die Kai-Uwe von Hassel in seiner Denkschrift niedergelegt hatte –, daß die DEG nach den Prinzipien privatwirtschaftlicher Unter-

nehmen geführt wird, der zwar der Staat die Kapitalausstattung zur Verfügung stellt, auch die großen Linien mit auf den Weg gibt, ansonsten aber das Unternehmen arbeiten läßt, ohne daß es von den Ressorts der Bundesregierung gegängelt wird.

Aufgabe der DEG war es und wird es in Zukunft sein, unter entwicklungspolitischer Zielorientierung ihr Investitionsgeschäft eigenverantwortlich und ertragsorientiert zu betreiben. Das Spannungsfeld zwischen unternehmerischem Gewinnstreben und entwicklungspolitischen Erfordernissen kann im einzelnen Investitionsprojekt eine Zerreißprobe sein: unternehmerisch erfolgreich in den Projektgesellschaften zu wirtschaften, unternehmerisch erfolgreich auch für die DEG in dem Sinne zu sein, daß zumindest Kostendeckung erreicht wird, und gleichzeitig politische Zielsetzungen in einem enorm risikoreichen Markt zu realisieren. Deshalb nimmt es nicht wunder, daß die DEG immer wieder in öffentliche Diskussionen über Geschäftsauftrag, geschäftspolitische Grundsätze und Effizienz geriet. Sie widerspiegeln die politische Auseinandersetzung um die »richtige Entwicklungspolitik«. Die Entwicklungspolitik ist, wie eigentlich kein anderes Gebiet der Politik, mit Ideologien, Wunschvorstellungen und Emotionen belastet, die häufig weltfremd und erst recht wirtschaftsfremd sind. Im Widerstreit der Meinung zeigt sich eine grundlegende Schwierigkeit der Entwicklungspolitik – damals wie heute: die Überfrachtungen mit Hoffnungen, Erwartungen, rasch wechselnden Zielsetzungen und Interessen. Es ist schier unmöglich, sie alle zusammen und gleichzeitig in einen Gleichklang bringen zu können.

Kai-Uwe von Hassel wurde mit der Gründung der DEG der erste Vorsitzende des Aufsichtsrates. Dieses Amt mußte er bereits am 22. Februar 1962 wegen seiner Berufung zum Bundesminister für Verteidigung an Franz Heinrich Ulrich von der Deutschen Bank abgeben. Kai-Uwe von Hassel war es damit nicht vergönnt, in den wichtigen Anfangsjahren der Gesellschaft prägend auf das Geschäft einzuwirken. Die Entwicklung der DEG hat er dennoch nie aus den Augen verloren. Ab Mitte 1983 gehört er wieder dem Aufsichtsrat der DEG an. Mit Befriedigung kann Kai-Uwe von Hassel heute sehen, daß sich seine Gründungsidee bewährt hat. Die DEG gehört zu den wenigen international tätigen Finanzierungsinstituten aus den Industrieländern, die Risikokapital und langfristige Darlehen für privatwirtschaftliche Partnerschaftsunternehmen in Entwicklungsländern anbieten können. Aufgabe der DEG wird es auch in Zukunft sein, unternehmerisch gesunde und entwicklungspolitisch wirksame Investitionen in Entwicklungsländern mitzufinanzieren. Prognosen sind ein schwieriges Geschäft, doch es gibt Anzeichen dafür, daß die DEG sich in der Dritten

Welt in einem langfristig wachsenden Markt bewegt. In der weltweiten politischen Diskussion wird der Unternehmerinitiative und der Privatwirtschaft die Zukunft eingeräumt.
Die DEG will ihren Beitrag hierzu leisten, nicht zuletzt durch ihr Bestreben, ihre Partnerschaftsfähigkeit gegenüber der deutschen Wirtschaft zu erhalten und zu verbessern. Ihr Ziel ist es, deutschen Unternehmen realistische Perspektiven in der Dritten Welt zu eröffnen, um mit ihnen gemeinsam die Markt- und Standortchancen zu nutzen. Sie ist dabei aber stets auf investitionswillige und -fähige Unternehmer angewiesen. Insoweit sind auch ihren Möglichkeiten, auf Investitionen in Entwicklungsländern einen steuernden Einfluß auszuüben, Grenzen gesetzt. Das gilt sowohl für die Auswahl der Fachpartner als auch für das einzelne Entwicklungsland als Standort für Auslandsinvestitionen. Eine zunehmende Internationalisierung der Projektfinanzierung, zusammen mit Entwicklungsbanken anderer Industrieländer, wird dabei angestrebt, um die knappen Ressourcen Risikokapital und Investitionserfahrungen zu bündeln, um Investitionen in der Dritten Welt so effizient wie möglich zu gestalten, um den unternehmerischen wie den volkswirtschaftlichen Nutzen des Empfangslandes zu optimieren. Ziel einer solchen Internationalisierung der Projektfinanzierung ist dabei, entwicklungspolitisch sinnvolle und unternehmerisch rentable Investitionen, die wegen ihres hohen Risikos die Kapazität eines Einzelunternehmens oder einer einzelnen Entwicklungsbank übersteigen, dennoch zu realisieren. Zudem zeichnen sich neue Formen der unternehmerischen Kooperationen, z. B. ohne Kapitalbeteiligung, zwischen den Industrieländern und den Entwicklungsländern ab. die DEG will bei dieser lohnenden Aufgabe eine angemessene Rolle spielen. Kai-Uwe von Hassel hat mit seiner Denkschrift von 1961 eine Idee geliefert, die die Geschichte der deutschen Entwicklungspolitik mitgestaltet hat und auch in die Zukunft hineinwirken wird.

Entwicklung und Demokratisierung in Mittelamerika

Piet Bukman

Im November 1987 hatte ich die Ehre, vor der Konrad-Adenauer-Stiftung einen Vortrag zum Thema »Entwicklungshilfe: Caritas oder Politik?« zu halten. Eine der Fragen, mit denen ich mich dabei auseinandersetzte, war das Verhältnis zwischen Entwicklung, Menschenrechten und Demokratie. Der Zusammenhang ist hier sehr deutlich, und er kann und darf im Rahmen der Entwicklungspolitik nicht ignoriert werden. Dies bestätigt mich einmal mehr in meiner Überzeugung, daß Entwicklungszusammenarbeit nicht nur Caritas, sondern zu einem wesentlichen Teil auch Politik ist. Entwicklung ist nun einmal nicht ohne Demokratisierung, ohne die freie Entfaltung der Menschen und der gesellschaftlichen Gruppierungen zu realisieren. Die Diktatur isoliert die Menschen von der Außenwelt und gibt ihnen ein Gefühl der Einsamkeit. Sie führt zu Gewalt, Einschüchterung, Repression und zu Verletzungen der Menschenwürde, zu einer weitgehenden Einschränkung der Freiheit des Einzelnen. Demokratisierung hingegen fördert die Kontakte zur Außenwelt, ermöglicht die gemeinsame Bewältigung von Problemen, schafft Solidarität und geht in der Regel mit der Wiederherstellung der Menschenrechte einher.

In meinem Vortrag vor der Konrad-Adenauer-Stiftung habe ich in diesem Zusammenhang auf die Lage in Mittelamerika hingewiesen; die fünf Länder dieser Region haben seit kurzem wieder gewählte Regierungen. In diesem Beitrag möchte ich die Entwicklungen in Mittelamerika genauer unter die Lupe nehmen; dies vor allem wegen der großen Rolle, die Europa bei der Förderung des Demokratisierungsprozesses in diesem Teil der Welt spielen kann.

Am 7. August 1987 wurde in Guatemala das Friedensabkommen für Mittelamerika geschlossen. Seither versucht man mit wechselndem Erfolg, die Vereinbarungen zu verwirklichen. Trotz mancher Rückschläge kann man von einem ermutigenden Prozeß gegenseitiger Zusammenarbeit auf dem Wege zum Frieden, zur Freiheit und zur Gerechtigkeit reden, zu dem Europa deutlich Stellung beziehen muß. In erster Linie geht es darum, unseren gemeinsamen demokratischen Werten politisch Geltung zu ver-

schaffen; dabei dürfen wir es aber nicht belassen. Dieser Prozeß bedarf auch der Unterstützung durch wirtschaftliche Zusammenarbeit mit der Europäischen Gemeinschaft und ihren Mitgliedstaaten. Eine solche Zusammenarbeit wird mit dazu beitragen, daß Mittelamerika die Wirtschaftskrise bewältigen, den Entwicklungsprozeß wiederankurbeln und die Demokratie tief in der Gesellschaft verankern kann.
Zwischen Europa und Lateinamerika bestehen viele historische und kulturelle Bande. Europa hat sich allerdings jahrelang nicht um die Entwicklungen in Mittelamerika gekümmert. Seit 1984 hat sich hier vieles geändert. Damals fand in San José in Costa Rica die erste Konferenz der mittelamerikanischen Länder und der Mitgliedsländer der Europäischen Gemeinschaft statt. Auf dieser Konferenz wurde das Fundament für einen politischen Dialog geschaffen, der jährlich stattfinden soll; jüngst geschah dies noch in Hamburg. Europa hat dabei in der Überzeugung, daß für Mittelamerika eine regionale Lösung und ein gemeinsames Vorgehen bei weitem den Vorzug verdienen, entschieden die Vereinbarungen von Guatemala unterstützt. Bei diesem politischen Dialog dürfen wir es aber nicht belassen. Am 12. November 1985 haben die mittelamerikanischen Länder einerseits und die Mitgliedstaaten der Europäischen Gemeinschaft andererseits in Luxemburg ein Rahmenabkommen über die interregionale wirtschaftliche Zusammenarbeit unterzeichnet. Europäischerseits hatte man sich hierzu in dem Bewußtsein entschlossen, daß die Spannungen in Mittelamerika überwiegend auf große wirtschaftliche und soziale Diskrepanzen zurückzuführen sind. Europa bezeugt den Völkern Mittelamerikas in zunehmendem Maße seine Solidarität. Ich halte es für überaus wichtig, daß es diese Solidarität auch materiell zum Ausdruck bringt. Der Friedensprozeß eröffnet hier neue Möglichkeiten. Und gerade dies hat die Niederlande bewogen, im Rahmen der Entwicklungspolitik ein Sonderprogramm für Mittelamerika zu starten.
Der Weg, den Guatemala, Costa Rica, El Salvador, Honduras und Nicaragua eingeschlagen haben, hat sich inzwischen allerdings als dornig erwiesen. Trotz der positiven Schritte in Richtung Friede und Demokratie gehören Gewalt und Unrecht nicht mit einem Schlag der Vergangenheit an. Der christdemokratische Präsident von Guatemala, Cerezo, war sich dessen wohl bewußt, als er sich nach seiner Wahl das Ziel setzte, vor allem den Teufelskreis der Gewalt zu durchbrechen. Die sogenannte Ideologie der nationalen Sicherheit hatte hier keinerlei Verbesserung gebracht. Im Gegenteil: gerade das keiner Kontrolle unterworfene Machtmonopol hat zu den abscheulichsten Menschenrechtsverletzungen geführt. Ich denke dabei an die sogenannten Vermißten und an die große Zahl von Men-

schen, die fern der Heimat auf den Tag warten, an dem sie sicher in das Land ihrer Väter zurückkehren können.
Was verstehen wir konkret unter Menschenrechten? In erster Linie geht es um die bürgerlichen und die politischen Freiheiten und um die Rechte des Einzelnen. Aber der Mensch und die Gesellschaft bedürfen nicht nur der klassischen Rechte, die das Fundament einer demokratischen Gesellschaft bilden. Menschenrechte haben auch eine kulturelle und eine sozialökonomische Komponente. Und auch die Verwirklichung der kulturellen und sozialökonomischen Grundrechte ist ein Prüfstein für die Demokratie eines Landes. Politisch und gesellschaftlich ist beispielsweise das Vereinigungsrecht von wesentlicher Bedeutung. Die Bürger müssen das Recht haben, autonome, unabhängige Organisationen, zum Beispiel politische Parteien, Gewerkschaften, landwirtschaftliche Genossenschaften oder Frauenverbände, zu bilden. Als Mitglieder solcher Organisationen können sie an gesellschaftlichen Prozessen partizipieren, Einfluß auf die gesellschaftliche Entwicklung gewinnen und ihre Zukunft selbst mitbestimmen. Hier liegen die Wurzeln der Basisdemokratie, die mehr bedeutet als nur das Recht, eine Volksvertretung zu wählen.
Menschenrechte haben auch eine kulturelle Dimension. Sie gebietet die Anerkennung ethnischer und kultureller Gruppen, ihres unveräußerlichen Rechts, sich ihrer eigenen Art gemäß zu entwickeln. Ich denke hier an die Situation der mittelamerikanischen Indianer, die ein Recht auf die Wahrung ihrer eigenen Identität haben.
Last but not least nenne ich die sozialökonomischen Grundrechte; sie garantieren jedem Bürger eine menschenwürdige Existenz, eine materielle Basis für seine persönliche Entfaltung. Auch diese Rechte sind universal; sie begründen die Pflicht zur Zusammenarbeit zwsichen armen und reichen Ländern, zur Entwicklungszusammenarbeit. Der einzelne Bürger wird allerdings in seiner unmittelbaren Umgebung am stärksten mit der Problematik seiner sozialökonomischen Rechte konfrontiert, dort, wo er eine unvorstellbar große Kluft zwischen dem Reichtum einer kleinen Oberschicht und der Armut der breiten Masse erkennen muß. Dies ist leider für viele lateinamerikanische Länder typisch. Ich kann hier nur unterschreiben, was in Medllin und Puebla so nachdrücklich gesagt worden ist. Die heutige Sozialordnung wurde dort als soziale Sünde bezeichnet. Eine Umgestaltung der so angeprangerten Gesellschaftsordnung ist unumgänglich. Meines Erachtens ist der einzig mögliche Weg zu diesem Ziel die Fortsetzung der Demokratisierung und die Wiederherstellung und umfassendere Respektierung der Menschenrechte. Nochmals: einschließlich des Rechts auf eine sichere materielle Existenzgrundlage. Als Christ-

licher Demokrat möchte ich betonen, daß es dafür einer Gesellschaft bedarf, in der die Macht durch die aktive Partizipation der Bürger und der »comunidades« verteilt ist.
Wie ich eingangs bereits erwähnte, sind Demokratisierung und Entwicklung unlösbar miteinander verbunden. Es ist ganz deutlich, daß Mittelamerika, nachdem sich ihm hier wieder Perspektiven eröffnet haben, ein Recht auf die Unterstützung und die Solidarität der Völkergemeinschaft hat - insbesondere in dem Teil der Welt, in dem man schon so lange die Früchte der Demokratie ernten darf. Die Europäische Gemeinschaft kann sich einer Verstärkung der Entwicklungszusammenarbeit mit Mittelamerika daher nicht verschließen. Und die Christlichen Demokraten in Europa müssen darüber wachen, daß die Europäische Gemeinschaft ihre Zusagen einhält, die Hilfe für diese Region zu verstärken. Denn die Demokratien diesseits und jenseits des Atlantischen Ozeans haben ein gemeinsames Interesse: für die Werte zu kämpfen, für die Erzbischof Romero in El Salvador sein Leben gelassen hat: »Paz y Justicia«.

Währungshoheit in der Wirtschaftsgemeinschaft

Pierre Werner

Die durch die Europäische Akte vom Dezember 1985 in die Wege geleitete Verwirklichung eines binnenmarktähnlichen, einheitlichen Marktes bedingt eine erneute Überlegung über die Stellung der Währung im weiteren Geschehen der angestrebten Wirtschaftsunion. Hierbei schicke ich voraus, daß meiner Meinung nach der Römische Vertrag den gemeinsamen Markt mit seiner Fortbildung zur Wirtschaftsunion bereits beinhaltete, wenn nicht dem Buchstaben, jedoch hinsichtlich der politischen Zielsetzung, seinem Geiste nach. Vergessen wir nicht, daß tatsächlich über die Zollunion hinaus große Teilstücke einer Union in die Tat umgesetzt wurden. Der freie Markt für Industriegüter besteht in allen wesentlichen Punkten. Die viel diskutierte Landwirtschaftspolitik basiert auf einer gemeinschaftlichen Produktions- und Preispolitik. Viele wesentliche Diskriminierungen im Niederlassungs- und Fiskalrecht sind abgebaut oder aufgehoben worden. Neue Bindungen sind sogar im Währungswesen bei der Schaffung des Europäischen Währungssystems (E.M.S.) eingegangen worden.

Nun steht das Austauschmittel Geld im Zentrum der Abwicklung des Wirtschaftsgeschehens. Es wäre mithin verwunderlich, sogar unnormal, wenn die vorzunehmende Abrundung des freien Marktes ohne Zutun einer währungspolitischen Komponente erfolgen könnte.

Im Dezember 1969 hatten die Staats- und Regierungschefs der EG die Ausarbeitung eines Plans hinsichtlich der stufenweisen Schaffung einer europäischen Wirtschafts- und Währungsunion angeordnet, wobei dieselbe als Stabilitäts- und Wachstumsgemeinschaft verstanden war.

Der unter meiner Leitung erarbeitete Plan gab Anlaß zum Eintritt in eine erste Stufe, mit der Schaffung des Fonds für währungspolitische Zusammenarbeit (FECOM), zur Zeit in Luxemburg domiziliert, im Zusammenhang mit der Einengung der Bandbreiten der Kursschwankungen zwischen den Nationalwährungen der Mitgliedstaaten (die sogenannte Währungsschlange). Auch das 1979 beschlossene Europäische Währungssystem baute noch auf die hierbei gewonnene Erfahrung und Einrichtung auf.

Der volle Plan zur Schaffung der Wirtschafts- und Währungsunion kam jedoch nicht zum Tragen.
Die Erschütterung des Weltwährungssystems in den Jahren 1971/1972, die einsetzende Inflation, welche noch durch die Folgen der Ölkrise verschärft wurde, der Mangel an politischem Willen zur Harmonisierung der Wirtschaftspolitiken unter dem Druck der sozialen oder wirtschaftlichen Machtgruppen, werden als Ursachen dieses Scheiterns angeführt. Allerdings hätte der Umstand durch größere Kohäsion im europäischen Raum auf das währungspolitische Schicksal der Welt und Europas größeren Einfluß auszuüben, dafür gesprochen, konsequent wenn auch mühsam, in der eingeschlagenen Richtung weiterzufahren. Ein wenig von dieser Erkenntnis kam erst 1979 mit dem E.W.S., zaghaft ebenfalls, bei der formellen Anerkennung der Währungskapazität der Gemeinschaft in der Europäischen Akte.
Nun muß man beim Rückblick feststellen, daß bei jedem Anlauf zum Fortschritt auf diesem Gebiet die später eintretende Stauung irgendwie mit der Problematik der Institutionen zusammenhing, dies auch, wenn rein wirtschaftliche Fehlentwicklungen bei der Harmonisierung der Wirtschaftssysteme ins Feld geführt werden konnten.
Der Stufenplan von 1970 hatte nach den Ansichten einzelner Staaten eine zu große Dosis an Supranationalität. Der nach den Beschlüssen des Bremer Rates von 1979 innerhalb von zwei Jahren zu schaffende Europäische Währungsfonds läßt noch immer auf sich warten. Die Europäische Akte führt zwar das Monetäre in den Kompetenzbereich der Gemeinschaft ein, umgibt es jedoch mit starken prozeduralen Absicherungen.
Dies alles deutet darauf hin, daß die Regierungen der Mitgliedstaaten nicht ohne weiteres bereit sind, bedingungslos ihre Währungshoheit aus den Händen zu geben.
Von jeher wurde die Münzprägung als Hoheitsrecht, mithin als wesentlicher Bestandteil der Staatsgewalt, der Souveränität angesehen.
In der modernen Zeit haben sich die Münzsysteme weiterentwickelt und verfeinert. Auf ihrem Unterbau haben sich komplexe nationale und übernationale Kreditstrukturen errichtet, welche der Geldpolitik eine wachsende Funktion zur Orientierung der Nationalwirtschaft verleihen. Aus diesem Grunde würde man sich weniger heutzutage an dem eventuellen Verschwinden der Herrscherbildnisse oder Nationalembleme auf Münzen oder Noten stören, als an der Entziehung der vorgenanten Funktion.
Im Zeitalter des Papiergeldes und der verschiedenen Formen des Kreditgeldes erwächst dem Staat die Fähigkeit, Kaufkraft zu schaffen, zu erhalten oder zu zerstören, direkt oder indirekt, nach mehr oder weniger kom-

plizierten Verfahren. Freilich kann und soll er nicht bei diesen Möglichkeiten frisch darauf los segeln, soll er doch die Nationalwirtschaft vor den Klippen der Charybdis Inflation wie der Skylla Deflation bewahren.
In anderen Worten, die Kontrolle der Geld- und Kreditmenge ist heutzutage ein wichtiges Attribut des Münzhoheitsrechtes. Es ist nicht leicht zu handhaben und voller Tücken für den Bürger.
Infolgedessen soll es auch nicht direkt von der politischen Führung verwaltet werden, sondern von einer durch dieselbe eingesetzten mit einer großen Autonomie ausgestatteten Institution.
Zur »Objektivisierung« der Geldpolitik ist es notwendig außerdem, daß die Auffassungen über die Art und Weise sowie über die Zielsetzung der Geldschöpfung des zentralen Währungsorgans zwischen den Partnern der Gemeinschaft übereinstimmen. In dieser Hinsicht sind zwar Informationen über die Geldphilosophie der Mitgliedstaaten gesammelt worden. Zu einer regelrechten Diskussion der Vergleichsdaten mit dem Versuch zu einer Geldphilosophie für die Gemeinschaft zu gelangen, ist es noch nicht gekommen.
Dies scheint mir jedoch unerläßlich, besonders im Hinblick auf die Haushaltspolitik. Die Finanzierung laufender öffentlicher Ausgaben durch reine Geldschöpfung ist, auch nach Keynes, abzulehnen. Wie weit die Ankurbelung der Wirtschaft und größere Investitionen Ausweitungen der Geldmenge bedingen können, hängt zum großen Teil von der wirtschaftlichen Qualität der eingeleiteten Aktion sowie von der allgemeinen Belastbarkeit von Staat und Wirtschaft ab.
Es muß deshalb angenommen werden, daß die Partnerstaaten in der Verfügung über die Masse der nationalen Haushalte durch größere Integration irgendwie eingeengt werden: Vom monetären Standpunkt ist es jedoch besonders die Höhe sowie die Art und Weise der Finanzierung des Budgetdefizits, welche ausschlaggebend sind. Auch die Verwendung von Haushaltüberschüssen müßten vom monetären Gesichtspunkt aus geprüft werden.
Eine gewisse Verflechtung von Münzhoheit und öffentlichem Haushalt kann mithin nicht abgeleugnet werden.
Wir befinden uns absolut im politischen Raum.
Der Bericht über die stufenweise Verwirklichung der Wirtschafts- und Währungsunion meiner Gruppe, welcher 1970 erschien, hatte das Phänomen folgendermaßen geschildert:
»Die Wirtschafts- und Währungsunion bringt es mit sich, daß die wichtigsten wirtschaftspolitischen Entscheidungen auf Gemeinschaftsebene getroffen werden und infolgedessen die erforderlichen Befugnisse von natio-

naler Ebene auf die Ebene der Gemeinschaft übertragen werden müssen. Diese Übertragung von Befugnissen und der entsprechende Ausbau der Gemeinschaftsinstitutionen sind Vorgänge von grundlegender politischer Bedeutung, die eine progressive Entwicklung der politischen Zusammenarbeit voraussetzen. Die Wirtschafts- und Währungsunion erscheint somit als ein Ferment für die Entwicklung der politischen Union, ohne die sie auf die Dauer nicht bestehen kann.«

An anderer Stelle unterstreicht der Bericht allerdings auch das Subsidiaritätsprinzip. Nach ihm sollen die Übertragungen von Zuständigkeiten sich in dem für die Wirksamkeit der Gemeinschaftsaktion erforderlichen Rahmen halten und sämtliche Politiken betreffen, die für die Verwirklichung des gesamtwirtschaftlichen Gleichgewichts entscheidend sind. Dabei müsse jeder übermäßige Zentralismus vermieden werden. »Die Übertragung von Befugnissen auf die Gemeinschaftsorgane hätte in dem Maße zu erfolgen, wie es für das reibungslose Funktionieren der Union erforderlich ist, und sie wird eine differenzierte Haushaltsstruktur beachten müssen, die sich auf verschiedenen Ebenen – gemeinschaftliche, nationale, und so weiter – erstreckt.«

Ein Mißverständnis, das ich öfters, auch seinerzeit gegenüber den britischen Anwärtern zum Eintritt in die Gemeinschaft, zerstreuen mußte, war dasjenige, daß die wirtschaftliche Integration die Mitgliedstaaten in die Unmöglichkeit versetzen würde, eine eigene nationale, sektorielle, regionale oder soziale Politik zu betreiben. Man kann und soll die Initiativkraft der Nationen in ihrem Bereich nicht lähmen. Auf manchen Gebieten bleibt die Gemeinschaftsaktion bloß komplementär.

Die Erfahrungen die Belgien und Luxemburg in ihrer Wirtschaftsunion gemacht haben, bestätigen diese Auffassung.

Man spricht oft von dem monetären Schleier der wirtschaftlichen Realität. Die wirtschaftliche Leistung ist und bleibt die Realität, ob der Schleier national oder gemeinschaftlich ist.

Man muß allerdings sagen, daß die nationalen Regierungen noch von vielen Illusionen hinsichtlich ihrer eigenen Einflußnahme auf den Gang der Dinge beseelt sind.

Der Börseneinbruch im November/Dezember 1987 und der begleitende Tiefgang des Dollars haben eine Destabilisierung hohen Grades der Finanzmärkte und der Konkurrenzverhältnisse der europäischen Produktion herbeigeführt, damit zugleich die große Abhängigkeit auch des europäischen Währungsgebarens gegenüber Entwicklungen auf Weltebene einmal mehr offenbart.

Im Lichte derartiger Erfahrungen muß der Begriff der Währungshoheit

stark relativisiert werden, sowohl für die mächtigen wie für die schwachen Glieder der internationalen Gemeinschaft.
Es kann ja eigentlich nicht anders sein. Der absolute Anspruch auf Währungshoheit, so wie er noch und besonders in den dreißiger Jahren dieses Jahrhunderts praktiziert wurde, führt unweigerlich zu Autarkie, Protektionismus und Schrumpfung des Außenhandels. Diese Erkenntnis führte nach dem Krieg zu der Einsetzung internationaler Institutionen, welche auf freien Kapital- und Warenverkehr hinsteuerten. Insbesondere im Währungsbereich wurden durch den Internationalen Währungsfonds auf Weltebene, durch die Europäische Zahlungsunion bei den Marschallplanländern, Grundverhaltensregeln für die Mitgliedstaaten vorgeschrieben. GATT und Währungsfonds schränkten arbiträre Handlungsfreiheit stark ein.
Seit 1945 ist die Wirtschaftsphilosophie der westlichen Welt auf Freizügigkeit eingeschworen. Freier Austausch liegt sowohl der GATT-Vereinbarung, der OCDE, dem gemeinsamen Markt wie auch der Freihandelszone zugrunde.
Freihandel schafft Interdependenz, gegenseitige Anfälligkeit gegenüber Entwicklungen in den Partnerländern. Ich betone nochmal: Das gilt sowohl für die Starken wie für die Schwachen. Die Entwicklung der Kommunikationstechnologie und des Medienwesens führt zu einer Art Universalismus einer dauernden und schnellen Information, der die wirtschaftlichen und finanziellen Kräfte der einzelnen Länder ausgeliefert sind.
Dies ist der Grund, warum es angebracht und letzthin unumgänglich erscheint, zwischen eng verbundenen Wirtschaftspartnern die nationale Währungshoheit in ihren operativen Formen einzubringen in ein gemeinsames Unternehmen, um letzten Endes ihre Wirksamkeit auch gegenüber Drittländern in einer geballten Form wiederzufinden und zu vergrößern.
Im Beneluxvertrag ist ausdrücklich stipuliert, daß Änderungen in der Parität der Währungen der drei Länder nur mit dem Einverständnis der drei Regierungen durchgeführt werden. Dasselbe gilt in der belgisch-luxemburgischen Wirtschaftsunion.
Andererseits bin ich der Meinung, daß die Klausel des Statuts des Europäischen Währungssystems (EWS) gemäß welcher Paritätsänderungen in einem Schnellverfahren durch gemeinsame Beschlußfassungen vorgenommen werden, wesentlich zu den Erfolgen des Systems beigetragen hat.
Es ist also so, daß die Währungshoheit der Länder sich schon weitgehend den Notwendigkeiten eines gemeinsamen Marktes angepaßt hat. Mit

dem sogenannten einheitlichen Markt gemäß Europäischer Akte wird diese Notwendigkeit noch vergrößert. Daraus ergibt sich die Notwendigkeit einer Weiterentwicklung des Systems.
Mitgliedstaaten mit zur Zeit besonders stabilen Währungen werden wohl das Bedürfnis zu dieser Weiterentwicklung nicht so stark empfinden oder zu schätzen wissen. Es soll jedoch auch von diesen bedacht werden, daß die wirtschaftliche Grundlage der Festigkeit der nationalen Währung größtenteils in den ausgiebigen Wirtschaftschancen besteht, welche die bisherige wie auch die künftige Gemeinschaftspolitik bietet.
Der spektakuläre Aufstieg der »ECU« im privaten Finanzwesen zeigt den Weg und offenbart das Bedürfnis. Ein Brückenschlag zu dem offiziellen Gebrauch dieser europäischen Geldeinheit müßte bald erfolgen, um der Entwicklung einen festen Halt zu geben.
Was die institutionelle Entwicklung betrifft, bin ich der Meinung, daß wir kein bestehendes Modell hundertprozentig kopieren können. Auch in dieser Hinsicht wird man die Originalität der europäischen Integration wiederfinden.
Die ganze oder teilweise Einbringung der Münzhoheit in ein gemeinschaftliches Organ wie Währungsfonds, oder Reservefonds, oder Zentralbank, soll nach Maßgabe der größten Effizienz differenziert und stufenweise erfolgen.
Was an Erfahrung im europäischen Zentralbankwesen gesammelt wurde, soll auch nicht verloren gehen. In dem Sinn fällt dem Ausschuß der Zentralbankpräsidenten, auch in seiner Kapazität als Rat des FECOM, eine besonders wichtige Rolle zu. Die künftige Struktur des Systems soll auch im Sinne der obigen Ausführungen gedacht werden. Ein zentrales, von den Regierungen unabhängiges Organ beschließt über die Währungspolitik und bedient sich der bestehenden nationalen monetären Institute für die Durchführung dieser Politik in Gemäßheit seiner Direktiven. Die Währungspolitik stellt sich natürlich in den Rahmen der von der Gemeinschaft verfolgten allgemeinen Wirtschaftspolitik.
Meiner Gruppe im Jahre 1970 schwebte irgendwie eine Analogie mit dem Federal Reserve System der Vereinigten Staaten vor, natürlich mutatis mutandis.
Ich bin der Überzeugung, daß die Mitgliedstaaten in der gebündelten Währungshoheit, falls diese systemgerecht ausgeübt wird, das nationale Privileg in erneuter, durch Gemeinschaftsaktion verstärkten Form, wiedergewinnen können.

Die Reform der gemeinschaftlichen Landwirtschaftspolitik: Auf dem Wege zu einer neuen Zukunft für die europäische Landwirtschaft

Paul De Keersmaeker

1. *Einleitung – Die notwendige Reform der G.L.P.*

Die Reform der europäischen Landwirtschaftspolitik (Gemeinschaftliche Landwirtschaftspolitik, kurz G.L.P.) ist ein Prozeß, der schon im Jahre 1983 angefangen hat. Damals entschieden die Staats- und Regierungschefs in Stuttgart, daß die G.L.P. den geänderten Umständen angepaßt werden müsse, ohne daß die Grundprinzipien dieser Politik preisgegeben werden dürften.

In einer ersten Phase, nämlich am 31. März 1984, wurden einige wichtige Änderungen durchgeführt und das Prinzip der unbeschränkten Preisgarantie teilweise aufgeben.

Inzwischen wird die G.L.P., der geänderten wirtschaftlichen Lage auf Weltebene und auf europäischer Ebene wegen, mit immer größeren Problemen konfrontiert.

Man stellt ein wachsendes Ungleichgewicht zwischen der solventen Nachfrage und dem Angebot von landwirtschaftlichen Erzeugnissen fest. In den industrialisierten Ländern wächst das Angebot von landwirtschaftlichen Erzeugnissen, während die Nachfrage eher qualitativ als quantitativ zunimmt.

In den Entwicklungsländern hingegen konstatiert man einen Mangel an Kaufkraft infolge einer zu langsamen wirtschaftlichen Entwicklung und zu niedrigen Produzentenpreisen auf lokaler Ebene. Dies liegt an der Grundlage der Lebensmittelknappheit in diesen Ländern, ohne daß unsere abendländischen Nahrungsüberschüsse daran etwas machen können. Infolgedessen entsteht ein verschärfter Wettbewerb zwischen den Industrieländern für den Handel mit landwirtschaftlichen Produkten einerseits und eine Zuflucht zu immer zunehmenden finanziellen Mitteln in Zusammenhang mit der Unterstützung der Märkte und der Wettbewerbsfähigkeit gegenüber anderen Exporteuren von landwirtschaftlichen Produkten.

Wenn die Landwirtschaftspolitik nicht korrigiert würde, so würden z. B. für Getreide jedes Jahr 20 Millionen Tonnen in die Vorräte geraten. Während der letzten Jahre hat sich erwiesen, daß das Finden von einigermaßen guten Lösungen für das Problem der landwirtschaftlichen Überschüsse eine sehr schwierige Aufgabe ist. Dies erfolgt u. a. aus der Tatsache, daß in den 12 E.G.-Mitgliedstaaten die Betriebsstruktur in der Landwirtschaft sehr verschieden ist. Betriebsgröße, Arbeitsmöglichkeit und Betriebsergebnisse (Einkommen) sind stark verschieden. Nur eine Minderheit der Betriebe in der Gemeinschaft ist genügend strukturiert, um ein angemessenes Einkommen zu erwerben, während es bei einer Mehrheit der Betriebe ungenügend Arbeitsmöglichkeiten gibt für eine als normal zu bezeichnende Vollbeschäftigung.
Daneben gibt es in der Europäischen Gemeinschaft gegenüber den Beschäftigungsmöglichkeiten ein Überangebot an Arbeitskräften. Der wirtschaftlichen Krise wegen, ist es nicht möglich, schnell genügend Arbeitsplätze aus der Agrarzone umzuwandeln.
Die G.L.P., die sich auf die drei wohlbekannten Prinzipien von Markteinheit, Vorrang der Gemeinschaft und Solidarität der Finanzen stützt und in verschiedenen Marktordnungen konkretisiert ist, muß in diesem geänderten Kontext erneuert werden.

2. *Wohin mit der G.L.P.?*

Die Anpassung der G.L.P. ist im *Interesse der Landwirte selbst* notwendig. Wenn es nicht gelingt, das Produktionsvolumen besser auf den Markt abzustimmen, werden die Grundprinzipien der Politik selbst nicht standhalten.
Die *Opfer,* die die europäischen Landwirte selbst aufbringen müssen, können nicht auf den Rücken anderer abgeschoben werden. Durch ein Abschließen unserer eigenen Märkte beschränken wir auch die Zugänglichkeit zum Weltmarkt. Was im internationalen Verband angesprochen wurde, muß respektiert werden, sonst bekommen wir einen Handelskrieg – ohne Sieger, nur mit Verlierern.
Die Tatsache, daß *andere große Agrarmärkte* wie die Vereinigten Staaten damit beschäftigt sind, eine sehr aggressive Politik auszuarbeiten, um Märkte zu erobern, muß uns zum Nachdenken antreiben.
Wenn wir nun unsere Probleme nicht selbst lösen, dann gefährden wir die G.L.P., die doch Erträge abgeworfen hat.

Die Ziele, die im Art. 39 des Römischen Vertrags hinsichtlich der Landwirtschaft formuliert wurden, müssen völlig uneingeschränkt bestehen bleiben. Eine produktive Landwirtschaft, die für einen angemessenen Lebensstandard der Agrarbevölkerung und für eine sichere Versorgung der Verbraucher mit Nahrung zu stabilen und angemessenen Preisen sorgen kann, ist noch immer das Ziel, das verfolgt werden muß.
Auf dem Hintergrund dieser Ziele und der geänderten Lage in der Landwirtschaft ist es gut, wenn wir die folgenden Punkte vor Augen halten:

1. Der *gemeinschaftliche Charakter* der Agrarpolitik: man würde dem Integrationsprozeß der europäischen Gemeinschaften einen schlechten Dienst erweisen, würde man die Agrarpolitik erneut nationalisieren.
   Erstens würden die Interessen der Landwirte selbst geschädigt werden; denn die Landwirtschaft ist sehr stark vom Handel mit den E.G.-Mitgliedstaaten abhängig. So ist z. B. in Belgien 70 % der Agrarausfuhr auf die E.G. gerichtet.
   Zweitens würde dies der Wiederbelebung des europäischen Gedankens, hinsichtlich des Ausbaus des internen Marktes, sicher nicht zugute kommen.
2. Die *wirtschaftliche Ausrichtung* der Landwirtschaft: ein gut ausgebauter Familienbetrieb muß aus der Kommerzialisierung seiner Produkte ein angemessenes Einkommen erwerben können. Der Landwirt muß sich als Unternehmer betrachten können, er darf kein Unterstützungsempfänger werden. Formen direkter Einkommenshilfe müssen ihren außergewöhnlichen Charakter behalten und dürfen nur für spezifische Gebiete angewendet oder außerordentlich und vorübergehend den Betrieben gewährt werden.
3. Die *soziale Dimension* der Agrarpolitik: an den vorigen Punkt anschließend, ist es wichtig, daß die Agrarpolitik in der wirtschaftlichen und regionalen Politik ihren Platz findet, so daß der Beschäftigungsfaktor in Rechnung gestellt und der Einkommenslage genügend Rechnung getragen wird.
4. Die *Umweltfunktion* des Agrarsektors: neben der Funktion des Lebensmittelerzeugers muß der Agrarsektor die Rolle eines Beschützers der natürlichen Umwelt auf sich nehmen. Produktionsmethoden, die unsere Umwelt schützen und einen Beitrag liefern, das Problem der Überschüsse zu lösen, sollen ihre Chance bekommen.
5. Die Agrarpolitik muß *finanzierbar* bleiben: es wäre falsch, die Reform der Agrarpolitik nur vom budgetären Blickpunkt aus zu betrachten; jedoch ist die Politik nicht haltbar, wenn auf einen Sektor zu viel Staats-

mittel verwendet werden müssen. Es begünstigt überdies das Erstarren des Sektors, weil jede Initiative für Erneuerung oder Anpassung an geänderte Umstände hinterwege bleibt.

6. Die Agrarpolitik muß *verwaltbar* bleiben: Vervielfachungen von Mechanismen und Systemen, die oft den Grundregeln der freien Marktwirtschaft widersprechen, sind übel.

Auf dem Gebiet der *Markt- und Preispolitik* sind verschiedene Systeme möglich, um Nachfrage und Angebot in das passende gegenseitige Verhältnis zu bringen.

Die *Senkung der Preisunterstützungsebenen* ist die einfachste Weise, um die Produktion zu beeinflussen, dennoch langfristig nicht die effizienteste. Außerdem hat solch eine Politik zur Folge, daß der Mehrheit der Produzenten eine direkte Hilfe gewährt werden müßte, um ihr Einkommen aufrechtzuerhalten.

Eine andere Methode besteht darin, die Preise einzufrieren. Hiervon darf kein direkter Effekt erwartet werden, um so mehr, als damit die Landwirte angetrieben werden, den erlittenen Einkommensverlust durch eine Mehrproduktion auszugleichen.

Ein System von *Produktionskontingentierung* (Quoten) ist sehr probat, um die Produktion innerhalb des vorausgesteckten Ziels zu halten; jedoch es hat sehr viel *Nachteile:* es wirkt struktureinfrierend, es ist unsozial, weil es die erworbenen Positionen zu Ungunsten der Neulinge erhält, es ist anti-wirtschaftlich, insoweit es die freie Unternehmungslust zügelt, es ist bürokratisch und in manchen Bereichen selbst unausführbar.

Ein System, in dem die *Mitverantwortlichkeit* der Produzenten über die Einstellung einer Produktionsabgabe realisiert wird, ergibt vielleicht noch die geringsten Nachteile. Davon dürfen gute Ergebnisse erwartet werden, unter der Bedingung, daß die auferlegte Poenalisierung im Verhältnis zu den marginalen Produktionskosten steht. Da diese marginalen Kosten bei einem gegebenen Produktionsniveau nach der Größe des Betriebes verschieden sind, trifft eine einheitliche Abgabe die kleinen Betriebe stärken als die großen. Darum ist es unverantwortlich, die Abgabe linear anzuwenden.

Das Beeinflussen der Produktion durch die Verschärfung der *Qualitätsforderungen,* auf den sich die Interventionsmaßnahmen beziehen, ist eine weitere Möglichkeit, die langfristig effizient sein könnte.

Die Orientierung der Produktion in eine bestimmte Richtung kann auch erreicht werden, wenn man die gegenseitigen *Preisverhältnisse und Interventionsmechanismen* (sowohl intern in der Gemeinschaft als auch extern

gegenüber Drittländern) anpaßt an die geänderte Versorgungslage in der Gemeinschaft.
Die Voraussetzung dafür ist eine *»globale Politik«*. Solch ein Verfahren macht neue Verhandlungen mit den Handelspartnern unbedingt notwendig. Hierdurch können jedoch nur mittelfristig Erfolge erwartet werden.
Es kommt darauf an, verschiedene der obengenannten Möglichkeiten wohl oder übel in Kombination mit anderen Maßnahmen anzuwenden, wobei den Eigenschaften der europäischen Landwirtschaft, nämlich ihrem Familiencharakter, intensiver Bodennutzung, wichtigen Einkommensunterschieden und dem sozialökonomischen Kontext in der Gemeinschaft, Rechnung getragen wird.
Die Anpassung des Angebots an die herrschenden Marktverhältnisse bedeutet auch, daß von der Entwicklung *alternativer* Kulturen, an denen es der EG mangelt, z. B. Eiweiße, und von der Entwicklung der Forstwirtschaft maximal Gebrauch gemacht wird.
Die Erzeugung von Eiweißen muß zu einem angemessenen Preis stattfinden können, zu budgetär verantwortbaren Kosten. Sowohl auf handelspolitischer wie wirtschaftlicher Ebene müssen hier Hindernisse, die dazu führen, daß in naher Zukunft wenig konkrete Ergebnisse erwartet werden können, überwunden werden.
Was die *Forstwirtschaft* betrifft, können vielleicht schnellere Erfolge erwartet werden. Neben der Neuorientierung der Produktion sollen wir auch der *Erweiterung* der internen und externen Absatzmöglichkeiten unsere Aufmerksamkeit schenken.
Die Entwicklung der *Biotechnologie* bietet uns Möglichkeiten, die wir völlig nutzen müssen.
Was die *externen Märkte* betrifft, muß die Gemeinschaft anstreben, ihren Platz sicherzustellen und womöglich auszubreiten. Dazu ist es nötig, daß die EWG ihre Exportkreditpolitik harmonisiert und ein System von langfristigen Kontrakten entwickelt wird.
Die EWG kann auch dazu beitragen, daß die *Nachfrage* nach Agrarprodukten auf dem *Weltmarkt* durch die Förderung der Kaufkraft der Entwicklungsländer zunehmen würde. Dies erfordert eine größere Stabilität der Weltmarktpreise und eine angepaßte Entwicklungspolitik (Nahrungsstrategie), Themen, die internationale Zusammenarbeit und Beratung bedingen.
Dem Problem des gestörten Marktgleichgewichtes kann eine dauerhafte und annehmbare Lösung geboten werden, wenn über die *Einkommensproblematik* der Landwirte hinweggegangen wird. Da auf dieser Ebene

die *Agrarstrukturen* eine entscheidende Rolle spielen, werden in der Zukunft Strukturpolitik mehr Aufmerksamkeit und mehr Mittel zugewendet werden müssen, und dies in enger Beziehung mit der Markt- und Preispolitik.
Nicht nur die Marktordnungssysteme, die für die verschiedenen Sektoren ausgearbeitet wurden, müssen angepaßt werden; auch auf der Ebene der Strukturpolitik müssen Maßnahmen getroffen werden, die einen produktionsorientierenden und produktionsregulierenden Charakter haben.
Da die vorhandene Produktionskapazität zur Zeit größer ist als nötig, um die Nachfrage nach Agrarprodukten befriedigen zu können, werden Maßnahmen getroffen werden müssen, Produktionsmittel der Landwirtschaft zu entziehen. Dies kann sich sowohl auf die Fläche wie auf Arbeitskräfte beziehen. Die kürzlich durch die Europäische Kommission vorgelegten Vorschläge bilden eine gute Diskussionsgrundlage für diese Problematik.

3. *Auf dem Wege zu einer neuen Zukunft*

Die G.L.P. muß angepaßt werden. Die Methode, nach der dies geschehen muß, kann folgendermaßen zusammengefaßt werden: ausgehend von einer vorsichtigen Preispolitik, die der Kostenentwicklung und der Produktionszunahme Rechnung trägt, müssen produktionsbeherrschende Maßnahmen getroffen werden, die auf einer selektiven und unterschiedlichen Weise hinsichtlich der Eigenheit und der wirtschaftlichen Realität der jeweiligen Produktionssektoren gewählt werden müssen. Damit seine Effizienz gesichert wird, soll dieses zweiteilige Verfahren zusammenhängend und schlüssig aufgefaßt werden. Wir müssen dazu kommen, eine gemeinschaftliche Landwirtschaftspolitik, die der politischen und wirtschaftlichen Realität Rechnung trägt und eine kompetive Landwirtschaft anstrebt, zu entwickeln.
Die Verallgemeinerung des Quotensystems soll vermieden werden. Die Anwendung dieser Technik kann nur in extremen Umständen, wenn festgestellt worden ist, daß alle anderen Maßnahmen gescheitert sind, verantwortet werden.
Der Familienbetrieb, das heißt ein Betrieb, der auf einer Familienbasis geführt wird, bleibt für uns die beste Struktur, die die optimale Gewähr für eine kompetive europäische Landwirtschaft bietet. Um kompetiv zu sein, muß der strukturelle Aufbau (Umfang des Betriebes), das Manage-

ment usw. so ideal wie möglich sein, was voraussetzt, daß der neue Landwirt sich ständig an die neuen Produktionsumstände anpassen können und die neuesten technologischen Entwicklungen anwenden können muß. Die Voraussetzung dafür bilden Investitionen.
Dazu ist ein ausreichendes landwirtschaftliches Einkommen, ein Einkommen, das er über den Verkauf seiner Produkte und nicht über Staatsinterventionen in Form direkter Einkommenshilfe erwerben muß, die beste Gewähr. Das erklärt auch den Wert, den wir an die Maßnahmen, die im Rahmen der neuen landwirtschaftlichen Strukturpolitik getroffen werden, um die Produktionskosten zu drücken, legen.
Zugleich müssen Maßnahmen auf sozialstruktureller Ebene getroffen werden, die als Ergänzung der Markt- und Preispolitik zur Wiederherstellung des Marktgleichgewichtes beitragen können, die notwendigen Anpassungen der Betriebe hinsichtlich der neuen Preispolitik ermöglichen, den Umweltschutz und die Flurbereinigung fördern.

Auftrag der politischen Parteien nach Artikel 21 des Grundgesetzes

Walter Wallmann

I.

Mit der Formulierung des Art. 21 GG »Die Parteien wirken bei der politischen Willensbildung des Volkes mit«, werden die Parteien als verfassungsrechtliche Wirkungskräfte umschrieben und wird ihnen ein rechtlich faßbarer Standort zugewiesen. Darin kommt ein wesentlicher Unterschied zu der Weimarer Verfassung zum Ausdruck, die von einer strengeren Dualität von Staat und Gesellschaft ausging, in der die Parteien als Institution aufgefaßt werden, die außerhalb der Staatsverfassung stehen.
Die Verfassung der Bundesrepublik Deutschland geht dagegen ausdrücklich davon aus, daß politische Parteien wesentliche Strukturelemente unseres demokratischen Systems sind und das politische Leben entscheidend prägen. Aus der Erfahrung der Weimarer Verfassung heraus wird in Art. 21 auch ein Verbot der Parteien vorgesehen, die die freiheitlich demokratische Grundordnung zu beeinträchtigen oder zu beseitigen trachten oder sie gefährden.
Die Funktionen und Aufgaben der Parteien bei der Willensbildung können sinnvoll nur vor dem Hintergrund der Vorstellung beschrieben werden, die die Verfassung vom gesamten Ablauf des demokratischen politischen Prozesses hat.
Die normativen Grundlagen dazu finden sich in der Entscheidung des Grundgesetzes für die repräsentative Demokratie in Bund und Ländern (Art. 20 Abs. 1, 28 Abs. 1, 38 Abs. 1 GG), in der sich das Staatsvolk kaum oder gar nicht unmittelbar zu äußern vermag und auf seine Mediatisierung durch die Parteien angewiesen ist.
Die Willensbildung des Volkes und die Bildung des Staatswillens durch seine verfaßten Organe innerhalb einer repräsentativen Demokratie entwickeln sich auf unterschiedlichen Ebenen, obwohl sie sehr eng aufeinander bezogen sind. Geht man von der auch darin weiterhin – wenngleich nicht mehr im Sinne einer strengen Dualität enthaltenen – Trennung von Staat und Gesellschaft aus, so kommt den Parteien die herausragende Aufgabe der Vermittlung zwischen den beiden Sphären zu. Aufgabe der

Parteien ist es nachgerade zur Überwindung der strengen Trennung zwischen Volkswillensbildung und Staatswillensbildung beizutragen.
Materielles Verfassungsrecht hat in dieser Hinsicht das Parteiengesetz in seiner Fassung vom 15. 2. 1984 (BGBl. I S. 242) geschaffen. Es hat Wesen und Funktionen der politischen Parteien umfassend beschrieben (§§ 1 und 2 Parteiengesetz) und keinen Zweifel daran gelassen, daß es hiermit lediglich die Rechtsprechung des Bundesverfassungsgerichts wiederzugeben versucht. In diesem Sinne ließe sich das Parteiengesetz als Zwischenbilanz einer Rechtsprechung verstehen, die sich ihrerseits in den grundsätzlichen Aussagen dieses Gesetzes durchaus wiedererkennt (BVerfGE 24, 260, 263 f.; 300, 361; 47, 198, 222; 52, 63, 83; 74, 44, 50). Das Bundesverfassungsgericht hat gleichwohl mehrfach Gelegenheit genommen, die Aufgaben der politischen Parteien auch selbst zu formulieren: »Sie sind die politischen Handlungseinheiten, deren die Demokratie bedarf, um die Wähler zu politisch aktionsfähigen Gruppen zusammenzuschließen und ihnen so überhaupt erst einen wirksamen Einfluß auf das staatliche Geschehen zu ermöglichen« (BVerfGE 11, 266 ((273)); 44, 125).
In einer demokratischen Gesellschaft erfolgt die Willensbildung in einem offenen System des freien Meinungsaustausches. Staat und Gesellschaft sind darin zu einer funktionierenden Einheit verbunden. Es ist offensichtlich, daß die politische Willensbildung im demokratischen Staat nicht auf die obersten Organe und Institutionen des Staates beschränkt sein kann, sondern bereits im »vorstaatlichen« Bereich stattfindet.
Um dies leisten zu können, müssen Parteien Ziele formulieren, gesellschaftliche Interessen artikulieren und zusammenfassen. Parteien schaffen öffentliches Bewußtsein und bieten Antworten und Lösungsmöglichkeiten auf Fragen und Probleme der Gesellschaft an, mit denen sie dann im Wettbewerb zueinander stehen.
Seit Gründung der Bundesrepublik Deutschland ist eine Entwicklung hin zu Volksparteien festzustellen. Dies verlangt von den Parteien auch einen Ausgleich der vielen partiellen Meinungen und Interessen und damit eine Orientierung am gemeinen Wohl. Ein verantwortliches Lösungsangebot der politischen Parteien kann daher nicht auf Einzelaspekte beschränkt bleiben, sondern muß sowohl die Einbettung in Gesamtzusammenhänge als auch die Frage der Durch- und Umsetzbarkeit im Auge haben.
Ein Beispiel aus der Umwelt- und Energiediskussion mag dies illustrieren: Der Gruppenegoismus und die sogenannten Rollenverständnisse stehen dem Gemeinwohlinteresse genauso oft entgegen wie viele Bürger-

initiativen, die ihr Eigeninteresse nach dem Sankt-Florians-Prinzip bedenkenlos dem Gesamtinteresse überordnen.
Sowohl in der Umwelt- als auch in der Energiepolitik gibt es keine einfachen Antworten. Es gibt heute keine Energieart, die großtechnisch verfügbar und einsetzbar und gleichzeitig ohne Risiko wäre. Dies gilt sowohl für die friedliche Nutzung der Kernenergie als auch für den Einsatz fossiler Brennstoffe. Die Inanspruchnahme fossiler Brennstoffe ist gestiegen. Und sie wird weiter steigen, denn allein von der Entwicklung der Weltbevölkerung geht ein erheblicher Nachfrageimpuls aus. Sie steigt weltweit mit allen negativen Folgen für die Menschen, ihre Gesundheit, für die Umwelt und die Wirtschaft. Schwefeldioxyd-, Stickoxid-, Staubemissionen nehmen ständig zu. Die weltweiten langfristigen Wirkungen der CO_2-Emissionen und deren Folgen lassen sich in ihrer Dramatik heute überhaupt noch nicht abschätzen.
Genau am Beispiel dieser Frage läßt sich die Aufgabe der Parteien, im vorpolitischen Bereich der Willensbildung mitzuwirken, illustrieren. Hinter allen Überlegungen und Abwägungen stehen hochkomplizierte Erkenntnisse von Naturwissenschaftlern, Technikern, Juristen und anderen Experten, die Beiträge leisten, die zum politischen Lösungsangebot der Parteien führen.
Für diese Aufgabe bedürfen wir zum einen kritischer Vernunft. Zum anderen müssen wir uns am Prinzip Verantwortung orientieren. Im Sinne von Max Weber müssen wir stets die voraussehbaren Folgen unseres Handelns mitbedenken.
Wir sind uns in der Energie- und Umweltpolitik des mit der friedlichen Nutzung der Kernenergie verbundenen Restrisikos bewußt. Allerdings wird auch die Kernenergie nicht um ihrer selbst willen eingesetzt – vielmehr bedarf die Verantwortbarkeit ihres Einsatzes der sachorientierten Abwägung aller Alternativen und deren erkennbarer Folgen.
Wer auf dem Hintergrund dieser Kenntnisse heute den Ausstieg aus der Kernenergie propagiert, gaukelt Wahlmöglichkeiten vor, die in Wirklichkeit gar nicht existieren. Es geht nicht um ein Entweder-Oder. Er nimmt sehenden Augen all die negativen Folgen für die Umwelt, für die Menschen in Kauf, die mit der vermehrten Inanspruchnahme fossiler Brennstoffe verbunden sind.
Die Parteien müssen sich der Herausforderung stellen und einen andauernden Dialog zum Auffinden der besten Alternativen führen.
Diese Aufgabe beschreibt auch das Bundesverfassungsgericht: »Die politischen Parteien nehmen an der politischen Willensbildung des Volkes

vornehmlich durch ihre Beteiligung an den Wahlen teil, die ohne die Parteien nicht durchgeführt werden könnten. Sie sind darüber hinaus Zwischenglieder zwischen dem Bürger und den Staatsorganen, Mittler, durch die der Wille der Bürger auch zwischen den Wahlgängen verwirklicht werden kann. Sie sammeln die auf die politische Macht und ihre Ausübung gerichteten Meinungen, Interessen und Bestrebungen, gleichen sie in sich aus, formen sie zu Alternativen, unter denen die Bürger auswählen können.« Darüber hinaus nehmen die Parteien die Funktion der Elitenrekrutierung und der Regierungsbildung wahr. »Die politischen Parteien üben entscheidenden Einfluß auf die Besetzung der obersten Staatsämter aus. Sie stellen, sofern sie die Parlamentsmehrheit bilden und die Regierung stützen, die wichtigste Verbindung zwischen dem Volk und den politischen Führungsorganen des Staates her und erhalten sie aufrecht. Als Parteien der Minderheit bilden sie die politische Opposition und machen sie wirksam. Sie beeinflussen die Bildung des Staatswillens, indem sie in das System der staatlichen Institutionen und Ämter hineinwirken, und zwar insbesondere durch Einflußnahme auf die Beschlüsse und Maßnahmen von Parlament und Regierung.« (BVerfGE 52, 63, 82 f. vor allem in Anschluß an BVerfGE 20, 56, 101, und später etwa BVerfGE 60, 53, 66 f.).

Damit erwachsen die Aufgaben, der »Auftrag«, der politischen Parteien im Staate des Grundgesetzes zunächst aus der Beschreibung des verfassungsrechtlichen Status quo, wie sie unter einer sehr intensiven Beteiligung der Wissenschaft vor allem dem Bundesverfassungsgericht zu danken ist:

Sie sind freigebildete Gruppen, die im politisch-gesellschaftlichen Bereich wurzeln und als Staatsorgane nicht in Betracht kommen, auch wenn sie in den »Bereich der institutionellen Staatlichkeit« ganz nachdrücklich hineinwirken. Gleichwohl dürfen sie sich in diesen nicht hineinfügen und sich staatlich-institutionell nicht verfestigen. Ihre besondere verfassungsrechtliche Wirksamkeit ist auf ihre Teilnahme an Wahlen beschränkt. Ein Willensbildungsmonopol als denkbar äußerste Konsequenz des Parteienstaates kommt ihnen jedoch nicht zu, da an diesem Prozeß alle Gruppen der Gesellschaft beteiligt sind.

II.

Im folgenden sollen als Aufgabe der politischen Parteien daher nicht solche Funktionen verstanden werden, die sie von verfassungswegen mit ihrer Gründung zu übernehmen haben, wenn sie ihrem Anspruch als Partei gerecht werden wollen. Über diese Funktion als Wahlhilfeorgan, die die Parteien aus allen Verbänden mit politischem Einflußanspruch heraushebt, ist hier nicht weiter zu handeln. Sie steht heute außerhalb der rechts- und politikwissenschaftlichen Diskussion und kann in ihrer Legitimität nicht bezweifelt werden. Eine Funktionsbeschreibung vor dem Hintergrund der aktuellen Situation muß sich vielmehr mit der Kritik auseinandersetzen, die durch die Stichworte Vertrauensverlust und Parteienverdrossenheit beschrieben werden kann. Der Einfluß von Verbänden oder das Aufkommen von Bürgerinitiativen mag darauf hindeuten, daß kein breiter Konsens mehr über die Fähigkeit der Parteien besteht, dieser Funktion ausreichend gerecht zu werden.
Das drängendste Problem schafft eben derjenige Zustand, auf dessen Verwirklichung die parlamentarische Demokratie gerade angelegt ist - die Teilhabe der regierenden Parteien an der staatlichen Macht mit der Folge einer Steuerung staatlicher Funktionen durch die Beherrschung von Parlament und Regierung, von Legislative und Exekutive.
Das klassische Modell des gewaltenteilenden Rechtsstaates, wie es auch durch Art. 20 Abs. 2 GG vorgezeichnet ist, gerät durch eine solche zumindest potentielle Monopolisierung staatlicher Gewalt in den Händen von - ihrem Verfassungsverständnis nach vor- und außerstaatlichen - »politischen Handlungseinheiten« in die Gefahr einer Schieflage, die sich mit den Mitteln des Verfassungsstaates allein und dort vornehmlich denen der Verfassungsgerichtsbarkeit nicht beheben läßt.
Die »Checks and Balances« müssen, wenn sie wirksam sein sollen, anders ansetzen als nur im Verhältnis der staatlichen Funktionen zueinander. Die zunehmenden Versuche, politische Fragen zu rechtlichen zu erklären und sie von einer dritten Gewalt entscheiden zu lassen, die von solchen Tendenzen der Machtzusammenballung noch freigeblieben ist, macht als Symptom die geschilderte Fehlentwicklung besonders deutlich. Manfred Rommel weist auf die Gefahr der »Inbesitznahme der Politik durch die Justiz« ausdrücklich hin.
Nichts anderes gilt für den immerhin systemimmanenten Versuch, in dem Verfahren wechselseitiger Kontrolle die parlamentarische Opposition als Trägerin eigener Zuständigkeiten zu installieren, wie es im Anschluß an

die Badische Verfassung von 1947 nunmehr in Art. 23 a der Hamburger Verfassung geschehen ist.
Ein funktionierendes System der Balance – nachgerade freilich ein Gemeinplatz der verfassungspolitischen Diskussion – ist auf den ebenso hemmenden wie befruchtenden Gegensatz von Regierung und Parlament unabdingbar angewiesen.
Wir haben – nach allem was wir über die Vorgänge in Kiel wissen – erfahren müssen, welche Gefährdungen davon ausgehen, wenn diese Balance verletzt wird, wenn Person und Amt identisch gesetzt werden. Aber wir müssen uns auch darüber im klaren sein, daß die Parteien-Demokratie nicht die Ursache und nicht die Bedingung schweren politischen Fehlverhaltens ist, sondern die Ursache für Gefährdungen, die Ursache für politisches Fehlverhalten wir Politiker selbst sind, in unserer ganzen Fehlerhaftigkeit, in unserer ganzen Unzulänglichkeit. Die Demokratie hat, weil Politiker versagen, deswegen nicht versagt, sondern sie ist die Staatsform, in der Schuld und Versagen offenkundig gemacht werden können, in der Konsequenzen gezogen werden können.
Zu der in der letzten Zeit so häufig beschworenen »politischen Kultur« gehört auch dieses funktionierende, von Spannung geprägte, Gleichgewicht. Was immer politische Kultur sein mag, niemand darf sich mit einem Heiligenschein versehen. Niemand darf einen Politiker als Heiligen fordern. Denn das wäre letztlich das Ende der Demokratie. Denn diese Demokratie ist, bei allen ihren Mängeln, eben die menschlichste Staatsform. Und deswegen braucht sie die Menschen und sie wird gefährdet, wenn sie Übermenschen voraussetzt und behauptet, es könne sie geben.
Die Erhaltung dieses sensiblen Spannungsverhältnisses erweist sich deshalb als umso notwendiger, weil es gerade die Parteien sind, die die historische Chance nutzen könnten, zur Aufhebung jener Trennung zwischen Staat und Gesellschaft beizutragen, die die Gefahr in sich birgt, daß der Bürger seinem Staat immer noch fremd gegenübersteht. Vor allem die Parteien haben ihren legitimen Platz in jenem Bereich zwischen staatlicher Willensbildung und ihrer Vorformung durch die politische Willensbildung des Volkes. Wenn sie denn im Sinne Rudolf Smend's als »Integrationsfaktoren« zu bezeichnen sind, dann finden sie hier das Betätigungsfeld, in dem sie integrativ tätig werden müssen.
Das sind sie freilich, wollen sie einer wachsenden Staats- und Parteiverdrossenheit entgegenwirken, nicht nur sich selbst, sondern vornehmlich der Verfassung selbst schuldig: Eine durch die politischen Parteien vermittelte Repräsentation kann materiell immer nur in der Weise stattfinden, »daß die einzelnen – als die zunächst nur formal repräsentierten – die

alle gemeinsam angehenden Fragen des Zusammenlebens durch die Repräsentanten verhandelt und ausgetragen sehen, und zwar in einer Weise, die ungeachtet von Meinungsverschiedenheiten und Auffassungsunterschieden eine Identifikation dieser Art der Behandlung und Entscheidung ermöglicht und hervorruft . . .
Repräsentation in diesem inhaltlichen Sinn ist ein Prozeß; genauer: ein geistig-politischer Prozeß . . . Rechtlich gesehen, das heißt durch rechtliche Vorkehrungen, kann sie zwar ermöglicht, nicht aber gewährleistet werden – sie muß im und aus dem Handeln der Repräsentanten Gestalt gewinnen.« (Böckenförde: »Mittelbare/repräsentative Demokratie als eigentliche Form der Demokratie«, in: Staatsorganisation und Staatsfunktionen im Wandel. Festschrift für Kurt Eichenberger, 1982, S. 301, 306 ff.).
Es ist die große Herausforderung für die Parteien, ihren Beitrag zur Verwirklichung dieser Repräsentationen zu leisten. Wenn dieses gelingt, können sie auch als ihr legitimes Recht beanspruchen, an denjenigen wesentlichen Entscheidungsprozessen mitzuwirken, die sonst an den strukturellen Schwächen der Demokratie zu scheitern drohen.

Die politischen Stiftungen und die Parteien

Bruno Heck

Die politischen Stiftungen der Bundesrepublik haben Ansehen im In- und Ausland erworben. Sie gehören zu unserer politischen Kultur; es gibt in der Welt nichts Vergleichbares. Was sie verbindet, ist die gemeinsame Verantwortung für unsere Republik, ihre Liberalität und ihre Toleranz.
Kai-Uwe von Hassel, dem meine Zeilen gewidmet sind, wirkt seit vielen Jahren im Vorstand der Konrad-Adenauer-Stiftung mit; doch nicht nur dies. Er hat als Präsident des Deutschen Bundestags das Fundament für den Ausbau der politischen Stiftungen gelegt. Er hat überdies von Schleswig-Holstein aus eine regionale Stiftung, die Hermann-Ehlers-Stiftung, gegründet, die er selbst seit 1968 leitet. Die Hermann-Ehlers-Stiftung hat mit Studentenwohnheimen begonnen. Doch Kai-Uwe von Hassel ging es vor allem dabei um die politische Bildung der Studenten. Da gab es ungenutzte Möglichkeiten, die es nahelegten, die freien Zeiten allgemein für die politische Bildungsarbeit zu nutzen. Heute ist die Hermann-Ehlers-Stiftung ein anerkanntes Institut politischer Bildungsarbeit im norddeutschen Raum.
»Politische Bildung« ist zunächst fast wie ein Fremdwort empfunden worden. Das hängt damit zusammen, daß zunächst die »politische Bildung« fast eine Beute extremer Soziologen zu werden drohte, die unter politischer Bildung nicht viel mehr verstanden, als kritische Bildung zur Demontage alles Überkommenen. Als Reaktion auf die Erfahrungen mit dem Nationalsozialismus mag dies, eng geführt, in etwa verständlich erscheinen. Auf die bitteren Erfahrungen der Weimarer Republik allerdings war dieses »negative« Bildungskonzept keine Antwort. Politische Bildung hat es mit der liberalen Demokratie zu tun. Sie zu ermöglichen, sie zu stärken, ist ihre Aufgabe. Das »negative« Bildungskonzept zielt auf die Überwindung bzw. Beseitigung dieser liberalen Demokratie, die sie allenfalls als Durchgangsstadium gelten lassen zur eigentlichen Demokratie.
Ich möchte da meine persönliche Lebenserfahrung einbringen. Geprägt worden bin ich zwar nicht von der Weimarer Republik, aber doch von einer Jugendzeit, die in diese Republik gefallen ist. Geprägt worden bin ich von dem katholischen Schülerbund »Neudeutschland«, der 1919 durch

den Kölner Kardinal Felix v. Hartmann gegründet worden war. Wir wollten die neuen Freiheiten der Republik nutzen, um an der Erneuerung des Vaterlandes, an einem neuen Deutschland mitzuwirken.
Unser Bund war angelegt auf persönliche Innerlichkeit, auf Selbsterziehung, auf eine Bildung, die geborgen war in der Innerlichkeit unserer Gemeinschaft mit ihrem Zuhause in der Kirche. Wir waren auf dem Weg nach einem neuen Deutschland, nach unserem Vaterland Deutschland, das besiegt war, das mit dem Verdikt der Schuld am Kriege ebenso belastet war wie durch das Diktat eines Friedens, der keiner war und nur schwer einer werden konnte; wir waren auf dem Wege nach einem neuen Deutschland, nach unserem Vaterland Deutschland, das jenes Herz der Völker sein sollte, das Friedrich Hölderlin besungen und beschworen hatte – dies alles suchten wir damals im Bund »Neudeutschland«, engagiert mit unserem ganzen Herzen, ohne jedoch irgendwelche konkreten Vorstellungen von den Umrissen dieses neuen Deutschlands zu haben und ohne auch nur Konturen davon in der politischen Wirklichkeit der Weimarer Republik zu sehen.
Die Politik ist nicht das Feld gewesen, auf dem wir uns bewegten. In uns war kein konkreter politischer Wille lebendig – weder rückwärts gewandt zur Monarchie noch vorwärts in Richtung auf die Republik. Das Gezänk der Parteien haben wir allenfalls nicht beachtet; von der Weimarer Republik haben wir nur die Oberfläche bemerkt. Wir nutzten, wie gesagt, die Freiheiten, die sie uns gebracht hatte, die Freiheiten, von denen wir lebten. Wir überlegten aber nicht, daß diese Freiheiten nicht von selbst standhalten und Bestand haben könnten. Uns schien das Deutsche Reich eher als Beute der Parteien und ihres Streits in Gefahr zu sein. Die Demokratie als Aufgabe haben wir nicht begriffen. Wir sind politisch ungefordert geblieben, und so haben wir uns politisch auch nicht zu Wort gemeldet.
Damals waren es zuerst die Sozialdemokraten, die erkannten, daß erfolgreiches Handeln in der Politik politische Bildung voraussetze – nicht nur bei Akademikern, sondern weit darüber hinaus bei allen Schichten der Bevölkerung, vor allem verständlicherweise bei den Arbeitern. Sie haben daher – nicht nur, um ihren großen Reichspräsidenten Friedrich Ebert zu ehren, sondern vor allen Dingen, um diesen großen Sozialdemokraten zum Leitbild ihrer Bildungsbemühungen zu machen – ihre politische Stiftung, die erste Stiftung dieser Art in Deutschland, 1925 gegründet und nach Friedrich Ebert benannt.
Gleichwohl – trotz dieser Ansätze, um die Bürger innerlich zu gewinnen – ist Weimar gescheitert. Der Historiker Hagen Schulze hat zu Recht dar-

auf hingewiesen, daß wohl die wichtigsten Gründe dafür auf dem Felde der Mentalitäten, also der Einstellungen und des Denkens, zu suchen seien. Über eine dieser Mentalitäten, in deren Milieu ich selbst aufgewachsen bin, habe ich berichtet. Es führt kein Weg an der Einsicht vorbei, daß es damals keine Mehrheit gegeben hat, die das politische System von Weimar auf Dauer zu akzeptieren bereit war. Für die Republik wurde wenig geworben, geschmäht wurde sie viel. Politische Bildung gab es weder auf den Schulen noch an den Universitäten, geschweige denn in der Gesellschaft. Parteien und Verbände haben sich den Anforderungen des Parlamentarismus deswegen verständlicherweise nicht gewachsen gezeigt.
Als nach dem Ende der nationalsozialistischen Diktatur in Bonn die Frauen und Männer des Parlamentarischen Rates zusammentraten, um der zu schaffenden Republik für eine Übergangszeit eine Verfassungsordnung zu geben, waren diese Erfahrungen in vielseitiger Weise gegenwärtig. Bei aller Vielfalt der Meinungen ist es doch zu einem breiten Konsens gekommen, der getragen war von gemeinsamen Überzeugungen. Eine dieser Überzeugungen war, daß die neue Republik nicht nur Institutionen schaffen, sondern sich auch in die Köpfe und Herzen der Bürger eingründen müsse, damit Bonn nicht, wenn auch auf Umwegen, wieder Weimar werde.
Konrad Adenauer war stets von tiefer Sorge um die Verankerung der Demokratie in Deutschland umgetrieben. Es ist bezeichnend für ihn, daß er alle seine Weihnachtsansprachen genutzt hat, um den Bürgern, den Frauen und Männern, beschwörend ins Gewissen zu reden. Immer sprach er von dem Frieden, auf den es ankomme, dem Frieden, der von dem guten Willen, und darunter verstand er das tätige Engagement für die Republik, abhänge. Einmal hat er dies so gesagt: »Nach dem Ersten Weltkrieg haben manche Deutschen geglaubt, daß der Staat durch die demokratische Staatsform allein gegen die Herrschaft der Gewalt für immer gefeit wäre. Unsere Erfahrungen haben uns eines Besseren belehrt. Erst wenn die Begriffe der Freiheit und der Ordnung für jeden einzelnen Staatsbürger Teil seiner selbst geworden sind, ist die demokratische Staatsform gesichert.«
In erster Linie sah er die Demokratie durch den Materialismus gefährdet. Damit meinte er nicht nur die aggressive Ideologie des atheistischen Materialismus, die die junge Demokratie aus dem Osten bedrohte, sondern er äußerte immer wieder die Besorgnis, das deutsche Volk sei durch seinen neuen Wohlstand in eine »geistige Lethargie« geraten, was zu einer viel subtileren Bedrohung führe. Um dem entgegenzuwirken, beschwor er immer wieder seine Mitbürger in der Union, sie möchten »in unserer Partei,

namentlich innerhalb unserer Jugend, das Weltanschauliche, das uns prägt, pflegen«.
Damit war die Aufgabe angesprochen, der Vermassung und Entpersönlichung des einzelnen in der Industriegesellschaft unseres Jahrhunderts ebenso energisch entgegenzuwirken, wie der Flucht in den Individualismus und Egoismus liberalistischer Konsummentalität.
So lag es nahe, daß sich Adenauers Partei 1956 eine Politische Akademie geschaffen hat, die von der »Gesellschaft für christlich-demokratische Bildungsarbeit« getragen war. Konrad Adenauer hat 1957 die offizielle Eröffnung dieser Akademie in Eichholz selbst vorgenommen. Aus dieser Akademie ist 1964 die Stiftung hervorgegangen, der wir den Namen Konrad Adenauers gegeben haben, weil es ihre erste und einzige Aufgabe sein und bleiben sollte, die Grundsätze und Grundentscheidungen der Adenauer'schen Politik in unserem Volk wirkkräftig zu erhalten.
Die Friedrich-Ebert-Stiftung hat ihre in der Weimarer Republik begonnene Arbeit wieder aufgegriffen und in ähnlicher Weise weiterentwickelt. Sie war 1933 von den Nationalsozialisten verboten worden. 1945 wurde sie wieder gegründet und widmete sich vor allem, sozialdemokratischer Tradition entsprechend, der politischen Bildungsarbeit auf breiter Grundlage. Doch die Friedrich-Ebert-Stiftung hat darüber hinaus mit ihrer Entwicklung in den Bereichen der Bildung und der Forschung ebenso wie in den Bereichen der Außen- und Entwicklungspolitik das große Modell abgegeben, das von den übrigen Stiftungen zwar nicht kopiert wurde, das jedoch das Leitbild für ihre eigenständige Entwicklung abgegeben hat.
Ebenfalls in den fünfziger Jahren haben auch die Liberalen ihre eigene Stiftung ins Leben gerufen. 1958 gründeten sie unter maßgeblicher Beteiligung des damaligen Bundespräsidenten Theodor Heuss die Friedrich-Naumann-Stiftung.
An der Wende von den fünfziger zu den sechziger Jahren erweiterte sich das Aufgabenfeld der Stiftungen in bemerkenswerter Weise. Ich habe davon bei der Friedrich-Ebert-Stiftung schon gesprochen. Damals traten viele Entwicklungsländer in die politische Unabhängigkeit ein. Für die Form deutscher Entwicklungshilfe traf Bundeskanzler Adenauer eine weitreichende, bis heute gültige Entscheidung: Entwicklungshilfe sollte nicht von Staat zu Staat, von Regierung zu Regierung allein getestet werden; es galt, die gesellschaftlichen, kirchlichen und politischen Organisationen und ihre Partner im Ausland in die Entwicklungshilfe miteinzubeziehen. Damit war den politischen Stiftungen die große Aufgabe eröffnet, an der Entwicklung des gesellschaftlichen Raums zwischen Staat und Bürger mitzuwirken. Damals ist neben der Politischen Akademie Eich-

holz ein Institut für internationale Solidarität entstanden, das Kontakte zu christlich-demokratischen Parteien pflegen und diese bei ihrem Bemühen unterstützen sollte, ihre Verantwortung bei der Entwicklung pluralistisch-demokratischen Lebens in ihrem Lande zu unterstützen.
Um die Mitte der sechziger Jahre verbreiterten sich Basis und Aufgabenstellung aller politischen Stiftungen erneut: Es ging um die Förderung hochbegabter Studenten des In- und Auslandes, um wissenschaftliche Forschungen im Dienst der Politik allgemein und hier nicht zuletzt auch um wissenschaftliche Vor- und Zuarbeit für alle Bereiche der Politik. Zu unserer Akademie Eichholz und zu unserem Institut für internationale Solidarität kamen die Wissenschaftlichen Institute, zu denen auch das Institut für Begabtenförderung und unser Archiv für Christlich-Demokratische Politik zählen. Die Christlichen Demokraten in Bayern haben dann auch ihre Hanns-Seidel-Stiftung gegründet und sich damit ein entsprechendes Instrumentarium für die politische Bildung in Bayern und darüber hinaus weltweit geschaffen.
In diese Zeit fiel eine für die weitere Arbeit der politischen Stiftungen wegweisende Entscheidung. 1966 untersagte das Bundesverfassungsgericht den Parteien, die ihnen zustehenden staatlichen Zuwendungen für politische Bildung einzusetzen, weil ihre Bildungsarbeit nicht deutlich genug von allgemeinen Parteiaufgaben abgegrenzt werden könne. Damit sind die politischen Parteien mit der für sie notwendigen Bildungsarbeiten zwangsläufig auf ihre politischen Stiftungen verwiesen worden, denen auf diese Weise die große, aber auch schwierige Aufgabe zugeteilt wurde, alles, was über politische Bildung zur politischen Kultur der Parteien in der Bundesrepublik beigetragen werden kann, zu übernehmen und dabei zu vermeiden, ins Schlepptau des parteipolitischen Kampfes um die Macht zu geraten. Alle politischen Stiftungen haben dann die Infrastruktur ihrer politischen Bildungsarbeit erheblich ausgebaut – wir mit unserem regional strukturierten Bildungswerk, das Mitte der siebziger Jahre seine Arbeit aufgenommen hat, um die Bürger vor Ort zu erreichen.
Wer das Entstehen und den Weg der politischen Stiftungen sich vor Augen hält, erkennt leicht, wie sehr sie von den Erfahrungen der ersten Republik geprägt in das Leben der zweiten deutschen Demokratie eingebunden sind. Zusammengenommen ergeben sie ein Spiegelbild der politischen Kultur unserer Republik, ja sie sind selbst eine exemplarische Leistung dieser politischen Kultur. Sie haben ihren Ort zwischen dem Staat auf der einen Seite und den Parteien und den Bürgern auf der anderen Seite. Sie leben von und mit der vorbildlichen Liberalität und Toleranz unseres Staates, aber auch von der Liberalität und Toleranz der Parteien, de-

nen sie zugeordnet sind. Und Liberalität und Toleranz ist das Herzblut der politischen Stiftungen, das ihre Gemeinsamkeit, wie ihr je Besonderes belebt und ihr Ansehen ausmacht. Die politischen Stiftungen haben auf diesem Wege – das ist im großen und ganzen allgemein erkannt – in jahrzehntelanger Arbeit ihren Beitrag zur Stabilität der zweiten deutschen Republik geleistet. Und doch sind sie mit der Flick-Spendenaffäre ins Gerede gekommen. Mag sein, daß da manches steuerrechtlich in die Grauzone geraten war. Das hängt jedoch damit zusammen, daß de facto die Unterstützung der Parteien und der parteibezogenen parteipolitischen Bildungsarbeit durch Spenden über Jahrzehnte hinweg rechtlich in der Schwebe geblieben war. Manches, was bislang rechtlich in der Praxis unklar gewesen ist, wurde geklärt. Das hat klare Verhältnisse geschaffen, die für die Arbeit der Stiftungen im Grunde nur förderlich sind.

Etwas anderes war der Prozeß gegen die Stiftungen, den die Grünen angestrengt hatten. Sie stellten die Rechtmäßigkeit der Globalzuwendungen des Bundesinnenministeriums an die Stiftungen in Frage. Dieser Rechtsstreit ist inzwischen entschieden. Das Bundesverfassungsgericht hat die Klage der Grünen als unbegründet zurückgewiesen. Das höchste Gericht unseres Landes hat klargestellt, daß die politischen Stiftungen ihre Aufgaben, insbesondere die politische Bildungsarbeit, selbständig, eigenverantwortlich und in geistiger Offenheit wahrzunehmen hätten und wahrnehmen. Dazu müßten sie die notwendige Distanz zu den jeweiligen Parteien wahren, und sie sei im großen und ganzen gewahrt worden. Das Bundesverfassungsgericht hat gewissermaßen die Bildungsarbeit der politischen Stiftungen im Sinne unseres Grundgesetzes gewürdigt, als es feststellte, die Stiftungen sollten die Beschäftigung der Bürger mit politischen Sachverhalten anregen und den Rahmen bieten für eine – allen interessierten Bürgern zugängliche – offene Diskussion politischer Fragen. Dadurch werde das Interesse einer aktiven Mitgestaltung des gesellschaftlichen und politischen Lebens geweckt und das dazu notwendige Rüstzeug vermittelt.

Abschließend und vor diesem Hintergrund möchte ich kurz skizzieren, welche Aufgaben die Stiftungen gegenüber den Parteien heute erfüllen; ich gehe dabei zwar von unserer, von der Konrad-Adenauer-Stiftung aus, aber was da zu sagen ist, gilt für die politischen Stiftungen im allgemeinen. Unsere Arbeit ist längerfristig darauf ausgerichtet, dem parteipolitischen Leben zu dienen, politische Bildung zu vermitteln, Verantwortungsbewußtsein vom Grundsätzlichen wie von dem her, was die Zeitgenossenschaft einfordert, bewußt zu erhalten und bewußt zu machen, politische Probleme wissenschaftlich vorzuklären, die Europäische Gemeinschaft zu fördern, die Atlantische Allianz zu stärken und über Erziehung, Bildung und Ausbildung ihren Beitrag zur demokratischen und ökonomischen Entwicklung in der Welt zu leisten. Unsere natürlichen Partner sind dabei die Parteien, denen wir zugeordnet sind, für die wir wirken, ohne deren eigene Aufgaben und Verantwortungen zu übernehmen. So hat jede Stiftung klare Aufgaben, je für sich, jedoch in gemeinsamer Verantwortung den anderen Stiftungen verbunden. So ist zu verstehen, was Norbert Blüm ausgesprochen pointiert in seinem Grußwort zum 25jährigen Jubiläum der Konrad-Adenauer-Stiftung gesagt hat: »Die Stiftung ist nicht die Dienstmagd der Partei und die Partei nicht der Oberlehrer der Stiftung«. Parteien und Stiftungen haben gemeinsame Verantwortungen, aber unterschiedliche Aufgaben: Eine Stiftung muß keine Wahlen gewinnen und keine Regierung bilden, sie muß Brücken schlagen, »Brücken zum Bürger« bauen, Brücken auch zwischen den Parteien, um unsere freiheitliche Demokratie mit Leben zu erfüllen.

Aufgabe der Stiftungen ist es nicht nur, das politische Leben der Gegenwart zu begleiten und die Zukunft mitvorzubereiten, ihre Aufgabe ist es auch, im Bewußtsein zu bewahren, woher wir kommen, welche Erfahrungen wir gemacht haben; das alles gilt es aufzubewahren, aufzuheben im Doppelsinn dieses Wortes, die Toten ihre Toten begraben zu lassen und dabei an dem festzuhalten, was bewahrt werden muß, damit Gegenwart und Zukunft nicht in die Luft gebaut werden.

Die Gründungsväter unserer Parteien, die Politiker der ersten Stunde, sind inzwischen von der Bühne abgetreten. Um so dringlicher wird die Aufgabe, deutlich zu machen, woher unsere Parteien kommen, welche Lehren sie aus der Geschichte gezogen haben, welche Grundsätze ihre Entscheidungen bestimmt und welche Kräfte ihre geschichtlichen Leistungen ermöglicht haben.

Für die Union gilt es vor allem darzustellen, was die Generation nach Adenauer, nach Erhard und nach Kiesinger ererbt hat, was deren Kinder und deren Kindeskinder erben werden. Denn dieses Wissen muß immer wieder neu erworben werden, wenn es produktiv, bewahrend und erneuernd wirksam bleiben soll. Konrad Adenauer war die überragende Gestalt der deutschen Nachkriegsgeschichte. Im Dienste der Vision unseres Grundgesetzes ist er als Bundeskanzler fast eineinhalb Jahrzehnte lang der Architekt des Wiederaufbaus unserer Republik und der weltweit anerkannte Staatsmann gewesen. Unsere Stiftung trägt nicht nur den Namen Konrad Adenauers, sondern sie sieht ihre Aufgabe darin, Konrad Adenauer in veränderten Verhältnissen gegenwärtig und wirkkräftig zu erhalten.

Von unserer wissenschaftlichen Arbeit war schon die Rede. In unserer schnellebigen Zeit ist es unumgänglich, Probleme unserer Gesellschaft vorauszudenken und sich dessen zu vergewissern, was darüber wissenschaftlich auszumachen ist. Dabei kommt es vor allen Dingen darauf an, die Fragen richtig zu stellen und das Antwortenkönnen vorzubereiten.
Auch von der gemeinsamen Verantwortung der Stiftungen war schon die Rede. Im Unterschied zur Weimarer Reichsverfassung bejaht unser Grundgesetz die Parteien und weist ihnen die wichtige Aufgabe zu, an der Willensbildung des Volkes mitzuwirken. Das Grundgesetz will einen handlungsfähigen Pluralismus; deswegen die 5-Prozent-Klausel für das Wahlgesetz, deswegen das konstruktive Mißtrauensvotum, deswegen aber auch die Richtlinienkompetenz des Bundeskanzlers und das Entscheidungsrecht des Kabinetts bei Meinungsverschiedenheiten zwischen Ressorts. Das stellt hohe Anforderungen an die Toleranz, an die Liberalität und an die Kompromißbereitschaft der Parteien. Deswegen haben die politischen Stiftungen vom Grundgesetz her auch Verantwortung gegenüber diesem Pluralismus im Ganzen. Dagegen ist in der Vergangenheit schon da und dort verstoßen worden; und in der Gegenwart wird kräftig dagegen gesündigt. Unsere liberale Demokratie, unsere Bundesrepublik bleibt nur dann lebensfähig, wenn sich die politischen Parteien nicht nur dem Wortlaut nach, nicht nur dem nach, was beim Bundesverfassungsgericht eingeklagt werden kann, nein, nur wenn sie auch dem Geist des Grundgesetzes verpflichtet bleiben, wenn der parteipolitische Nutzen dem entgegenzustehen scheint.
Durch ihr Angebot zum Dialog in einer stark differenzierten Gesellschaft tragen die Stiftungen zur Integration bei. Der Dialog als Element politischer Kultur ist heute nicht nur zwischen Spezialisten und einfachen Bürgern gefährdet, selbst die Spezialisten finden oft keinen Kontakt mehr zum Politischen. Mit der Entwicklung der technischen und wissenschaftlichen Möglichkeiten haben weithin ethisches Bewußtsein und politische Willensbildung nicht recht Schritt gehalten. Hier sind gerade die politischen Stiftungen wegen ihrer Nähe zur Partei und wegen ihrer Nähe zum Staat gefordert, alles zu tun, die liberale Demokratie dialogfähig und auch in Zukunft lebensfähig und attraktiv zu erhalten.
Für die Konrad-Adenauer-Stiftung gilt da noch im Besonderen, was Konrad Adenauer schon zur Gründungszeit der politischen Parteien nach dem Krieg gesagt hat: Alle Erfahrung habe ich gelehrt, daß gerade die liberale Demokratie der religiös fundierten moralischen Kräfte in unserem Volke bedürfe. Unsere Republik ist heute weder von Rechtsradikalen noch von

Linksradikalen ernsthaft bedroht. Aber sie scheint gefährdet durch den seichten Materialismus und den leichtfertigen Libertinismus, zu dem Wohlstand und Egoismus verführen. Was wir über die Jahre des Aufbaus und des wachsenden Wohlstands mehr und mehr vergessen haben, meldet sich heute erneut, wenn auch von anderer Seite her, zu Wort. Die Frage nach dem Sinn des Lebens, die offensichtlich durch Wohlstand und Konsum nicht beantwortet werden kann, geht kräftig in unserer Gesellschaft um. In der Präambel unseres Grundgesetzes ist von der Verantwortung vor Gott und den Menschen die Rede. Die Verantwortung vor Gott, sie ist mehr und mehr in Vergessenheit geraten. Doch heute wird im Grunde wieder nach dem »vergessenen Gott« gefragt überall dort, wo die Frage nach dem Sinn des Lebens gestellt wird. Deswegen gehört für uns zur politischen Bildung auch alles, was geeignet ist, die Präsenz des Religiösen in unserer Kultur zu fördern, damit die liberale Demokratie, die große Errungenschaft der Aufklärung, uns erhalten bleibt. Die moralische Kraft des demokratischen Staates steht und fällt mit der moralischen Kraft seiner Bürger, die Institutionen des Staates zu respektieren und zu tragen. Die Kraft einer demokratischen Gesellschaft besteht darin, die Chancen der Freiheit zu nutzen, die wesentlichen Tendenzen und Aufgaben ihrer Zeitgenossenschaft aufs Wort zu bringen und verantwortlich in die Entscheidungen des demokratischen Lebens einzubringen.

Kärrnerarbeit vor Ort

Aus der Gründungsgeschichte der Hermann-Ehlers-Stiftung

Monika Weichert-von Hassel

Am 13. 10. 1987, zwei Tage nach dem Tod seines dritten Nachfolgers im Amte des schleswig-holsteinischen Ministerpräsidenten Dr. Dr. Uwe Barschel, schrieb Kai-Uwe von Hassel in den »Kieler Nachrichten« eine weithin beachtete politische Betrachtung mit der Überschrift »Reinigungskraft der Krise«.

In diesem Artikel bettet von Hassel die Barschel-Tragödie in das »politische Milieu« ein, das sich allenthalben – und nicht nur im schleswig-holsteinischen Landesverband der CDU – beobachten lasse und das gekennzeichnet sei durch zunehmenden Verlust an Sachbezogenheit in der politischen Auseinandersetzung, Mangel an bewußter Zuwendung etablierter Amtsträger zu jungen, politisch aufgeschlossenen Menschen, Intrige und Beliebigkeit bei der Kandidatenaufstellung, Mißverständnis von Macht als Selbstzweck.

In diesem Zusammenhang bezeichnet von Hassel es als »eine Tragödie«, daß »die politischen Stiftungen der Parteien durch die Spendenaffäre so in Verruf geraten sind«, denn: »Die Aufgabe dieser Stiftungen wäre es und sollte es sein, den Mandatsträgern politische Fortbildung zu bieten und potentiellen Kandidaten ein Hineingewöhnen in sachliche Diskussionen zu ermöglichen«.

Diese Feststellung, wie auch der empfehlende Hinweis auf die 1968 von ihm gegründete und in Kiel ansässige Hermann-Ehlers-Stiftung mag vordergründig den Beigeschmack der Werbung für diese Bildungseinrichtung tragen, der er unverändert vorsteht; außerdem könnte es auf den ersten Blick so scheinen, als habe der Altpolitiker die Gunst der Stunde für sich zu nutzen gesucht, um seinem Ansehen weiteren Glanz zu geben: war doch in jenen Tagen niemand in der deutschen Öffentlichkeit gegen den Ruf nach besserer Qualität in unserer Politik.

Der hier vorgelegte Beitrag für die Festschrift zu Ehren des unbeirrten Kämpfers für die Demokratie in Europa will darlegen, daß der genannte Artikel vom 13. 10. 1987 mitnichten einem Opportunismus entsprang,

der »dem Volk aufs Maul geschaut« und jedermanns Empfinden artikuliert hätte, sondern daß er eine Wegemarke an einer konsequent durch mehr als zwei Jahrzehnte gezogenen Spur des politischen Weges darstellt und insofern Einblick gewährt in die Antriebskräfte jener Unermüdlichkeit und Rastlosigkeit, die den nun 75-Jährigen unverändert jede Mühe auf sich nehmen läßt, um seinen persönlichen Anteil daran zu haben, daß, wie er selber gerne fernab von politologischem Theoretisieren sagt, »die Dinge in Ordnung kommen«.
Mit der Anfangsgeschichte der Hermann-Ehlers-Stiftung wird ein Kapitel der Biographie Kai-Uwe von Hassels geschrieben. Eine kleine Ironie der Geschichte will es, daß dieser biographische Abschnitt mit einem Stück Autobiographie der Autorin identisch ist; ergab es sich doch, daß ich als Beamtin des Höheren Dienstes in der schleswig-holsteinischen Staatskanzlei unter dem Ministerpräsidenten Dr. Helmut Lemke die Gründungsvorstellungen für die Stiftung im Gesprächskontakt mit dem Stiftungsgründer begleiten durfte, nach der Gründung in das Kuratorium berufen wurde und hier aktiv war, bis ich am 30. 6. 1972 den Vorsitzenden heiratete und bald danach meine Ämter in der Hermann-Ehlers-Stiftung niederlegte.
Das Bedürfnis, etwas zur Verbesserung der politischen Bildung allgemein und innerhalb der Parteien im besonderen zu tun, lag 1967 gleichsam in der Luft und fand seine formale Bestätigung in dem politischen Bildungsauftrag, den das »Gesetz über die politischen Parteien« vom 24. 7. 1967 den demokratischen Parteien zuwies. Es war das Jahr des Übergreifens der studentischen Unruhen auf die westdeutschen Universitäten, und die klügeren Köpfe innerhalb der Parteien erkannten darin ein Zeichen für die Notwendigkeit, neu, jedoch system-immanent über das innere Gefüge der bundesdeutschen Gesellschaft und den politischen Auftrag der Parteien nach dem nunmehr 18 Jahre alten Grundgesetz nachzusinnen.
Hinzu trat der Umstand, daß CDU/CSU und SPD seit Dezember 1966 in Großer Koalition die Bonner Regierung stellten, so daß den Parteien größere Anstrengungen zugunsten des Fortbestandes und der Weiterentwicklung ihrer jeweils eigenen Identität abverlangt wurden. Noch hatte sich die parlamentarische Demokratie nicht so gefestigt, daß bei innenpolitischen Irritationen nicht die bange Frage aufgebrochen wäre: Könnte »Bonn« doch wieder »Weimar« werden?
Angesichts der massiven praktischen Aufgaben in der Wiederaufbauphase nach dem Krieg, hatten die demokratischen Parteien nicht sehr viel Muße für die bewußte Pflege ihrer Identitäten gehabt, und die neue Generation junger Erwachsener stand erst am Beginn ihres Hineinwachsens.

Als Kai-Uwe von Hassel am 11. 10. 1954 mit 41 Jahren der jüngste Ministerpräsident der Bundesrepublik Deutschland wurde, galt er allgemein als »sehr jung«.
Am 4. 11. 1968 sprach der damalige CDU-Generalsekretär und vormalige Bundesminister Dr. Bruno Heck in einem Grundsatzreferat auf dem 16. Bundesparteitag der CDU in Berlin über die Veränderungen im politischen Bewußtsein der Wähler, die »informierter, interessierter und kritischer als früher« geworden seien. Für die Parteien gelte es, »Versäumtes nachzuholen« und im Hinblick auf ständigen Dialog mit den Wählern »die ganze Arbeit« der Parteien »neu« zu »formieren«.
»Führung«, so Bruno Heck, »die anerkannt sein will, Führung, die es auf Entscheidung ankommen lassen will, muß von Vertrauen getragen sein, und dafür müssen wir neue Modelle der Bewährung schaffen. Die Partei muß zur ständigen Diskussion politischer Themen aufgerufen werden. Jedes Mitglied muß die Möglichkeit haben, sein Licht auf den Scheffel zu stellen«. Die Parteien müßten ein »Forum der Aussprache« werden, denn »nur die Parteien – als stets offene Foren der Aussprache – sind in der modernen Demokratie in der Lage, die Beteiligung des einzelnen am Staat zu sichern, dem einzelnen seine Freiheit zu wahren und zugleich dem Staat Autorität zu geben«[1].
Kai-Uwe von Hassel, von 1955 bis 1964 Landesvorsitzender der schleswig-holsteinischen CDU, seit seiner Berufung in das Bundeskabinett deren Stellvertretender Vorsitzender und seit 1971 ihr Ehrenvorsitzender, von 1956 bis zu seiner Wahl zum Präsidenten des Deutschen Bundestages 1969 zudem einer der Stellvertretenden Bundesvorsitzenden der CDU, hatte bereits im Frühjahr 1967 im Kieler CDU-Landesvorstand ein 35-seitiges Arbeitspapier zur Reform der Parteiarbeit vorgelegt, welches sich zwar primär auf Schleswig-Holstein bezog, in seinen Beobachtungen und Schlußfolgerungen jedoch für die Gesamtpartei gelten konnte.
In diesem Arbeitspapier wird – anderthalb Jahre vor der Parteitagsrede des Generalsekretärs – festgestellt, der Wähler bilde sich im Unterschied zu früher, als die Stimmabgabe stärker traditionell beeinflußt war, sein Urteil »zunehmend aus dem alltäglichen Erscheinungsbild der Politik«, allerdings »ohne ihre Gesamtzusammenhänge immer vollends zu begreifen«. Folglich habe »eine politische Partei offen zu sein«, müsse »jeder die Möglichkeit der Mitarbeit und damit des Einflusses auf die Entwicklung des öffentlichen Geschehens finden«. Die Klage über »politisches Desin-

1 Bundesparteitag Berlin, 1968, Niederschrift, Hrsg. Christlich-Demokratische Union, Bundesgeschäftsstelle, S. 55–58.

teresse« sei allzu bequem, denn die Ursache für das Desinteresse und die Wahlmüdigkeit vieler Wähler liege »in der Enttäuschung über die politischen Parteien und nicht in der Gleichgültigkeit«.
Der Stellvertretende Vorsitzende der Landespartei entfaltet sodann einen Katalog von Vorschlägen zur Intensivierung und Öffnung der Parteiarbeit auf Orts-, Kreis- und Landesebene. Das große Maß an Erfahrung während vieler Jahre Mühen in der Landes- wie in der Bundespartei zeigt sich hier ebenso wie die sichere Witterung des Praktikers für die Bedürfnisse der sogenannten »Basis«.
Ein Jahr später begann die Bundespartei, sämtliche Mitglieder zur Mitwirkung an der Neufassung des Parteiprogrammes zu beteiligen. Insofern markierte das auf dem 16. Bundesparteitag verabschiedete »Berliner Programm« den – leider fast vergessenen – Versuch einer Wende im Umgang der Parteispitze mit der Gesamtheit der Mitglieder.
In Schleswig-Holstein setzte sich von Hassel mit seinem Papier vorerst insofern nicht durch, als er keine Gelegenheit erhielt, es auf dem Rendsburger Landesparteitag vom 1. und 2. 12. 1967 vorzustellen und diskutieren zu lassen. Sein Amtsnachfolger als CDU-Landesvorsitzender und Ministerpräsident Dr. Helmut Lemke entschied sich für andere Schwerpunkte und gewann damit die nötige Zustimmung.
Es mußte also ein Weg außerhalb der Parteiorganisation gefunden werden, um der Sache den als notwendig erachteten Dienst leisten zu können.
In München hatte am 1. 12. 1967 das politische Bildungswerk der »Hanns-Seidel-Stiftung e. V.« seine Arbeit aufgenommen. »Ob es sich um die grundlegende Mitgestaltung der Politik handelt oder um die tägliche politische Kleinarbeit, es geht nicht mehr ohne ständige Weiterbildung«, betonte ihr Vorsitzender, Staatsminister Fritz Pirkl, CSU, im Anschluß an das erste erfolgreiche Arbeitsjahr, und er erinnerte noch einmal an den Satzungszweck, »die demokratische und staatsbürgerliche Bildung des deutschen Volkes auf christlicher Grundlage zu fördern«[2]. Der Konrad-Adenauer-Stiftung e. V. mit Sitz in Bonn war somit eine institutionelle Schwester im Bereich der CSU erwachsen. Die Konrad-Adenauer-Stiftung selber hatte sich 1964 unter dem gleichberechtigten Vorsitz der Staatssekretäre Prof. Dr. Alfred Müller-Armack und Fritz Thedieck neu

2 Hanns-Seidel-Stiftung, Bildungswerk, Programm 2. Halbjahr 1968, Seite 6

Alle sonstigen Zitierungen stammen aus unveröffentlichten Akten im Privatarchiv Monika Weichert- von Hassel; dazu zählen handschriftliche Notizen, Briefe und vervielfältigte Protokolle und Mitteilungen, die für den internen Gebrauch im Mitgliederkreis hergestellt und nicht publiziert wurden.

konstituiert, nachdem ihre Politische Akademie Eichholz bereits 1958 mit der Arbeit begonnen hatte.
Die der SPD nahestehende Friedrich-Ebert-Stiftung e. V., 1925 gegründet, 1933 verboten, hatte schon 1947 ihre Neugründung erfahren. Die der FDP zuzuordnende Friedrich-Naumann-Stiftung e. V. war am 19. 5. 1958 gegründet worden. Ihre Gründungsurkunde trägt noch die Unterschrift von Theodor Heuss und auch die des Bankiers Dr. Fritz Meyer-Struckmann, dessen Name später auch unter der Gründungsurkunde der Hermann-Ehlers-Stiftung stehen sollte.
Folglich nimmt es nicht wunder, daß Kai-Uwe von Hassel die von ihm so sehr gewünschte Förderung der politischen Bildungsarbeit auf christlich-demokratischer Grundlage nun ebenfalls auf die Füße einer vergleichbaren Institution zu stellen trachtete.
War die Landespartei selber nicht bereit, eine eigene offene Bildungsarbeit anzubieten – und vermutlich konnte sie sich das gewünschte Maß an Offenheit auch gar nicht leisten, denn Wahlkampfaussagen verlangen und sind Beschlüsse und keine Diskussionsgrundlagen –, dann lag der Gedanke an eine christlich-demokratische Bildungseinrichtung spezifisch norddeutscher Prägung nahe, wobei es von Hassels Wesen zuwider gelaufen wäre, nördlich des Teutoburger Waldes mit der Konrad-Adenauer-Stiftung in Konkurrenz treten zu wollen. Er dachte vielmehr an eine auf Schleswig-Holstein und die anderen, nicht CDU-regierten norddeutschen Küstenländer zugeschnittene Ergänzung zur Konrad-Adenauer-Stiftung. Das Thema Berlin war heikel und mußte heikel bleiben, wobei der unbefangene Außenseiter das preußische Berlin ungeachtet der Probleme dieser Stadt seit 1945 immer eher dem Norden zurechnen würde als dem traditionell wenig preußenfreundlichen Rheinland.
Um die Überlegungen Kai-Uwe von Hassels in jenen Tagen recht nachvollziehen zu können, muß man sich auch vergegenwärtigen, daß er als der »junge« Ministerpräsident im einzigen CDU-regierten Bundesland des Nordens und erst recht als Bundesminister unter Konrad Adenauer ab Januar 1963 immer zu den Hoffnungsträgern unter den Unionspolitikern evangelischer Konfession gezählt worden war.
Im Evangelischen Arbeitskreis der Landes-CDU Schleswig-Holsteins, aber auch in immer wiederkehrenden Gesprächen innerhalb der Landespartei spielte die Überlegung eine Rolle, daß es hier besonderer Anstrengungen bedürfe, um innerhalb der Union ein eigenes geistiges Profil zu zeigen.
Das hatte gar nichts mit Konfessionalismus zu tun, sondern einfach damit, daß die katholischen Unionschristen – geschichtlich bedingt – auf

dem geistigen Fundament des alten Zentrums und auf der Tradition der päpstlichen Sozialenzykliken auf- und weiterbauen konnten, während evangelischerseits noch die letzten Narbenschmerzen der Trennung von »Thron und Altar« zu verarbeiten waren und der bis zu seinem tragischen Tod im Februar 1964 im schleswig-holsteinischen Landeskabinett wirkende Kultusminister Edo Osterloh als evangelischer Theologe unbeirrt der Auffassung anhing, die evangelische »Volkskirche« im Norden garantiere »christliche Erziehung« und eine christlich denkende Bevölkerung – ungeachtet des sich entfaltenden Weltanschauungspluralismus in der westdeutschen Nachkriegsgesellschaft.
Kai-Uwe von Hassel also, seit Bildung der Großen Koalition Bundesminister für Vertriebene, Flüchtlinge und Kriegsgeschädigte, begann parallel zu der Einsicht, daß »seine« Landespartei seine Reformvorschläge vom Frühjahr 1967 nicht weiter verfolgen würde, den Gedanken an eine Wiederbelebung der Hermann-Ehlers-Gesellschaft zu konkretisieren.
Dieser Verein war von dem 1954 früh verstorbenen Bundespräsidenten Hermann Ehlers als »Studiengesellschaft für öffentliche Verantwortung e. V.« für die innerprotestantische Arbeit in der Union konzipiert, nach seinem Tod von dem 1955 verstorbenen Robert Tillmanns gegründet und dann unter dem Vorsitz des Bankiers Dr. Fritz Meyer-Struckmann als »Hermann-Ehlers-Gesellschaft« weitergeführt worden, allerdings mit geringer Wirksamkeit nach außen. Von Hassel bekleidete neben Prof. Dr. Ludwig Erhard und Dr. Gerhard Schröder das Amt eines Stellvertretenden Vorsitzenden. Geschäftsführer war der Bundestagsabgeordnete Friedrich Kühn.
Mit Friedrich Kühn nun führte von Hassel am 12. 9. 1967 ein Gespräch über eine mögliche Aktivierung der Gesellschaft. Kühn stimmte zu, den Sitz der Gesellschaft nach Kiel zu verlegen; von Dr. Meyer-Struckmann war bekannt, daß er sich nicht danach drängte, den Vorsitz beizubehalten. Die Sitzverlegung und weitere Folgerungen boten in der Mitgliederversammlung keine Probleme. In Zukunft sollte der Kreis der Mitglieder »behutsam« erweitert werden, so etwa um den Publizisten Axel Seeberg, der seinen Wohnsitz in Schleswig-Holstein hatte, den damaligen Bundesforschungsminister Dr. Gerhard Stoltenberg, der seine Laufbahn in der Politik als Landesvorsitzender der Jungen Union in Schleswig-Holstein begonnen hatte, den Bundestagsabgeordneten Olaf von Wrangel, seinen späteren Parlamentskollegen Philipp von Bismarck, den Kieler Historiker o. Prof. Dr. Karl-Dietrich Erdmann, der einst den Doktoranden Gerhard Stoltenberg wissenschaftlich betreut hatte und der weder im Hörsaal

noch in der Politik jemals ein Geheimnis aus seiner evangelisch-lutherischen Überzeugung machte.
Es wurde auch gedacht an den Bischof von Holstein – noch war die Nordelbische Kirche nicht gegründet worden – Dr. Friedrich Hübner, an den Präsidenten der Stiftung Preußischer Kulturbesitz Staatssekretär a. D. Dr. Hans-Georg Wormit sowie den Bundesgeschäftsführer des Evangelischen Arbeitskreises der CDU/CSU, Johannes Strümpfel.
Als günstig erwies sich in dieser Situation der Umstand, daß bereits am 11. 9. 1964 unter von Hassels Mitwirkung in Kiel ein »Hermann-Ehlers-Haus e. V.« konstituiert worden war mit der satzungsmäßig festgelegten Absicht, ein Wohnheim für Studenten zu bauen. Die Idee hierfür war von Mitgliedern des Ringes Christlich Demokratischer Studenten ausgegangen, die es nicht tatenlos hatten hinnehmen wollen, daß die SPD 1962 in Kiel die Errichtung eines Studentenwohnheimes unter dem Namen »Tönnies-Haus« zu fördern begonnen hatte.
Die RCDS-Gruppe ließ es sich einfallen, ihr Vorhaben unter den Namen Hermann Ehlers zu stellen und die Zustimmung seiner Witwe hierzu einzuholen. Sie gewannen Kai-Uwe von Hassel als Vorsitzenden. Das hatte zunächst gar nichts mit der über Bonn hinaus nicht sehr bekannten Hermann-Ehlers-Gesellschaft zu tun, kam aber jetzt auf das Trefflichste den sich entwickelnden Absichten entgegen.
Der Satzungsparagraph über den Vereinszweck besagte, daß das gewünschte Haus mehr sein sollte als nur eine Herberge für junge Akademiker. Der Haus-Verein sollte »a) das politische Vermächtnis von Hermann Ehlers . . . pflegen und seinen Namen lebendig . . . erhalten« sowie »b) Studenten aus dem In- und Ausland, die in diesem Geist tätig sind, in jeder Weise und insbesondere durch Errichtung eines Studentenwohnheimes fördern.«
Auf Bitten von Hassels traf sich sein gleichfalls aus Schleswig-Holstein stammender Mitarbeiter im Bonner Ministerbüro Johann Christoph Besch, heute Ministerialdirigent und Abteilungsleiter in der Verwaltung des Deutschen Bundestages, in den Weihnachtsfeiertagen 1967 mit dem erwähnten Bundesgeschäftsführer des Evangelischen Arbeitskreises der CDU/CSU Johannes Strümpfel, der bereits 3 Wochen zuvor – zum Zeitpunkt also des Rendsburger Landesparteitages der schleswig-holsteinischen CDU – seine Bereitschaft erklärt hatte, sich von seinen Bonner Aufgaben zu lösen, um sich der Aufbauarbeit in Kiel zu widmen.
Zweck der Zusammenkunft zwischen Besch und Strümpfel war die Beratung von Möglichkeiten zur Aktivierung der Hermann-Ehlers-Gesell-

schaft angesichts des zu erwartenden Hausbaues in Kiel und auf dem Hintergrund der Hassel'schen Überlegungen zur Parteiarbeit.

Unter dem Datum vom 28. 12. 1967 schreibt Besch einen Vermerk an Minister von Hassel über diese Klausur-zu-zweit und legt ein 6-seitiges Exposé mit dem Bemerken vor: »Die Gedanken sind von Herrn Strümpfel und mir entworfen worden. ... Mit Herrn Kühn habe ich ebenfalls ausführlich gesprochen. Er ist nachdrücklich und vollauf einverstanden.«

Das formal wichtigste Element der in diesem Exposé skizzierten künftigen Aufgaben ist der Vorschlag, die bestehende Hermann-Ehlers-Gesellschaft und den Hermann-Ehlers-Haus-Verein in Kiel zusammenzufassen zu einer Hermann-Ehlers-Stiftung mit Sitz in Kiel.

Die Gründung einer Stiftung, so die beiden Verfasser, habe zahlreiche Vorteile: Eine Stiftung sei von vornherein auf Gemeinnützigkeit angelegt, und ihr werde in der Öffentlichkeit ein anderes Gewicht zugeschrieben als etwa einer »Gesellschaft« oder einem »Verein«. Für jeden Spender sei ein selbständiges Stiftungsvermögen attraktiver und zuverlässiger: »Aus gutem Grund wurden ähnliche Einrichtungen aller Parteien deshalb in Stiftungsform errichtet«.

Besch/Strümpfel greifen inhaltlich die ihnen vertrauten Gedankengänge von Hassels auf, wenn sie formulieren: »Wie Konrad Adenauer dem engeren rheinischen Bereich seine Prägung gegeben hat, so hat nach wie vor Hermann Ehlers gerade für Norddeutschland eine symbolhafte, werbende Kraft für ein Engagement der Protestanten in der Union. ... Er war ein überzeugter Mann der *Union,* der Christen beider Konfessionen in der Politik. Seiner Arbeit ist es wesentlich zuzuschreiben, daß konfessionelle Vorbehalte im evangelischen Bereich gegenüber der CDU in den frühen fünfziger Jahren abgebaut werden konnten«.

Es sei für die gesamte CDU »eine Existenzfrage, ob es ihr gelingt, genügend Anziehungskraft, insbesondere auf die nachwachsende jüngere protestantische Generation auszuüben«.

Die Verfasser sehen die Gefahr, daß »die Tendenzen unserer Gesellschaft auf eine zunehmende Säkularisierung und Pragmatisierung des Politischen gehen«.

Entsprechend sollte die Stiftung die Aufgabe haben, mit dem Mittelpunkt in Kiel ein geistiges Zentrum für den norddeutschen Raum zu sein, was sich zu äußern hätte in vielfältigen Begegnungen, »Außenveranstaltungen« in den größeren Städten, Förderung begabter Studenten, Ergänzungen zu Veranstaltungen der Konrad-Adenauer-Stiftung.

Auch sollte die Gliederung der neuen Stiftung derjenigen der Konrad-Adenauer-Stiftung angeglichen werden.
Für solche Struktur- und Satzungsfragen stand mit dem Bonner Ministerialdirigenten Dr. Friedrich Karl Schramm aus der Verwaltung des Deutschen Bundestages ein versierter, auch persönlich motivierter Fachmann zur Verfügung. Er war als junger Beamter der Persönliche Referent des Bundestagspräsidenten Hermann Ehlers gewesen und hatte als langjähriger Kurator des Johanniter-Krankenhauses in Bonn einen großen Erfahrungsschatz hinsichtlich der Struktur außerstaatlicher Trägervereine gesammelt.
In dem Besch/Strümpfel-Papier galten weitere Überlegungen der Organisation des mittlerweile im Bau befindlichen Studentenwohnheimes in Kiel und dem anzustrebenden Zeitplan.
Dieses erste Exposé war und blieb das Kernstück aller weiteren, ergänzenden, präzisierenden Arbeitspapiere der nächsten Zeit.
Das Frühjahr 1968 wurde gut genutzt, vor allem reiste Kai-Uwe von Hassel umher und sammelte buchstäblich »ein-bei-ein« die notwendigen Geldspenden zur Ergänzung der zu erwartenden zweckgebundenen Bundes- und Landesmittel für das Studentenheim wie für die politische Bildungsarbeit.
Zunächst aber galt es, die Gründung der Stiftung vorzunehmen, die bestehende »Gesellschaft« in sie zu überführen und das Heim zu integrieren.
Alles dieses gelang, zumal Frau Jutta Ehlers ihr Einverständnis erklärt hatte. Am 22. 3. 1968 unterzeichneten im Hotel »Luisenhof« in Hannover folgende 10 »Stifter« die Satzung der neuen »Hermann-Ehlers-Stiftung für staatsbürgerliche Bildung und Begabtenförderung e. V.« mit Sitz in Kiel:
Kai-Uwe von Hassel, Jutta Ehlers, Dr. Fritz Meyer-Struckmann, Dr. Karl F. Möllering, Johann Christoph Besch, Friedrich Kühn MdB, Dr. Philipp von Bismarck, Axel Seeberg, Hans Strümpfel und Dr. Otto Frikke MdL.
Die Kodifizierung des Zieles aller Mühen der voraufgegangenen Zeit lautete: »§ 2 Zweck des Vereins Der Verein ist nicht auf einen wirtschaftlichen Geschäftsbetrieb gerichtet, sondern verfolgt ausschließlich und unmittelbar als gemeinnützigen Zweck das Ziel, die demokratische staatsbürgerliche Bildung auf christlicher Grundlage zu fördern«.
Selbstverständlich wurde Kai-Uwe von Hassel der Vorsitzende der Hermann-Ehlers-Stiftung. Die Gründungsversammlung wählte ferner Friedrich Kühn MdB zum Stellvertretenden Vorsitzenden, den damaligen Ge-

neralbevollmächtigten der Dräger-Werke AG Lübeck, Dr. Dr. Karl Friedrich Möllering, zum Schatzmeister, Frau Jutta Ehlers und die Herren Dr. Philipp von Bismarck, Dr. Fritz Meyer-Struckmann, Chefredakteur Axel Seeberg und Bundesminister Dr. Gerhard Stoltenberg zu Beisitzern.

In seiner Sitzung vom 23. 8. 1968 beschloß der Vorstand, weitere Persönlichkeiten zur Mitgliedschaft einzuladen, und er entschied über die Zusammensetzung des Kuratoriums, in welches nun auch ich berufen wurde. Ich kannte den Stiftungsvorsitzenden aus seiner Zeit als Ministerpräsident, da ich mein Studium mit journalistischer Arbeit verdiente und Mitglied der schleswig-holsteinischen Landespressekonferenz war; ein von mir geführtes Interview für die Katholische Nachrichten-Agentur über die Zuordnung von staatlicher und privater Entwicklungshilfe hatte uns 1960 miteinander bekannt gemacht. Nachdem ich sein Angebot, 1965 in die Presseabteilung des Bundesverteidigungsministeriums einzutreten, abgelehnt hatte, war ich nun in der Staatskanzlei in Kiel tätig und zuständig für die Abfassung von Reden und Erklärungen des Ministerpräsidenten Dr. Helmut Lemke.

Vertraut mit den Vorbereitungen zur Gründung der Stiftung und nunmehr als Kuratoriumsmitglied berufen, sah ich eine ganz persönliche Aufgabe darin, den Ministerpräsidenten von jedwedem Argwohn gegenüber den Aktivitäten seines Amtsvorgängers frei zu halten und ihm den Gewinn zu erläutern, den die neue Stiftung für unser Land bedeuten würde, sowie dem Stiftungsvorsitzenden gegenüber die Versicherung zu geben, daß innerparteiliche Spannungen vom Landesvorsitzenden und Ministerpräsidenten nicht ausgehen würden.

Natürlich haben Referenten einer Staatskanzlei amtsbedingt ein gewisses Maß an Einfluß und Macht, und es ist eine Frage des persönlichen Gewissens, wie man sie nutzt. In diesem Falle war es möglich, zwischen zwei potentiellen Rivalen zu vermitteln, auszugleichen, und heute verbindet uns alle eine herzliche Freundschaft.

Am 14. und 15. 10. 1968 schickte der Stiftungsvorsitzende gemäß dem Kuratoriumsbeschluß vom 23. 8. 1968 über 30 Briefe an Persönlichkeiten, die für die Mitgliedschaft in der Hermann-Ehlers-Stiftung gewonnen werden sollten. Fast alle antworteten positiv. Beachtung verdient allerdings die Begründung einer Absage des damaligen Chefs der Staatskanzlei, Staatssekretär Dr. Ernst Neumann-Silkow, vom 22. 10. 1968: Aus seiner »persönlichen Freundschaft mit Hermann Ehlers und der Verbundenheit zu seiner politischen Vorstellungswelt« zeigt Neumann-Silkow sich sehr aufgeschlossen für die Arbeit der neuen Stiftung, er führt aber aus, daß er »als verantwortlicher höchster Beamter« für den Verfügungsfonds des Ministerpräsidenten, aus dem »vermutlich« auch die Stiftung »ihren Anteil« erhalten werde, Zurückhaltung üben müsse. Im Unterschied zu Mitteln etwa aus dem Bundesjugendplan, die nach gesetzlich festgelegten Regeln vergeben werden, unterliegt der Verfügungsfonds des Ministerpräsidenten seiner jeweils freien Entscheidung, so daß die Position des Chefs der Staatskanzlei gegenüber der Stiftung vom Amte her eine andere war als die des Staatssekretärs im Familienministerium, der eine Inkompatibilität nicht zu fürchten brauchte. Neumann-Silkow betont in seinem Schreiben, er werde nach seiner Pensionierung gerne aktiv zur Verfügung stehen.

Für die genannten Einladungsbriefe, der Stiftung als Mitglied beizutreten, hatte Johann Christoph Besch das Besch/Strümpfel-Papier aus den Weihnachtstagen überarbeitet und um ein Drittel erweitert. Es trug erheblich dazu bei, daß die Resonanz auf das Ansinnen, sich zu beteiligen, so positiv war.

In denselben Oktobertagen verhandelte Kai-Uwe von Hassel mit dem damaligen Geschäftsführenden Vorsitzenden der Konrad-Adenauer-Stiftung, Dr. Manfred Wörner MdB, mit dem Ziel, die Aktivitäten und die Finanzierungsgrundlagen der beiden Stiftungen vertragsmäßig miteinander zu verzahnen. Mitten hinein in die Kieler Aktivitäten, am 27. 6. 1968, hatte es in der Konrad-Adenauer-Stiftung durch die Wahl Dr. Bruno Hecks zum Vorsitzenden den Beginn einer neuen Ära gegeben. Bei allen Unähnlichkeiten der beiden Stiftungsvorsitzenden Heck und von Hassel war eine ganze Epoche sachlich zuweilen kompromißbedürftiger, gleichwohl freundlicher, gegenseitig zuverlässiger, vertrauensvoller Zusammenarbeit eingeleitet.

Ein erstes Dokument hierfür ist der am 19. 10. 1968 bei dem Kieler Notar Dr. Werner Stoll unterzeichnete Vertrag zwischen dem Hermann-Ehlers-Haus-Verein und der Hermann-Ehlers-Stiftung über die künftige gemeinsame Nutzung des vorhandenen Geländes mit dem inzwischen fertiggestellten Studentenhaus als I. Bauabschnitt. Es wird die Absicht beurkundet, gemeinsam mit der Konrad-Adenauer-Stiftung als Bauherren einen II. Bauabschnitt als kombiniertes Akademie- und Studentenwohngebäude zu errichten. Damit war die formale Voraussetzung für den Baubeginn der Akademie geschaffen. Daß es zu einem späteren Zeitpunkt sinnvoll sein würde, den Studentenwohnteil des II. Bauabschnittes wiederum umzuwidmen und der Akademie zuzuschlagen, zeichnete sich in diesem Au-

genblick noch nicht ab. Dieser Gedanke wurde laut Aktennotiz erstmals am 29. 11. 1969 überhaupt diskutiert, also 10 Tage nach dem Richtfest des nach dem ursprünglichen Konzept gebauten Hauses.
Mit Anstellungsvertrag vom 25. 6. 1968 war zum 1. 7. 1968 Johannes Strümpfel beim Evangelischen Arbeitskreis ausgeschieden und zur Hermann-Ehlers-Stiftung nach Kiel gewechselt, wo er »die Führung der laufenden Geschäfte der Stiftung, einschl. der ihr unterstellten Hermann-Ehlers-Häuser« – der Plural dokumentiert die Zuversicht bezüglich der Ausweitung der Stiftung auf Hamburg, Bremen und Niedersachsen – übernehmen sollte, »sowie die Leitung der vorgesehenen Tagungsstätte im Sinne der Satzung und des von der Gründungsversammlung der Stiftung gebilligten Exposés vom 22. 3. d. J.«.
Strümpfel fand bei seiner Übersiedlung nach Kiel natürlich keine Dienstwohnung vor, wollte aber gerade im Hinblick auf den geplanten II. Bauabschnitt stets präsent sein. So zog er in ein bescheidenes Appartement in dem ebenfalls am 1. 7. 1968 bezugsfertigen neuen Studentenhaus, zu dessen satzungsgemäßen Kurator er bestellt wurde.
Er entfaltete hier eine Tag- und Nacht-Tätigkeit, deren »Merkmale« jedes Tarifreglement gesprengt hätten. Wer sich dem Geschehen verbunden fühlte – als Stiftungsmitglied, als freundlicher Beobachter – sah dies mit Staunen und Respekt. Neue Anregungen waren stets willkommen, wurden diskutiert, auch wenn die kurze Kieler Sommernacht darüber verstrich und die Sonne schon wieder über der Kieler Förde glänzte, ehe man von dem »Abendgespräch« heimkam. Mit einer bemerkenswerten Mischung aus Lebenserfahrung, Unternehmungslust und noch unverschlissener Kraft, wie man sie im Alter von Mitte/Ende 40 wohl gerade im rechten Maße hat, kümmerte Strümpfel sich mit Erfolg um alles. Als im folgenden Winter die neue Baustelle für den II. Bauabschnitt eingerichtet worden war, sah man ihn dort herumsteigen; er hielt die Handwerker bei Laune, konstruierte die Dispositionen der technischen Anlagen gemeinsam mit den Experten, entwickelte seine Vorstellungen für die optimale Nutzung der knappen vorhandenen Grundfläche, feilschte um Preise für das Mobilar, befragte Künstler wegen der ästhetischen Ausgestaltung, zwang den Architekten zur Sache – und hockte nachts mit den Bewohnern des Studentenheimes zusammen, um über die APO, die Große Koalition, die 10 Gebote zu diskutieren.
Es war gegen alle die unappetitlichen Massenveranstaltungen der Außerparlamentarischen Opposition eine unbeschreiblich kontrastierende, hoffnungsvolle Aufbruchstimmung, die von dieser Baustelle ausging. Daran änderte sich auch nichts, als beim Richtfest des II. Bauabschnittes am

14. 11. 1969 Tomaten und Eier vom gegenüberliegenden Studentenwohnheim »Edo-Osterloh-Haus« – in das protestierende Studenten von außerhalb eingedrungen waren – geworfen wurden, und sogar eine Bombendrohung einging.
Kai-Uwe von Hassel ließ unterdessen keine Gelegenheit verstreichen, die neue Stiftung bundesweit bekannt zu machen, die Absichten der Gründer zu verdeutlichen, Förderer zu finden. Aus dem Bundeswahlkampfleiter der CDU vom Herbst 1961, den man der übergroßen Schärfe gegenüber den konkurrierenden Parteien geziehen hatte, war unter dem Eindruck der politischen Entwicklung in der Bundesrepublik ein um das ganze System der parlamentarischen Demokratie besorgter Kämpfer geworden, der mehr und mehr die Gesamtheit der demokratischen Parteienlandschaft im Auge hatte.
Nicht immer hatte Kai-Uwe von Hassel in seiner politischen Laufbahn das gehabt, was man »fortune« nennt: glückhafte Konstellationen, die den eigenen Plänen in besonderer Weise entgegenkommen. Für das Vorhaben Hermann-Ehlers-Stiftung indes war ihm »fortune« beschieden: Am 13. 1. 1969 trat der langjährige Präsident des Deutschen Bundestages Dr. Eugen Gerstenmaier von seinem Amt zurück, und am 5. 2. 1969 wurde Kai-Uwe von Hassel zu seinem Nachfolger gewählt.
Unmittelbar vorher, am 1. 2. 1969, machte von Hassel auf der lange vor den dramatischen Ereignissen in Bonn festgelegten Ersten Jahreshauptversammlung der Hermann-Ehlers-Stiftung in Kiel die Mitglieder mit den Bauplänen für den II. Bauabschnitt bekannt. Die Versammlung tagte in dem neuen Hermann-Ehlers-Haus, und angesichts der inzwischen kaum noch ernsthaft zu bezweifelnden Wahl von Hassels zum dritten Nachfolger von Hermann Ehlers im Amte des Bundestagspräsidenten, ergriff die Anwesenden ein besonderes Gefühl von verpflichtender Tradition.
In dieser Mitgliederversammlung teilte von Hassel mit, die Konrad-Adenauer-Stiftung werde etwa die Hälfte der Kosten des Neubaues tragen, er erläuterte aber auch die Bindung der Bauherren an die Förderungsrichtlinien des Bundes und der Länder, deren Beachtung ihren Einfluß auf die Gesamtplanung habe.
Eine Reihe bisher gewonnener Stiftungsmitglieder gehöre nicht der CDU an, betonte der Vorsitzende. Er wolle die Arbeit der Stiftung, insbesondere der künftigen Akademie, so verstanden wissen, daß die CDU »ein Partner« sei, mit – so wörtlich – »Niveau, Toleranz und Stil«.
Einzelvorträge sollten nicht den Schwerpunkt der Tätigkeit bilden, sondern Fachtagungen und Gesprächskreise, ausgerichtet auf Zielgruppen.

Mit sogenannten »Gesprächskreisen« hatte von Hassel in seinem Bundestagswahlkreis Steinburg-Süderdithmarschen bereits gute Erfahrungen gesammelt. Es waren Zielgruppen wie Mittelständler, Angehörige des Gesundheitswesen, Juristen zu offenen Gesprächsabenden eingeladen worden, um sich im vorpolitischen Raum zu artikulieren. Die Resonanz war überraschend positiv gewesen, der geistige Hunger nach Antworten auf die Probleme der Gegenwart sehr deutlich hervorgetreten.
Solche »Gesprächskreise« hatten nicht nur den Vorteil, die vielzitierte »Basis« anzusprechen und den in Behörden, Krankenhäusern, Justizgebäuden und Redaktionen angesiedelten, oft verkannten Sachverstand zu Worte kommen zu lassen und ihn an die politischen Mandatsträger heranzutragen, sondern sie waren billig zu organisieren durch ehrenamtliche Tätigkeit der jeweiligen Leiter.
Noch war ein Name für die neue Bildungsstätte in Kiel nicht festgelegt; die Vorentscheidung hierüber fiel erst am 10. 6. 1969 im Verlaufe einer Zusammenkunft von Kuratoriumsmitgliedern mit Vertretern der Konrad-Adenauer-Stiftung unter der Leitung von Dr. Bernhard Gebauer in der Politischen Akademie Eichholz. Es stand seinerzeit neben »Hermann-Ehlers-Akademie« auch die Formulierung »Norddeutsches Studienzentrum der Hermann-Ehlers-Stiftung« zur Debatte, sowie »Demokratisches Studienzentrum der Hermann-Ehlers-Stiftung«. In der fröhlichen Stimmung, die am Ende der Kuratoriumssitzung am 3. 5. 1969 im Hotel »Kieler Kaufmann« herrschte, hatte jemand sogar gescherzt: »Nennen wir's doch *HES'chen-Schule!«*
Dieser Kuratoriumssitzung vom 3. 5. 1969 waren intensive Vorarbeiten sowohl im Hinblick auf die Lösung der anstehenden Finanzierungsprobleme wie auch der Arbeit der künftigen Akademie gewidmet. Schatzmeister Dr. Dr. Fritz Möllering und der für die hauptamtliche Tätigkeit als Verwaltungsleiter der Stiftung beim schleswig-holsteinischen Landesverband der CDU abgeworbene Verwaltungsfachmann Horst Maier wirkten hier ebenso fantasievoll wie korrekt mit dem Stiftungsvorsitzenden zusammen, während ich es übernommen hatte, das Konzept für die Arbeit der Akademie zu systematisieren und einerseits die Zuordnung zu den entsprechenden Fachausschüssen der Landespartei, andererseits die Abgrenzung ihnen gegenüber zu beschreiben.
Mit einer ersten Niederschrift suchte ich am 14. 2. 1969 den damaligen Staatssekretär im Ministerium für Familie und Jugend Dr. Heinrich Barth auf, der bereits unter dem Minister Dr. Bruno Heck gearbeitet hatte und jetzt der Ministerin Aenne Brauksiepe als Amts-Chef zur Seite

stand. Er hatte sich bereit gefunden, den Vorsitz im Kuratorium der Hermann-Ehlers-Stiftung zu übernehmen, eine Funktion, der er bis heute treu geblieben ist.
Seine Erfahrung und seine Gewissenhaftigkeit als »Beamter der alten Schule« gerade im Umgang mit öffentlichen Förderungsmitteln, wie sie auch für Kiel in Frage kamen, gewährleistete den verantwortungsbewußten Umgang mit dem Geld der öffentlichen Hand, und seine langjährige Tätigkeit in politisch sensiblen Positionen – u. a. war er von 1960 bis 1963 Persönlicher Referent des Bundeskanzlers Dr. Konrad Adenauer – sicherten ihm das Gespür für die Richtigkeit oder auch die Abwegigkeit politischer Ideen. Unser Gespräch verlief sehr ermutigend. Wir waren uns einig über das anzustrebende hohe intellektuelle Niveau der Akademie-Arbeit, damit sie nicht eine »Volkshochschule auf CDU« werde, und wir stimmten auch darin überein, daß aus »soziogeographischen und soziopsychologischen Rücksichten« eine Kieler Kopierung des Arbeitsmusters der Politischen Akademie Eichholz nicht wünschenswert sei.
Aus Gesprächskreisen sollten »Impulse für die Mandatsträger« hervorgehen, wobei die Veranstaltungen der Gesprächskreise im Kuratorium zu reflektieren seien: »Das Kuratorium soll der geistige Motor sein, es soll dem Akademieleiter und seinem Team sagen, was zu tun ist", sagte Heinrich Barth.
Der Kontakt zur Wissenschaft – mit der Kieler Universität gleichsam vor der Haustür der Akademie – sollte sorgfältig gepflegt werden, damit man nicht »hinterherhinke«, wie Barth betonte: »Die Analysen und Schlußfolgerungen beispielsweise zum Thema der Unruhe unter der Jugend sehen heute anders aus als vor einem Jahr«.
Für den Kontakt zur Universität sollte jemand aus dem Kuratorium zuständig sein, wie überhaupt gewisse Zuständigkeiten innerhalb dieses Kreises sich ergänzen würden. Was für die Universität gelte, könne übertragen werden auf die Beziehungen zu anderen Bereichen der Gesellschaft: Kirchen, Bundeswehr, sonstige Bildungseinrichtungen.
Barth bat mich, eine Vorlage für die zum 3. 5. 1969 einberufene Kuratoriumssitzung niederzuschreiben und dabei mit dem Leiter des Evangelischen Arbeitskreises der CDU in Kiel, Erster Staatsanwalt Oswald Kleiner, zusammenzuarbeiten. Er war gleichfalls Mitglied der Stiftung geworden und hatte sich als Kirchenvorstandsmitglied der evangelischen Gemeinde St. Michaelis in Kiel mit mir, der Katholikin, in der oekumenischen Zusammenarbeit getroffen. Kleiner – heute Leiter der Staatsanwaltschaft Lübeck – begegnete mir stets als prinzipientreuer Lutheraner,

Abb. 1:

Schema für die Zusammenarbeit der Hermann-Ehlers-Akademie mit der Landes-CDU, meine Niederschrift während der Bahnfahrt Oberhausen–Kiel am 8. 3. 1969.

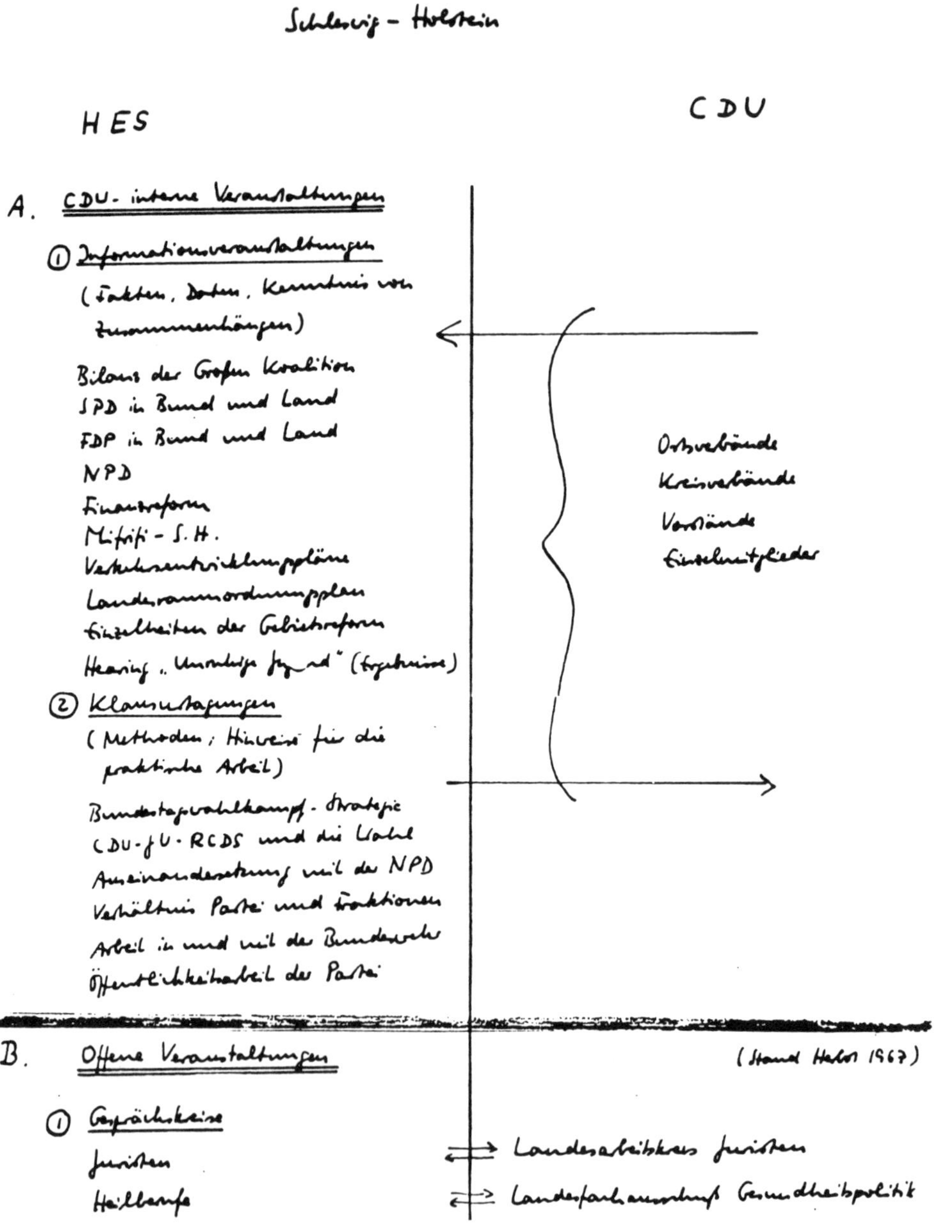

Oekumene	⇄	Evangelischer Arbeitskreis
Öffentliche Verwaltung	⇄	Landesfachausschuß Öffentl. Verwaltung
Familie und Gesellschaft	⇄	{ab 21.5.69: Landesfachausschuß Fam.-politik {Landesfachausschuß für Sozialpolitik
Bildende Berufe	⇄	Landesfachausschuß Kulturpolitik
Bundeswehr	⇄	Landesfachausschuß Wehrpolitik
Arbeitnehmer	⇄	Vereinigung der Arbeitnehmer
Universitäten und Hochschulen	⇄	Landesfachausschuß Kulturpolitik
Studenten	—	—
Publizistik	—	—
(Familie und Gesellschaft)	(⇄)	Landesfachausschuß für Wohnungswesen, Städtebau und Raumordnung
(Familie und Gesellschaft)	(⇄)	Landesfachausschuß für jugendpolitische Fragen und Sport
—	—	Landesfachausschuß für Agrarpolitik
—	—	Arbeitsgemeinschaft der Heimatvertriebenen und Flüchtlinge
(Familie und Gesellschaft)	(⇄)	Landesvereinigung der Frauen in der CDU
—	—	KPV in Schleswig-Holstein

② Repräsentative Veranstaltungen

Jahrestagung in Kiel	←	Einzelvertreter

③ Ausländerarbeit

Gesprächsabende in lockerer Form mit a. Arbeitnehmern b. Studenten und Praktikanten differenziert nach Herkunftsgebieten	←	Kommunal-, Landes-, Bundespolitiker

-. Begabtenförderung

der aus ähnlicher Motivation wie einst Hermann Ehlers selbst zur CDU gekommen und zu pragmatischen Attitüden der »Volkspartei« stets auf Distanz gegangen war.
Oswald Kleiner und ich reisten vom 6. bis 8. 3. 1969 gemeinsam zum Familienpolitischen Kongreß der Bundes-CDU nach Oberhausen und nutzten die lange Bahnfahrt, um die niederschriftsreifen Vorstellungen zu Papier zu bringen. In Oberhausen gab es eine neuerliche Rücksprache mit dem dienstlich dort anwesenden Dr. Barth; in der folgenden Woche konnte ich ein umfassendes Arbeitspapier an den Stiftungsvorsitzenden schikken. (Abb. 1)
Kai-Uwe von Hassel hielt sich ab 29. 3. 1969 zu einem dreiwöchigen Urlaub in Meran auf. Von dort kommentierte er dieses Papier am 9. 4. 1969 in einem handgeschriebenen Brief an mich sehr positiv, nur wünschte er einige Ergänzungen eingearbeitet zu sehen, ehe es zur Vorbereitung der Kuratoriumssitzung an die Mitglieder verschickt würde.
In diesem Zusammenhang ließ er – seit 19 Jahren mit dem Erscheinungsbild deutscher Parlamente vertraut und seit 2 Monaten vom Präsidentenstuhl des Deutschen Bundestages aus mit besonderen Eindrücken versehen – mit kaum zu überbietender Deutlichkeit verlauten, daß die Akademie dazu beitragen sollte und daß dieses vorgesehen werden müsse, die Qualität der Abgeordneten zu verbessern.
Im Originaltext liest sich das so:

»c) Klausuren in Kiel, die mich besonders bewegen: Für MdLs, MdBs. Für *Kandidaten* kommender L/T und B/T-Wahlen. Die Gestaltung dieser Klausuren ist höchst schwierig, geradezu delikat. MdL's + MdB's halten sich schon für Supermänner; Weiterbildung halten sie nicht für erforderlich. Präsumtive Kandidaten können nach Nominierung und der Wahl nur noch Minister werden. Hosenboden und Klausuren-Studienbank können geschont werden. Man weiß ja alles!« (Abb. 2)

Daß dieses keine üble Nachrede gegen tüchtige Parlamentarier sein sollte, war mir genauso gewärtig wie meine eigene Berufserfahrung mit Abgeordneten, die sich in der Tat bei Sachdebatten durchmogelten und im Einzelfall zu Fachreferenten der Ministerien gingen, um sich für eine bevorstehende Debatte »zurüsten« zu lassen, – was natürlich der Funktion des Parlamentes, die Regierung zu »kontrollieren«, zuwiderlief.
Die Diskussion meiner Arbeitsvorlage im Kuratorium am 3. 5. 1969 erbrachte minimale Änderungs- oder Ergänzungswünsche. So etwa wollte der damalige Kieler Bürgermeister und spätere Landtagspräsident Rudolf Titzek die vorgesehene repräsentative Jahrestagung in einen der Sommer-

Abb. 2:

Auszug aus dem Brief Kai-Uwe von Hassels an Dr. Monika Weichert, 9. 4. 1969 (Meran).

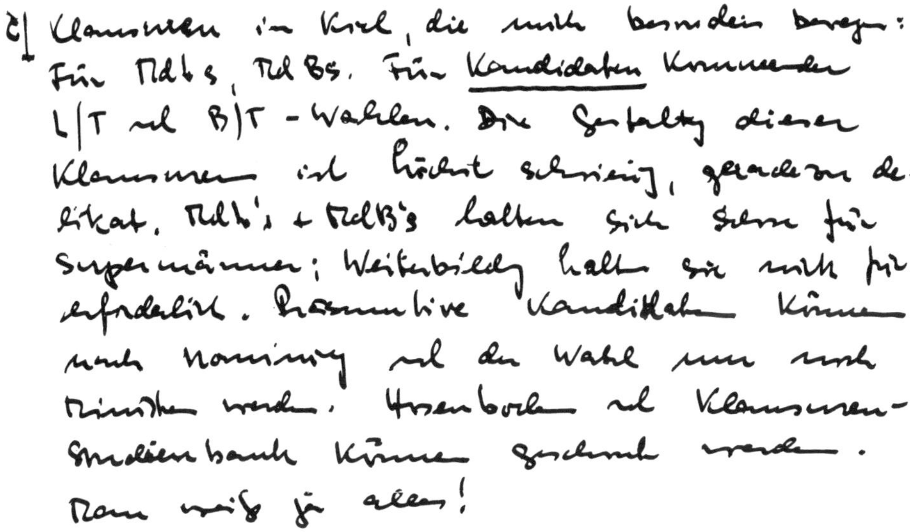

c) Klausuren in Kiel, die mich besonders bewegen: Für MdLs, MdBs. Für Kandidaten kommender L/T und B/T-Wahlen. Die Gestaltung dieser Klausuren ist höchst schwierig, geradezu delikat. MdL's + MdB's halten sich selbst für Supermänner; Weiterbildung halten sie nicht für erforderlich. Kommunikative Kandidaten können nach Nominierung und der Wahl nur noch trimmt werden. Hosenboden und Klausuren-Studienbank können gedrückt werden. Man weiß ja alles!

monate gelegt sehen, »wenn Kiel am schönsten ist«. Professor Dr. Hans O. Gravert forderte, Schwerpunkte im Hinblick auf die besonderen Fragen und Probleme der Studenten zu setzen. Gerade diese Einlassung traf sich mit dem in der gesamten Anfangszeit der Stiftung durchgängigen Konzept, mit der Akademie in ihrer räumlichen Verflochtenheit mit dem Studentenwohnheim ein ständiges intellektuelles Geben und Nehmen zwischen Jung- und Altakademikern anzubieten. Nicht nur begrüßten die fördernden Behörden dieses Konzept, sondern die Studenten und Studentinnen des Wohnheimes gingen gerne und dankbar darauf ein.
Für Kai-Uwe von Hassel wurde es ein Schlüsselerlebnis, als er inmitten des studentischen Klamauks während des Richtfestes des II. Bauabschnittes am 14. 11. 1969 einige ansprechbare Studenten zu uns Stiftungsmitgliedern in den Raum bat und sie einlud, Gründe für den lautstarken Protest zu nennen: Wogegen war er gerichtet? Konkret? Wem sollte er nutzen? Was wurde bezweckt? Das Gespräch kam nicht zustande, die Studenten waren darauf nicht vorbereitet. Für solche jungen Leute müsse eben etwas getan werden, befand der Praktiker.

Es war im Verlaufe des Frühjahrs 1969 aber auch deutlich geworden, daß ein eigener Akademieleiter für Kiel gefunden werden mußte. Dr. Bernhard Gebauer, Leiter der Politischen Akademie Eichholz, hatte in der Kuratoriumssitzung vom 3. 5. 1969 den Wunsch entgegengenommen, am 10. Juni mit einer kleinen Runde aus unserem Kreis in Eichholz zusammenzukommen, um die Konkretisierung des vom Kuratorium gebilligten Konzeptes und besonders auch die Frage zu beraten, wie und wo man einen geeigneten Leiter für die Akademie finden könnte.
Nun war die damalige Staatskanzlei ein personell knapp besetztes Arbeitsinstrument des Ministerpräsidenten, der diesen kleinen Stab zu großer Arbeitsintensität, großer Zuverlässigkeit und einem gehörigen Maß an Uneigennützigkeit zwang. Wir empfanden das nicht als Arbeitgeberschikane, sondern als Vertrauensbeweis, denn wir fühlten uns produktiv und sinnvoll gefordert. Gerade auf die Ausführungen der jüngeren Beamten in der Referentenriege pflegte Dr. Helmut Lemke zu hören. Heute würde man sagen, wir seien »hochmotiviert« gewesen.
Der bis 1967 für Wirtschafts- und Verkehrsfragen zuständige Kollege bei uns in der Präsidialabteilung war Oberregierungsrat Dr. Jürgen Schilling gewesen, Volljurist und mit einer Arbeit über »Völkerrecht und Staatsrecht in Frankreich« promoviert. Als Stipendiat der französischen Regierung hatte er ein Jahr in Bordeaux studiert, war dann als Assessor im Bundeswirtschaftsministerium tätig gewesen und 1963 in den schleswig-holsteinischen Landesdienst getreten. Nach der laufbahnüblichen Zeit bei einer Kreisverwaltung – in diesem Falle Stormarn – wurde er Referent in der Staatskanzlei. Wenn einen die Dienstgeschäfte nicht häufiger zusammenführten, sah man sich mindestens bei der allwöchentlichen Referentenbesprechung beim Abteilungsleiter. So kannten wir uns untereinander alle gut.
Im Herbst 1967 hatte Dr. Schilling das Angebot angenommen, auf Vermittlung des Bundesinnenministeriums für 18 Monate zu dem »3. Fortbildungslehrgang für internationale Aufgaben und Verwaltungsführung« beim Generalsekretariat des Ministerrats der Europäischen Gemeinschaft zu gehen. Seit seiner Rückkehr von dort gehörte er zur Vertretung des Landes Schleswig-Holstein in Bonn. Als ich ihn in der Phase unserer Akademieleiter-Suche bei einem seiner Aufenthalte in unserer Kieler Dienststelle wiedersah, hatte ich plötzlich den Gedanken, daß dieser Mann und kein anderer die richtige Persönlichkeit für die in Frage stehende Position war.
Ich entsann mich auch, daß seine Frau im Ausland geboren, aufgewachsen und von daher mehrsprachig war; gleich ihm wußte sie mit souveräner

Freundlichkeit auf Menschen zuzugehen. Nachdem ich Jürgen Schilling vorsichtig gefragt hatte, ob er daran Geschmack finden könnte, in dieser Angelegenheit einmal mit dem Präsidenten von Hassel zusammenzukommen, zeigte er sich durchaus interessiert. Ich setzte mich daraufhin zunächst am 10. Juni in Eichholz stark für den Kollegen als Kandidaten ein und informierte den Stiftungsvorsitzenden telefonisch. Keiner kannte einen geeigneteren Bewerber.

Es war dann möglich, im Rahmen des traditionellen Kieler-Woche-Empfanges der schleswig-holsteinischen Landesregierung für das Diplomatische Korps am 22. 6. 1969 in Kiel das Ehepaar Schilling mit dem Ehepaar von Hassel zusammenzuführen. Die gegenseitige Sympathie war schnell erkennbar. Bereits ab dem 1. 10. 1969 war Dr. Jürgen Schilling gemäß § 105 Abs. 2 etc. des Landesbeamtengesetzes zur Tätigkeit bei der Hermann-Ehlers-Stiftung beurlaubt. Er kniete sich mit solcher Energie und persönlichen Ausstrahlung in die neue Aufgabe hinein, daß man rückblickend auf die 3 Jahre seines Wirkens aus heutiger Sicht gut und gerne von der »Ära Schilling« sprechen kann. Heute bewegt Schilling sich als Generalsekretär des Internationalen Roten Kreuzes auf weitaus größerer Bühne.

Während Kai-Uwe von Hassel ohne Rücksicht auf jedes Bedürfnis nach Ruhe und Entspannung unermüdlich die Ausweitung der Stiftung in den anderen norddeutschen Küstenländern und Berlin betrieb und bereits am 21. 5. 1969 eine Neugründung in Hannover mit dem Beschluß des Baues einer Akademie in Kombination mit einem Studentenheim in dem neu entstehenden Ihme-Zentrum durchgesetzt hatte, verstand er es, in Kiel die Begeisterung für die Sache am Lodern zu halten. Schilling, der sich noch weit schöpferischer zeigte, als wir ihn in seiner Referentenzeit als Landesbeamter gekannt hatten, beteiligte sich selber mit geschliffenen Vorträgen zu aktuellen gesellschafts- und verteidigungspolitischen Themen an den Veranstaltungen der Akademie in Kiel und draußen im Lande. In Übereinstimmung mit den Gremien wartete er nicht bis zur Fertigstellung des Akademiegebäudes, sondern ließ Gesprächskreise und Fachvorträge in verschiedenen Versammlungslokalen, die sich boten, stattfinden. So konnte er schon für 1970 insgesamt rund 40 Vortrags- und Podiumsveranstaltungen verbuchen, sowie ein knappes Dutzend Wochenendseminare, wie z. B. mit der »Arbeitsgemeinschaft Lübecker Frauenverbände« in Ratzeburg zu Problemen der Familienpolitik oder ein kommunalpolitisches Seminar zu aktuellen Fragen im Ostseebad Grömnitz.

Am 9. 7. 1970 wurde die neue Akademie mit einer Festansprache des damaligen Kirchentagspräsidenten Richard von Weizsäcker feierlich eröffnet. Klangvolle Namen unter den Gastreferenten vermochten auch die Skeptiker im Lande anzulocken: Vom Präsidenten der Bundesärztekammer bis zum Direktor am Institut für Bildungsforschung in der Max-Planck-Gesellschaft Berlin setzten der von bodenständigen Beamten des Höheren Dienstes, Ärzten, Journalisten, Theologen, Juristen und Universitätsangehörigen ehrenamtlich geleiteten Gesprächskreisarbeit die Glanzlichter auf.

Dabei unterlag das ursprüngliche Konzept für die Arbeit der Stiftung einem Prozeß ständiger Weiterentwicklung. Immer wieder auch hinterließ die Hand des Praktikers von Hassel ihre Spuren: Mindestens 7000 Kandidaten müsse allein die CDU für die bevorstehende Kommunalwahl finden, notiert von Hassel am 21. 12. 1972 auf einem seiner Ringbuchblätter, nachdem er gerade durch das Ergebnis der Bundestagswahl vom 19. 11. 1972 sein Amt als Präsident des Deutschen Bundestages an Annemarie Renger, SPD, verloren hat und jetzt dem Bundestagspräsidium als Vizepräsident angehört: momentan gebe es 3544 Mandatsträger der CDU in Schleswig-Holstein im kommunalen Bereich, um sie müsse man sich »kümmern«. Eine wichtige Zielgruppe, so an anderer Stelle, seien auch die Arbeitnehmer: »Betriebsratsschulung« ist als Stichwort notiert und »Erfahrungen mit Arbeitskammern«.

Dieses »Sich-Kümmern« um das Grundmosaik des politischen Lebens ist immer die kennzeichnende Haltung für Kai-Uwe von Hassel in seinem Einsatz auf allen politischen Ebenen, auch in der 7 Jahre währenden Präsidentschaft in der Europäischen Union Christlicher Demokraten, gewesen, und sie ist es geblieben.

Die Hermann-Ehlers-Stiftung in Norddeutschland ist ohne dieses in seiner Konsequenz respekteischende »Sich-Kümmern« nicht denkbar. Auch beweist die Anfangsgeschichte der Hermann-Ehlers-Stiftung, daß man in diesem Staat des Bonner Grundgesetzes durchaus mit Ehrlichkeit und Anstand etwas bewegen und bewirken kann. Klugheit braucht keine Intrige, Führungsqualität bedarf keiner autoritären Pose.

Den Blick von den Begebenheiten vor rund 20 Jahren in die Gegenwart zurückholend, läßt ihn die Chronistin auf ein knapp 10 Seiten langes Papier fallen, welches Kai-Uwe von Hassel am 3. 11. 1987 an Mitglieder des Landesvorstandes der schleswig-holsteinischen CDU versandte und das die Überschrift trägt: »Zusätzliche Aufgaben der Hermann-Ehlers-Stiftung«. Sein eingangs zitierter Artikel aus den »Kieler Nachrichten« vom 13. 10. 1987 findet sich hier eingewoben in ein konkretes Angebot an die Mandatsträger und die Kandidaten, den nach der Barschel-Affäre allseits gewünschten »Neuanfang« auch darin zu verwirklichen, daß sie eintägige Seminare zur eigenen Fortbildung in der Hermann-Ehlers-Akademie besuchen:

»Es ist fast schon tragisch zu nennen, daß die Mandatsträger von diesem Angebot nur spärlich Gebrauch gemacht haben. Und tragisch ist es auch, daß die Aufstellungsgremien für die Wahlen genau so selten auf die in den Akademien vorbereiteten Kandidaten zurückgegriffen haben. ... Unser Staat gerät ernsthaft in Gefahr, wenn fähige Leute ihn in den Parlamenten nicht mehr führen, weil die Unfähigen in diese Positionen einziehen und das Unheil vermehren. ... Alle Parteien müssen sich mit dieser Gefahr auseinandersetzen.«

Die Kärrnerarbeit bleibt.

Politische Praxis – Politische Moral – Politische Bildung

Franz Pöggeler

Die politische Bildung überzeugt junge Menschen umso mehr, je vorbildlicher die politische Praxis ist und je konkreter sich diese an die Spielregeln der politischen Moral hält. Natürlich muß in der politischen Bildung das Menschlich-Allzumenschliche jeder Politik verständlich gemacht werden. Aber schlechte Beispiele der politischen Praxis mindern die Glaubwürdigkeit der Politik und versetzen die politische Bildung in einen gefährlichen Theorie-Praxis-Konflikt. Denn die politische Bildung bemüht sich, der nachwachsenden Bürgergeneration gute Muster des politischen Denkens und Handelns zu vermitteln. Das geschieht in der Erwartung, daß die politische Praxis den Normen und Regeln folgt, so wie sie in Verfassung und Gesetzen, in Parteiprogrammen und Regierungserklärungen formuliert sind.

Was die politische Bildung in jahrelanger Arbeit an Politikverständnis und an Vertrauen zum Staat in der Jugend aufgebaut hat, kann durch die öffentliche Diskussion über schlechte politische Praxis mit einem Schlage zerstört werden, und dies umso mehr, als zur politischen Bildung heute ein gehöriges Maß an wacher Kritikfähigkeit gehört.

I. *Anforderungen an die Qualifikation von Politikern – Kriterien für die Kandidatenauswahl*

Politik ist kein anonymes Geschehen, sondern wird von Menschen gemacht, mögen dabei auch Institutionen und Apparate kräftig mitwirken. Politiker sind zwar keine Übermenschen. Aber: »Auch für den Politiker . . . gelten moralische Konventionen. Sie sollten strenger sein als jene, die Allgemeinvorstellungen entsprechen. Aber übertriebene Strenge könnte leicht zur Farce werden oder zur Heuchelei reizen.«[1] Inwiefern sind an Politiker wie auch an Kandidaten für politische Ämter strengere Anforderungen zu richten als an den »man in the street«?

1 *Theodor Eschenburg:* Spielregeln der Politik, Stuttgart 1987, S. 62.

Der »sensus politicus« muß beim Politiker kräftiger entwickelt sein als beim Durchschnittsbürger. Gemeint ist damit nicht nur eine möglichst große und profunde Kenntnis von Normen und Formen der Politik, sondern auch ein Maß an Gemeinsinn, das über das pflichtschuldige Soll des Bürgers weit hinausgeht. Aus purem Macht- und Geltungsdrang darf man nicht Politiker werden, wiewohl Macht und Prestige beim Streben nach einem politischen Amt nicht unwirksam sind. Wer politische Verantwortung übernehmen und ein Mandat zum Wohl von Mitbürgern übernehmen will, muß zur Führung befähigt sein.

Im Auftrag von Wählern zu handeln: das darf nicht bedeuten, sich von den Veränderungen der Volksmeinung treiben zu lassen und auf eigene Willensbildung zu verzichten. Führen heißt, zur rechten Zeit zu entscheiden. Diese Aufgabe kann dem verantwortlichen Politiker von niemandem, auch nicht von Institutionen, abgenommen werden, und wenn er falsch entscheidet, obgleich er sich vorab hat beraten lassen, muß er die Verantwortung für Fehler allein tragen, selbst wenn dadurch seine Popularität eingeschränkt wird. Es gibt für den Politiker Situationen, in denen er nicht der »Sklave« der schwankenden »Kammermajorität« sein darf, auch nicht der »Mann der . . . parlamentarischen Maschine, der es nicht verstanden« hat, »die öffentliche Meinung des Landes durch starken und zielbewußten Appell auf seine Seite zu bringen.«[2]

Die Führungsfähigkeit ergibt sich aus Prinzipientreue: Diese ist ein wichtiger Regulator im Wirbel gegensätzlicher politischer Meinungen und Trends. Erst durch Prinzipientreue erhält politisches Denken und Handeln seine Konsequenz und Zielstrebigkeit.

Immer wieder müssen sich im Alltag des Politikers »aus dem modernen Chaos« der Meinungen »Prinzipien herauskristallisieren, die den tieferen Regenerationsbedürfnissen unserer Kultur entsprechen, und derjenige, der die betreffenden Ideen am konsequentesten zu Ende gedacht und in sein Willensleben übernommen hat – er wird eine neue Führerschaft auf demokratischem Boden begründen und den Apparat meistern . . ., statt von ihm gemeistert zu werden.«[3]

Für einen Politiker ist es wichtig, »sich selbst die öffentliche Meinung zu schaffen«, die seine Pläne begünstigt, statt sich von anonymen Trends der öffentlichen Meinung treiben zu lassen.[4]

2 *Friedrich Wilhelm Foerster:* Angewandte politische Ethik, Anmerkungen zum Verständnis der gegenwärtigen politischen Weltlage, Wiesbaden 1922/24, S. 67 f.

3 *F. W. Foerster,* a.a.O.

4 *F. W. Foerster,* a.a.O., S. 67 ff.

Persönliche Glaubwürdigkeit ist mehr als das Beauftragtsein durch bestimmte Gruppen, die einen Lobbyisten zur Erreichung ihrer Ziele in die politische Arena schicken. So wichtig es auch sein mag, daß der Kandidat für ein politisches Amt oder der, welcher es bereits ausübt, seine Anhängerschaft hinter sich weiß, so unerläßlich ist doch zugleich seine Unabhängigkeit von den Schwankungen der politischen Gunst oder Ungunst. Uneigennützigkeit und Integrität hängen nicht zum geringsten Teil davon ab, daß der Politiker nicht auf Gedeih und Verderb von der ihn beauftragenden Partei abhängig ist, beruflich gesichert ist und sich in einem Beruf erfolgreich betätigt hat, ehe er sich zur Übernahme eines politischen Mandats entschlossen hat. Natürlich fordert die politische Praxis ein hohes Maß an Zeit- und Energieaufwand und darf nicht zum Hobby verharmlost werden, aber als Beruf sollte Politik immer durch die Mandatszeit klar begrenzt sein, und die Rückkehr in den Ausgangsberuf dürfte nicht als Degradierung eingeschätzt werden. Als Profession läßt sich Politik nur legitimieren durch politische Passion, nicht aber als Job, der beliebig mit einem anderen ausgewechselt werden kann und bei dem man vornehmlich an persönliche Bereicherung denkt.[5]

II. *Öffentliches Amt und private Moral im Widerstreit – Menschliche Fehler im Leben von Politikern*

Wenn von Zeit zu Zeit massive Staatsverdrossenheit unter den Bürgern aufkommt, so ist das meistens die Reaktion auf eine Diskrepanz zwischen öffentlichem Amt und persönlicher Lebensführung eines Politikers. Wer sich für ein politisches Amt bereitstellt, muß sich einer besonders strengen Observation seiner Lebensführung durch die Bürger und die öffentliche Meinung unterstellen. Dies mag ein Zeichen von übertriebenem Moralismus sein, vielleicht sogar eine unzumutbare Einmischung in die Intimsphäre; aber zwischen dieser und dem politischen Amt besteht ein Zusammenhang. So kann es dem Amt nur schaden, wenn ein Politiker, verursacht durch private Konflikte oder individuelle Unzulänglichkeit, als Mittel zur Kompensation seiner Qualifikationsmängel Drogen oder Alkohol einsetzt oder »Trost« in außerehelichen Beziehungen sucht. Vom Politi-

5 Siehe hierzu *Max Weber:* Politik als Beruf, in: Gesammelte politische Schriften, München 1921 (neu hrsg. von *J. Winckelmann,* Tüb. 1958) Die berühmt gewordene Abhandlung Webers entstand im Jahre 1919, als sich für Weber selbst die Frage stellte, ob er ein hohes Amt in der Reichspolitik übernehmen sollte.

ker erwartet der Wähler nicht nur ein besonders großes Maß an Arbeitseinsatz, sondern auch persönliche Verzichte zugunsten des politischen Auftrags, ja bis hin zur Askese. (Demokratisches Führungsverständnis ist durch puritanische Leistungsethik maßgeblich beeinflußt worden.)[6] Freilich: »Regeln für private Lebensführung können durch Gesetze ... und Geschäftsordnungen nicht aufgestellt werden.«[7] Aber die hohe Geltung und Wirkung solcher Regeln muß u. a. dadurch garantiert werden, daß bei Regelabweichungen seitens der politischen Institution bzw. der öffentlichen Meinung scharf und sensibel reagiert wird. »Die Partei, die über das Kandidatenangebot entscheidet ..., kann die Macht des Zensors ausüben. Aber wer wäre imstande, eine Partei daran zu hindern? Das Prekäre ist, daß der Maßstab für die Entscheidung weniger die Amtsautorität eines Mannes ist ... als vielmehr das Wahlprestige der Partei.«[8] Es spricht für die Demokratie, daß sie nicht mehr für ihre Staatsmänner und -frauen jene Sondermoral zuläßt, die sich in monarchischen oder autoritären Regimen die Herrschenden herauszunehmen pflegten.

III. *Der Weg in die politische Praxis – Formen der Findung von Kandidaten*

Einen Katalog von Qualifikationskriterien für angesehene Politiker aufzustellen, ist das Eine, die geeigneten Kandidaten zu ermitteln, das Andere. Dafür werden verschiedene Formen praktiziert, die neu überdacht werden sollten, da sich neuerdings die Frage gestellt hat, wie es zu Fehlbesetzungen in hohen Ämtern überhaupt kommen konnte – zum Schaden der Demokratie.

1) Der am meisten verwandte Weg ist der der »Ochsentour«: Durch möglichst langjährige Bewährung in unteren und mittleren Chargen der Politik steigt man schließlich in das ersehnte hohe Amt. Man hat es sich gewissermaßen verdient und dabei von der Pike auf alle politische »Drecksarbeit« geleistet – vom Plakatkleben und von der Mitgliederwerbung über die Wahrnehmung von parteiinternen Vorstandsaufgaben bis hin zur Wahl in öffentliche Ämter auf Gemeinde-, Kreis- und Bezirksebe-

6 Siehe hierzu die einschlägigen Untersuchungen von Max Weber und *Werner Sombarth*.
7 *Th. Eschenburg*, a.a.O., S. 62. Dieser Hinweis findet sich in dem Kapitel: Öffentliches Amt und private Lebensführung. S. 56–62.
8 *Th. Eschenburg*, a.a.O., S. 62.

ne. Als Einsteig in die »große« Politik gilt dann in der Regel der Einzug in einen Landtag oder gar in den Bundestag.
Gewählt wird innerhalb der Partei nur, wer in dieser beliebt ist und über das nötige »Fußvolk« in seinem Gefolge verfügt. Natürlich kann politische Tüchtigkeit damit konform sein; aber auf der »Ochsentour« entsteht nicht selten der Fall, daß politisch qualifiziertere Kandidaten, die als Persönlichkeiten stark profiliert sind, aber sich ein großes Maß an Unabhängigkeit erhalten haben, bei der Kandidatenwahl nicht erfolgreich sind. Zumal für hauptamtliche Parteiangestellte ist das Vorankommen durch die »Ochsentour« der gängige Weg des Aufstiegs.
2) Obgleich der Parlamentarier letztlich seinem Gewissen verantwortlich und nicht von Gruppenmeinungen abhängig sein soll, ist der Lobbyismus ein probates Mittel zum Einstieg in politische Ämter. Interessengruppen möchten in Parlament und Regierung ihre Interessenvertreter wirksam sehen, obgleich dies nicht zur Übernahme eines Mandats in der Demokratie genügen kann. So wie die erstgenannte Kandidatengruppe von einer Partei, ist diese zweite von einer Interessengruppe auf Gedeih und Verderb abhängig. Nicht unterschätzt werden soll die Fachkompetenz und der spezialisierte Sachverstand, der durch diese zweite Gruppe in die politische Führung investiert wird.
3) Eine weitere Gruppe sind die »Kompromißkandidaten«: Nicht selten rivalisieren bei der Kandidatennominierung mehrere Gruppen miteinander, – jede möchte ihren Wunschkandidaten durchbringen, und weil das nicht möglich ist, einigt man sich auf einen Kandidaten, der nach dem Prinzip des geringsten Widerstandes oder – positiv formuliert – des größten Gesamtvertrauens gefunden wird. Immer wird er – falls es zu seiner Wahl kommen sollte – lavieren müssen, um möglichst alle Gruppen zufriedenzustellen. Die Wichtigkeit des Kompromisses darf man in der Demokratie nicht unterschätzen, aber Politiker mit Charisma möchten nicht von »faulen« Kompromissen, auch nicht von minimalistischen Entscheidungen abhängig sein. Bei der Bewerbung um politische Ämter sind nicht selten Machtkämpfe üblich, – »Wahlkampf« ist »kein Gelehrtenstreit und umgekehrt«.[9]
Das heißt: im Kampf um politische Ämter fallen Leidenschaften und Emotionen auf, stoßen Individuen und Charaktere heftig aufeinander, und falls dubiose Mittel eingesetzt werden, können diese nicht durch den angeblich guten Zweck gerechtfertigt werden. Auch für die Politik reklamiert Friedrich Wilhelm Foerster die Regel: »Aus Bösem kann niemals

9 *Th. Eschenburg,* a.a.O., S. 42.

etwas Gutes werden.«[10] Zwischen privater und öffentlicher Moral kann es in der Politik keinen prinzipiellen Unterschied geben. Im Wahlkampf, so registriert Eschenburg,[11] verhalten sich Parteien »wie Individuen vor Examina. Übereifer verbindet sich mit hochgradiger Nervosität, und das soll vieles entschuldigen.«

Wie bei Prüfungen, werden auch bei Wahlkämpfen »Manipulationen versucht«, aber bei Wahlkämpfen »in einem unvergleichlich größeren und gröberem Ausmaß.« Es ist fraglich, ob Kandidaten von besonders hoher persönlicher Integrität, beruflicher Unabhängigkeit und großem öffentlichen Ansehen sich einem Wahlverfahren aussetzen, in welchem Manipulationen zumindest möglich, wenn nicht gar üblich sind.

4) Dadurch soll die Wichtigkeit einer vierten Form der Kandidatenkür keineswegs wegdiskutiert, ja im Gegenteil sogar favorisiert werden: Die Auswahl von Kandidaten für politische Ämter würde unzureichend sein, böte sie nicht auch exponierten Persönlichkeiten Chancen zum »Seiteneinsteig« – unter Umgehung der »Ochsentour« und unter Verzicht auf Lobbyismus und Gruppenproporz. Natürlich werden es solche unabhängigen Persönlichkeiten stets schwer haben, sich die Zustimmung einer soliden Mehrheit zu sichern, ohne von einer Lobby oder bestimmten Gruppen abhängig zu sein. Aber der politischen Praxis würde viel Elan, Kreativität und Rückhalt in der Gesellschaft fehlen, würden nicht auch Pesönlichkeiten gekürt, die deshalb genommen werden, weil sie in einem bestimmten Sachbereich als Autorität gelten und die politische Praxis mit sehr viel Sachverstand und Prestige anreichern können. – Nicht selten haben wir es hier mit politischen Spätberufungen zu tun und nicht mit Greenhorns.

Je höher ein politisches Amt ist, umso mehr müssen an die Eignung der Bewerber hohe Maßstäbe angelegt werden. Denn: »Das Mittelmaß ist der Tod unseres Rechtsstaates.« Mit dieser Feststellung verbindet Kai-Uwe von Hassel die sehr interessante Empfehlung, in unserm Lande bei der Kandidatenauswahl für Landtag und Bundestag eine Art Filter einzusetzen, wie es in Großbritannien üblich ist: Für die britischen Konservativen »darf nur kandidieren, wer das O.K. der zentralen Leitung der Konservativen Partei in London erhält. Und diese gibt es nur nach zwei scharfen Ausleseverfahren, bei denen mancher auf der Strecke bleibt.«[12]

Das Reservoir an wirklich befähigten Kandidaten ist bei der großen Zahl

10 Politische Erziehung, Freiburg/Basel/Wien, 2. Aufl., 1959, S. 155 f.
11 A.a.O., S. 42 f.
12 *Kai-Uwe v. Hassel:* Welche Lehren haben wir aus der Kieler Affäre zu ziehen?, in: Hamburger Abendblatt, 26. Oktober 1987, S. 2.

der Mandate nicht unbegrenzt. »Als die Republik 1949 ins Leben gerufen wurde, gab es eine große Zahl hochangesehener Abgeordneter ... Sie waren Demokraten im tiefsten Ursprung, sie waren vor allem lebenserfahren und lebensklug.«[13] Inzwischen ist es im Politikernachwuchs Mode geworden, schon sehr früh auf ein Amt als »Berufspolitiker zuzusteuern, und dies meist sofort nach Studienabschluß. Die Folge ist, daß der Anteil junger Intellektueller (unter ihnen viele Politologen) an der Gesamtzahl heutiger Abgeordneter groß ist. Diese Art von jungen Berufspolitikern ist – etwa für den Fall des Amtsverlusts – beruflich nicht abgesichert, obwohl es in einer Demokratie völlig normal und keine Unehre ist, ein politisches Mandat anderen zu überlassen. Wenn politische Mandate zu Erbhöfen zu werden drohen, wird die Regeneration der politischen Elite erschwert. Am nützlichsten ist eine gute Kooperation zwischen älteren und jüngeren Politikern, beide Gruppen in angemessener Zahl. Eine Demokratie würde töricht handeln, machte sie sich nicht die reiche Erfahrung der »elder statesmen« zunutze, die nicht nur wissen, was erstrebenswert, sondern auch was machbar und vernünftig ist.[14]

IV. *Politische Moral: ein zentrales Thema der politischen Bildung*

Die Frage nach der fachlichen und charakterlichen Qualität der Politiker spielt in der politischen Bildung eine größere Rolle, als es in der politischen Praxis anscheinend beachtet wird. Jugend mag hyperkritisch sein und politische Fehler bzw. menschliches Versagen schärfer diskutieren als Erwachsene, die begriffen haben, daß man gelernt haben muß, nachsichtig zu sein. Aber es ist nun einmal eine Aufgabe politischer Bildung, die Politik so darzustellen, wie sie sein soll (und nicht nur so, wie sie praktiziert wird). Ohne Beweise der Vorbildlichkeit von Politikern und Musterhaftigkeit politischer Einrichtungen ist es dem Lehrer wohl kaum möglich, der Jugend die Politik so attraktiv darzustellen, daß sie von ihrem guten Sinn überzeugt ist und selbst politische Mitverantwortung entwikkelt.

Rigorismus im politischen und moralischen Urteilen mag ein Indiz für Mangel an Reife sein, aber strenge Ansprüche haben den Vorteil, politische Mandatsträger immer wieder auf ihre Rückmeldung zu den Bürgern aufmerksam zu machen, statt einige Macht- und Prestigeinteressen zu

13 *Kai-Uwe v. Hassel,* a.a.O.
14 Siehe hierzu auch *Th. Eschenburg,* a.a.O., S. 36 ff.: Demokratie im Wahlkampf.

verfolgen. Nehmen wir ein Beispiel: Wenn junge Menschen durch politische Bildung gelernt haben, daß es typisch für eine vitale Demokratie ist, Macht und Verantwortung soweit wie möglich aufzuteilen und an die Bürger zu delegieren, halten sie die Kumulation von Ämtern für einen Mangel an Demokratie. Darüber, daß zu viel Macht und übertriebener Ehrgeiz korrumpierend wirken können, lesen junge Menschen in den Politik- und Geschichtsbüchern ziemlich sorgfältig, was da geschrieben steht. Nicht verstehen können die Schüler, wenn gelegentlich in Theorie oder Praxis der Politik behauptet wird, Politik und Moral dürfe man nicht miteinander vermengen, und allenfalls müsse man politische Moral – wenn es sie gäbe – von privater deutlich abheben. Im Religionsunterricht haben die Schüler jedoch gelernt, daß es keine Sondermoralen für einzelne Gruppen geben kann und daß die Würde der Moral alle Menschen gleich macht. Auch lassen sich heute im Politikunterricht frühere Traditionen der »Staatsraison« nicht mehr rechtfertigen. »Was sittlich schlecht ist, kann politisch nicht gut sein.« Und: Recht muß vor Macht gehen. Diese Thesen Friedrich Wilhelm Foersters[15] werden in der Theorie und Praxis der politischen Bildung seit Jahrzehnten ziemlich allgemein propagiert. Moralisch verwerfliche Methoden wie z. B. die Bespitzelung von politischen Gegnern oder Ehrabschneidungen im Umgang mit diesen sind nicht damit zu rechtfertigen, daß sie angeblich einem guten Zweck dienen. Als Vorbilder gelten in der politischen Bildung besonders jene Politiker, die in schwierigen Entscheidungssituationen der Stimme ihres Gewissens gefolgt sind, auch wenn ihnen in der politischen Praxis dadurch persönliche Nachteile entstanden. Im Geschichtsunterricht, der ja der politischen Bildung korrespondieren muß, ja Teil derselben sein kann, darf der Jugend nicht verschwiegen werden, daß manche politische Entscheidungen mit amoralischen Mitteln und Methoden zustandegekommen sind; das gilt nicht nur für Unrechtstaaten und Gruppenverdikte zur Zeit des Nationalsozialismus, sondern auch für die Diffamierung andersdenkender politischer Gruppen vor 1933 oder auch für das diaktische, autokratische Handeln mancher Monarchen in vordemokratischer Zeit.[16]
Auch die »hohe Politik«, die früher nach eigenen Moralgesetzen praktiziert zu werden pflegte, hat die Regeln und Pflichten der Alltagsmoral zu befolgen, die für jeden Bürger gelten. Die Autorität eines Politikers wird

15 Siehe hierzu *Fr. W. Foerster:* Politische Erziehung, S. 155 f.; Politik und Moral, Staat und Sittengesetze, in: Politische Ethik, Recklinghausen 1956, S. 25 ff.

16 Dieses Problem hat *Fr. W. Foerster* ausführlich analysiert in dem Kapitel: Der historische Konflikt zwischen Staatsräson und Gewissen, in: Politische Ethik, S. 29 ff.

zerstört, wenn dieser versucht, Politik »jenseits von Gut und Böse« zu betreiben. Politische Ethik als Regulator politischer Führung ist »weit schwieriger als das Werk derjenigen Technik, die der Bemeisterung der äußeren Naturkräfte gilt. Sie verlangt die geistige Bewältigung der menschlichen Leidenschaften dort, wo sich diese im Massenhaften . . . zusammenballen und keiner geistigen Beschwörung mehr zugänglich erscheinen.«[17]
In einer vitalen Demokratie liegt die Unverzichtbarkeit der politischen Ethik darin, daß allein mit ihrer Hilfe eine geistige Einheit geschaffen werden kann, die die Pluralität politischer Meinungen und Gruppen auf Gemeinsinn hin verbindet. »Es gibt überhaupt keine andere wirkliche Ordnung als die sittliche . . . Sie allein stellt der unermeßlichen Vielfalt der gegeneinander wirkenden Ansprüche und Interessen das einzig rettende Prinzip entgegen, das jedem das Seine verbürgt . . .«[18]
Im Widerspruch zu dieser Auffassung von der einigenden Kraft der Moral steht Arnold Gehlens Hinweis auf den »Plural der Moralen«.[19]
Dieser kann sich – bei Lichte besehen – jedoch nur auf verschiedene Versionen der einen, allgemeinmenschlichen Moral beziehen, ganz gleich, ob man diese Menschheitsmoral aus der »Natur« der Menschen und deren Gleichheit ableitet oder aber etwa aus der Menschenrechtserklärung der Vereinten Nationen. Gäbe es einen Plural von gleichberechtigten Moralen, bestünde zwischen diesen ständig eine auf Krieg tendierende Rivalität. Dann ist man auch nicht mehr weit vom Konstrukt einer Sondermoral für Herrschende entfernt, der eine Subordinationsmoral der Untergebenen zugeordnet werden müßte. Eine solche Aufspaltung von politischer Moral demontiert das Vertrauen in unseren Staat. Dieses ist ja nach 1945, als es um ein neues demokratisches Alibi der deutschen Politik ging, mit der Aufforderung an die Jugend, schon früh politische Mitverantwortung zu lernen, aufgebaut worden, zugleich mit dem Ethos einer Partnerschaft,[20] die zwar den Respekt vor politischen Führern nicht negiert, jedoch eine moralische Schizophrenie in der Politik nicht erlaubt. Die Studenten- und Jugendrevolte am Ende der sechziger Jahre entstand dann u. a. deshalb, weil junge Leute meinten, nicht genug Chancen zur Mitbe-

17 Politische Ethik, S. 18.
18 Politische Ethik, S. 18 f.
19 Siehe hierzu *Arnold Gehlen:* Moral und Hypermoral – Eine pluralistische Ethik, Frankfurt a.M./Bonn 1969. *Gehlen* analysiert u. a. das Phänomen der »Moralhyperthrophie«, S. 121 ff.
20 Siehe hierzu *Friedrich Oetinger (Theodor Wilhelm):* Partnerschaft – Die Aufgabe der politischen Erziehung, 5. Aufl., Stuttgart 1959.

teiligung an der politischen Gesamtverantwortung geboten zu bekommen, und versuchten, mehr Mitbestimmung mit Protest oder gar Gewalt an sich zu reißen, sie den Herrschenden zu nehmen.[21] Dies verstanden sie – so makaber das aus historischer Distanz auch erscheinen mag – als konsequente Anwendung dessen, was sie in der politischen Bildung gelernt hatten.

Die neue Demokratie lehnten sie ab, weil sie der Jugend angeblich nicht genug Mitbeteiligung an Verantwortung und Macht zuließ. Ihr moralischer Rigorismus ging freilich in Richtung auf Zerstörung »dieses« Staates. Überhöhte moralische Forderungen verleiteten zu einer Überforderung des politisch Möglichen. Der Idealstaat, den sie sich vorstellten, war ihnen nicht zum geringsten Teil in der politischen Bildung zur Aufgabe gemacht worden. Moral, auch politische und pädagogische, wird mißverstanden, wenn man das Maß des Menschenmöglichen außer acht läßt. Allerdings schadet der politischen Praxis wie auch der politischen Bildung eine technokratische Entmoralisierung, eine bewußte Trennung zwischen Politik und Moral,[22] genau so arg wie jener moralische Rigorismus.

»Die Moral, als das Suchen nach einer Ordnung, in der Gerechtigkeit, Freiheit und Menschenwürde verwirklicht werden, verbindet mit der Politik, daß man sich mit unzulänglichen Zuständen als nun einmal gegeben einfach abfindet.«[23]

V. *Die politische Aufgabe der Lehrer – Die pädagogische Aufgabe der Politiker*

Man kann darüber streiten, ob es der politischen Bildung zusteht, in der politischen Praxis die Einhaltung der Moral anzumahnen. De facto ge-

21 Zur Selbstdarstellung dieser Protestbewegung siehe *J. Habermas/L. v. Friedeburg/ Christoph Oehler/Friedrich Weltz:* Student und Politik, Neuwied 1961; Herbert Marcuse: Der eindimendionale Mensch, Neuwied, 6. Aufl., Neuwied 1968; *Jürgen Miermeister/Jochen Staadt* (Hrsg.): Provokationen – Die Studenten – und Jugendrevolte in ihren Flugblättern 1965–1971, Neuwied 1980.
Zur Kritik der APO-Bewegung siehe *Hans-Julius Schoeps/Christoph Dannemann* (Hrsg.): Die rebellischen Studenten – Elite der Demokratie oder Vorhut eines linken Faschismus?, 2. Aufl., München/Pfullingen 1968; *Wolfgang Brezinka:* Erziehung und Kulturrevolution – Die Pädagogik der Neuen Linken, München/Basel 1974; *Edith Eucken-Erdsiek:* Die Macht der Minderheit – Eine Auseinandersetzung mit dem Neuen Anarchismus, Freiburg/Basel/Wien 1970.

22 Siehe hierzu *Werner Becker/Willi Oelmüller* (Hrsg.): Politik und Moral – Entmoralisierung des Politischen, München/Paderborn 1987, vor allem darin Franz Böckle: Politik jenseits von Gut und Böse, S. 21 ff.

23 *F. Böckle,* a.a.O., S. 23.

schieht das oft, und die Lehrenden sind sich dabei meistens einer Machtausübung bewußt, die darin besteht, daß durch Verinnerlichung moralischer Grundsätze für die Politik Einfluß auf die politische Einstellung junger Lernender ausgeübt wird. Diesen Einfluß wie überhaupt die Wirkung der politischen Bildung sollte man seitens der politischen Praxis nicht zu gering veranschlagen. Freilich: Es kommt dabei auf die moralische und politische Integrität der Lehrenden an. ». . . Bildung meint nicht das Schlucken von Bildungsrationen, sondern gerät nur als Resultat kritischer Auseinandersetzung. Und auseinandersetzen kann man sich mit Charakteren, aber nicht mit Personal. Je höher die sachliche Autorität des Lehrers – umso fruchtbarer die Auseinandersetzung mit ihm.«[24] Das gilt auch für die politische Bildung: Diese ist umso erfolgreicher, je gründlicher die Lehrenden die politische Praxis sachlich kennen und korrekt beurteilen – und je realistischer die Leitbilder und Muster des politischen Handelns sind, die der Jugend vermittelt werden. Sicherste Hilfe bei der Auseinandersetzung mit der politischen Praxis – mag diese zeitweise noch so fehlerhaft und vielleicht sogar enttäuschend sein – ist eine umfassende Moral der Menschenwürde und nicht eine künstliche Theorie vermeintlicher Eigengesetzlichkeit der Politik. Die Moral ist es, die die politische Praxis immer wieder auf den Bürger rückverpflichtet und in die Gesellschaft so integriert, daß sie eine Dienstfunktion ausübt, statt einem Selbstzweck zu dienen.

Die Lehrenden dürfen allerdings einen Gegendienst der Politik erwarten: So wie die Lehrenden sich als politische Menschen verstehen, müssen die Politiker begreifen, daß sie eine in gewisser Hinsicht pädagogische Aufgabe zu leisten haben. Wie ist dieser Zusammenhang zwischen dem politischen Auftrag der Lehrenden und dem pädagogischen Auftrag der Politiker zu interpretieren?

Die Demokratisierung von Gesellschaft und Bildungssystem hat auch den Lehrberuf verändert: Der Lehrende ist heute nicht mehr wie in vordemokratischer Zeit der pädagogische Vollzugsbeamte des Staates, der dessen Aufträge kritiklos exekutiert. Lehrende Frauen und Männer betätigen sich in der Demokratie nicht als ausführende Organe einer von oben kommenden Staatsmacht, die ihnen die Impulse des pädagogischen Handeln gibt; vielmehr setzen die Lehrenden als mitverantwortliche Bürger ihren Sachverstand und ihr pädagogisches Können nach bestem Wissen

24 *Horst Albert Glaser:* Der im Warenhaus der Bildung herumtaumelnde Zombie – Nicht nur eine Satire, in: Verantwortung für die Jugend – Erziehung im demokratischen Staat, Hrsg. v. Bruno Heck, Mainz 1987, S. 97.

und Gewissen ein. Wie die Politiker, sind auch die Lehrer Mandatsträger: Sie erziehen und bilden junge Menschen, die ihnen von deren Eltern zu treuen Händen anvertraut sind. Zugleich ist das Lehramt insofern ein öffentliches Mandat, als die Lehrenden sich als Anwälte der jungen Menschen begreifen und diesen helfen, später mitverantwortliche Bürger sein zu können. Die Lehrenden würden ihre pädagogische Freiheit mißverstehen, sähen sie in den Schülern ein »Material« zur individuellen Persönlichkeitsentfaltung der Lehrenden, wiewohl diese ein Begleiteffekt, nicht aber der Sinn des Lehramtes sein kann. Mag im Lehrer-Schüler-Verhältnis noch so sehr die Atmosphäre des gegenseitigen Vertrauens und der persönlichen Zuwendung vorherrschen: Erziehung und Bildung sind hier ein öffentliches Geschehen, das für die, welche den Lehrenden das Erziehungsmandat übertragen haben, transparent sein muß. Das Lehrer-Schüler-Verhältnis darf man nicht einseitig idyllisch motivieren. »Im Lehramt an öffentlichen Schulen sind Spannungen strukturell angelegt. In unserer heutigen pluralistischen Gesellschaft haben sie sich erheblich zugespitzt.«[25]

Jeder Lehrende ist wie jeder andere Bürger Träger bestimmter politischer Auffassungen (auch kritischer), Mitglied bzw. Anhänger einer Partei, vielleicht ein Wechselwähler, der seine Zustimmung zu einer Partei von deren akutem Handeln abhängig macht. »Wie paßt der Beamte mit dem Erzieher zusammen, wie der Erzieher mit dem wissenschaftlich ausgebildeten Fachlehrer, wie der ›Anwalt des Kindes‹ mit dem ›Vertreter von Sozialchancen‹ oder mit dem Repräsentaten gesellschaftlicher Normvorstellungen, wie der Vermittler von Normen und Werten der Gesellschaft mit dem individuellen Lehrer und seinem Selbstverständnis.«[26]

Die so angezeigten Spannungen bringen die Lehrenden auch in ihre pädagogische Tätigkeit ein, auch in ihre politische Bildungsarbeit. Gemeinsinn und Staatsvertrauen der Lehrenden müssen so stark sein, daß es nicht zur Propaganda für die eine oder andere Partei oder Richtung kommt, auch nicht zu apolitischer Neutralität oder zur Politikabstinenz. Oberhalb politischer Richtungen, deren Vielzahl der Demokratie die wünschenswerte Dynamik und Vitalität gibt, gibt es Grundsätze des Staatsverständnisses, die nicht nur für alle gelten, sondern die auch alle Bürger bindet und verbindet.

25 *Bernard Sutor:* Demokratie bejahen – Die Grundeinstellung des Lehrers zu Staat und Gesellschaft als Voraussetzung für eine Erziehung zu verantwortlicher Selbständigkeit, in: Verantwortung für die Jugend, a.a.O., S. 37.

26 *B. Sutor,* a.a.O., S. 37 f.

Angesichts des Bürgerrechts auf Freiheit, das auch den Lehrenden zusteht, lassen sich manche Lehrer nicht gern darauf aufmerksam machen, daß sie im Grunde Mandatare und nicht freischaffende pädagogische Künstler sind. Aber die Freiheit, die ihnen zusteht, ist »Bedingung für seine Verantwortung, nicht für das Austoben privater Meinungen oder Interessen« im öffentlichen Raum der Schule.[27]
Was nun den pädagogischen Auftrag der Politiker betrifft, so muß jedem Politiker bewußt sein, daß die Lernenden seine politische Praxis mit den Prinzipien und Mustern vergleichen, die die politische Bildung vermittelt hat. Mit anderen Worten: Diese Praxis muß sich vor der Jugend rechtfertigen lassen, dieser begreifbar gemacht werden. Dazu gehört, daß die Politiker sich gegenüber Gesellschaft und Jugend wirklich verständlich äußern, sich die Mühe machen, schon junge Bürger Einblick in die politische Praxis nehmen zu lassen, damit sie besser verstehen und höher schätzen. In der politischen Praxis hat sich leider ein politischer Eigendialekt, ein »Politonesisch« herausgebildet, das nicht einmal viele mündige Erwachsene, geschweige denn junge Lernende verstehen. Dadurch wird eine gefährliche Entfremdung der Jugend von der politischen Praxis bewirkt. Politiker dürfen durch politische Bildung nicht zu öffentlichen Tugendbolden emporstilisiert werden, aber sie sollen Vorbild und Beispiel in bürgerlicher Verantwortung sein und eine Politik ohne Filz und Machtmißbrauch praktizieren. Die Forderung Fr. W. Foersters, daß »der Staatsmann als Erzieher« zu handeln habe, mag den Praktikern der Politik zu idealistisch gedacht sein, aber »die pädagogische Wirkung des Staatsgedankens«[28] ergibt sich nicht so sehr aus den Maßnahmen staatlicher Institutionen als vielmehr aus dem persönlichen Handeln und Verhalten der Politiker. Dies ist der Maßstab, nach dem beurteilt werden kann, wie Vorbild oder Versagen, gute Taten und üble Affären sich auf die politische Bildung auswirken.

27 *Elisabeth Rickal:* Der Lehrer zwischen Beamtenpflichten und Bürgerrechten, in: Verantwortung für die Jugend, a.a.O., S. 69.
28 *Fr. W. Foerster:* Politische Ethik, Kapitel: Der Staatsmann als Erzieher, S. 25 f.

Vom Spannungsverhältnis zwischen Parteien, Politikern und Medien

Hans Peter Fagagnini

Zu den Fronterfahrungen jedes Politikers und Journalisten gehört der ständige Kontakt zueinander, die manchmal höfliche Begegnung, die meist kritische Auseinandersetzung bis hin zur Kontroverse, die stete gegenseitige Beobachtung, die im Grunde eine Kontrolle meint. Das Vorwegurteil übereinander ist eher ambivalent; Spannungen sind latent vorhanden. Beide, Politiker wie Medienleute, bewegen sich im Kräftefeld der öffentlichen Meinung und prägen diese ganz maßgeblich. Es ist ein Kräftefeld, wo Freiheit und Verantwortung wie nirgendwo sonst Kehrseiten ein und derselben Medaille bilden, da Rechtsnormen nur höchst mangelhafte Stützen für schwächere Glieder abgeben.

Die zwei Ufer des Rubikons

Auch wenn Medien und Politik sehr viele notwendige und überaus wichtige Berührungspunkte aufweisen, so bilden sie doch die zwei Ufer des berühmten Rubikons. Gemeint sind unterschiedliche Interessenlagen, Funktionen und Aufgaben. Die einzelnen politischen Parteien bilden ein Abbild der in der Gesellschaft vorhandenen Leitvorstellungen und Anschauungen. Ihnen geht es darum, in Konkurrenz zueinander die eigene Position zu verbessern, größere Wähler- und damit Machtanteile zu erringen. Sie können dies legitimerweise tun, wenn sie ein überzeugendes Personalangebot präsentieren und es gleichzeitig verstehen, Vorschläge zur Bewältigung anstehender Probleme einzubringen. Auch wenn sie zur Vorbereitung ihrer Strategien und Taktiken auf ein Innenleben angewiesen sind, bilden sie doch ganz extrem extrovertierte Organisationen. Sie bilden als Akteure Teil der Öffentlichkeit, so daß auf sie zutrifft, was Elisabeth Noelle-Neumann einmal so formuliert hat: »Was nicht berichtet wird, existiert nicht. Wer seinen Standpunkt in den Medien kaum vertreten findet, ist mundtot, gesichtslos. Seine Chancen, zu einem Teil der von den Zeitgenossen wahrgenommenen Wirklichkeit zu werden, sind mini-

mal.« Darum ist auch nur verständlich, daß Parteien danach trachten, auf Medienunternehmen Einfluß auszuüben. Aber dieses Bemühen wird nie ganz unkritisch betrachtet werden können.
Denn nüchtern formuliert bilden demgegenüber die Medien das Insgesamt der technischen Verbreitungsmittel für Informationen, die sich an die Öffentlichkeit richten. Es sind dies Presse, Film, Radio und Fernsehen mit je eigener Geschichte, Problematik und Zukunftsaussichten. Dasselbe gilt für die Neuen Medien. Allen ist gemeinsam, daß sie die direkte personale Kommunikation ersetzen. Nicht nur darum sind sie der Wahrheit verpflichtet. Ebenso sollten sie als Ganzes die Meinungen der Gesellschaft zum Ausdruck bringen, aber auch hinter die Dinge leuchten. Faktentreue, Offenheit, Unbestechlichkeit, Unabhängigkeit, das sind gängige journalistische Berufsideale. Im Zentrum stehen sollte jedenfalls eine recht generell zu umschreibende Informationsaufgabe.
Aber alle Medien bilden auch Produkte, die sich auf einen Markt – dem Meinungsmarkt – absetzen lassen wollen. Nicht nur unter den politischen Parteien, auch unter den Medien herrscht eine recht intensive Konkurrenz um entsprechende Marktanteile, um Einschaltquoten und Auflagen. Marktanteile verschaffen Medienmacht. Und Macht – nicht nur politische – kann auch mißbraucht werden. Die Frage muß darum stets gestellt werden, ob und wie weit die Informationsaufgabe der Medien mit der Markt- und Produkteorientierung übereinstimmt.
Der Rubikon zieht sich aber durch eine gleiche Landschaft, über der dieselben Wolken ziehen und Sonnenstrahlen einwirken. Jedesmal geht es um den Kontakt mit dem Bürger und die Tuchfühlung mit dem, was sich nur diffus als Ereignisse und öffentliche Stimmungen umschreiben läßt. Medien und Politiker stehen darum immer wieder auch in Konkurrenz zueinander. Beide versuchen auf ihre Art, Ereignisse zu erfassen, Stimmungen aufzunehmen und auf sie einzuwirken. Beide haben die Aufgabe, als Sensoren zu wirken, Beiträge zur Versachlichung zu leisten, beizutragen, daß Konflikte positiv verarbeitet und Lernprozesse ausgelöst werden.[1] Im Wechselspiel unterschiedlicher Konkurrenzlagen und gegenseitiger Konkurrenz ergeben sich meines Erachtens daraus folgende Überlegungen.
Da ist einmal das Grundanliegen, daß die politischen Parteien und ihre Politiker überhaupt zutreffend dargestellt werden. Zugegeben, Parteien sind vielschichtige Organisationen, in denen es von unterschiedlichen Auf-

1 Wolf *Linder:* Politische Entscheidung und Gesetzesvollzug in der Schweiz. Schlußbericht des Nationalen Forschungsprogramms Nr. 6, Bern/Stuttgart 1987, 194 ff.

fassungen nur so wimmelt. Die Parteien erleben die Meinungsäußerungsfreiheit direkt am eigenen Leibe. Das macht die Darstellung zuweilen schwierig, gleichzeitig aber auch ein Stück weit faszinierend. Und zwar für beide, Politiker wie Medienleute. Das Bestreben, die eigene Partei im Glanz erstrahlen zu lassen, ist verständlich. Eigentlich auch verständlich ist, hinter Strategien und Parteitaktiken Ränkezüge, Schlaumeiereien oder Streit zu entdecken.

Aber nicht immer dominieren Glanz oder Streit. Es gibt auch das redliche Bemühen, das Handgestrickte, das Normale. Und es kommt ins Spiel die atmosphärische Nähe: das einer Partei zugeneigte Medium, der Journalist, der schließlich auch eine politische Grundhaltung hat. Wie weit sind beide verfangen und befangen? Wie weit lassen sie sich je instrumentalisieren, so daß man dem Medienprodukt anwaltschaftlichen Journalismus und der Politik übermäßigen Einfluß vorwerfen kann? Antworten liefern erst die konkreten Leistungen hüben und drüben. Spannungen sind auszuhalten, nicht generell zu lösen.

Dabei ist das parteipolitische Machtgefüge mitzuberücksichtigen. Regierungsparteien haben anderen Zugang zu den Medien. Sie sind einerseits attraktiver, andererseits mehr der Kritik ausgesetzt. Was sie öffentlich bekunden, kann politisch umgesetzt werden und ist dann zu verantworten. Mehrheitspositionen werden ohnehin sorgsam beobachtet. Oppositionsparteien sind Gruppen in Wartestellung. Sie können die Medien nur auf mögliche Kritikpunkte aufmerksam machen. Wieder anders ist es in Verhältnissen wie den schweizerischen, wo alle wesentlichen Parteien an der Regierungsmacht teilhaben. Die tägliche Konsensfindung gleicht hier einem Geben und Nehmen, in dem oft schwierig sichtbar wird, wer überhaupt welche Entscheidungsanteile auf sich vereinigen kann. Darum fehlt zuweilen auch die letzte Verbissenheit und jene Wettbewerbssituation, die spektakuläre Ereignisse versprechen. Parteien und Politiker sollten den Medien jedoch auch die Ereignisse liefern. Dies jedenfalls ist von Seiten vieler Medienleute zu hören.

Aber noch vor Ereignissen kommt ein permanenter Informationsfluß zum Bürger hin. Diese Aufgabe ist beileibe nicht sehr spektakulär. Aber die Demokratie braucht die ständige Bearbeitung von Themen. Der einzelne Stimmbürger kann nicht einfach nur aus dem Stand heraus entscheiden; auch er, und vor allem er, braucht entsprechende Hintergrundinformationen, um Zusammenhänge selber sichten zu lernen. Die politischen Parteien bieten bestimmte Grundorientierungen an, die die einzelnen Ereignisse bei weitem überdauern und die Politik prägen. Denn in der Politik wird es stets Verteilungsprobleme geben, genauso wie immer wieder auch weltanschauliche Fragen auftauchen; und immer wieder wird die Frage gestellt werden müssen, wieviel Staat denn eine bestimmte Problemlösung benötigt. Im Interesse der Demokratie haben Parteien und Medien darum die parteipolitischen Grundanliegen zu hinterfragen und grundsätzliche Kursänderungen anzuzeigen. Dies beinhaltet auch die Auseinandersetzung darüber, ob Politik aus bloß opportunistischen Überlegungen ohne Rekurs auf ihre Grundanlagen erfolgt.

Politik und Medien als Parallelsysteme

Erst die ernsthafte und permanente Bearbeitung der Politik und der Parteien macht die Interpretation sogenannter Ereignisse möglich. Darunter ist gar manches zu verstehen: ein markanter politischer Entscheid, Wahltage, das Aufleben neuer Gruppen, Katastrophen, Streit, Skandale. Die Liste läßt sich beliebig erweitern. Für die Medien scheint all das interessant, was sich bewegt. Für Ärger hüben und drüben ist bei kontroversen Ereignissen meist rasch gesorgt. Das hängt damit zusammen, daß die Medien der Tendenz nach Einzelereignisse dramatisieren. Ihnen fehlt die Langzeitbetrachtung. Nichts ist älter als eine Zeitung von gestern! Hinzu kommt der Wettstreit unter den Medien um Primeurs und Darstellung der Probleme. Dabei ist der Politiker nicht einfach freizusprechen. Er hat den Hang zur vorschnellen Erklärung, zur Vereinnahmung der Thematik und rascher Zuweisung von Schuld. Die Medien sollen ihm dabei als Sprachrohr dienen, Verlautbarungsjournalismus ist gefragt. Alle, Medien wie Parteien und Politiker, wollen auf ihre Weise nahe an die Probleme heran. Sie bilden dann so etwas wie Parallelsysteme: die Parteien zu dem der Medien, die Medien zu dem der politischen Institutionen.[2] Ein gegenseitiges Emporschaukeln in der Stimmungslage ist dann bald einmal die Folge. Das erklärt sowohl manche Verdauungsprobleme wie Vorsicht hüben und drüben. Und der Bürger muß sich fragen, wie weit die Stimmung der tatsächlichen Lage entspricht.
Nicht nur nachdenkliche Geister blieben mit Fragen zurück, wer denn wen schiebt und ob noch zwischen bloßen Eintagsfliegen und dem, was sich tatsächlich an Entscheidendem in der Politik abspielt, unterschieden werden kann. Denn es ist keineswegs so, daß allein das Marktschreierische von Gewicht ist. Journalisten wie Politiker haben Freude an spektakulären Äußerungen und Ereignissen. Was sie aber ebenfalls auszeichnen

2 *Linder*, 69.

sollte, sind Sinn und Gespür für das politisch Entscheidende. Wer die Meßlatte für Politiker und Medienleute nicht so hoch legen will, der mag ruhig darauf verweisen, daß Politik immer schon ein Stück Show gewesen ist und zur Politik auch symbolische Politik gehört. Zudem wird man auch in der Politik oft genug erst hinterher klüger.
Wichtiger noch als das ist die Frage, wer denn die Thematisierungen bestimmt; salopp gesprochen, wer den Zeitgeist inszeniert. Für einen Teil der Parteienkritiker und Anhänger von Bewegungen ist die Sachlage klar: die Parteien, zumal die großen, haben hier an Terrain verloren. Sie reagieren nur noch auf Stimmungen und Lagen, während sie die Medien verstärkt wiedergeben. Umgekehrt verweisen Politiker auf Grenzüberschreitungen von Medien – Überschreitungen des Rubikons sind Kampfansagen. Genau auszumachen, wer denn Themen auslöst, ist generell aber kaum zu entscheiden. Daß die Reaktorkatastrophe im östlichen Tschernobyl im Westen soviel bewegte, war weder eine Erfindung von Parteien noch von Medien. Umgekehrt gibt es schöne Beispiele, wo Parteien wie Medien bestimmte Themen erkannt und bearbeitet haben.
In der Massengesellschaft sind jedoch die Medien tendenziell im Vorteil. Vor allem dem Fernsehen muß heute geradezu eine agenda-setting-Funktion zugebilligt werden: zu einem Thema wird offenbar erst, was im Fernsehen dargestellt worden ist. Den Politikern und Parteien verbleibt als Trost, daß das gleiche Medium noch nicht darüber befindet, was der Zuschauer denken soll. Vor Jahren ist die Medienwirkung als gering eingestuft worden. Heutige Forschungen sind umstritten. Die Problematik der Schweigespirale zeigt aber dem Politiker, den Parteien und den Medien, daß sie die politische Auseinandersetzung um Themen mit gutem Grunde führen.
Denn sicher gibt es gewisse Grundstimmungen, denen alle Akteure der Öffentlichkeit ausgesetzt sind, und die dazu führen, daß zu einem bestimmten Zeitpunkt bestimmte Parteien, Personen oder Medien die Öffentlichkeit mehr zu prägen vermögen als andere. Nur verständlich ist darum, wenn man auf diese Stimmungen einzuwirken versucht. Moderne Parteien reagieren mit modernem Kommunikationsmarketing. Sie tun mittlerweile das, was wirtschaftliche Unternehmen mit ihren Spezialisten schon lange verrichten, nämlich für ihr Angebot auch ein Stück weit die Nachfrage zu organisieren. Nicht umsonst nähern sich die Marketingstrategien einander immer mehr. Am Wähler und an den Medien ist es, sich trotz allem Marketing gleichwohl an das politische Produkt zu halten und Werbespreu vom Weizen zu trennen. Umgekehrt sind es aber auch die Medien, die sich ihren Marktanteil suchen. Die Auflagebewegung

zeigt ihnen, wie sie quantitativ liegen. Ob sie die Stimmungen richtig interpretieren und vor allem Meinungen auch beeinflussen, steht auf einem anderen Blatt. Bei Volksabstimmungen geben viele schweizerische Tageszeitungen ihren Lesern wie die politischen Parteien Empfehlungen ab, wie sie stimmen sollen. Die Wirkung solcher Empfehlungen hält sich sehr in Grenzen. Wie Parteien und Politiker müssen auch die Medien mit der Erfahrung fertig werden, daß ihr Konsument und Stimmbürger auf seine Weise entscheidet. Wer solche Puzzlesteine zusammenlegt, merkt schnell, daß er eigentlich vielfach zu wenig weiß und ihm Ursachen und Wirkungen im Meinungsmarkt oft im Dunkeln bleiben.

Personalisierung als Problem

Ein besonderes Problem von Politik und Medien ist die zunehmende Personalisierung der Politik. Sie hat in den letzten Jahren praktisch überall Schule gemacht. Tatsächlich läßt sich die Komplexität in einzelnen Sachbereichen auf Personen reduzieren. Personen werden zu Programmen; anstelle des Wissens tritt das Vertrauen. Darauf setzen Politiker ganz bewußt. Dahinter steckt aber auch ein Stück weit der Medieneffekt; weil sich ein Medienprodukt – vor allem das Fernsehen – in der Regel über Personen besser verkaufen läßt, findet die Personalisierung natürlich auch entsprechenden Anklang. Auf der Skala zwischen gut und schlecht ist hier alles zu haben: die gute Darstellung guter Politiker und großer Kommunikatoren bis zur Strafprozeßführung über Medien und Geltendmachung der Sippenhaft (weil X schlecht ist, sind auch alle seine Freunde schlecht . . .). Dies zwingt die Parteien zur sorgfältigen Auswahl ihrer politisch Verantwortlichen. Daß sich Freiheit mit Verantwortung paart, zeigt sich hier am deutlichsten.
An den Charakter der Politiker sind allerdings auch ohne Medien hohe Anforderungen zu stellen. Ob dies aber immer erfolgt bezweifelt, wer weiß, wie wichtig das Stichwort der Mediengerechtigkeit geworden ist. Gut ist nach diesem Stichwort jener Politiker, der sich mediengerecht präsentiert. Wer von Medienwirkungen bei Wahlen spricht oder meint, Medien könnten Wahlerfolge erwirken oder Mißerfolge herbeiführen, muß sich den Problemen im Zusammenhang mit der Personalisierung näher annehmen. Sind es dann Persönlichkeiten mit besonderer Ausstrahlung oder die Medien, die Personen in einem bestimmten Licht erscheinen lassen, welche über Erfolg oder Mißerfolg entscheiden?
Kann aber in Politik und Parteien Mediengerechtigkeit alleiniges Krite-

rium sein? Etwas sträubt sich, dies anzuerkennen. Denn es ist nur ein Teil der Realität. Nicht nur stehen Parteien und Politiker in einem ständigen Aufgabenfluß, der eben nur zum Teil spektakulär und damit auch mediengerecht ist. Unter denjenigen, die sich politisch tagtäglich engagieren, befinden sich viele Menschen, die wertvollste Dienste am Gemeinwohl leisten, die aber leider nicht als mediengerecht einzustufen sind. Orientieren sich die Parteien bei der Personalauswahl ausschließlich an diesem Stichwort, dann riskieren sie, daß sich bei den gewählten Vertretern unter Umständen zu viele Leute befinden, die im politischen Alltag nicht bestehen. Für Parteien wie für Medienleute ist dieser Situation durch intensive Kontakte zu begegnen, auf daß man sich besser kennen und beurteilen lernt.

Alles in allem gesehen gibt es keine ein für allemal gültigen Erfolgsrezepte im Verhältnis von Parteien und Medien. In vielen Bereichen wird ein echtes Spannungsverhältnis tatsächlich sichtbar. Für Harmoniebedürftige scheint mir da nicht unbedingt Platz zu sein. Parteien und Politiker haben den Informationsauftrag der Medien zu respektieren und anzuerkennen, auch wenn dies für sie zuweilen sogar peinlich sein kann. Sie sollen dafür aber auch die Medien für echte Fehlleistungen offen kritisieren. Sie sitzen zudem in Medienräten, wo sie ihre Kritik direkt anbringen können. Umgekehrt haben die Medien auch die Aufgaben und Funktionen der Parteien anzuerkennen, sie sollen nicht an deren Stelle treten. Für Demokraten ist es beinahe ein Glaubenssatz, daß ohne tragfähige Parteien, wie immer auch sie heißen mögen, eine echte Demokratie auf Dauer und Distanz nicht möglich sein wird. Und echte journalistische Tätigkeit kann sich auch nur in der Demokratie entfalten. Beide, Politiker wie Medienschaffende, haben ihren Freiheitsraum darum zu nutzen, um stets besser zu werden. Denn nur wenn beide glaubwürdig bleiben, ist für die Zukunft der Demokratie gesorgt. Und darauf kommt es schließlich an.

Zum Begriff der »Kulturindustrie« in der Europäischen Medienpolitik

Karl Wilhelm Pohl

I.

Im Jahre 1888 erfanden die Gebrüder Lumière die Filmkamera und den Filmprojektor. Dies nahm der Rat der Kultusminister der Europäischen Gemeinschaft zum Anlaß, 1988 zum »Europäischen Film- und Fernsehjahr« zu erklären, in dem besonders intensiv die rechtlichen, wirtschaftlichen und technologischen Dimensionen europäischer Medienpolitik diskutiert werden sollen. Breiten Raum wird hierbei die Frage einnehmen, ob die Gemeinschaft bei der Vorbereitung auf den für 1992 vorgesehenen europäischen Binnenmarkt auch den facettenreichen Bereich der Kultur integrieren soll und kann. Die explosionsartigen Innovationen in den neuen Technologien vor allem im Medienbereich und die Wechselbeziehungen zwischen Wirtschaft, Technologie und Kultur sind für die EG und den schon lange erwarteten Binnenmarkt eine immense Herausforderung, der sich vor allem Europas Politiker, aber auch Wissenschaftler und interessierte Bürger stellen müssen.

Im Rahmen der aktuellen Diskussion über das gemeinsame kulturelle Erbe Europas und den dornigen Weg der EG zur Kulturgemeinschaft spielt ein Begriff eine bedeutende Rolle, der erstmalig in Los Angeles im Jahr 1944 von Max Horkheimer und Theodor W. Adorno geprägt und in ihrer gemeinsamen »Dialektik der Aufklärung« 1947 in Amsterdam veröffentlich wurde: »Die Kulturindustrie«.[1] Diesen Titel trägt ein ganzes, wenngleich nach Meinung der beiden Autoren noch fragmentarisches Kapitel des damals aufsehenerregenden Buches mit dem signifikanten Untertitel »Aufklärung als Massenbetrug«, in dem schonungslos anklagend und warnend der sich schon damals abzeichnende Niveauverlust in den Fließbandproduktionen moderner Massenmedien angeprangert wird.

1 Vgl Horkheimer/Adorno, Dialektik der Aufklärung, Neuauflage Frankfurt 1969, S. 128 ff.

In einem späteren Aufsatz[2] gibt Adorno diesem zunächst diffus erscheinenden Begriff präzisere Konturen, indem er betont, den von ihm anfangs gewählten Begriff »Massenkultur« durch »Kulturindustrie« ersetzt zu haben, »um von vornherein die Deutung auszuschalten . . ., daß es sich um etwas wie spontan aus den Massen selbst aufsteigende Kultur handele, um die gegenwärtige Gestaltung von Volkskunst.« Von dieser unterscheide sich »Kulturindustrie« aufs äußerste. Sie sei vielmehr »willentliche Integration ihrer Abnehmer von oben«, zwinge »die jahrtausendelang getrennten Bereiche hoher und niederer Kunst zu ihrer beider Schaden zusammen«. »Kultur, die dem eigenen Sinn nach nicht bloß den Menschen zu Willen war, sondern immer auch Einspruch erhob gegen die verhärteten Verhältnisse, unter denen sie leben, und die Menschen dadurch ehrte, wird, indem sie ihnen gänzlich sich angleicht, in die verhärteten Verhältnisse eingegliedert und entmündigt die Menschen noch einmal. Geistige Gebilde kulturindustriellen Stiles sind nicht länger auch Waren, sondern sind es durch und durch.[3] Der Ausdruck »Industrie« ist dabei nicht wörtlich zu nehmen. Er bezieht sich auf die Standardisierung der Sache selbst – etwa die jedem Kinobesucher geläufige der Western – und auf die Rationalisierung der Verbreitungstechniken, nicht aber streng auf den Produktionsvorgang. Nimmt man Benjamins Bestimmung des traditionellen Kunstwerkes durch die Aura, die Gegenwart eines nicht Gegenwärtigen, auf, dann ist die Kulturindustrie dadurch definiert, daß sie dem auratischen Prinzip nicht ein anderes strikt entgegensetzt, sondern die verwesende Aura konserviert, als vernebelnden Dunstkreis. Dadurch überführt sie sich selbst unmittelbar ihres ideologischen Unwesens.
Der kategorische Imperativ der Kulturindustrie hat – zum Unterschied vom Kantischen – mit der Freiheit nichts mehr gemein. Er lautet: Du sollst Dich fügen, ohne Angabe worein.
Der Gesamteffekt der Kulturindustrie ist der einer Anti-Aufklärung; in ihr wird . . . Aufklärung, nämlich die fortschreitende technische Naturbeherrschung, zum Massenbetrug, zum Mittel zur Fesselung des Bewußtseins. Sie verhindert die Bildung autonomer, selbständiger, bewußt urteilender und sich entscheidender Individuen. Die aber wären die Voraussetzung einer demokratischen Gesellschaft, die nur im Mündigen sich erhalten und entfalten kann.«[4]

2 »Résumé über Kulturindustrie«, erschienen in: Adorno, Ohne Leitbild, Frankfurt 1967, S. 60–69.
3 Adorno a.a.O., S. 60.
4 Adorno a.a.O., S. 69.

Entkleidet man diese bedenkenswerten Analysen Adornos ihres ideologischen Vorverständnisses, so bleibt gleichwohl ein kritischer Inhaltskern, der an ätzender Aktualität nichts eingebüßt, ja gerade in den letzten Jahren des Niveauverlustes der meisten Fernsehprogramme in bedrückender Weise zugenommen hat.
Umso erstaunlicher mutet die Veränderung der Bedeutungsinhalte des Begriffes »Kulturindustrie« in den vergangenen 40 Jahren an, der seinen ehemaligen Prangergeruch längst verloren und fast unbemerkt Eingang in offizielle Nomenklaturen gefunden hat. Die heutigen Funktionsträger in Politik, Wirtschaft und Wissenschaft haben den kämpferischen Anti-Begriff in einen geglätteten, legitimen Pro-Begriff verwandelt und so ungewollt Adornos Analyse bestätigt. Sie, die einstmals harsch Kritisierten, scheinen die ursprünglich gegen sie gerichtete Bedeutung längst vergessen zu haben und gebrauchen den Begriff nun mit neuen Inhalten in ihrem Sinne und zu ihren Zwecken.
Sind aber diese Zwecke identisch mit denjenigen der von Adorno einstmals Kritisierten? Haben sich nicht vielmehr auch die Intentionen der im Kulturbereich Verantwortlichen seither grundlegend oder zumindest partiell verändert?
Könnte Adorno seine damalige kritische Stimme heute noch mit derselben Berechtigung mutatis mutandis erheben?
Diese Fragen könnten beantwortet werden, wenn das heutige Begriffsverständnis der »Kulturindustrie« und ihre aktuellen Grundideen und Leitlinien geklärt sind. Dabei muß seiner Einbettung in medienpolitische Perspektiven besondere Bedeutung zukommen.
Der Begriff »Kulturindustrie« wird heute überwiegend frei von ideologischer Überfrachtung in politischen und rechtlichen Meinungsspektren wertneutral zur Beschreibung aller Tätigkeiten verwandt, die mit der Produktion und Verbreitung »kultureller Güter« im weiteren Sinne zusammenhängen.
Auch in offiziellen Verlautbarungen von Organen europäischer Institutionen wird seit einigen Jahren immer häufiger von den »kulturellen Industrien Europas« gesprochen. So ist zum Beispiel das Europäische Parlament in seiner Entschließung vom 10. 10. 1985[5]

5 Amtsblatt der Europäischen Gemeinschaften (AbL) C 288/113, abgedruckt in Media Perspektiven Dokumentation II/86, S. 57 ff., 61, Ziff. 22.

»der Auffassung, daß die kulturellen Industrien Europas eines einheitlichen Binnenmarktes mit gleichen Wettbewerbsbedingungen für den Rundfunk bedürfen, um sich im internationalen Wettbewerb sowohl kulturell als auch wirtschaftlich zu behaupten«.

Zum Bereich der »Kulturindustrie« werden heute gemeinhin folgende Segmente gezählt:

1.) Buch-, Zeitungs- und Zeitschriftenverlage
2.) Film- und Schallplattenunternehmen, Hörfunk und Fernsehanstalten
3.) Theater, Orchester, Museen
4.) selbständige und unselbständige bildende Künstler, Musiker, Schriftsteller und ähnliche Berufe.

Man unterscheidet hier zwischen sog. »Kultur-Schaffenden« oder -Produzenten und sog. -Verbreitern oder -Verteilern oder -Distributeuren.[6]
Dieser gesamte Bereich erwirtschaftet jährlich allein in der Bundesrepublik Umsätze von ca. 45 Milliarden DM und bietet ca. 600 000 Arbeitnehmern und Selbständigen nicht unlukrative Erwerbsmöglichkeiten.[7]
In der EG beträgt der Gesamtumsatz des Medienbereiches 1,5–2 % des Bruttosozialproduktes der Gemeinschaft mit einem Beschäftigungsvolumen von 1 % aller Erwerbstätigen.[8]
Damit ist die »Kulturindustrie« zu einem bedeutenden Wirtschaftsfaktor nicht nur in den europäischen Staaten, sondern auch und vor allem in den USA geworden.
Er muß daher wegen dieser ökonomischen Wertigkeiten vordergründig in einer Reihe mit den Grundstoff-, Investitions- und Verbrauchsgüterindustrien gesehen werden, hat aber darüberhinaus eine diesen nicht inhaerente weitere essentielle Dimension. Dies ist ihre kulturbildende und -tragende sowie gesellschaftspolitische Funktion, die sie seit Jahren zu einem hochsensibilisierten Streitgegenstand innerhalb der nationalen und supranationalen Diskussionen über die Zukunft europäischer Medienpolitik hat werden lassen.

6 Vgl. Ivo E. Schwartz, Zur Zuständigkeit der Europäischen Gemeinschaft im Bereich des Rundfunks, in: Europafernsehen und Werbung, herausgegeben vom Arbeitskreis Werbefernsehen der deutschen Wirtschaft, Baden-Baden 1987, S. 82.

7 Vgl. Bericht des Ausschusses des Europäischen Parlaments für Jugend, Kultur, Bildung, Information und Sport über eine Rahmenordnung für eine europäische Medienpolitik (im nachfolgenden kurz Hahn-Bericht 1985 genannt) vom 5. 7. 1985 (PE DOK AZ-75/85) abgedruckt in J. Schwarze (Hrsg.), Rundfunk und Fernsehen im Lichte der Entwicklung des nationalen und internationalen Rechts, Baden-Baden 1985, S. 331 ff., 355.

8 KOM (84) 300 endg. S. 42.

Dies gilt vor allem für den Rundfunk- und Fernsehbereich, dem neben den sog. Printmedien wichtigsten und seit kurzer Zeit auch innovativsten Industriezweig der Medienlandschaft. Das heute technisch problemlos mögliche »Fernsehen ohne Grenzen« hat zahlreiche europapolitische, europarechtliche und kulturpolitische Einzelprobleme aufgeworfen, denen sich die europäischen Staaten in den letzten Jahren intensiv zuwenden mußten. Dabei waren stets die Frage der nationalen Kulturhoheit und entsprechende Regelungskompetenzen der EG ein besonderer Zankapfel. Die historischen und inhaltlichen Gründe dafür sollen in einer Synopse der wichtigsten europäischen Vorschläge und Entschließungen zu diesem Thema angedeutet werden, um darauf aufbauend den Begriff der »Kulturindustrie« schärfer fassen und ihre Zukunft in der europäischen Medienpolitik besser prognostizieren zu können.

II.

Europäisches Parlament und Kommission sind sich heute darüber einig, daß die rapide Entwicklung der Massenmedien, die bei Abschluß des EWG-Vertrages 1957 nicht vorstellbar und vorhersehbar war, die Schaffung einer europäischen Medienpolitik der Gemeinschaft im Interesse der europäischen Einigung dringend erfordert. Seitdem als Folge vor allem der Satellitentechnik auch für das Fernsehen die Internationalisierung eingetreten sei, sei die Einbeziehung einer solchen Politik in den europäischen Integrationsprozeß unaufschiebbar, weil anderenfalls eine der europäischen Einigung gegenläufige Entwicklung drohe. An eine Auflösung oder Gleichschaltung der nationalen Medienstrukturen dürfe jedoch keinesfalls gedacht werden. Europäische Medienpolitik solle die Vielfalt und Eigenheit der bestehenden nationalen Medien in ihrer Struktur und ihrem Programmangebot erhalten sowie die Qualität der Programme bewahren, die das europäische Fernsehen auszeichnen. Ihre Ziele seien die Öffnung der nationalen Medienbereiche der Mitgliedstaaten füreinander, eine Abstimmung der rechtlichen und technischen Normen und Bestimmungen zur Schaffung eines gemeinsamen Rundfunkraumes sowie die Nutzung des grenzüberschreitenden Fernsehens durch Satellit und Kabel für die Entwicklung eines europäischen Bewußtseins als Voraussetzung für die politische Einigung.[9]

9 Vgl. Hahn-Bericht 1985, S. 361.

Dieser beim Europäischen Parlament und bei der Kommission heute vorhandene Konsens wurde entscheidend initiiert durch die Entschließung des Europäischen Parlamentes vom 12. 3. 1982,[10] in der prononciert die Einleitung einer europäischen Medienpolitik gefordert wurde. Zu diesem Zwecke sollte die Kommission einen Medienbericht vorlegen, der den Organen der Gemeinschaft als Entscheidungshilfe der von ihnen auf diesem Gebiet zu fassenden Beschlüsse dienen kann und auf der Basis dieses Berichtes die politischen und rechtlichen Voraussetzungen für die Verwirklichung eines europäischen Fernsehprogrammes schaffen sollte. Das Parlament forderte außerdem die Erarbeitung einer europäischen Rundfunk- und Fernsehordnung unter anderem mit dem Ziel des Jugendschutzes und der Regelung des Einsatzes von Werbung auf Gemeinschaftsebene.
Aufgrund dieses Auftrages des Europäischen Parlamentes legte die EG-Kommission am 1. 7. 1983 zunächst den »Zwischenbericht über Realität und Tendenzen des Fernsehens in Europa«[11] vor und forderte darin vor allem Initiativen:

a) im sog. institutionellen Bereich, um allgemeine Rahmenbedingungen für Kabel- und Satellitenfernsehen einzuführen,
b) in der Industriepolitik, wo es um die Einführung einheitlicher technischer Standards und um europäische Technologieförderung geht,
c) im Bereich der Programmproduktion, »weil hier kein europäisches Land den riesigen Bedarf des Fernsehens von morgen decken kann«,
d) in der Kulturpolitik, um die »Vielfalt der nationalen Identitäten, die die Einheit Europas ausmachen«, zu verteidigen.

Als Antwort darauf legte das Europäische Parlament einen »Bericht über eine Politik im Sinne der neuen Trends im europäischen Fernsehen« vor und verabschiedete am 30. 3. 1984 eine Entschließung,[12] in der Rat und Kommission aufgefordert werden:

a) einen europäischen Rechtsrahmen zu schaffen, der Regelungen für Jugendschutz, Fernsehwerbung und Autorenrechte sowie Vorschläge zur Aufteilung der Sendezeit zwischen nationalen, europäischen und anderen Produktionen enthält,
b) die technisch-industrielle Zusammenarbeit im Bereich der neuen Technologien zu fördern und sich für ein einheitliches Satellitenübertragungssystem in Europa einzusetzen,

10 AbL. C 87 vom 5. 4. 1982.
11 KOM (83) 229 endg.
12 AbL. C 117 vom 30. 4. 1984, S. 201.

c) die rechtlichen, politischen und materiellen Voraussetzungen für ein über Satellit auszustrahlendes europäisches Fernsehprogramm zu schaffen, unter anderem durch die Genehmigung eines europäischen Empfangsbereiches für Direktsatelliten,

d) einen Gemeinschaftsfonds zur Unterstützung europäischer Programmproduktionen einzurichten sowie Maßnahmen zur Schaffung von Gemeinschaftsinfrastrukturen für verbilligte Kredite, für Produktionen und Coproduktionen von Programmen in den Ländern der Gemeinschaft zu treffen.

Als vorläufigen wichtigen Markstein legte dann die EG-Kommission den zweiten Teil des angeforderten Medienberichtes als »Grünbuch über die Errichtung des gemeinsamen Marktes für den Rundfunk, insbesondere über Satellit und Kabel«[13] vor.

In diesem Grünbuch verfolgt die EG-Kommission vor allem das Ziel, im Interesse der Förderung der europäischen Integration und des Kulturaustausches unter Berücksichtigung der politischen Grundrechte der Informations- und Meinungsfreiheit einen gemeinsamen Markt für den Rundfunk vorzubereiten. Durch Anwendung der Vorschriften des EWG-Vertrages über die Dienstleistungsfreiheit und eine begrenzte Zahl von legislativen Maßnahmen will sie sicherstellen, daß neue Medientechniken wie Satellit und Kabel nicht nur nationalen Programmen zugute kommen, sondern zugleich auch gleichberechtigt dem Austausch originärer Programme einzelner EG-Staaten dienen können.

Nach ausführlicher Analyse der rechtlichen Probleme dieses Weges werden konstruktive Vorschläge zur Überwindung dieser Probleme unterbreitet. Das Grünbuch betont dabei vier wichtige Aspekte des beschriebenen Weges in Richtung auf einen gemeinsamen Markt für den Rundfunk:

1.) den kulturpolitischen, da sich der verstärkte Austausch kultureller Erzeugnisse zwischen den Mitgliedstaaten der Gemeinschaft stimulierend auf die Kreativität der geistig Schaffenden auswirke, die Verbreitung europäischer Produktionen und die grenzüberschreitende Information gefährde und die Kenntnis der anderen europäischen Kulturen verstärkt werde,

2.) den informationspolitischen Aspekt, der eine größere Zugänglichkeit in- und ausländischer Informationsquellen nach dem Grundsatz des freien Informationsflusses vorsieht,

3.) den europapolitischen Aspekt, der auf die gemeinschaftsweite Verbreitung nationaler Programme als notwendige Ergänzung zur

13 KOM (84) 300 endg.

Schaffung eines europäischen Fernsehprogrammes im Hinblick auf das Ziel der europäischen Integration hinweist und schließlich:

4.) der wirtschaftspolitische Aspekt, der den von gemeinschaftsweiter Programmverbreitung geschaffenen großen und einheitlichen Binnenmarkt betrifft, den die europäischen *»kulturellen Industrien«* für die Amortisierung ihrer Produkte brauchen. Gesamtwirtschaftlich werde die Finanzierung des Aufbaus moderner leistungsfähiger Kommunikationssysteme erleichtert, wenn die private Nachfrage durch eine Anzahl zusätzlicher ausländischer Programme stimuliert werden könne.

Zur Begründung ihrer Regelungskompetenz beruft sich die Kommission auf eine am Sinn des EWG-Vertrages ausgerichtete teleologische Auslegung mit ökonomisch-funktionalistischem Ansatz. Danach umfaßt der EWG-Vertrag entgegen einer verbreiteten Ansicht nicht nur rein wirtschaftliche Tätigkeiten, sondern grundsätzlich alle Tätigkeiten gegen Entgelt, gleichgültig, ob sie wirtschaftlicher, sozialer, kultureller oder sonstiger Natur sind. Nach der Präambel ist der Vertrag darauf angelegt, die »Grundlagen für einen immer enger werdenden Zusammenschluß der europäischen Völker zu schaffen, die Volkswirtschaften zu einigen und deren harmonische Entwicklung zu fördern«. Der Vertrag umfaßt »das gesamte volkswirtschaftliche Geschehen und schließt alle damit zusammenhängenden ... Tätigkeiten ein«. Nur Tatbestände ohne jede Beteiligung am Wirtschaftsleben (z. B. ausschließlich kulturelle Vereinigungen oder caritative Einrichtungen) scheiden aus dem Kreis der kommunitären Vorschriften aus.

Zwar ist nach Auffassung der Kommission der Rundfunk in den Staaten der EG ein wichtiger Teil des gesellschaftspolitischen und kulturellen Lebens, aber zugleich auch ein Teil des Wirtschaftslebens im Sinne des Artikels 2 des EWG-Vertrages.[14]

Danach sind alle Kulturschaffenden und -vermittelnden in den gemeinsamen Markt einzubeziehen. Die Veranstaltung von Rundfunk wird als wirtschaftliche »Dienstleistung« im Rahmen des Waren- und Dienstleistungsverkehrs gewürdigt.

Die Kommission folgt mit dieser Auslegung der bishrigen Rechtsprechung des Europäischen Gerichtshofes, der sich in mehreren Entscheidungen aus den letzten Jahren dezidiert zum Problembereich

14 Vgl. Grünbuch, S. 207.

»Dienstleistungsfreiheit« und Wettbewerbsrecht geäußert hat.[15] Dabei hatte er die Tendenz erkennen lassen, die Entscheidung über die grundsätzliche Struktur von Rundfunk und Fernsehen zwar primär der kultur- und gesellschaftspolitischen Kompetenz der EG-Mitgliedstaaten zu überlassen, zugleich aber mit der eindeutigen Feststellung, Fernsehsendungen seien Dienstleistungen, diese der Regelungskompetenz des EWG-Vertrages unterworfen, d. h. der primär auf kultur- und gesellschaftspolitischen Erwägungen beruhende Ordnungsrahmen für Rundfunk und Fernsehen kann von den Mitgliedstaaten prinzipiell bestimmt werden, jedoch unterliegen die einzelnen Ausgestaltungsmaßnahmen, die innerhalb dieses Ordnungsrahmens von den Mitgliedstaaten und Fernsehunternehmen getroffen werden, allerdings im Hinblick insbesondere auf ihre wirtschaftlichen Auswirkungen der Kontrolle auf ihre Vereinbarkeit mit den Grundregeln der EWG-Verträge.[16]

Auf der Grundlage dieser EuGH-Rechtsprechung unterbreitet die Kommission ausführliche Vorschläge zu folgenden Problembereichen:

1.) Programminhalte
2.) Werbung
3.) Jugendschutz
4.) Gegendarstellung
5.) Urheberrecht.

Auf die jeweiligen Vorschläge detailliert einzugehen, würde den Rahmen dieses Beitrages sprengen.[17] Es mag an dieser Stelle genügen darauf hinzuweisen, daß die Kommission vor allem die Interessen der – von ihr so bezeichneten – größeren und kleineren »Kulturindustrien« sowie der Werbewirtschaft und der in beiden Bereichen Beschäftigten schützen und fördern will.

Da unterschiedliche nationale Beschränkungen der Rundfunkwerbung den EG-internen Transfer von Programmen vor allem bezüglich der Einspielung in Kabelnetze hemmen, galten die besonderen Bemühungen der Schaffung eines gemeinsamen Werbemarktes.

Das Grünbuch hat nicht nur Zustimmung, sondern auch erhebliche Ab-

15 Vgl. die ausführliche Übersicht und Besprechung dieser EuGH-Entscheidungen bei J. Schwarze, Die Medien im Spannungsfeld von Wirtschaft und Kultur – zur Einordnung und Beurteilung der Medien in der jüngsten Rechtsprechung des Europäischen Gerichtshofes, abgedruckt in: J. Schwarze, Rundfunk und Fernsehen im Lichte . . . (vgl. Fußnote 7), S. 119 ff., insbesondere Fußnote 3.

16 J. Schwarze (vgl. Fußnote 15), S. 129 ff.

17 Vgl. die Zusammenfassung im Hahn-Bericht 1985 a.a.O., S. 342 ff.

lehnung und Kritik aus politischen und wirtschaftlichen Kreisen erfahren.[18]

Bezweifelt wird vor allem, ob der der EG-Vertragsstruktur entspringende, aber von der Kommission mehr als vom Parlament akzentuierte ökonomistische Handlungsansatz der hochkomplexen Natur des sich auf technische, ökonomische, kulturelle und politische Komponenten gründenden Fernsehens gerecht werden kann.[19] Die Union der Europäischen Rundfunkanstalten (EBU) mit 40 Fernsehorganisationen aus 30 Ländern und mit ihr – in seltener Eintracht – ARD und ZDF kritisieren vor allem am Grünbuch, daß es das Fernsehen wesentlich als wirtschaftliche Veranstaltung definiere, obwohl lediglich Teilbereiche des Rundfunks wirtschaftlicher Art seien. Im wesentlichen sei Fernsehen ein kultureller und gesellschaftspolitischer Faktor, von großer Bedeutung für die nationale Identität jedes Mitgliedstaates. Entgegen der Rechtsprechung des EuGH sei Fernsehen nicht als Dienstleistung, schon gar nicht als entgeltliche, und die Fernsehanstalten nicht als Unternehmen zu definieren, weil sie eine »öffentliche Aufgabe« wahrnähmen.[20] In dieselbe Richtung zielt auch die scharfe Kritik der Ministerpräsidenten der Bundesländer am Grünbuch.[21] Sie leugnen entschieden die Rechtsetzungskompetenz der EG im Rundfunkbereich, den sie allein der Kulturpolitik und der politischen Systemordnung unterwerfen. Eine Zuordnung nach Schwerpunkten, wie sie z. B. in Bundesstaaten bei konkurrierenden Kompetenzansprüchen üblich sei, müsse im Verhältnis zur EG dazu führen, daß der Rundfunk als Kulturträger ersten Ranges und als eine öffentliche Aufgabe mit konstitutiver Bedeutung für die Demokratie aus den wirtschaftsrechtlichen Regelungszuständigkeiten der EG herausfällt. Eine andere Betrachtungsweise würde die wesentlichen Funktionen des Rundfunks verkennen und im übrigen dazu führen, daß es nahezu keinen Bereich mehr gäbe, der nicht dem Gemeinschaftsrecht unterworfen sei.

Unabhängig von der Kompetenzfrage halten die Regierungschefs der Länder den Vorschlag der Kommission nicht für ein geeignetes Mittel,

18 Vgl. die instruktive Übersicht im Hahn-Bericht 1985 a.a.O., S. 347 ff.

19 Faul, Ordnungsprobleme des Fernsehwesens in nationaler und europäischer Perspektive, in: Scherer, Nationale und Europäische Perspektiven der Telekommunikation, Baden-Baden 1987, S. 103 ff., S. 129.

20 Vgl. i. e. Hahn-Bericht 1985, S. 349; Stellungnahme von ARD und ZDF zum Vorschlag der Kommission der EG für eine Richtlinie des Rates über die Ausübung der Rundfunktätigkeit, abgedruckt in: Media Perspektiven Dokumentation III/86, S. 121–124.

21 Vgl. i. e. Beschluß der Ministerpräsidentenkonferenz in Hamburg vom 1.–3. Oktober 1986, abgedruckt in: Media Perspektiven Dokumentation I/87, S. 78 ff.; Beschluß des Bundesrates vom 20. Februar 1987, Bundesratsdrucksache 259/87.

den freien Informationsfluß innerhalb Europas für den Bereich des Rundfunks zu gewährleisten. Zum einen werde durch die vorgeschlagene Richtlinie eine wirkliche Harmonisierung der mitgliedstaatlichen Rundfunkordnung nicht erreicht. Zum anderen führe die Schaffung eines an wirtschaftlichen Gesichtspunkten ausgerichteten EG-Rundfunk-Binnenmarktes zu einer kulturellen Abschottung gegenüber europäischen Ländern, die nicht Mitglieder der Europäischen Gemeinschaften sind. Dies werde sich besonders im deutschen Sprachraum nachhaltig auswirken.
Ein »Fernsehen ohne Grenzen« innerhalb der Grenzen der EG liege nicht im wohlverstandenen Interesse Europas. Für den Rundfunk als Kulturgut in Europa seien die Außengrenzen der Gemeinschaft ohne jeden Belang. Darüberhinaus wirke die vorgeschlagene Richtlinie den Bemühungen in hohem Maße entgegen, dem freien Informationsfluß möglichst weltweit Geltung zu verschaffen.
Außerdem habe die EG-Kommission nach Auffassung der Ministerpräsidenten auch nicht überzeugend dargetan, daß ein Bedürfnis für die von ihr vorgeschlagene Regelung besteht. Demgegenüber hätten Vertreter der deutschen Rundfunkveranstalter den Ländern erklärt, aus ihrer Sicht bestehe keinerlei Notwendigkeit für eine EG-Richtlinie, wie sie die Kommission vorgeschlagen habe. Sie hätten in diesem Zusammenhang auf die besondere Rolle der Europäischen Rundfunkunion (UER) hingewiesen, in deren Rahmen seit 1950 ein europäischer Rundfunk mit intensivem Programmaustausch und weitgehender Abstimmung in vielen anderen Fragen bewirkt werde. Eine solche Zusammenarbeit strebten auch die privaten Rundfunkanbieter an.
Die Vorbehalte der Ministerpräsidenten gegen den Richtlinienvorschlag der Kommission seien grundsätzlicher Natur. Sie ließen sich nicht durch Änderungen oder Verbesserungen einzelner Bestimmungen des Entwurfes ausräumen. Die Länderchefs träten im Interesse Europas stattdessen dafür ein, bei Bedarf Vereinbarungen für grenzüberschreitende Rundfunksendungen im Rahmen des Europarates zu treffen.
Nach einem treffenden Vergleich »reagieren damit die Bundesländer – lange in internem Beutestreit verstrickt – nun auf den zudringlichen Raubvogel über ihren Häuptern, gegen den sie sich gemeinsam verteidigen müssen.«[22]
Eine abschließende Stellungnahme der Bundesregierung steht noch aus, vor allem, weil sie offensichtlich befürchtet, mit einer Leugnung der EG-Regelungskompetenz in einem Verfahren vor dem Europäischen Ge-

22 Faul a.a.O., S. 130.

richtshof zu unterliegen. In der Tat erscheint es trotz mancher Hoffnungen höchst unwahrscheinlich, daß der Europäische Gerichtshof von seiner bisherigen Rechtsprechung in naher Zukunft abweichen könnte.[23]
Unter dem nachhaltigen Eindruck der vielfältig geäußerten Kritik am Grünbuch verabschiedete das EG-Parlament dann am 10. 10. 1985 zwei Entschließungen zur Medienpolitik:

1.) die »Entschließung zu einer Rahmenordnung für eine europäische Medienpolitik auf der Grundlage des Grünbuches der Kommission der Europäischen Gemeinschaft über die Errichtung des gemeinsamen Marktes für Rundfunk, insbesondere über Satellit und Kabel«,[24]
2.) die »Entschließung zu den wirtschaftlichen Aspekten des gemeinsamen Marktes für den Rundfunk in der Europäischen Gemeinschaft«.[25]

Die erstgenannte Entschließung stellt fest, daß zu einem europäischen Fernsehraum als wesentliches Merkmal einer zusammenwachsenden EG insbesondere folgende Kennzeichen gehören:

- die Möglichkeit des Empfangs nationaler Programme aus allen Mitgliedstaaten,
- die Schaffung eines mehrsprachigen europäischen Fernsehprogrammes im Rahmen einer europäischen Rundfunkorganisation,
- die Förderung der europäischen Programmindustrie,
- die Sicherung der Leistungsfähigkeit des öffentlich-rechtlichen Rundfunks,
- die Sicherung der kulturellen Vielfalt und der Informationsfreiheit durch Verhinderung von Medien- und Meinungsmonopolen,
- die Harmonisierung von allgemeinen Programmgrundsätzen, der technischen Normen und rechtlichen Bestimmungen im Rahmen einer europäischen Medienkonvention.

Das EG-Parlament schlägt weiter die Schaffung einer unabhängigen europäischen Fernsehprogrammredaktion vor, die von dem am Projekt des europäischen Fernsehprogrammes beteiligten Anstalten beschickt wird. Träger des europäischen Fernsehens ist die zu gründende Europäische Rundfunkorganisation. An deren Aufsicht und Kontrolle sind neben den

23 Vgl. Seidel, Europäische Rundfunkzone für die nationalen Hörfunk- und Fernsehsysteme oder gemeinschaftseinheitliches Rundfunksystem? Zur neueren Entwicklung der Europäischen Rundfunkpolitik, abgedruckt in: Scherer, Nationale und Europäische Perspektiven . . ., S. 136.
24 AbL. C 288/113 vom 10. 10. 1985.
25 AbL. C 288/119 vom 10. 10. 1985.

wichtigsten gesellschaftlichen Gruppen Beauftragte der Europäischen Rundfunkunion, des Europäischen Parlamentes, der Kommission und des Rates zu beteiligen (Ziff. 12).
Das Parlament wünscht ferner, daß den verschiedenen kulturellen Strömungen innerhalb und zwischen den Mitgliedstaaten verstärkte Möglichkeit zum Ausdruck und Austausch eingeräumt wird, damit die Vielfalt als Kennzeichen der europäischen kulturellen Identität erhalten bleibt, und daß deshalb die derzeitige Vielfalt der europäischen Medieninstitutionen und -programme erhalten bleibt und betont in diesem Zusammenhang die wichtige Rolle, die die öffentlich-rechtlichen Anstalten spielen, deren Leistungsfähigkeit zu sichern ist (Ziff. 21).
Das Parlament ist weiter der Auffassung, daß die »kulturellen Industrien Europas« eines einheitlichen Binnenmarktes mit gleichen Wettbewerbsbedingungen für den Rundfunk bedürfen, um sich im internationalen Wettbewerb sowohl kulturell als auch wirtschaftlich zu behaupten (Ziff. 22).
In der zweitgenannten Entschließung betont das Parlament, daß das »Europa des Fernsehens« mit Sicherheit seine wesentlichen sozialen und kulturellen Ziele sowie seine europäische Zielsetzung verfehlen würde, wenn neben der Öffnung dieses Marktes nicht gleichzeitig die Entwicklung einer »echten europäischen Kommunikationsindustrie«, sowohl was die Infrastrukturen und die Ausrüstung als auch was die Programme angeht, einhergehen würde. Die europäische kommerzielle und die industrielle Dimension dürften, wenn das Vorhaben erfolgreich sein solle, nicht voneinander getrennt werden (Ziff. 4).
Im Jahr 1986 hat dann die Kommission der Europäischen Gemeinschaften zwei weitere Richtlinienvorschläge unterbreitet,[26] die sich im wesentlichen auf technische Normenfragen, Rundfunkwerbung und Sponsoring, Jugendschutz und Urheberrecht beziehen.
In der Folgezeit zeichneten sich erste Kompromißmöglichkeiten bei der 1. Europäischen Ministerkonferenz über Massenmedienpolitik vom 9.–10. 12. 1986 in Wien ab, wo im Rahmen allgemein formulierter Rege-

26 1. Vorschlag für eine Richtlinie des Rates über die Annahme gemeinsamer technischer Spezifikationen der MAC/Pakete-Normenfamilie für die direkte Übertragung von Fernsehsendungen über Satelliten vom 22. 1. 1986 (KOM (86), 1 endg., abgedruckt in Media Perspektiven Dokumentation II/86, S. 77 ff.;
2. Vorschlag einer Richtlinie des Rates über die Koordinierung bestimmter Rechts- und Verwaltungsvorschriften der Mitgliedstaaten über die Ausübung der Rundfunktätigkeit (KOM (86) 146 endg., abgedruckt in Media Perspektiven Dokumentation II/86, S. 67 ff.

lungsempfehlungen eine relativ ausgewogene Würdigung der politischen, kulturellen und wirtschaftlichen Bedeutung des Rundfunks vorgenommen wurde.[27]

Die Deklaration betonte, daß der Europarat das geeignetste Forum ist und mithin die beste Möglichkeit bietet, um eine einheitliche Massenmedienpolitik zu entwickeln und eine solche Politik durch abgestimmte Maßnahmen aller Teilnehmerstaaten zu verwirklichen. Die Empfehlungen des Europarates im Bereich der Massenmedien und der audio-visuellen Produktion seien als grundlegende politische Instrumente anzuerkennen. Man werde alles in seiner Kraft stehende tun, um sie im Rahmen der eigenen Rechtsordnung anzuwenden. Diese in den Empfehlungen enthaltenen Grundsätze sollten auch für die Verbreitung von Programmen aus anderen Staaten in den Teilnehmerstaaten gelten.

Schließlich fordert die Europäische Ministerkonferenz das Ministerkomitee des Europarates nachdrücklich auf, die geeigneten Mittel vorzusehen, um mögliche Konflikte, die durch die Entwicklung der grenzüberschreitenden Massenmedien entstehen, zu vermeiden oder beizulegen und um die Anwendung der diesbezüglichen Rechtsinstrumente des Europarates zu prüfen, ferner konkrete Maßnahmen zu prüfen, um den europäischen Rundfunkveranstaltern einen verbesserten Zugang zu Informationen von allgemeinem Interesse für die Öffentlichkeit, über spezielle Wissensgebiete oder von besonderer Dringlichkeit zu öffnen.

Schließlich kamen die Minister überein, in regelmäßigen Zeitabständen Zusammenkünfte auf Ministerebene abzuhalten, um die Wirksamkeit der bestehenden Maßnahmen und die Fortschritte bei der Durchführung der auf dieser Konferenz gefaßten Beschlüsse zu überprüfen, sowie um einvernehmliche Lösungen für neue Probleme zu finden, die sich aus der Entwicklung des grenzüberschreitenden Rundfunks in Europa ergeben.

III.

Die vom Europäischen Parlament und von der Kommission nach Bekanntwerden der zahlreichen Kritiken am Grünbuch gefaßten Beschlüsse und Deklarationen diskutieren zwar die kritischen Einwände, halten aber prinzipiell an der Forderung fest, daß die traditionellen mitgliedstaatlich-territorial strukturierten Rundfunkzonen sobald wie möglich einem

27 Deklaration der 1. Europäischen Ministerkonferenz über Massenmedienpolitik vom 9.–10. 12. 1986 in Wien, abgedruckt in Media Perspektiven Dokumentation I/87, S. 80.

gemeinsamen europäischen Rundfunkbinnenmarkt, einer einheitlichen europäischen Rundfunkzone weichen müssen. Da diese Forderung auch von der bisherigen Rechtsprechung des Europäischen Gerichtshofes bestätigt und gestützt wird und keinerlei Anzeichen für einen abrupten Wechsel dieser Rechtsprechung auch nur am Horizont erkennbar sind, wäre es für die Bundesregierung politisch höchst unklug, das Problem des europaseitigen Eingriffs in die Rundfunkhoheit der Länder vom Europäischen Gerichtshof entscheiden zu lassen. Dessen Spruch ist vorhersehbar. Somit ist das Gebot der Stunde, Annäherungen der beiden Standpunkte vorzubereiten und entschieden zu bewirken.

Der Direktor des Europäischen Medieninstitutes in Manchester, Prof. George Wedell, hat hierzu bemerkens- und bedenkenswerte Vorschläge unterbreitet.[28]

Er stimmt zunächst der grundsätzlichen Zielsetzung des Grünbuchs zu, möchte aber die juristische Subsumtion von »Rundfunk« unter den Begriff »entgeltliche Dienstleistung« des EWG-Vertrages nicht nachvollziehen, sondern leitet die Begründung für die Regelungskompetenz der EG aus dem Gesamtauftrag des EWG-Vertrages ab. Er plädiert für die Bewahrung der Vielfalt der nationalen Programme, die zugleich auch die Vielfalt europäischer Programmgebote fördere.

Ferner hält er ein sorgsam ausgewogenes Programm mit anspruchsvollen kulturellen Sendungen, Minderheitenprogrammen und Unterhaltung für eine unabdingbare Voraussetzung für die Bewahrung der verglichen mit den USA relativ hohen Qualität des europäischen Fernsehens.

In dieselbe Richtung weist auch der vorzügliche Hahn-Bericht 1985,[29] der die Frage, ob ein gemeinsamer Rundfunkraum die kulturelle Identität der Mitgliedstaaten und zugleich die europäische Kultur gefährde, mit einem klaren Nein beantwortet, indem er darauf hinweist, daß ein gemeinsames europäisches Fernsehprogramm über Satellit keineswegs die nationalen Fernsehprogramme ersetzen solle, sondern es so, wie es bisher »unterhalb« der nationalen auch regionale Programme gegeben hat, nun auch »oberhalb« der nationalen Fernsehebene zusätzlich eine europäische geben solle.[30]

Wie diese im einzelnen strukturiert sein soll, wird gewiß weiterhin Gegenstand ausführlicher Diskussionen bleiben. Fest steht aber schon jetzt, daß die im EWG-Vertrag normierten Freiheits- und Gleichbehandlungsrechte

28 Zitiert im Hahn-Bericht 1985 a.a.O., S. 350 ff.
29 S. o. Fußnote 6, S. 331 ff.
30 Hahn-Bericht 1985 a.a.O., S. 353.

oberster Maßstab für die wichtigen gesellschaftspolitischen Funktionen des Rundfunks in der modernen Massenkommunikation als Faktor der freien Meinungsäußerung und -bildung auf der einen und als Kulturträger und -vermittler auf der anderen Seite sein müssen.
Als Träger kultureller Leistungsangebote ist der Rundfunk keineswegs an ein bestimmtes Sendegebiet á priori gebunden. Er kann sich gleichfalls nicht auf eine inhaltliche Beeinträchtigung berufen, wenn andere Programme in sein Sendegebiet einstrahlen. Natürlich werden sich nationale Programminhalte ändern und entwickeln, wenn andere Nachbarländer zum Zuschauerkreis stoßen. Darin allein wird man jedoch schwerlich einen nicht zumutbaren, ja rechtswidrigen Eingriff in die Kulturhoheit oder -politik des jeweiligen Landes und eine Beeinträchtigung seiner kulturellen Identität erblicken können.
Auch die Möglichkeit, im Inland ausländische Programme zu empfangen, kann nicht als essentielle Verletzung kulturtragender Funktionen des Rundfunks peiorisiert werden. Ganz im Gegenteil dürfte sich ein größerer multi-nationaler Wettbewerb verschiedener europäischer Fernsehanstalten – öffentlich-rechtlicher oder privater Art – sicherlich belebend für das Niveau der Programme auswirken und zumindest in einigen Ländern zu einer erheblichen Qualitätssteigerung führen, die wiederum im allgemeinen Interesse aller EG-Mitgliedstaaten liegen muß.
Obwohl die Europäische Gemeinschaft nach dem EWG-Vertrag keine kulturpolitische Kompetenz zugewiesen bekommen hat, so gehört zweifellos zu den primären Vertragspflichten der Mitgliedstaaten die stetig wachsende politische und auch kulturelle Integration durch behutsame Öffnung auch imaginärer Grenzen zu gegenseitigem fruchtbarem Gedanken- und Warenaustausch. Schließlich kann jeder EG-Bürger ohnehin wegen seines Freizügigkeitsrechtes in jedes Mitgliedsland reisen und die dortigen Medienangebote konsumieren. Ob er nun während seines Urlaubs in der Toskana das leider keineswegs immer ungetrübte Vergnügen genießt, italienische Fernsehprogramme zu sehen oder ob er dieselben Programme per Satellit in seinem Haus auf einer Nordseehallig empfangen kann, dies kann bei der Wertung des Problems der Wahrung oder Verletzung nationaler kultureller Identitäten keine Relevanz haben.[31]
Die zweite Säule der bipolaren Struktur des Rundfunks, seine gesellschaftspolitische Funktion der Gewährleistung freier Meinungsäußerung und ausgewogener Berichterstattung, berührt den in vielen Ländern hochsensiblen Bereich der staatlichen Informationspolitik, die nach dem

31 So auch zutreffend Seidel, S. 144.

Willen mancher Regierungen möglichst frei von äußeren Zwängen und Beeinflussungen Zugang zu den Staatsbürgern finden soll. Als Beispiel für in diesen Bereichen mögliche Verstimmungen und Irritationen kann die ausländische Berichterstattung über Wahlkämpfe des Nachbarlandes dienen, die der jeweiligen Regierung durchaus ungelegen sein kann.

Diese partiellen und temporären Immissionen staatlicher Autorität müssen aber von jeder demokratisch legitimierten Regierung hingenommen werden, die ihre Stärke gerade im souveränen Umgang mit der vierten Gewalt und dem free flow of information demonstrieren kann.

Außerdem hat die Europäische Gemeinschaft aufgrund des Vertrages von Rom die Legitimation, auf ihre Mitgliedstaaten in Richtung auf den Abbau von Hindernissen für eine gemeinsame europäische Bewußtseinsbildung hinzuwirken. Dabei spielen nun einmal die modernen Massenmedien eine große Rolle, die umso bedeutsamer geworden ist, als das den EG-Bürgern zustehende Grundrecht des freien Zuganges zu den allgemeinen Informationsquellen mit Hilfe der direkt einstrahlenden Satelliten (DBS = direct broadcasting by satellite)[32] besondere Aktualität gewonnen hat.

Die Installierung von Parabolantennen für den Direktempfang kann sicherlich aus verfassungsrechtlichen Gründen nicht untersagt werden. Damit wird klar, daß schon die heute verfügbaren technischen Systeme jede territoriale Beschränkung von Rundfunkausstrahlungen längst überholt haben.

Vor dem Hintergrund des politisch, rechtlich und technisch Machbaren ist nun die strukturelle Frage zu klären, welche Organisationsformen für einen EG-Rundfunk diskutiert werden, wünschenswert und realistisch erscheinen.

Dem Vorschlag des EG-Parlamentes und der Kommission, für ein gemeinsames europäisches Programm jeweils einen Kanal auf dem nationalen DBS-Satelliten zu reservieren und dem weiteren Vorschlag der Kommission, als zusätzliche Option einen zweiten Kanal auf einem europäischen Satelliten der ESA (European Space Agency) mit einem von der EBU (European Broadcasting Union) gestalteten Programm zu bestükken, werden inzwischen nicht mehr große Erfolgschancen eingeräumt.[33]

32 Vgl. hierzu i. e. Haagen, Satellitenfernsehen – Rechtsprobleme einer neuen Technologie, Frankfurt 1986, S. 16 ff.

33 Vgl. hierzu im einzelnen: V. Gabert, Europäische Perspektiven der medienpolitischen Entwicklung, in: Funk-Report 1983, Nr. 2, S. 5; Sissy Pitzer, Satellitenfernsehen und europäische Medienpolitik, in: Funk-Korrespondenz JG. 31/1983/Nr. 33, S. 2; Haagen a.a.O., S. 119.

Nachdem aufgrund der geschilderten erheblichen Kritik aus einigen Mitgliedsländern an den Plänen für die Errichtung einer europäischen Rundfunkzone deren Realisierbarkeit sowohl dem Grunde wie auch der übersehbaren Zeiträume nach großen Zweifeln begegnet, gilt dieses keineswegs in gleicher Weise für zwei weitere Konzepte eines EG-weiten Gemeinschaftsprogrammes:
Das erste zielt auf eine europäische Arbeitsgemeinschaft der Rundfunkanstalten, das zweite auf eine unabhängige europäische Fernsehanstalt. Die Bildung einer europäischen Arbeitsgemeinschaft der Rundfunkanstalten wird von einigen Experten vor allem deswegen favorisiert, weil sie folgende Vorteile habe:

1.) schnellere Realisierbarkeit,
2.) gewachsene nationale Medienstrukturen brauchen nicht angetastet zu werden, und
3.) die nationale Selbstdarstellung mit dem Ziel der gegenseitigen Verständnisförderung könne effizienter erfolgen als durch eine europäische Superanstalt.[34]

Diese europäische Arbeitsgemeinschaft könnte nach dem Vorbild der deutschen ARD geformt werden und sich die reichen Erfahrungen der EBU nutzbar machen, die vor allem in der Eurovision gewachsen sind. Außerdem experimentiert die EBU seit längerem mit Gemeinschaftsprogrammen, deren Ergebnisse sicherlich interessantes Material für die weitere Entscheidungsbildung der Kommission und des EG-Ministerrates bilden.
Man weist zu Recht darauf hin, daß die Durchsetzung des Konzeptes einer europäischen Rundfunkzone wahrscheinlich eine wiederholte Anrufung des Europäischen Gerichtshofes durch die Kommission erfordere.[35] Wegen der dadurch zu erwartenden erheblichen zeitlichen Verzögerung plädiert eine weitere Expertenmeinung[36] für die Errichtung einer der Gemeinschaft zugeordneten, aber von dieser institutionell unabhängigen europäischen Hörfunk- und Fernsehorganisation, deren Programme neben denen der nationalen Hörfunk- und Fernsehanstalten EG-weit und mehrsprachig zu empfangen wären.[37]

34 Vgl. Haagen, S. 120.
35 Seidel, S. 146; Sieglerschmidt, Die Möglichkeiten für ein Gemeinschaftsfernsehen, in: Hörfunk und Fernsehen im gemeinsamen Markt (Hrsg. Martin Seidel), 1983, S. 220 ff.; Haagen, S. 120.
36 Seidel, S. 147 ff.
37 Auch die EG-Kommission schlägt neben dem gemeinsamen Rundfunk-Binnenmarkt die Errichtung einer europäischen Rundfunkorganisation vor (Entschließung vom 10. 10.

Zur Begründung der diesbezüglichen inneren Legitimation der Gemeinschaft verweist man auf das Fehlen eines gemeinschaftsintegrierten Kommunikationsrahmens und das Postulat europäischer Integration, die Massenkommunikationsmittel Hörfunk und Fernsehen als Instrumente der Förderung eines europäischen Bewußtseins der Mitgliedsländer in Anspruch zu nehmen.
Die juristische Begründung wird in einer ergänzenden Auslegung des Art. 236 des EWG-Vertrages gegeben.[38]
Dieses Konzept wird schließlich vor allem deswegen verteidigt, weil nicht ausgeschlossen werden könne, daß die Öffnung der nationalen Hörfunk- und Fernsehsysteme unterschiedlich von den Mitgliedstaaten in Anspruch genommen werde und sich in der Gemeinschaft eine Programmstruktur herausbilde, die weniger durch Ausgeglichenheit und Gemeinschaftsbezogenheit als durch das kulturelle und meinungsgestaltende Übergewicht einzelner oder gar eines einzelnen Mitgliedstaates gekennzeichnet sei.[39]
Ob nun das auch von der Kommission begrüßte Konzept einer Europäischen Rundfunkanstalt oder der losere Verbund der nationalen Fernsehanstalten im Rahmen einer Europäischen Arbeitsgemeinschaft der Rundfunkanstalten zumindest mittelfristig die besseren Realisierungschancen hat, kann zur Zeit nicht definiert vorhergesagt werden. Die Einzelbegründungen für beide Lösungen können jeweils ernstzunehmende Argumente vorweisen.
Das Konzept einer unabhängigen Europäischen Rundfunkanstalt dürfte eine noch intensivere europaweite Diskussion erfahren, weil eine parallele europäische Zentralinstitution, nämlich die Europäische Zentralbank, aufgrund neuerer detaillierter Vorschläge der französischen Regierung und der Bank von Frankreich Anfang des Jahres 1988 wieder in den Mittelpunkt europäischen Interesses gerückt ist.
Das französische Konzept, das auch vom Staatspräsidenten getragen wird, zielt zunächst auf die Reformierung des europäischen Währungssystems (EWS), soll aber zugleich ein wichtiger Beitrag zur Stärkung der europäischen Unabhängigkeit sein.
Das EWS ist vor nun fast zehn Jahren von dem damaligen französischen Staatspräsidenten Giscard d'Estaing und dem damaligen Bundeskanzler

1985/AbL. C 288/113, abgedruckt in Media Perspektiven Dokumentation II/86, S. 58, Ziff. 3, 12.).
38 Seidel, S. 147.
39 Seidel, S. 148.

Helmut Schmidt in einer Phase bedrohlicher Dollarturbulenzen zum Zwecke enger währungspolitischer Zusammenarbeit zwischen der Bundesrepublik Deutschland, Frankreich, den Niederlanden, Belgien, Italien und Dänemark initiiert worden. Großbritannien hat sich bislang allen Werbungsversuchen entzogen.
Die bisherige Erfolgsbilanz des EWS konnte zwar nicht alle himmelstürmenden Hoffnungen erfüllen, hat aber doch für eine relative wirtschaftspolitische Disziplin dadurch gesorgt, daß die Währungen der Mitgliedsländer über feste, durch Auf- und Abwertungen verschiebbare Wechselkurse miteinander verbunden sind, deren Wert in der Rechnungseinheit Ecu ausgedrückt wird. Die nationalen Notenbanken hinterlegen 20 % ihres Bestandes an Gold und Devisen beim Europäischen Fonds für Währungspolitische Zusammenarbeit, der für den Gegenwert Ecu ausgibt und sie bei den jeweiligen Notenbanken hinterlegt.
Durch dieses System sollten die erheblichen währungspolitischen Nachteile gegenüber den USA und Japan kompensiert werden. Ein entscheidender weiterer Schritt auf diesem Wege der Stärkung eines unabhängigen Europa wäre getan, wenn eine europäische Zentralbank Leitinstitution für die Geldpolitik der Gemeinschaft würde und eine EG-weite europäische Währung herausgäbe.
Die Umwandlung und Weiterführung des Europäischen Fonds für Währungspolitische Zusammenarbeit in eine Europäische Zentralbank stellt sich jedoch heute noch trotz einiger positiver Zeichen am Horizont als harte Kärrnerarbeit dar, die große Probleme der Wirtschafts- und Finanzpolitik vor allem in den neuralgischen Bereichen der Einkommen, Kosten und öffentlichen Finanzen sorgsam abgestimmt lösen müßte. Manche Währungspolitiker haben als Vorbild für die Europäische Zentralbank die Struktur der Deutschen Bundesbank genannt, die im Gegensatz zu den Notenbanken der anderen europäischen Länder von Regierung und Parlament weitgehend weisungsunabhängig ist und daher ungestört von wechselnden politischen Machtverhältnissen das Ziel der Geldwertstabilität unbeirrt weiterverfolgen konnte.
Es bleibt zu hoffen, daß die neuerlichen französischen Vorschläge für die Europäische Zentralbank als Integrationsimpuls auch Signalcharakter für die medienpolitischen Bemühungen bekommen, eine Europäische Rundfunkanstalt oder zugleich auch eine Europäische Rundfunkcharta zu initiieren. Von eher gedämpftem Optimismus sind aber jüngere Stellungnahmen von Medienwissenschaftlern geprägt, die für eine wirklich effektivere Finanzanstrengung oder gar eine institutionelle Gemeinschaftsinitiative bei den jetzigen europäischen Regierungen nicht aus fis-

kalischen Gründen wenig Chancen sehen, sondern weil das Interesse führender nationaler Politiker primär auf die mehr oder weniger beeinflußbaren heimischen Medienverhältnisse gerichtet sei, die für ihre Wahlresonanz von Bedeutung sind.[40]

Wie leider berechtigt dieser pragmatische Pessimismus ist, beweist das Schicksal des bislang einzigen in seiner Konzeption wirklich europäisch geplanten Fernsehprojektes »Europa TV«, das 1985 aufgrund von Initiativen der EBU begonnen wurde, jedoch am 27. 1. 1986 bereits wieder seinen Sendebetrieb einstellen mußte. Man hatte in dem Planungskonzept für die ersten drei Jahre nur ein Startkapital von ca. 41 Mio. DM vorgesehen und schon 1986 mit erheblichen Werbeeinnahmen und 1988/89 mit Gewinnen gerechnet. Vor allem wegen der fehlenden Bereitschaft nationaler Fernsehanstalten, größere Investitionen vorzunehmen, um riesige Deckungslücken zu stopfen, scheiterte das ehrgeizige Projekt überraschend schnell.[41]

Gleichwohl dürfen derartige schmerzliche Erfahrungen und Rückschläge nicht zu einer unheilvollen Lähmung und Frustration der nach wie vor in vielen Mitgliedsländern der EG feststellbaren Initiativen führen, die zu Recht von der großen gemeinsamen Aufgabe überzeugt sind, den Prozeß der politischen Integration vor dem Hintergrund der Wahrung der singularen kulturellen Identitäten weiterzuführen.

Noch nie zuvor waren die Erfolgschancen dafür so groß wie zu diesem Zeitpunkt, da vor allem die technischen Möglichkeiten des Satellitenfernsehens grenzübergreifende politische und rechtliche Regelungen der europäischen Medienpolitik nahelegen und geradezu aufzwingen.

Vor diesem Hintergrund ist auch der Vorschlag des »ad hoc Ausschusses für das Europa der Bürger« an den Europäischen Rat in Mailand vom 28./29. 6. 1985[42] in vollem Umfang zu begrüßen, unter Zugrundelegung folgender Zielvorstellungen eine »europäische Akademie der Wissenschaften, der Technologie und der Künste« zu schaffen:

- Die Akademie sollte unabhängig sein und ihre Aufgabe darin bestehen, in den wichtigsten Bereichen der Wissenschaften, der Technologie und der Kunst Preise zu verleihen und in diesen Bereichen für die verschiedenen Gemeinschaftsorgane Stellungnahmen abzugeben.
- Die Akademie soll sich aus bedeutenden, politisch unabhängigen Per-

40 So Faul, S. 121.
41 Vgl. dazu ausführlich Faul, S. 115 ff.
42 Beilage Bull. EG 7/85, zitiert nach: Schwarze, Rundfunk und Fernsehen im Lichte . . ., S. 392 ff.

sönlichkeiten der einzelnen Fachrichtungen zusammensetzen. Das erste Kollegium würde aus je zwei von den Staats- und Regierungschefs benannten Mitgliedern bestehen. Diese Mitglieder würden dann selbst ihre Kollegen auswählen, um die Akademie zu bilden, die ca. 40 Mitglieder haben sollte. Die Mitgliedstaaten würden mit Unterstützung der Kommission und in enger Zusammenarbeit mit der Gruppe der von den Staats- und Regierungschefs ernannten ersten Mitglieder den Rahmen für die Organisation der Akademie abstecken.[43]

Die geschilderten zahlreichen kulturpolitischen Aktivitäten im Rahmen der EG und deren Bemühungen um eine Harmonisierung der verschiedenen nationalen Medienstrukturen lassen den eingangs dieses Beitrages zitierten Pessimismus Adornos im heutigen Licht als nur marginal begründet erscheinen. Seine Schreckensvisionen – so berechtigt sie im Kern auch gewesen sein mögen – haben sich in den späteren Jahrzehnten nicht so extrem wie prophezeit verwirklicht. Ein wesentlicher Grund dafür dürfte in dem gewachsenen Bewußtsein der Bürger Europas zu finden sein, sich einer gemeinsamen europäischen Kultur und deren in Jahrtausenden bewährten Grundwerten verpflichtet zu fühlen. Über der Bewahrung der singularen kulturellen Identitäten wächst langsam, aber spürbar das Dach einer europäischen kulturellen Einheit zusammen, nicht nur institutionell, sondern auch in der Mentalität der Bürger Europas. Dabei spielt die Medienindustrie eine ganz entscheidende und verantwortungsvolle Rolle, die auch von der EG-Kommission zu Recht betont wird. Sie hat bekräftigt, »in der Durchführung ihrer Informations- und Kommunikationspolitik besonders auf die Einbeziehung der kulturellen Dimension zu achten, die der EG-Bürger als tief mit seinem Identitätsgefüge verbunden und zur Europäischen Gemeinschaft gehörend begreift. Information, Kommunikation und Kultur hängen selbst soweit zusammen, daß die Einrichtung des Binnenmarktes einen europäischen Raum schafft, der genauso auf gemeinsamen kulturellen Wurzeln wie auf sozialen und ökonomischen Realitäten gründet. Die Einheit der europäischen Kultur, wie sie sich in der Geschichte regionaler und nationaler kultureller Vielfalt eröffnet, ist die unentbehrliche Basis für die ehrgeizige Konstruktion, die die Europäische Union zum Ziel hat«.[44]

Schon Egon Friedell hat in seiner »Kulturgeschichte der Neuzeit«[45] betont, es sei gerade das Wesen jeder Kultur, daß sie eine Einheit bilde. In

43 Zitiert nach Schwarze a.a.O. S. 394.
44 So Carlo Ripa di Meana in: EG-Magazin, Heft 9, September 1987, S. 17.
45 6. Auflage, München 1986, Bd. 1, S. 19.

seiner berühmten Wertskala der Hierarchie menschlicher Betätigungen finden wir die Bestätigung, daß die Begriffe »Kultur« und »Industrie« wohl kaum zu einem Gesamtbegriff zusammengefaßt werden können. Denn den untersten Rang nimmt »das Wirtschaftsleben« ein, worunter nach Friedell »alles zu begreifen ist, was der Befriedigung der materiellen Bedürfnisse dient. Es ist gewissermaßen der Rohstoff der Kultur, nicht mehr, als solcher freilich sehr wichtig. Das Wirtschaftsleben, weit entfernt davon, ein adäquater Ausdruck der jeweiligen Kultur zu sein, gehört, genaugenommen, überhaupt noch gar nicht zur Kultur, bildet nur eine ihrer Vorbedingungen, und nicht einmal die vitalste«.
Über dem Wirtschaftsleben folgen auf den nächsten Stufen die Gesellschaft, Staat und Recht, Kirche und Sitte. In all diesen Bereichen ist der Mensch als Handelnder tätig, denkend jedoch auf den nächsthöheren Stufen in der Entdeckung und Erfindung, Wissenschaft und Technik und schließlich auf der höchsten Stufe gestaltend in der Kunst, Philosophie und Religion.
Wenn also das Wirtschafts- oder das industrielle Leben lediglich eine Vorbedingung der Kultur darstellt und noch nicht Teil deren höherer Wertskala ist, dann müssen auch die Begriffe »Kultur« und »Industrie« wegen ihrer jeweiligen essentiellen Andersartigkeit deutlich voneinander getrennt werden. Eine Zusammenfügung zu einem Doppelbegriff verbietet sich folgerichtig.
Adorno hat das Problem natürlich gesehen und in seinem Begriff »Kulturindustrie« ironisch »Kultur« im Sinne seichter Unterhaltung als Massenproduktion vom Medienfließband verstanden.
Der heutige Sprachgebrauch sollte schnellstens mit zumindest insofern dankbarem Blick auf Friedell und Adorno dahingehend korrigiert werden, daß der Begriff »Kulturindustrie« eliminiert und durch »Medienindustrie« ersetzt wird. Allein das Begriffspaar »Kultur und Medienindustrie« wird seinen jeweiligen Inhalten gerecht und impliziert zugleich die besondere Verantwortung, die die europäische Medienpolitik und -industrie im Hinblick auf die Verbreitung von Informationen und Kultur sowie die Errichtung eines europäischen gemeinsamen Medienmarktes hat. Es bleibt zu hoffen, daß das Jahr 1988 als Europäisches Film- und Fernsehjahr mit erfolgreichen Resultaten dieser Bemühungen Zeugnis der gemeinsamen europäischen Verantwortung ablegen wird.
Ein letztes Mal sei Egon Friedell zitiert: »Wir messen daher die Macht und Höhe einer Kultur keineswegs an ihren »Wahrheiten«, ihren »positiven Errungenschaften« und kompakten Erkenntnissen. Wonach wir bei ihrer Bewertung fragen, das ist die Intensität ihres geistigen Stoffwech-

sels, ihr Vorrat an lebendigen Energien. Wie die physische Leistungsfähigkeit eines Menschen nicht von seinem Leibesumfang abhängt, sondern von der Kraft und Beständigkeit seiner Bewegung, so wird auch die Lebenskraft einer Seele von nichts anderem bestimmt als von ihrer Beweglichkeit und Elastizität, von der inneren Verschiebbarkeit ihrer Teile, von der Labilität ihres Gleichgewichtes, kurz: von ihrem Reichtum an Problemen. Hier liegt das eigentliche Gebiet geistiger Produktivität.«[46]
Wenn demnach tatsächlich die Macht und die Höhe der europäischen Kultur von ihrem Reichtum an Problemen abhängen sollte, so beweist die Geschichte der europäischen Einigungsbemühungen in den letzten Jahrzehnten außerordentliche Macht und Höhe der Kultur Europas.

46 Friedell a.a.O. S. 174.

Im Dienste Deutschlands und Europas – Die Stiftung F.V.S. –

Alfred Toepfer

Stiftungen, kleine wie große, sind in Hamburg nicht ungewöhnlich. Sie sind Tradition seit vielen Jahrhunderten, und Tradition verpflichtet.
Mein Werdegang: Mein Vater stammte aus einer Pastorenfamilie, meine Mutter von einem Bauernhof in der Lüneburger Heide. Wir waren 5 Kinder: 2 Brüder fielen im I. Weltkrieg, ein weiterer Bruder starb an den Folgen des I. Weltkrieges. Ich besuchte damals die noch fast dörfliche Schule in Eimsbüttel bis zur Selekta. Während meiner kaufmännischen Gehilfenzeit holte ich die Mittlere Reifeprüfung nach.
Mein Vater gab mir einen Leitsatz mit auf den Weg: »Es ist nicht gut, Kindern etwas zu vererben. Kinder sollen sich nach der Erziehung im Elternhaus und in der Schule aus eigener Kraft entwickeln und ihr Leben gestalten.« Entsprechend handelte mein Vater.
Meine wunderbare Frau, eine Hamburger Kaufmannstochter, hat mir 6 gesunde Kinder geschenkt. Sie verfolgte meinen geschäftlichen Aufbau und meine frühzeitig beginnende Stiftungstätigkeit mit großer Anteilnahme. Im hohen Alter, wenige Jahre vor ihrem Tode, erklärte sie ihrer Betreuerin: »Mein Mann hat sein ganzes Vermögen in gemeinnützigen Stiftungen angelegt. Das ist ganz in meinem Sinne. Die Kinder sollen sich ihr Geld selber verdienen«. Das ist eine – vielleicht überraschende – Meinungsgleichheit mit meinem Vater.
Vor dem I. Weltkrieg verbrachte ich meine kaufmännische Lehre und Gehilfenzeit bei zwei angesehenen Hamburger Firmen. Vom 2. 8. 1914 bis Ende 1919 war ich Soldat. Dann etablierte ich mich in Hamburg mit RM 10 000,— Ersparnissen als selbständiger Kaufmann.
1926 begann mein gemeinnütziges Wirken: Förderung des Jugendwanderns, Unterstützung einzelner Künstler und kultureller Einrichtungen. Der erste Preisträger war 1926 der Schriftsteller Anton Fendrich aus Freiburg/Brsg. Er erhielt den Preis für sein Buch »Der Wanderer«.
1928 wurden drei größere Jugendherbergen gestiftet und nacheinander errichtet im benachbarten Nord-Schleswig, im Thüringer Wald und im Burgenland in Österreich.

1932 folgten zwei weitere kleinere Jugendherbergen.
1930 begannen in Hamburg und Basel Vorbereitungen zur Gründung gemeinnütziger Stiftungen. Anfang 1931 kam es zur notariellen Errichtung der Stiftung F.V.S. in Hamburg und der Johann-Wolfgang-von-Goethe-Stiftung in Vaduz. Letztere wurde 1964 nach Basel verlegt.
Bei der Namensgebung der Hamburger Stiftung dachte ich an den großen deutschen Sozialreformer Freiherr vom Stein und den Schöpfer der europäischen Dramen und Freiheitsdichter Friedrich von Schiller. So kam es zum Namen Stiftung F.V.S.
Der Stiftung F.V.S. flossen zunächst Erträgnisse meiner Hamburger Firma zu; später das gesamte Hamburger Firmenvermögen.
1927 hatte ich in New York eine Niederlassung gegründet. Sie wurde von meinem verstorbenen jüngsten Bruder geleitet. Das New Yorker Firmenvermögen war mit seinen Erträgnissen von vornherein als Vermögen der Johann-Wolfgang-von-Goethe-Stiftung ausgewiesen.
Überlegungen zur wertbeständigen Vermögenslage führten 1932 und 1933 zum Ankauf von vier größeren Höfen mit zusammen rd. 2000 ha Landwirtschaft und Forsten in Niedersachsen, Schleswig-Holstein und Mecklenburg.
Die vielen alten Gebäude wurden in denkmalpflegerischer Art restauriert und gepflegt, die Land- und Herrenhäuser als Begegnungsstätten für kulturelle und wissenschaftliche Zwecke mit Tagungsräumen, Bibliotheken und Gästezimmern hergerichtet und entsprechend genutzt.
1934 kam es zu Spannungen zwischen der NSDAP und der Führung des Deutschen Jugendherbergswerkes. Der hochverdiente Präsident, Richard Schirrmann, sowie dessen engster ehrenamtlicher Mitarbeiter, der westfälische Fabrikant Münker, wurden durch junge Parteimitglieder ersetzt. Das veranlaßte mich, die schon verfügte Stiftung einer sechsten Jugendherberge zu widerrufen und den Bau weiterer Jugendherbergen aufzugeben.
Stattdessen wurden Stipendien und Kulturpreise für den deutschen Sprachraum in Europa, für Skandinavien, Großbritannien und den niederländischen Kulturraum zur Verfügung gestellt und 10 Preise zur jährlichen Verleihung. Außerdem wurden die seit Anfang des Jahrhunderts von der britischen Cecil Rhodes Foundation für Deutsche zur Verfügung gestellten Studien-Stipendien in gleicher Höhe alljährlich erwidert.
Die Stiftungstätigkeit eines Nichtparteigenossen wurde durch die NSDAP mit Mißtrauen verfolgt. Man versuchte, auf die Stiftungsarbeit Einfluß zu nehmen, indem u. a. in- und ausländische Kandidaten zur Aus-

zeichnung vorgeschlagen wurden. Die Stiftung beachtete diese Vorschläge nicht. Die zuständigen Kuratorien wurden über die Vorschläge nicht unterrichtet.
Das Mißtrauen der Partei war mir von Anfang an aus verschiedensten Gründen bekannt. Im Frühling 1933 war eine Versammlung von Kaufleuten an der Hamburger Börse durch die NSDAP einberufen worden. Man forderte die Ausschließung der jüdischen Mitglieder. Als einziger nahm ich in dieser öffentlichen Versammlung dagegen Stellung. Ich berief mich auf Friedrich den Großen und sagte, man müsse den Juden aufgrund ihrer besonderen Fähigkeiten und Anlagen die Chance lassen, sich im Dienste der deutschen Wirtschaft und Wissenschaft uneingeschränkt zu betätigen.
In meinem Firmen- und Stiftungsbereich gab es keine Parteimitglieder bzw. offen gezeigte Parteiabzeichen oder Parteibilder. Daß das alles nicht ganz ungefährlich war, ist mir klar gewesen.
Im Herbst 1936 besuchte mich ein alter Freund, Parteimitglied und Leiter eines bedeutsamen nationalsozialistischen Instituts bei Berlin. Er erklärte u. a. etwa: »Ich weiß einiges über Ihre Akten bei dem SD und bei der Gestapo. Sie müssen in absehbarer Zeit mit einem entsprechenden harten Eingriff rechnen. Treffen Sie für Ihre Firma und die Stiftungen entsprechende Vorkehrungen.« Das geschah.
An einem Juniabend 1937 erschienen zwei mir unbekannte Herren. Sie stellten sich als Vertreter der Ortsgruppe der NSDAP vor und bemühten sich redlich, mich für die Partei zu gewinnen. Ich lehnte ab.
Am nächsten Morgen wurde ich verhaftet und für ein Jahr in eine Einzelzelle gesteckt. Die Vorwürfe der Staatsanwaltschaft: »Devisenvergehen in Verbindung mit der Goethe-Stiftung, die nicht bei der Devisenstelle gemeldet und deren Vermögen ablieferungspflichtig sei.«
Die Vorwürfe der Gestapo: »Partei- und staatsfeindliche Umtriebe, u. a. laufende Unterstützung des sog. alten Widerstandskreises von Ernst Niekisch«. (Niekisch hatte 1932, also vor der Machtübernahme, eine Broschüre herausgegeben: »Hitler – ein deutsches Verhängnis«. Die visionäre, erschütternde Umschlagsillustration hatte der bekannte Grafiker Paul A. Weber, der mit seiner Familie mehrere Jahre mein Dauergast auf meinem Heidehof war, geschaffen.)
Den Vorwurf des Devisenvergehens widerlegte dankenswerterweise die Devisenstelle Hamburg mit der Erklärung: »Stiftungen sind selbständige Rechtspersönlichkeiten. Deshalb gibt es für ausländische Stiftungen keine Melde- und Anbietungspflicht.«

Im Frühjahr 1938 intervenierte der mir gut bekannte und sehr gewogene General a. D. und Geopolitiker Prof. Haushofer, zeitweilig Lehrer und danach langjähriger Freund von Rudolf Hess.
Ende Mai 1938 sollte ich ins KZ Neuengamme überführt werden. Ich wurde stattdessen auf Intervention von Rudolf Hess unter harten Auflagen, u. a. Abtretung meiner Stiftungen, meines gesamten Vermögens an die Partei, laufende, insbesondere telefonische Überwachung usw., entlassen.
1939, nach Kriegsausbruch meldete ich mich sofort als Reserveoffizier, um Ruhe vor der Partei und der Gestapo zu haben. Daraufhin besuchte mich ein mir bis dahin unbekannter Major Marwede vom Oberkommando der Wehrmacht und erklärte: »Wir wollen Sie zu uns, zur Abwehr holen«. – Meine Antwort: »Sie wissen offenbar nicht, wie ich bei der Partei und der Gestapo angeschrieben bin?« – »Weil wir das wissen, wollen wir Sie zu uns holen, um Sie zu schützen.« Nach zwei Jahren Dienst bei der Abwehr in Holland und Frankreich wurde ich bei der Wehrmacht für andere Aufgaben in Frankreich und im Osten eingesetzt.
Bald nach Kriegsende internierte mich die britische Besatzungsmacht wegen meiner zweijährigen Zugehörigkeit zur Abwehr. Da ich keinerlei Aussagen machen wollte, durch die andere belastet werden könnten, wurde ich in dem vielleicht übelsten britischen Gefängnis auf deutschem Boden eingesperrt und nach 1 1/2 Jahren von der französischen Besatzungsmacht für weitere sechs Monate festgehalten.
In Paris hatte ich einen alten, hochgeschätzten Freund aus dem schon erwähnten »Niekisch-Kreis« – Ernst Jünger – getroffen. Er war, wie ich, ebenfalls dem Militärbefehlshaber Frankreich unterstellt. Wir sahen uns öfter. Im Frühsommer 1943 sagte ich Jünger: »Eine Krise im nationalsozialistischen Regime ist nicht mehr auszuschließen. Für diesen Fall muß ein Friedensmanifest vorbereitet werden, und zwar durch Sie. Sie sind als höchstdekorierter Offizier des Ersten Weltkrieges und als Schriftsteller allgemein bekannt und hochgeachtet, vor allem auch bei der Wehrmacht. Auf diese kommt es im Falle einer Krise an. Sie hat derzeit noch im größeren Teil von Europa die Macht. Das Manifest soll aber nicht nur die deutschen Soldaten, sondern auch die Jugend in den besetzten Ländern ansprechen. Es muß Verheißung und Grundlage eines gerechten und dauerhaften Friedens nach den beiden großen und verheerenden Kriegen, die wir beide erlebt haben, verkünden.«
Das Ergebnis vieler gemeinsamer Gespräche in einem Pariser Park ist in Ernst Jüngers Schrift »Der Friede« eingegangen.

Auf seinen Wunsch übergab ich die Niederschrift, nach meiner Erinnerung Ende 1943, Jüngers Verleger in Hamburg zur Massenverbreitung in mehreren Sprachen am Tage X: damals für uns drei ein lebensgefährliches Unterfangen.
Es kam, wie wir alle wissen, alles anders. Die Schrift blieb aber ein Zeitdokument. Sie dürfte auch noch heute zeitgemäß sein. Der Schriftsteller Michel Déon, Mitglied der Académie Française, erklärte am 18. September 1981 in seiner Laudatio anläßlich einer Ehrung Ernst Jüngers in Frankreich u. a. »Der Friede« ist das Aufregendste und Beste, was ich von Ernst Jünger gelesen habe. Immer wieder empfehle ich dieses Buch und versuche, ihm Leser zu gewinnen«.
Ab 1949 konnte ich wieder frei über die Stiftungen verfügen. In gewissem Umfange wurde an die Vorkriegszeit angeknüpft. Ein eindrucksvolles Zeichen setzte hierfür der Empfänger des Shakespeare-Preises 1938, der englische Dichter John Masefield, britischer »poeta laureate«. In Folge des Kriegsausbruchs konnte ihm der Preis nicht mehr überreicht werden. Als die Stiftung das 1950 in England nachholte, erklärte John Masefield: »Mein einziger Sohn, welcher Student der Musik und begeisterter Freund deutscher Musik war, ist im Krieg gegen die Deutschen gefallen. Ich stelle die Hälfte der Preissumme für die Förderung von Musikstudenten in Deutschland zur Verfügung.«
Aus dieser großherzigen Zuwendung sind die seitdem von der Musikhochschule Hamburg regelmäßig vergebenen Masefield-Stipendien entstanden. Sie werden von der Stiftung F.V.S. in dankbarer Anerkennung einer beispielhaften, völkerversöhnenden Geste fortgesetzt.
Der Shakespeare-Preis ist inzwischen schon wieder 23 mal verliehen worden, der ebenfalls noch aus der Vorkriegszeit stammende Henrik-Steffens-Preis für bedeutende kulturelle Leistungen in Skandinavien 24 mal. Auch die Hanseatic Scholarships for Britons (Gegenstück zu den Cecil Rhodes-Stipendien) bestehen weiter.
1966 wurde der Kreis der Kulturpreise für den romanischen Sprachraum durch Schaffung des Montaigne-Preises erweitert.
Einer Vorkriegstradition entsprach die Förderung des Niederdeutschen sowie der Beziehungen zum niederländischen Sprachraum durch Preise und Stipendien.
Durch die Justus-von-Liebig-Preise und die Johann-Heinrich-von-Thünen-Goldmedaille sowie den Wilhelm-Leopold-Pfeil-Preis werden besondere Leistungen in der europäischen Land- und Forstwirtschaft ausgezeichnet.
Schon vor dem Kriege sprengte die Stiftungsarbeit mit den erwähnten

Stipendien und drei Preisen den nationalen Rahmen. Lange vor dem Ende des Krieges war mir klar, daß die Stiftungen gesamteuropäisch ausgerichtet werden müßten.
Vordringlich war die Bereinigung des deutsch-französischen Verhältnisses. So war einer der ersten Preise nach dem Kriege der »Straßburg-Preis« mit Robert Schuman als erstem Kuratoriumsvorsitzenden. In seiner gegenwärtigen Form wird er seit 1963 alljährlich von der Universität für Geisteswissenschaften in Straßburg an je 12 deutsche und französische Schüler und an je drei deutsche und französische Jungakademiker für beispielhafte Arbeiten über das jeweils andere Land, seit 1972 außerdem an je fünf Studenten aus beiden Ländern verliehen.
Als sozusagen geographisches Gegenstück wurden im Jahre 1963 sieben Gottfried-von-Herder-Preise geschaffen, welche alljährlich von der Universität Wien an Wissenschaftler oder Künstler aus Polen, der Tschechoslowakei, Ungarn, Jugoslawien, Rumänien, Bulgarien und Griechenland verliehen werden und mit Studienstipendien für begabte junge Leute aus den gleichen Ländern verbunden sind. Vorsitzender des Preiskuratoriums ist der Präsident der Österreichischen Akademie der Wissenschaften.
Im Jahre 1978 war der Europa-Preis für Landespflege der Baseler Johann-Wolfgang-von-Goethe-Stiftung einem verdienten sowjetischen Naturschützer zuerkannt worden. Ab 1979 wird auch der Alexander-Petrowitsch-Karpinskij-Preis, verbunden mit einem Studienstipendium, im historischen Palais der Akademie der Wissenschaften der UdSSR in Leningrad alljährlich verliehen. Er beruht auf einem zwischen der Akademie der Wissenschaften der UdSSR und der Stiftung F.V.S. im Jahre 1977 vereinbarten Statut und erinnert an den schon im 19. und Anfang unseres Jahrhunderts in Deutschland hochgeehrten russischen Geologen und Geographen A. P. Karpinskij. 1985 wurde der Akademie ein »Albert-Schweitzer-Preis« mit einem Studienstipendium zur Förderung der Humanitsa zur Verfügung gestellt. Er wird laufend für Verdienste im »Tier- und Naturschutz« in Moskau verliehen.
Seit mehreren Jahrzehnten bestehen die Fritz-Schumacher-Preise (mit Stipendien) und die Heinrich-Tessenow-Goldmedaille für beispielhafte Leistungen auf den Gebieten von Städtebau, Architektur und Ingenieurwesen, der van-Tienhoven-Preis und die Alexander-von-Humboldt-Goldmedaille für vorbildliche Leistungen auf dem Gebiete des Naturschutzes – alle gesamteuropäisch ausgerichtet.
Eine Reihe von Auszeichnungen dienen der Förderung der europäischen Einigung: der Europa-Preis für Staatskunst, der Robert-Schuman-Preis

und die nach ihm benannten Medaillen, darunter die mit Reisestipendien für junge Europäer verbundenen Silbermedaillen, der Joseph-Bech-Preis, ebenfalls mit Reisestipendien, der Stiftung F.V.S. sowie der Jean-Monnet-Preis der Baseler Johann-Wolfgang-von-Goethe-Stiftung.
Drei Europa-Preise haben bestimmte Sachgebiete zum Gegenstand: der schon erwähnte Europa-Preis für Landespflege der Johann-Wolfgang-von Goethe-Stiftung, Basel, sowie die Europa-Preise der Stiftung F.V.S. für Denkmalpflege und für Volkskunst, die alle gesamteuropäisch angelegt sind.
Schließlich seien noch einige Auszeichnungen von allgemeiner Bedeutung erwähnt: der Hansische Goethe-Preis (für überragende geistige und humanitäre Leistungen) und der Freiherr-vom-Stein-Preis (für ebensolche im Geiste des großen preußischen Sozial-Reformers) der Stiftung F.V.S. sowie der Albert-Schweitzer-Preis (für vorbildliche, uneigennützige, humanitäre Leistungen Jugendlicher) und die Albert-Schweitzer-Goldmedaille der Goethe-Stiftung, Basel. Die Universität Basel verleiht den Jacob-Burckhardt-Preis, die Universität Innsbruck den Mozart-Preis – beide mit Stipendien – der gleichen Stiftung. Sie stellt außerdem den Rembrandt-Preis für Bildende Kunst und der Stadt Colmar den Erb-Musikpreis zur Verfügung.
Über alle Auszeichnungen entscheiden – meist europäisch zusammengesetzte – Kuratorien, welche keinen Weisungen unterliegen. Über die Verleihungsfeiern wird in Festschriften berichtet, die allgemein zugänglich sind. Die Stiftungen pflegen die Verbindung mit Laureaten und Kuratoriumsmitgliedern. In gewissen Abständen werden sie in Gästehäusern der Stiftungen sowie zu allen Veranstaltungen eingeladen, welche in räumlicher Nähe ihres Wohnortes stattfinden.
Entsprechendes gilt für die Beziehungen zu ehemaligen Stipendiaten. Dazu dienen u. a. Zusammenkünfte, die alle ein bis zwei Jahre auf Schloß Klingenthal bei Straßburg oder an anderen Tagungsstätten veranstaltet und auf denen bestimmte, von den Tagungsteilnehmern angeregte Themen erörtert werden.
Ein Verbindungsglied besonderer Art waren seit 1973 bis 1982 die von den Stiftungen herausgegebenen »Europäischen Hefte«. Die in drei Sprachen erscheinende Vierteljahreszeitschrift diente durch Beiträge und Bilder aus fast allen europäischen Ländern der Förderung gesamteuropäischen Kulturbewußtseins. Die Aufsätze stammen weitgehend von der Stiftungsarbeit verbundenen Verfassern. Die Hefte, welche – aus Gründen des deutschen Gemeinnützigkeitsrechts unentgeltlich – in einer Aufla-

ge von 3500 Stück an den weitgespannten Freundeskreis der Stiftungen, an Universitäten, Bibliotheken und andere Institutionen in ganz Europa versandt wurden, fanden allgemeine Anerkennung.
Erhaltung, Wiederherstellung und Pflege historischer Baudenkmäler, gelegentlich auch von Bodendenkmälern, beschäftigen die Stiftungen seit ihrer Entstehung; Beispiele:
1932–1935: Restaurierung und Unterhaltung zahlreicher historischer Bauten auf den Höfen Thansen und Brümmerhof in Niedersachsen, Kalkhorst in Mecklenburg und Siggen in Holstein;
1959–1965: Erhaltung und Pflege von Baudenkmälern auf den französischen Höfen Le Chenay an der Grenze zur Normandie und auf der Domäne d'Ambert bei Orléans;
1966–1969: vollkommene Restaurierung eines im Verfall begriffenen Bürgerhauses in Straßburg aus dem Jahre 1566 und dessen Herrichtung als Gästehaus und kulturelle Begegnungsstätte;
von 1954 bis heute Erhaltung, vielfach Wiederherstellung von etwa 100 historischen Bauten im Naturschutzpark Lüneburger Heide (alte Bauernhäuser samt Nebengebäuden), historische Schafställe und ein totaler äußerer und innerer Umbau der 800 Jahre alten Dorfkirche von Undeloh. Das durch spätere Umbauten völlig verunstaltete Kirchlein wurde wieder zu ursprünglich romanischen Formen zurückverwandelt sowie mit einer neuen Orgel und einem großen Kronleuchter ausgestattet;
1972 bis 1975 wurde das Schloß Klingenthal im Elsaß samt Nebengebäuden, Park und Mauern erworben, vollkommen wiederhergestellt, eingerichtet und als gesamteuropäische Tagungsstätte bereitgestellt.
1965 trat der damalige Bürgermeister Prof. Weichmann an mich heran: »In Hamburg sind, abgesehen von den alten Kirchen, nur noch sehr wenige historische Bauten erhalten. Jetzt hat man an der Peterstraße alte Stiftungsgebäude als unbewohnbar erklärt und zum Abbruch bestimmt. Unser Parlament wird die Mittel zur Wiederherstellung und Unterhaltung nicht bewilligen. Wenn Sie hier einspringen könnten, würden Sie Hamburg einen großen Dienst erweisen.«
Im Zuge der sehr gründlichen Wiederherstellung reifte der Entschluß, an dieser Stelle dem alten Hamburg ein Denkmal zu setzen durch originalgetreue äußere Widerherstellung untergegangener, bemerkenswerter Bürgerhäuser der letzten 300 Jahre. Der Wiederaufbau von zwei Dutzend historischen Bürgerhäusern und drei längeren hinteren Häuserreihen konnte nach mehr als 1 1/2 Jahrzehnten ständiger Arbeit abgeschlossen werden.
Eine kleine Straße im alten Hamburg wird völlig vom Bild der alten Bauten bestimmt (einschließlich alter Pflasterburg, Laternen und Baum-

schmuck). Hinter den Häusern sind anmutige Blumengärten mit Brunnen und Bänken. Die rund 250 Wohnungen wurden bevorzugt alten Frauen und Männern zur Verfügung gestellt.
Noch eines aus der Ära Weichmann: Hamburg gehört das große Gut Wohldorf. Gebäude, Land und Inventar waren in einem sehr schlechten Zustand. Niemand wollte den Hof pachten. Bürgermeister Weichmann: »Wenn Sie nicht einspringen, werden wir den Besitz in 5000 Schrebergärten parzellieren müssen. Es wäre ja jammerschade um die Landschaft.« Auch diesem Wunsch wurde – mit erheblichem Kostenaufwand – entsprochen und dadurch eine einzigartige, stadtnahe Erholungslandschaft erhalten.
Und nun noch einmal zurück zum Anfang der fünfziger Jahre. Hamburg war noch mitten im Aufräumen der Trümmerberge. Unser damaliger bedeutender Erster Bürgermeister Max Brauer lud einige Herren der Hamburger Wirtschaft zum Essen ein. Sein Wunsch: die kriegszerstörte Staatsoper als bedeutende Kulturstätte, ungeachtet der drückenden Wohnraumnot, schnellstens aufzubauen. »Wenn die Wirtschaft den größeren Teil der Kosten übernähme, würde ich das Parlament zur Bewilligung des Restes bewegen können.« Der Sprecher seiner Gäste: »Angesichts der außerordentlichen Erfordernisse für den Wiederaufbau der Wirtschaft ist das völlig unmöglich!«
Danach besprach ich die Sache mit dem hochangesehenen Oberschulrat Oberdörfer, der sich nach einer aufmunternden richtunggebenden, größeren Spende von mir sogleich bereit erklärte, »mit dem Klingelbeutel herumzugehen«. Nach einem halben Jahr hatten wir 3 1/4 Millionen DM zusammen. Das Parlament folgte erwartungsgemäß mit der Rest-Bewilligung. Kaum zwei Jahre später konnte der Neubau der Oper in Anwesenheit des Bundespräsidenten eingeweiht werden: ein Denkmal der Opferbereitschaft der Hamburger Wirtschaft in schwerer Zeit – wenige Jahre nach der Neuordnung von Wirtschaft und Währung.
Im Dezember 1953 wurde ich gegen Wunsch und Willen als Nachfolger des von mir hochgeschätzten Hans Domizlaff zum Vorsitzenden des *Vereins Naturschutzpark* gewählt. Trotz schwerer Bedenken wegen meiner anderweitigen außerordentlichen Inanspruchnahme, folgte ich dem Rufe der Hauptversammlung nur, um die Übernahme dieser großen, aus jahrzehntelangem privaten Engagement sehr vieler Spender und bedeutender ehrenamtlicher Helfer erwachsenen Organisation durch die öffentliche Verwaltung abzuwenden (leider war niemand bereit zum Vorsitz). Der Verein verfügt in den Hohen Tauern (Österreich) und in der Lüneburger Heide über erheblichen Eigenbesitz. Im Naturschutzgebiet Lüneburger

Heide lag – zeitbedingt – sehr vieles im argen: Landschaft, Straßen und Wege, vereinseigene Häuser, darunter rund einhundert Baudenkmäler. Hinzu kamen die vielfältigen Erfordernisse einer neuen Zeit:
Der Besucherverkehr wuchs nach dem Kriege erwartungsgemäß als Folge von mehr Freizeit, zunehmender Motorisierung, steigendem Wohlstand. Aus 50 000 Besuchern der Vorkriegsjahre wurden schließlich 3 1/2 bis 4 1/2 Millionen, je nach dem Wetter, pro Jahr.
Die Erfahrungen im Heidepark veranlaßten den Verein Naturschutzpark anläßlich seiner Hauptversammlung in Bonn 1956, der Bundesregierung ein Programm zur Bereitstellung von 25 Naturparken zur kostenlosen Erholung für jedermann vorzuschlagen. Allen Widerständen und Skeptikern zum Trotz wurde dieses Programm auf etwa 20 Prozent der Fläche der Bundesrepublik mit 64 Parks und drei grenzüberschreitenden Europaparks durchgesetzt.
Die hierfür notwendige Öffentlichkeitsarbeit (Vorträge, Filme, Ausstellungen, Reisen usw.) sowie die Planungskosten für die neuen Parks hat der Verein Naturschutzpark zu einem erheblichen Teil getragen; ähnliches gilt für deren Zusammenschluß im Verband Deutscher Naturparke. Dieser Vereinigung entspricht auf europäischer Ebene die Föderation der Natur- und Nationalparke Europas mit Sitz in Basel, die ebenfalls vom Verein Naturschutzpark ins Leben gerufen und gefördert worden ist.
Die Intensivierung der Arbeit des Vereins Naturschutzpark, die hier lediglich skizziert werden kann, ist nur mit Hilfe nachhaltiger, erheblicher Zuschüsse aus Stiftungsmitteln möglich gewesen. So konnten der in den fünfziger Jahren konzipierte Stand weitgehend erreicht, der Grundbesitz des Vereins erheblich vergrößert und zukunftsweisende Vorhaben in Gang gesetzt werden, darunter zuletzt

- die Einrichtung von vier Informationszentren sowie
- Bau und Einrichtung einer Norddeutschen Naturschutzakademie auf dem Hof Möhr, die zu je einem Drittel von den Ländern Niedersachsen und Hamburg sowie der Stiftung F.V.S. finanziert worden ist.

In der Lüneburger Heide wurde eine schon vor dem Kriege begonnene Jugendarbeit nun in gesamteuropäischem Rahmen fortgesetzt. Alljährlich werden hier dreißig bis vierzig Jugendgruppen mit je bis zu 50 Teilnehmern aus West- und Osteuropa für zwei Wochen als Gäste der Stiftung in Jugendheime eingeladen.
Von beiden Stiftungen wurden bis heute
1060 Preise,
1980 Stipendien, davon 235 Studienstipendien für 1 oder 2 Jahre zuerkannt.

Unter Umrechnung auf DMark nach dem heutigen Stand wurden aufgewendet:
Für Preise, Stipendien, Medaillen 42 Mio. (davon ein fünftel vor 1944),
Jugendherbergen bis 1935 3 Mio.,
Jugendreisen und -tagungen 8 Mio. (davon ein fünftel vor 1944),
Denkmalpflege einschließlich Tagungs- und Gästehäuser 75 Mio. (davon ein fünftel vor 1944),
Naturschutz und Naturparke 80 Mio.,
»Europäische Hefte« u. a. Veröffentlichungen 5 Mio. DM.
Sie werden fragen: »Was hat Sie bewogen?« »Was erwarten Sie?«
Meine Entwicklung wurde geprägt durch einen strengen, aber ausgezeichneten Vater, hervorragende Lehrer, gute Lehrherren, die Deutsche Jugendbewegung, den Ersten Weltkrieg sowie das Miterleben der deutschen und russischen Revolution, viele wertvolle Freunde sowie die starke Beschäftigung mit europäischer, insbesondere deutscher Literatur und Geschichte, das Beispiel großer europäischer Stifter.
Erlauben Sie mir zum Schluß einige allgemeine Bemerkungen: Feindschaften unter Einzelnen und Kriege zwischen Völkern zeugen von unserer recht unvollkommenen Ausstattung durch den Schöpfer. Wir wissen von der furchtbaren Ausblutung und Verödung Mitteleuropas im 30jährigen Krieg aus religiösen Gegensätzen. Unser Jahrhundert brachte in zwei großen Kriegen entsetzliche Verluste und Zerstörungen als Folge leidenschaftlicher Aufpeitschung des nationalen Gedankens und der Entwicklung der Waffentechnik.
Menschliche Vernunft muß hieraus zwei Folgerungen ziehen:
1. Die Schaffung großräumiger politischer Einheiten zur Ausschaltung von Kriegsrisiken unter Achtung und Förderung der kulturellen Vielfalt und entsprechenden Gliederung,
2. Ächtung der Kernwaffen nach dem Beispiel des Verbotes von Giftgasen nach dem Ersten Weltkrieg, das von allen beachtet wurde.
Ein Gespräch, das ich 1981 mit dem hochangesehenen Präsidenten der Akademie der Wissenschaften der Sowjetunion in Moskau hatte, ergab hierzu völlige Übereinstimmung. Gegensätze müssen künftig mit geistigen Waffen ausgetragen werden. Die stürmische technische Revolution und die moderne Zivilisation sowie die Entfremdung von der Natur haben Wesen und Widerstandskraft vieler, vielleicht der meisten Menschen stark beeinträchtigt. Das Ergebnis ist der materielle, des ethischen Tiefgangs entbehrende Geist unserer Zeit.
Hier beginnt die Aufgabe der Philosophen, der Kirchen, der Erzieher und in gewisser Weise auch die einer zuversichtlichen, tapferen, frohgestimm-

ten Jugend. Alte Weisheiten müssen in zeitgerechte Formen gegossen werden, neue Erkenntnisse entsprechende Antworten finden. Schillers Lied an die Freude: »Alle Menschen werden Brüder«, von Beethoven hinreißend vertont, sollte zur Hymne einer neuen Menschheit werden, auf daß Aufrichtigkeit, Brüderlichkeit, Hilfsbereitschaft, Toleranz, Zuversicht und Freude unter Menschen und Völkern herrschen als Voraussetzung für Frieden, Wohlfahrt und eine kraftvolle kulturelle Entwicklung. – Christliche Ethik, Kantsche Philosophie und Goethes umfassendes Denken und Schaffen haben meine Arbeit bestimmt und mich alle Prüfungen des Schicksals überstehen lassen.
Die Stiftungen sind der Jugend aller Völker und damit auch den unvergessenen Freunden meiner Jugend gewidmet, die gläubigen, heißen Herzens, gleich mir den nationalen Idealen verhaftet, in den Krieg zogen und verbluteten.
Daraus ergeben sich die unerbittlichen Notwendigkeiten, auf die ich hingewiesen habe, für alle, vor allem für uns Männer im Dienste unserer Frauen, Kinder und der kommenden Generationen. Hans Breuer schrieb 1918, wenige Wochen vor seinem Soldatentod, zur Ehre der gefallenen Freunde aus der Deutschen Jugendbewegung, dem »Wandervogel«:

»Ihr Leben floß dahin,
damit Ihr weiterbauet.
Eure Arbeit sei Ihr Denkmal!«

Braucht der Staat des Grundgesetzes Elemente direkter Demokratie?

Annemarie Renger

Politische Herrschaft, staatliche Organisation und rechtliche Normierung immer weiterer Lebensbereiche sind nicht leicht zu ertragen. Deshalb wird es immer die Frage geben, ob das alles sein muß, ob vernünftige und friedfertige Menschen nicht mit weniger auskommen könnten und ob nicht die Herrschaft von Menschen über Menschen überhaupt eines Tages verschwinden könne zu Gunsten einer freien Selbstbestimmung der Bürger in der Gemeinschaft. Das gilt umsomehr, wenn in einer Welt wie der unseren alles immer komplizierter und undurchschaubarer zu werden scheint. Je mehr wir über die Politik wissen – und wir haben alle heute unvergleichlich mehr und bessere Informationen über das politische Geschehen als unsere Vorfahren –, desto unbegreiflicher scheint sie zu werden. Der Traum von einfacheren Verhältnissen und eindeutigen Fragen, die von den Bürgern in freier Selbstbestimmung entschieden und verantwortet werden können, erhält immer neue Nahrung. Es ist auch notwendig, daß dieser Traum niemals ausgeträumt ist: ihm ist die unablässige Suche nach anderen, neuen, den Menschen in ihrer jeweiligen Epoche besser gerecht werdenden politischen Verhältnissen zu verdanken.
Zugleich steckt in dieser Sehnsucht aber auch ein Potential der Verführbarkeit. Deshalb ist es wichtig, entsprechende Verheißungen und Vorschläge kritisch und nüchtern auf ihren möglichen Ertrag zu prüfen. Politisch reife und geschichtsbewußte Gesellschaften werden eine politische Ordnung, mit der sie über beträchtliche Zeit Erfolg gehabt haben, nicht ohne weiteres aufs Spiel setzen, um eine andere Theorie auszuprobieren. Dieser sorgfältigen Prüfung dient der öffentliche Streit der Meinungen, und wenn er unbefangen und kontrovers stattfinden kann, ist dies bereits ein erstes Zeichen für eine richtige und humane Ordnung der politischen Verhältnisse.
Eine der Verheißungen für weniger Herrschaft, mehr Selbstbestimmung und größere Gemeinschaftlichkeit in der Politik verbindet sich mit der Forderung nach plebiszitären Elementen. Damit sind, im Gegensatz zum repräsentativen Entscheidungsverfahren durch Parlamente, verschiedene

Formen einer stärker unmittelbaren politischen Entscheidung oder Teilentscheidung durch das Volk gemeint. Plebiszit heißt wörtlich übersetzt »Spruch des Volkes«; außer dem Volksentscheid wird über Volksbefragungen und Volksinitiativen – also Anträge aus dem Volk an das Gesetzgebungsorgan – diskutiert. Sie sollen dazu verhelfen, daß das Volk »selbst«, jedenfalls nicht durch seine gewählten Vertreter, politische Entscheidungen für das Gemeinwesen trifft oder sich in einer Weise »empfehlend« äußern kann, die den gewählten Vertretern Bindungen für ihre schließlich zu treffende Entscheidung auferlegt.
Zu dieser Diskussion gehört die Auseinandersetzung mit einschlägigen Bestimmungen unseres Grundgesetzes. Es ist gemäß nach wie vor herrschender Auffassung strikt repräsentativ angelegt, indem es die maßgeblichen Entscheidungen für das gesamte Gemeinwesen – Gesetze und Staatshaushalt – in die Hand des zentralen Parlaments, bei uns also des Bundestages, legt. Gestritten wird nur um die Frage, ob das Wort »Abstimmungen« in Art. 20 Abs. 2 des Grundgesetzes – neben das Wort »Wahlen« gestellt – bedeuten kann, daß der einfache Gesetzgeber jederzeit eine Regelung erlassen könnte, derzufolge in einer bestimmten Sachfrage eine Volksabstimmung abzuhalten sei, oder ob dieser Begriff nur den Fällen vorbehalten ist, in denen das Grundgesetz selbst eine solche Abstimmung vorsieht (vor allem Art. 29). Überzeugend erscheint mir die zweite Auffassung. Denn in Art. 20 Abs. 2 GG wird weiter ausgeführt, daß die Staatsgewalt – außer vom Volk in Wahlen und Abstimmungen – durch »besondere Organe der Gesetzgebung, der vollziehenden Gewalt und der Rechtsprechung ausgeübt« werde. Diese Verfassungsvorschrift würde unterhalb der Verfassung, nämlich vom einfachen Gesetzgeber, abgebaut werden können, wenn es ihm freistünde, zu beliebigen Gegenständen oder Gelegenheiten zu bestimmen, daß gerade nicht diese von der Verfassung eingesetzten Organe und insbesondere nicht der Gesetzgeber zu entscheiden hätte, sondern eine »Abstimmung« – wie auch immer näher definiert – stattfinden solle. Eine Änderung der Verfassung durch den einfachen Gesetzgeber, für dessen Beschlüsse bekanntlich die einfache Mehrheit der im Bundestag anwesenden Abgeordneten genügt, wäre aber nicht zulässig. Mit anderen Worten: Der Bundestag kann es sich nicht aussuchen, ob er selbst die Gesetze beschließt oder vielleicht lieber ein inhaltlich offenes Gesetz erläßt, wonach die betreffende Frage durch Volksabstimmung zu entscheiden sei. Er hat hier kein Wahlrecht, sondern eine Pflicht, seine Aufgaben als Verfassungsorgan zu erfüllen; das Grundgesetz versäumt nicht, dies auch klarzustellen: Nach Art. 20 Abs. 3 ist die Gesetzgebung an die verfassungsmäßige Ordnung gebunden.

Freilich können Verfassungen sich wandeln, und eine Auslegung nach ihrem Wortlaut muß sicher nicht das letzte Wort sein. Eine Verfassung muß aber auch aus ihrem geschichtlichen Zusammenhang verstanden werden, und dazu ist in Deutschland ebensoviel Anlaß wie in anderen Staaten. Historisch gesehen sind die freiheitlichen und demokratischen Verfassungen Dokumente der Aufklärung. Die von der französischen Revolution ausgehende Verfassungsentwicklung und vielleicht mehr noch diejenige, die von der amerikanischen Unabhängigkeitserklärung und der Verfassung der USA in unsere Verfassungsordnung hineingewirkt hat, zeigen insgesamt eine vernunftorientierte und daher skeptische Grundhaltung gegenüber dem Umgang der Menschen mit politischer Macht. Verfassungen dieser Prägung gehen nicht davon aus, die Menschen seien vor allem edel, hilfreich und gut; unter solchen Voraussetzungen wären die schwer erkämpften Verfassungen nämlich weitgehend entbehrlich. In Wahrheit sind auch Verfassungen Gesetze; sie wollen die urwüchsigen Kräfte zähmen und vorteilhaft nutzen, welche die Natur des Menschen gerade in der Gemeinschaft mit anderen freisetzt. Deshalb werden Vernunft, Würde und Freiheitsliebe eben nicht einfach vorausgesetzt, sondern durch Vorkehrungen der Machtverteilung, der Balance der Kräfte und der möglichst geschickten Verteilung von Kompetenzen und Kontrollbefugnissen zu sichern versucht. Vor diesem Hintergrund läßt sich die repräsentative Entscheidung des Grundgesetzes erst verstehen: Die Männer und Frauen, die es wenige Jahre nach dem Zusammenbruch der nationalsozialistischen Gewaltherrschaft erarbeitet und beschlossen haben, hatten allen Anlaß zur Skepsis, ja zur Furcht gegenüber dem, was sich aus dem angeblich gesunden Empfinden von Willensstärke und wärmender Gemeinsamkeit aller hervorbringen läßt.

Das ist der eigentliche Grund für die zentrale Stellung des Bundestages. Alle maßgeblichen Entscheidungen sollen durch diesen Filter, durch diese Kontrolle gehen, die ein im Ablauf immer gleiches, rechtlich streng geordnetes, öffentlich zu beobachtendes, die Beteiligung aller Betroffenen ermöglichendes und von den gewählten Volksvertretern regelmäßig zu verantwortendes Gesetzgebungsverfahren sichert. Darin sind die Zwänge und Kompliziertheiten begründet, die manche Mitbürger derzeit so stark empfinden. Sie sind aber ein erträglicher Preis für Freiheit und Vernunft, und nicht nur das: Sie sichern auch die Beteiligung der vielen unterschiedlichen und gegensätzlichen Kräfte und deren Ausgleich, die das Kennzeichen einer pluralistischen und eben nicht von einem Einheitsmythos her bestimmten Gesellschaft sind.

Diese Grundorientierung unserer Verfassung steht daher nicht als eine von mehreren gleichermaßen geeigneten Möglichkeiten zur Disposition. Sie bestimmt ihr Wesen, weil sie auch ein Teil unserer Antwort auf eine beispiellose geschichtliche Katastrophe ist. Das hat andererseits die politischen Institutionen und Verfahren keineswegs daran gehindert, im Laufe der Zeit zunehmend mehr Mitbestimmung der Bürger aufnehmen zu können. Angesichts unserer heutigen politischen Wirklichkeit muß man den Satz nachgerade als albern empfinden, demzufolge der Bürger »nur alle vier Jahre« um seine Meinung gefragt werde. In Wahrheit ist unsere öffentliche politische Diskussion bestimmt durch kontinuierliche, vielschichtige und vielstimmige Einwirkungen all derer, die ein Anliegen vertreten, die Berücksichtigung ihrer Interessen sichern oder sich für die Zukunft des Gemeinwesens engagieren wollen. Von der Verkehrsführung auf innerörtlichen Straßen über die Ansiedlung von Gewerbebetrieben, die Gestaltung des Schulsystems, die Einrichtung von Abfallbeseitigungsanlagen, die Qualität der öffentlichen Wasserversorgung, die bauliche Gestaltung der Innenstädte, den Baumbestand auf privaten und öffentlichen Grundstücken, die Verwendung von Tieren zu pharmazeutischen oder industriellen Zwecken bis hin zur Nutzung der Kernenergie und der militärischen und bündnispolitischen Entscheidungen gibt es kaum einen Bereich, bei dem nicht Willensbildung und Entscheidung der kommunalen oder staatlichen Organe intensiven Mitwirkungen und Einflüssen betroffener oder engagierter Bürger offenstünden. Natürlich muß man etwas dafür tun. Man muß in den Parteien mitwirken, sich Bürgerinitiativen anschließen oder selbst eine gründen, in Organisationen, Gruppen und Vereinigungen unterschiedlichster Art tätig werden und sich mit anderen verbünden, um Einfluß zu bekommen. Darauf kann und darf nicht verzichtet werden. In dieser selbstgewählten und staatsbürgerlich aktiven Form der Mitbestimmung liegt ein vernünftiges Prinzip: Derjenige engagiert sich, der das will oder zu müssen glaubt und der etwas erreichen will, aber wer dies nicht will, wird nicht aufgefordert, bedrängt und genötigt, zu allem und jedem ständig eine individuelle Entscheidung zu treffen und durch Stimmabgabe zu vertreten. Weshalb dies vernünftig ist, zeigt ein kurzer Blick in die Weimarer Republik: Die Volksbegehren zum Young-Plan, zur Panzerkreuzer-Entscheidung und zur Fürstenenteignung scheiterten mangels ausreichender Beteiligung, und dies trotz schärfster politischer Kontroversen um diese Themen.

Dahinter liegt ein tieferer Grund, der mit dem Stellenwert von Politik in einer Gesellschaft zu tun hat und der heute wahrscheinlich unter dem modernen Begriff der »politischen Kultur« zu erörtern wäre. Der Herrschaftscharakter politischer Entscheidungen würde nämlich bei Volksentschei-

den viel schärfer fühlbar als bei Parlamentsbeschlüssen. Was wir etwas altmodisch Gesetzesgehorsam nennen, wäre plötzlich nicht dem Staat oder dem Gesetzgeber geschuldet, sondern – aus der Sicht der in der jeweiligen Abstimmung unterlegenen Mitbürger – den anderen Mitbürgern, die zur Mehrheit gehörten, konkret dem Nachbarn, dem Arbeitskollegen, den »anderen«, die die »Sieger« darstellen würden. Psychologisch wäre das weitaus schwerer zu ertragen als die Hinnahme der parlamentarischen Entscheidungen, die gleichsam in einem Stellvertreter-Konflikt fallen.
Man braucht sich in der parlamentarisch-repräsentativen Demokratie »mit denen da oben« nicht in jeder Entscheidung zu identifizieren oder mit ihnen auseinanderzusetzen. Die Repräsentation schafft eine gewisse Distanz zwischen dem politischen und dem übrigen sozialen Leben, die möglicherweise lebensnotwendig ist. Das könnte auch der Grund dafür sein, warum direkt-demokratische Entscheidungsverfahren in der Geschichte bisher immer nur kurzfristig, in revolutionären oder sonst politisch aufgewühlten Situationen vorgekommen sind. Als Dauerzustand hielte man die immer neuen Risse schwerlich aus, die von dauernden Volksentscheiden über umstrittene politische Fragen in die sozialen Gruppen, in die Arbeitswelt, in die Vereine und Familien hineingetragen würden.
Und mit der Revidierbarkeit solcher Plesbizite stünde es wohl schlechter als bei Gesetzen; denn wann sollte ein neuer Volksentscheid zum selben Thema eingeleitet werden können – sofort oder nach wievielen Jahren, und wieviele Bürger würden sich wieder beteiligen wollen?
Deshalb zeigen die unter dem Grundgesetz teils von Anfang an vorgesehenen, teils später entwickelten Formen der politischen Mitbestimmung und Einwirkung ein anderes Bild. Sie sind gestuft und gegliedert nach räumlichen und örtlichen Einheiten und nach der Nähe der Bürger zu den sie betreffenden Fragen. In den Verfassungen der Bundesländer Baden-Württemberg, Bayern, Berlin, Bremen, Hessen, Nordrhein-Westfalen, Rheinland-Pfalz und Saarland sind plebiszitäre Entscheidungsmöglichkeiten unterschiedlicher Art vorgesehen. In der Regel handelt es sich um Volksbegehren, die auf den Erlaß oder die Aufhebung einfachen Landesrechts und des Landesverfassungsrechts sowie in einigen Fällen auf eine Parlamentsauflösung gerichtet sein können. Erfolgreiche Volksbegehren stellen zunächst Initiativen an das Landesparlament dar; nur wenn dieses dem Begehren nicht oder nicht unverändert zustimmt, wird es dann zum Volksentscheid gestellt. In der Regel nehmen die Landesverfassungen allerdings finanzwirksame Gesetze – Haushaltsgesetz, Steuergesetze, Be-

soldungsordnungen – von der Möglichkeit des Volksbegehrens aus. In den Ländern Baden-Württemberg, Bremen, Nordrhein-Westfalen und Rheinland-Pfalz kann der Erlaß einfachen Landesrechts unter bestimmten Voraussetzungen auch vom Landesparlament zum Volksentscheid gestellt werden, ohne daß ein Volksbegehren eingeleitet werden muß. In Bremen kann die Bürgerschaft – das Landesparlament – sogar jede Frage aus ihrer Zuständigkeit dem Volk zur Entscheidung vorlegen. Übrigens gilt auch in den Ländern, daß über diese landesverfassungsrechtlichen Möglichkeiten hinaus das Landesparlament nicht befugt ist, durch einfaches Gesetz andere Fragen oder Entscheidungen einem Plebiszit zu unterwerfen. Trotz dieser recht umfassenden Möglichkeiten ist in den Ländern nur selten von Volksbegehren und Volksentscheiden Gebrauch gemacht worden.

Im Rahmen des von den Ländern zu erlassenden kommunalen Verfassungsrechts haben einige Länder Mitwirkungsformen wie Bürgerversammlung, Bürgerantrag, Bürgerbegehren und Bürgerinitiative – das letztere in einem formellen Sinne verstanden – eingeführt. Die Regelungen sind unterschiedlich; meist dienen sie einer nichtbeschließenden Information und Mitbestimmung von Bürgern, in einigen Fällen sind auch Beschlüsse möglich (so in Baden-Württemberg, wo der Gemeinderat mit Zwei-Drittel-Mehrheit einen Bürgerentscheid herbeiführen kann). Gerade auf der kommunalen Ebene haben, zum Teil unabhängig von diesen Vorschriften, wirksame Mitbestimmungsformen im Planungs-, Städtebau-, Verkehrs-, Wasser- und Abfallrecht sowie auf weiteren Gebieten in den letzten 15 Jahren eine große Bedeutung erlangt.

Letztlich stellen Föderalismus und die Garantie der kommunalen Selbstverwaltung in der Bundesrepublik Deutschland ihrerseits bereits eine gestufte, mit wachsender Bürgernähe zunehmende Form der Mitbestimmung und Mitwirkung der Bürger in eigenen Angelegenheiten dar. Diese Ordnung hat ihre Flexibilität und ihre Aufnahmefähigkeit für vermehrte Mitgestaltungsansprüche deutlich unter Beweis gestellt und wird sich bei Bedarf weiter nutzen lassen. Demgegenüber läßt die geringe Nutzung der landesrechtlichen Möglichkeiten von Volksbegehren und Volksentscheid den Schluß zu, daß die Einführung solcher Vorschriften auf Bundesebene kaum ertragreich wäre.

Die sogenannte direkte Demokratie ist nicht die »eigentliche«, gegenüber der repräsentativen bessere oder echtere Demokratie. Sie ist auch in Wahrheit kein verlockender Gedanke: Sie würde mehr Vereinheitlichung und weniger Freiheit bringen, als die moderne Gesellschaft sie benötigt.

Mitbestimmen heißt anerkennen, daß auch andere mitbestimmen; es heißt, die Anliegen der Mitbürger – die Freiheit des anderen – ebenso als berechtigt gelten zu lassen wie die eigenen. Mitbestimmung heißt deshalb letzten Endes, auch in der Kontroverse miteinander und nicht gegeneinander vorzugehen.

Biographische Daten

Kai-Uwe *von Hassel,*

geboren am	21. April 1913 in Gare (früher: Deutsch-Ost-Afrika, heute Tanzania) evangelisch-lutherisch

als drittes von fünf Kindern.

Vater:	Theodor *von Hassel,* geb. 29. 9. 1868 in Trier, † 29. 11. 1935 in Mahenge/Ostafrika Hauptmann der Deutschen Schutztruppe
Mutter:	Emma *Jebsen,* alte Kapitäns-, Schiffsreeder- und Kaufmannsfamilie, Apenrade/Hongkong

Familienwohnsitz:

1921–1985:	Glücksburg/Ostsee
seit 1985:	Kiel

Reform-Realgymnasium bis zum Abitur 1933 in Flensburg, Ausbildung in Landwirtschaft, Maschinenbau und an kaufmännischer Handelsschule zum Pflanzungskaufmann in Übersee

1935–1939	Pflanzungskaufmann in Tanganyika (Ost-Afrika)
Sept. 1939–Febr. 1940	Internierung in Daressalam, dann Ausweisung nach Deutschland (»under the Law of Deportation«)
Juli 1940– Kriegsende 1945	Wehrdienst (Leutnant d. R.)
1945–1947	Nach Entlassung aus britischer Kriegsgefangenschaft in Italien Kreisangestellter des Landkreises Flensburg Beauftragter für das Wohnungs- und Flüchtlingswesen
1947	Wahl in die Stadtvertretung Glücksburg
1947–1948	Bürgermeister
1950	Bürgervorsteher der Stadt Glücksburg
1948–1950	Abgeordneter des Kreistages des Landkreises Flensburg
1950–2. 10. 1965	Mitglied des schleswig-holsteinischen Landtages
6. 10. 1953–11. 10. 1954 und 1965–1980	Mitglied des Deutschen Bundestages
11. 10. 1954–7. 1. 1963	Ministerpräsident des Landes Schleswig-Holstein
22. 7. 1955	Wahl zum Präsidenten des Bundesrates
Juni 1950–10. 2. 1955	Stv. Landesvorsitzender der CDU in Schleswig-Holstein

12. 2. 1955–3. 7. 1964	Vorsitzender der CDU in Schleswig-Holstein
3. 7. 1964–10. 11. 1973	Stv. Landesvorsitzender der CDU in Schleswig-Holstein
10. 11. 1973–17. 11. 1979	Beisitzer im Landesvorstand der CDU in Schleswig-Holstein
17. 11. 1979–	Ehrenvorsitzender der CDU in Schleswig-Holstein
9. 11. 1963–1. 12. 1966	Bundesminister der Verteidigung
Dez. 1966–5. 2. 1969	Bundesminister für Vertriebene, Flüchtlinge und Kriegsgeschädigte
1956–1969	stellv. Bundesvorsitzender der CDU
1961	Bundeswahlkampfleiter bei Bundeskanzler Dr. Konrad Adenauer
5. 2. 1969–13. 12. 1972	Präsident des Deutschen Bundestages
13. 12. 1972–14. 12. 1976	Vizepräsident des Deutschen Bundestages
1969–1976	Mitglied des Präsidiums der Bundes-CDU kraft Amtes (Bundestagspräsident, Bundestagsvizepräsident)
1973–1981	Präsident der Europäischen Union Christlicher Demokraten und Vize-Präsident der Weltunion Christlicher Demokraten
1976–1981	Vize-Präsident der Europäischen Volkspartei
1981–	Vize-Präsident der Europäischen Union Christlicher Demokraten
1983–	Präsident der Europäischen Parlamentarischen Gesellschaft, Straßburg
1984–	Deutsches Mitglied der »Kommission bedeutender europäischer Staatsmänner« (Colombo-Kommission)
1981–	Vorsitzender der Kommission für Sicherheit und Verteidigungspolitik der EUCD/EVP
1963–	Ehrenbürger der Stadt Glücksburg
1976	Mitglied der Parlamentarischen Versammlung des Europarates in Straßburg
1976	Mitglied der Parlamentarischen Versammlung der West-Europäischen Union (WEU)
1976–1977	Vize-Präsident der Parlamentarischen Versammlung des Europarates
1977–1980	Präsident der Parlamentarischen Versammlung der West-Europäischen-Union (WEU)
1979–1984	Mitglied des ersten direkt gewählten Europäischen Parlamentes, Abgeordneter der CDU für Schleswig-Holstein

14. 9. 1962–März 1963	Gründungsmitglied und Aufsichtsratsvorsitzender der Deutschen Gesellschaft für wirtschaftliche Zusammenarbeit (DEG) mbH
1983–	Mitglied des Aufsichtsrates der DEG Deutsche Finanzierungsgesellschaft für Beteiligungen in Entwicklungsländern GmbH
1987–	Stv. Vorsitzender der Deutschen Afrika-Stiftung
1988–	Mitglied der Senioren-Union Kiel
1977–	Ehrenmitglied der Deutsch-Jordanischen Gesellschaft e. V.
1983–	Ehren-Präsident der Burgbläser Bad Godesberg e. V.
1987–	Ehrenmitglied der Deutsch-Türkischen Gesellschaft
6. 3. 1985	Dr. phil. h. c. Ankara, Middle-East-Technical University
1968–	Gründer (22. 3. 1968) und Vorsitzender der Hermann-Ehlers-Stiftung für staatsbürgerliche Bildung und Begabtenförderung e. V., jetzt Hermann-Ehlers-Stiftung
1973–	Vorsitzender des Aufsichtsrates der Deutsch-Ost-Afrikanischen Gesellschaft, jetzt DOAG Holding AG
1956–	Mitglied des Deutschen Institutes für Tropische und Subtropische Landwirtschaft in Witzenhausen
1968–	Vorsitzender des Deutschen Institutes für Tropische und Subtropische Landwirtschft in Witzenhausen
1962–	Mitglied des Vorstandes der Konrad-Adenauer-Stiftung
1985–	Vorsitzender des Politischen Beratergremiums der High Frontier Europe - SDI (Rotterdam)
1979–	Kuratoriumsmitglied der Stiftung F.V.S. zu Hamburg
1987–	Kuratoriumsmitglied des Schleswig-Holstein-Musik-Festival
1972–1986	Stv. Bundesvorsitzender des Evangelischen Arbeitskreises der CDU/CSU
1984–	Vorsitzender des Beirates der Deutsch-Namibischen Entwicklungsgesellschaft

Eheschließungen:

1. Ehe:	1940 mit Elfriede, geb. Frölich († 29. 4. 1971)	
	Kinder:	Joachim, geb. 14. 5. 1941, † 10. 3. 1970 Absturz als Starfighter-Pilot
		Barbara, verh. Weisse, geb. 24. 6. 1943
2. Ehe:	30. 6. 1972 mit Dr. phil. Monika Weichert, röm.-katholisch	
	Kind:	Jan Friedrich, geb. 1. 10. 1974, röm.-katholisch

Orden und Auszeichnungen

Großkreuz des Verdienstordens der Bundesrepublik Deutschland	1956
Großkreuz des Verdienstordens der Italienischen Republik	1956
Großkreuz des Ordens vom Somalischen Stern	1965
Großkreuz des Ordens Stern von Jordanien (Al Kawkab)	1965
Großkreuz des Ordens des Britischen Reiches	1965
Großkreuz des Königlichen Phoenix-Ordens, Griechenland	1965
Großoffizierskreuz des Ordens des Freischärlers José Miguel Lanza, Bolivien	1965
Großkreuz des Verdienstordens von Chile	1965
Großkreuz des Ordens Quissam Alaouite Chérifien, Marokko	1966
Großoffizierskreuz des Militärischen Verdienstordens der Republik der Vereinigten Staaten von Brasilien	1966
Großkreuz des Verdienstordens des Souveränen Malteser Ritter Ordens	1967
Großkreuz des Kronen-Ordens, Belgien	1971
Großkreuz des Königlichen Nordsternordens Schweden	1972
1. Klasse des Ordens der Aufgehenden Sonne, Japan	1972
Großes Goldenes Ehrenzeichen am Bande für Verdienste um die Republik Österreich	1975
Großkreuz des Danebrog-Ordens, Dänemark	

Großkreuz Al Merito, Argentinien

Christusorden, Portugal

Ordre National du Rwanda

Großkreuz des Ordens der Republik Tunesien

Robert-Schuman-Preis der Stiftung F.V.S. 1979

Mérite Européen in Gold 1981

Medaille der Stadt Straßburg 1984

Verleihung des Ehrenritterkreuzes des Johanniter-Ordens 1986

Robert-Schuman-Medaille der Fraktion der EVP im Europäischen Parlament 1988

Ehrenzeichen des DRK, Gold

Goldene Ehrennadel der Deutschen Jugend des Ostens (DJO) 1968

Sturmflutmedaille Schleswig-Holstein

Freiherr-vom-Stein-Medaille

Die Autoren

Edward Fenech Adami
1935, Dr. iur., 1962 bis 1969 Herausgeber einer Wochenzeitung »Il-poplu«, 1962 bis 1975 Stellvertretender Generalsekretär, 1975 Vorsitzender des Vorstands und des Generalrats, seit 1977 Präsident des Partit Nazzjonalista Maltas, 1977 bis 1987 Oppositionsführer im Parlament Maltas, seit 1987 Ministerpräsident.

Paolo Barbi
1919, Dr. phil., Professor, Journalist, 1951 bis 1952 und 1954 bis 1969 Mitglied des Vorstands der Democracia Cristiana, seit 1958 Mitglied der Abgeordnetenkammer, seit 1978 Mitglied des Senats der Italienischen Republik, Staatssekretär für Industrie, Handel und Handwerk, Minister für Staatsholdings, 1979 bis 1984 Mitglied des Europäischen Parlaments, 1982 bis 1984 Vorsitzender der Christlich-Demokratischen Fraktion im Europäischen Parlament, seit 1987 Vizepräsident der Internationalen Europäischen Bewegung.

Heinrich Böx
1905, Dr. phil., Botschafter a. D., 1972 bis 1977 Leiter des Büros für Auswärtige Beziehungen der Christlich Demokratischen Partei Deutschlands (CDU) und Stellvertretender Generalsekretär der Europäischen Union Christlicher Demokraten (EUCD), seit 1972 Mitglied des Kuratoriums der Hermann-Ehlers-Stiftung.

Piet Bukman
1934, Minister für Zusammenarbeit mit den Entwicklungsländern, 1980 bis 1986 Vorsitzender des Christlich-Demokratischen Appel (CDA) der Niederlande, seit 1985 Vorsitzender der Europäischen Volkspartei.

Hans Peter Fagagnini
1945, seit 1974 Generalsekretär der Christlich Demokratischen Volkspartei der Schweiz, seit 1980 Lehrbeauftragter für Politikwissenschaft an der Hochschule St. Gallen.

Hans Joachim Faller
1915, Dr. iur., Prof. Bundesverfassungsrichter i. R., 1953 Präsidialrat am Bundesverfassungsgericht, 1959 Richter am Bundesgerichtshof, 1971 bis 1983 Richter des Bundesverfassungsgerichts, seit 1976 Honorarprofessor an der Universität Mannheim.

Otmar Franz
1935, Dr. rer. pol., Diplom-Kaufmann, Vorsitzender Geschäftsführer der Klöckner Industrie-Anlagen GmbH., Mitglied des Gesamtvorstandes Klöckner & Co., Mitglied des Europäischen Parlaments.

Karl Josef Hahn
1912, Mitglied der Sudetendeutschen Christlich-Sozialen Partei von 1936 bis zu seiner Ausweisung aus der Tschechoslowakei nach dem Einmarsch der deutschen Truppen, Flucht in die Niederlande, 1953 bis 1956 Leiter des Sprachendienstes am Europäischen Gerichtshof in Luxemburg, 1956 bis 1960 Auslandssekretär der Katholischen Volkspartei der Niederlande, 1960 bis 1982 Leiter des Studien- und Dokumentationszentrums der Weltunion Christlicher Demokraten, dann Stellvertretender Generalsekretär der Europäischen Union Christlicher Demokraten (EUCD).

Monika Weichert-von Hassel
1936, Dr. phil., Landesverwaltungsrätin a. D. (Landesregierung Schleswig-Holstein).

Bruno Heck
1917, Dr. phil., Professor, 1952 bis 1958 Bundesgeschäftsführer der Christlich Demokratischen Union Deutschlands, 1957 bis 1976 Mitglied des Deutschen Bundestages, Mitglied des Fraktionsvorstandes der CDU/CSU, 1962 bis 1968 Bundesminister für Jugend, Familie und Gesundheit, 1967 bis 1971 Generalsekretär der Christlich Demokratischen Union Deutschlands, seit 1968 Vorsitzender der Konrad-Adenauer-Stiftung.

Thomas Jansen
1939, Dr. phil., 1976 bis 1980 Stellvertretender Generalsekretär und Generalsekretär der Europa-Union Deutschland, 1981 bis 1983 Leiter der Außenstelle Rom der Konrad-Adenauer-Stiftung, gleichzeitig Generalsekretär der Internationalen Europäischen Bewegung, seit 1983 Generalsekretär der Europäischen Volkspartei (EVP) und der Europäischen Union Christlicher Demokraten (EUCD).

Philipp Jenninger
1932, Präsident des Deutschen Bundestages seit 1984, Mitglied des Deutschen Bundestages seit 1969, 1973 bis 1982 Erster Parlamentarischer Geschäftsführer der Fraktion der CDU/CSU, 1982 bis 1984 Staatsminister beim Bundeskanzler.

Kurt Jürgensen
1929, Dr. phil., o. Prof. an der Universität Kiel.

Paul de Keersmaeker
1929, Dr. iur., 1974 bis 1981 Mitglied des Europäischen Parlaments, seit 1981 Staatssekretär für Europäische Angelegenheiten und Landwirtschaft in der Regierung des Königreichs Belgien.

Egon A. Klepsch
1930, Dr. phil., Dozent, 1965 bis 1980 Mitglied des Deutschen Bundestages, seit 1973 Mitglied des Europäischen Parlaments, Vorsitzender der Christlich Demokratischen Fraktion im Europäischen Parlament, Vizepräsident der Europäischen Volkspartei (EVP).

Birgit Lermen
1936, Dr. phil., o. Prof. für deutsche Gegenwartsliteratur an der Universität Köln.

Hans A. Lücker
1915, Mitbegründer des Wirtschaftsbeirats der Christlich Sozialen Union (CSU), 1953 bis 1980 Mitglied des Deutschen Bundestages, 1953 bis 1961 Mitglied der Beratenden Versammlung des Europarates und der Westeuropäischen Union, Gründungsmitglied des Europäischen Parlaments, 1969 bis 1975 Vorsitzender der Christlich-Demokratischen Fraktion, 1975 bis 1979 Vizepräsident des Europäischen Parlaments.

Wilfried Martens
1936, Dr. iur., 1972 bis 1979 Präsident der Christlichen Volkspartei (CVP), Mitbegründer der Europäischen Volkspartei (EVP), Ministerpräsident Belgiens.

Alois Mock
1934, LL. D., Bundesminister des Auswärtigen der Republik Österreich, Vizekanzler, seit 1970 Abgeordneter zum Nationalrat, seit 1979 Bundesparteiobmann der Österreichischen Volkspartei (ÖVP).

Rüdiger Moniac
1938, Leiter des Ressorts Bundeswehr und Sicherheitspolitik der Tageszeitung »Die Welt«; stellvertretender Präsident des Verbandes der Reservisten der Deutschen Bundeswehr e. V.

Karl Wilhelm Pohl
1945, Dr. iur., Rechtsanwalt in Bonn.

Franz Pöggeler
1926, Dr. phil., o. Professor für Pädagogik, Direktor des Seminars für Allgemeine Pädagogik der RWTH Aachen, seit 1968 Mitglied des Beirates für Fragen der Inneren Führung beim Bundesminister der Verteidigung, 1969 bis 1987 Vorsitzender des Deutschen Jugendherbergswerks.

James L. Janssen van Raay
1932, Mitglied des Europäischen Parlaments 1979 bis 1984 und seit 1987.

Annemarie Renger
1919, Mitglied des Deutschen Bundestages seit 1953, 1959 bis 1966 Mitglied der Beratenden Versammlung des Europarates und der Versammlung der Westeuropäischen Union, 1969 bis 1972 Parlamentarische Geschäftsführerin der Fraktion der SPD, 1972 bis 1976 Präsidentin des Deutschen Bundestages, seit 1976 Vizepräsidentin.

Mariano Rumor
1915, seit 1948 Mitglied der Abgeordnetenkammer, Minister in verschiedenen Kabinetten, 1968 bis 1970 und 1973 bis 1974 Ministerpräsident der Italienischen Republik.

Walter Scheel
1919, Drs. h. c., Bundespräsident a. D., 1977 Träger des Karls-Preises der Stadt Aachen, seit 1979 Ehrenvorsitzender der FDP, Präsident der Europa-Union Deutschland, Vorsitzender des Aufsichtsrats der Deutschen Finanzierungsgesellschaft für Beteiligungen in Entwicklungsländern GmbH (DEG).

Franz Josef Strauß
1915, Drs. h. c., Bayerischer Ministerpräsident seit 1978, Bundesminister a. D., Mitbegründer, Vorstandsmitglied (1946), Generalsekretär (1949), Stellvertretender Vorsitzender (1952) und Vorsitzender (1961) der Christlich Sozialen Union (CSU).

Alfred Toepfer
1894, Dr. h. c. mult., Kaufmann, Landwirt, Vorsitzender des Aufsichtsrats der Alfred C. Toepfer Verwaltungsgesellschaft mbH., Hamburg.

Lujo Tončić-Sorinj
1915, LL. D., 1953 bis 1956 Vorsitzender des Rechtsausschusses, 1956 bis 1959 Vorsitzender des Ausschusses für Auswärtige Angelegenheiten des Nationalrats der Republik Österreich, 1961/1962 Vizepräsident des Europarates, 1966 bis 1968 Minister für Auswärtige Angelegenheiten der Republik Österreich, 1969 bis 1974 Generalsekretär des Europarates.

Walter Wallmann
1932, Dr. jur., Ministerpräsident des Landes Hessen, 1966 bis 1972 Mitglied des Hessischen Landtags, seit 1970 stellvertretender Vorsitzender der Fraktion der CDU, 1972 bis 1977 Mitglied des Deutschen Bundestages, 1977 bis 1986 Oberbürgermeister der Stadt Frankfurt a.M., seit 1982 Vorsitzender der CDU Hessen, 1984 Präsident des Deutschen Städtetages, 1986 bis 1987 Bundesminister für Umwelt, Naturschutz und Reaktorsicherheit.

Pierre Werner
1913, Dr. iur., 1946 bis 1953 erster luxemburgischer Kommissar für die Bankkontrolle, 1953 bis 1959 Finanzminister, 1959 bis 1974 und 1979 bis 1984 Präsident der Regierung des Großherzogtums Luxemburg.

Dorothee Wilms
1929, Dr. rer. pol., Diplom Volkswirtin, Mitglied des Deutschen Bundestages seit 1976, 1980 bis 1982 Parlamentarische Geschäftsführerin der Fraktion der CDU/CSU, 1982 bis 1987 Bundesminister für Bildung und Wissenschaft, seit 1987 Bundesminister für innerdeutsche Beziehungen, Mitglied des Zentralkomitees der Deutschen Katholiken.

Manfred Wörner
1934, Dr. iur., seit 1965 Mitglied des Deutschen Bundestages, 1976 bis 1980 Vorsitzender des Verteidigungsausschusses, stellvertretender Vorsitzender der Fraktion der CDU/CSU, Bundesminister der Verteidigung seit 1982.